Frank Günther

Unser Shakespeare

Einblicke in Shakespeares
fremd-verwandte Zeiten

Deutscher Taschenbuch Verlag

Von Frank Günther
sind im Deutschen Taschenbuch Verlag erschienen:
Shakespeares Wort-Schätze (28023)
Shakespeares Hauptwerke. 22 Bände in
zweisprachigen Ausgaben.
Übersetzt und herausgegeben von Frank Günther

Originalausgabe 2014
2. Auflage 2014
© 2014 Deutscher Taschenbuch Verlag GmbH & Co. KG,
München
Umschlagkonzept: Balk & Brumshagen
Umschlaggestaltung: Katharina Netolitzky
Gesetzt aus der Minion 10/13˙
Satz: Greiner & Reichel, Köln
Druck und Bindung: Kösel, Krugzell
Gedruckt auf säurefreiem, chlorfrei gebleichtem Papier
Printed in Germany · ISBN 978-3-423-26001-5

ZUEIGNUNG

William Shakespeare. Licht meines Lebens, Befeurer meiner Leidenschaften. Meine Sucht, meine Seele. *Wwwil-li-ammm-shake-spppeare:* Die Zunge rollt schmiegsam über den Gaumen, dreimal schließen die Lippen sich kosend um Deinen Namen und rufen Dich bei drei im Explosivlaut in die Welt – Will. Jemm. Shake. S-pear.[1]

O Du Einzigartiger, Du Weltweiser, Du Weltschöpfer, Du Weltverzauberer, Du Menschheitserfinder, Du Seelenabgrundergründer, Du Alles-immer-schon-gewusst-Habender, Du Alles-Beweisender, Du Halt in Untiefen, Du Leuchtfeuer im Grauen der Welt, Du Mein-dein-sein-unser-euer-ihr-Shakespeare, der Du jedem alles bist, was Du ihm sein sollst, Du Unfassbarer, Du Dich Entziehender, Du allen Zwecken Dienender, Du Chamäleon, Du proteischer Verwandler, Du Angepasster, Du Zwangsthema für Hausarbeiten, Seminararbeiten, Dissertationen und Habilitationen, Du Stoffgeber für Aufsätze, Essays und Bücher, Du Motto für Festschriften und Gedenkfeiern, Du Anreger für Weltentwürfe und Gedankengebäude, Du Paradeplatz für Theorieexerzierer und Hypothesenbauer, Du Gründer von Industrien und Karrieren, Du Arbeitgeber für Generationen von Texthandwerkern, Du Folterknecht gequälter Schulklassen, Du Köder für englische Touristenfallen, Du sinnentleerte Ikone gepflegter Langeweile, Du immer schon dagewesener Nichts-mehr-Sager, Du britischer Kulturexportartikel! Du Einer, der Du unzählige Shakespeares bist! Du Mein-dein-sein-unser-euer-ihr-Shakespeare! Der Du nichts bist als – ein Buch.

To the Reader.

This Figure, that thou here seest put,
It was for gentle Shakespeare cut;
Wherein the Grauer had a strife
with Nature, to out-doo the life :
O, could he but haue drawne his wit
As well in brasse, as he hath hit
His face ; the Print would then surpasse
All, that vvas euer vvrit in brasse.
But, since he cannot, Reader, looke
Not on his Picture, but his Booke.

B. I.

Mr. WILLIAM
SHAKESPEARES
COMEDIES,
HISTORIES, &
TRAGEDIES.

Published according to the True Originall Copies.

LONDON
Printed by Isaac Iaggard, and Ed. Blount. 1623.

DAS BUCH
ODER
WIE WIR ES LESEN

Shakespeares Werkausgabe, die First Folio, sollte auf der Frankfurter Buchmesse laut Herbstkatalog eigentlich schon 1622 präsentiert werden; die Herstellung erwies sich aber als schwierig, sodass es erst im Folgejahr 1623 erscheinen konnte – sieben Jahre nach Shakespeares Tod. Zwei Schauspieler aus Shakespeares Truppe, seine Kollegen Henry Condell und James Heminges (gelobt seien ihre Namen in alle Ewigkeit!), hatten die 37 Shakespeare-Dramen zusammengestellt und damit achtzehn Texte für die Nachwelt gerettet: Diese wurden nämlich erstmals in dieser Folio-Ausgabe gedruckt und wären ohne Condell und Heminges für immer verloren gewesen. Nicht, dass das die Frankfurter Messebesucher im Jahr 1623 sonderlich gekümmert hätte: Wer war schon dieser Shakespeare aus England? Und wer las schon primitive Theatertexte in einem teuren Buch?

Über dieses alte Buch werden derzeit an jedem Tag, den der Herr Licht werden lässt, weltweit ca. 15 wissenschaftliche Studien veröffentlicht – und 1 Buch. Täglich. Ergibt im Jahr $365 \times 15 = 5475$ wissenschaftliche Studien und 365 Bücher. Auch das Buch, das Sie, liebe Leserinnen und Leser, hier in Händen halten, ist eines davon. 6000 Publikationen im Jahr über Shakespeare und sein Buch, das ergibt in zehn Jahre 60 000 Publikationen. Das ergibt in zwanzig Jahren 120 000 Publikationen. Das ergibt in dreißig Jahren … und der Strom der Schriften über Shakespeares Schriften schwillt unermüdlich an, er übersteigt alle Pegelmarken anderer Schriften, die Heilige Schrift wohl ausgenommen, es hört einfach nicht auf, es wird wohl nie aufhören, obwohl es »scheinen möchte, als wäre nichts mehr zu sagen übrig«, wie Goethe seufzend schon 1813 seinen Aufsatz ›Shakespeare und kein Ende‹ begann – nur um selbst Weiteres über Shakespeare zu sagen, mit der schönen Entschuldigung für dergleichen redundantes Tun, es sei eben »die Eigenschaft des Geistes, dass er den Geist ewig anregt«. Ewig. Man schließt sich Goethe gerne an.

Aber möglicherweise ist dieses Angeregtsein nur eine schöne Illusion – denn wer kann, bei 6000 Publikationen im Jahr, die man alle *nicht* gelesen hat, denn wissen, ob das, was man da geistig angeregt Originelles denkt, nicht schon längst viel besser, origineller, vollständiger, konsequenter und schöner von anderen gedacht und gesagt wurde? Wer kann schon wissen, ob nach den vielen gelesenen Aufsätzen und Büchern über Shakespeare das angeblich Selbstgedachte nicht nur ein unbewusstes *pêle-mêle*, ein halbplagiatorisches Recyceln von vage erinnerten Versatzstücken ist, nur ein *rag,* ein aus den Gedanken anderer Shakespeare-Angeregter zusammengestoppelter Flickenteppich? »Wer heute über Shakespeare spricht, wird wohltun, wenn er auf jeden Anspruch, Neues zu sagen, gründlich verzichtet!«, meinte schon 1887 der Kunsthistoriker Jakob Burckhardt.[1]

Vor 450 Jahren wurde Shakespeare geboren. Mit jedem Tag, der vergeht, schieben sich mehr Bücher, mehr Geschichte, mehr Neuerung, mehr naturwissenschaftliches Verständnis, mehr Weltwissen, Welterfahrung und Weltbeherrschung zwischen uns und Shakespeare. Mit jeder Sekunde rückt Shakespeares merkwürdig faszinierende Zeit weiter von uns weg. Mit jedem neuen piepsenden Elektronikspielzeug, das uns zappelnde Abbilder der Welt über Elektronenflüsse als Wirklichkeit vermittelt und unseren Umgang miteinander verändert, wird eine neue Barriere zwischen uns und der Shakespeare-Zeit errichtet. Unsere Welt wird vom Bild, vom Blick, vom Auge dominiert – Shakespeares Welt war vom Ohr, vom Hören, von der Wunderwelt der Sprache bestimmt. »*Schau'n wir uns das Stück an*«, sagen wir heute, wenn wir ins Theater gehen, um dann Video-Projektionen zu bewundern; »*Let's hear a play*«, sagte man ganz anders zu Shakespeares Zeiten und ergötzte sich an den uferlosen, bunten Sprachphantasien der

Autoren. Für die Ohren war's mal bestimmt, für die Augen muss es heute aufbereitet werden. Wir rühmen ehrfürchtig Shakespeare für seinen angeblich riesigen aktiven Wortschatz von über 17 000 Wörtern – ohne zu bedenken, dass dieser in Wahrheit eher ärmlich ist, verglichen mit dem durchschnittlichen Wortschatz eines jeden heutigen Jack Smith oder John Miller im United Kingdom: Sie verfügen nämlich über etwa 60 000 Wörter, welche Zeugnis geben von vierhundertjährigem Zuwachs an Technik, Wissenschaft und Geschichte, vom Umfang heutiger Weltbenennung, Welterfassung und Weltneuerfindung.

Shakespeare, auf der Schwelle zwischen Spätmittelalter und Früher Neuzeit, wusste vom meisten, was heute jedes Schulkind weiß und zur alltäglichen Lebensbewältigung unabdingbar braucht, nichts. Er war fest eingebunden in die Vorstellungen, Konzepte und Gedankenhorizonte seiner Zeit. Sie ist uns Heutigen so fern wie der Mars – wir wisssen mehr und anderes als der vordemokratische Shakespeare, der für seine Zeit über seine Zeit schrieb. Er schrieb nicht für uns Nachgeborene. Er schrieb in einer gefährlichen, unsicheren Umbruchsepoche für machtgierige Höflinge einer frühabsolutistischen Feudalgesellschaft, für ein sich allmählich entwickelndes, aufstiegsorientiertes Bürgertum, zu dem er selbst gehörte, und für eine breite Volksmasse, die zum größten Teil nicht lesen und schreiben konnte. All dies war überwölbt vom Totalitätsanspruch eines zwar kriselnden, aber den Alltag eisern beherrschenden christlichen Glaubens in militanter katholischer und protestantischer Ausformung. Die Hölle war so real wie der Himmel, der Gottesleugner war ein Schreckbild, wer sich autonom selbstbestimmen wollte, erschien als angsteinflößendes Monster. Davon handelt so manches Shakespeare-Stück. Die Erde wurde als grausames Jammertal voller Krankheiten, Pest und Krieg erlebt, und das Leben war kurz. Vieles in Shakespeares Welt und Werken erscheint uns als Aberglaube und Vorurteil, vieles als nackte Barbarei und Unmenschlichkeit. Seine Sprache ist oft kaum mehr verständlich. Shakespeare und seine untergegangene Welt sind uns fremd.

Trotzdem erscheinen Jahr für Jahr diese genannten 6000 wissenschaftlichen Schriften über Shakespeare. Alle behaupten implizit, dass Shakespeare für uns wichtig sei. Und tatsächlich: Wenn wir uns etwas eingelesen haben, uns an die befremdliche Sprache, an die Verse, an die seltsame Gesellschaft aus Kesselflickern und Königen, an die seltsamen Umgangsformen seiner Figuren gewöhnt haben, erscheint uns dies alles auf seltsame Weise bekannt und verwandt. Wir können uns zumeist mit den Sorgen, Freuden und Nöten der Gestalten identifizieren; wir können zumeist ihre Konflikte und Probleme nachvollziehen; wir staunen über ihre Schicksale, sind erschüttert von ihren oftmals extremen existenziellen Leidenschaften, erschrecken zunehmend über ihre Maßlosigkeit und teilen ihren bitteren Spott über die Weltverhältnisse. Es ist ein Rätsel, wie das möglich ist: Sie kommen uns hinter den historischen Einkleidungen und überholten sozialen Verhältnissen oftmals als sehr heutige, sehr lebendige Wesen immer näher. Und, ja, je länger wir in diesem Buch lesen, um so weitere Assoziationsräume eröffnen sich, um so uferlosere Landschaften der menschlichen Seele scheinen sich neu auszubreiten, bis man sich vielleicht beklommen fragt: Überfordert das Buch mich womöglich?

Wohl oft – aber auch nicht immer. Manchmal meinen wir zu spüren, dass uns etwas Wesentliches entgeht, wenn wir die Texte lesen; dass über Dinge geredet wird, die wir nicht so ganz nachvollziehen können; und wenn von »Ehre«, »Grazie«, »Königstreue« und »Edelmut« gesprochen wird, merken wir, dass Shakespeares Personen ein Wertesystem haben, das uns doch ziemlich fremd ist. Und manchmal stolpern wir geradezu über Dinge, die wir auf gar keinen Fall mehr akzeptieren wollen: Todesstrafe für vorehelichen Geschlechtsverkehr wie in *Maß für Maß* z. B. erscheint uns geradezu als pervers und inakzeptabel – ein Stück, das in unserer Welt anscheinend nichts mehr zu sagen und zu suchen hat. Und wenn der Macho-Frauendompteur Petruchio in *Der Widerspenstigen Zämung* über seine rebellische Ehefrau sagt:

Sie ist mein Hab und Gut, mein Land, mein Haus,
Mein Hausgerät, mein Acker, meine Scheune,
Mein Pferd, mein Ochs, mein Esel und mein alles ...

III,2,228

und »seine« Katharina zum Schluss erklärt, die Frau habe pflicht-
gemäß »die Hand dem Mann unter den Fuß zu legen«, so ist auch
dies heute nicht mehr zu rechtfertigen. Dann sagen wir höflich:
»Ach, das muss man eben aus seiner Zeit heraus verstehen« – und
halten es im Stillen für reichlich verstaubt. Also versuchen wir,
Shakespeare historisch einzuordnen.

Dafür gibt es ungeheuer viele Hilfen: *Educational-Shakespeare*-
Kurse und Geschichtslektüre, Shakespeare-in-der-Schule-Hand-
reichungen, ungezählte Monographien und Ausstellungen brei-
ten das Panorama der faszinierenden elisabethanischen Epoche
lebensprall und bunt vor uns aus. Wir lernen die Anwohner der
Henley Street in Stratford kennen, erfahren viel über Jagdbräuche
der Renaissance, machen uns kundig über die außenpolitischen
Manöver von Königin Elisabeth, studieren das metaphernreiche
elisabethanische Weltbild, erleben die englische Erschütterung
über die erste Weltumsegelung von Sir Francis Drake, verspüren
fast physisch das Gruseln der Katholikenverfolgung, wenn wir
das ausgestochene Auge eines gefolterten und hingerichteten katholischen Priesters unter Glas betrachten, lernen vor allem alles
über das elisabethanische Theater – und finden uns, als Krönung
des historischen Interesses, im wunderschönen *Globe Theatre* am
Themseufer in London wieder, wo uns Shakespeare-Stücke lebendig »original« gezeigt werden. Ein Einblick in Shakespeares ferne,
fremde Welt, der uns für die Dauer der Aufführung in Elisabethaner verwandeln will.

Nun sagen andere, all das Historische würde uns gar nicht so
sehr viel nutzen. Denn schließlich: Was gehen uns heute die Probleme der Leute von 1600 denn eigentlich noch an? Können wir
uns, selbst wenn wir uns noch so viele historische Kenntnisse er-
arbeiten, wirklich in das fremde Weltbild und die ferne Sichtwei-

se eines Handschuhmachersohns um 1600 hineinversetzen? Wohl kaum. Wichtiger sei doch, wo wir Heutigen uns in der *Essenz* der alten Geschichten wiederfänden, wenn wir sie lesen. Wir müssten Shakespeare zu uns und unseren heutigen Verhältnissen herüberholen, heißt es – wir müssten ihn aktualisieren. Ein Bestseller des polnischen Autors Jan Kott etablierte 1965 ein dauerhaftes Schlagwort im praktischen Umgang mit Shakespeare: *»Shakespeare, unser Zeitgenosse«*. Es suggeriert plastisch, dass Shakespeare auf eine merkwürdige Art überzeitlich sei: »Jede Epoche findet das bei ihm, wonach sie selbst sucht und was sie selber sehen will«[2]. Ein Wunderschränkchen – für jeden gibt's in der Schublade genau das, was er sucht. Ob Shakespeare es wirklich zuvor hineingelegt hat? Oder legen wir es selbst hinein und finden es dann? Shakespeare ist demnach *immer* Zeitgenosse, *»for all times«*, wie schon sein Kollege Ben Jonson rühmend in der First Folio schrieb. Wundersamerweise – denn wie kann das gehen? Gibt es eine überzeitliche menschliche Wesensart, ewig gleichbleibend über alle Epochen hinweg? Laut Kott sollten uns keine historistischen Betrachtungen über Vater und Mutter Shakespeare, Anne Hathaway, die Schafzucht in Warwickshire und die sozialen Verhältnisse in Stratford von 1564 interessieren, und die Strumpfhose als elisabethanisch korrektes männliches Standardkostüm hatte ausgedient. Sie erschien als wahrer Verhinderer einer tatsächlichen existentiellen *Erfahrung* mit Shakespeares Dramenwelt und ihren Konflikten. Shakespeare sei uns nah verwandt, wurde behauptet; wir müssten nur *unsere* Themen in Bruder Shakespeares alten Geschichten auffinden. Oder sie in sie hineinlegen.

Und es ist ja wahr – das schöne historisierende *Globe Theatre* in London und seine Schauspieler tun zwar so, als könnten sie uns zu Elisabethanern machen; tun für zwei Stunden so, als könnten wir Shakespeares Zeitgenossen werden; als könnten die heutigen Schauspieler die fotografierenden Touristen aus aller Welt, die sich um den Bühnenrand drängen, allein durch ein bisschen linkisches Haareverwuscheln in ein waschechtes elisabethanisches Publikum verwandeln. Aber das klappt natürlich nicht – da fehlt

es schon an den Äußerlichkeiten: am elisabethanischen pesti-
lenzialischen Gestank von 3000 dicht gedrängt stehenden ungewaschenen Leibern in ungewaschenen Kleidern; am Brodem
der ungeniert abgelassenen Pisse, denn es gab keine Toiletten; es
fehlt der Gestank von geronnenem Blut von den grausamen Tier-
hatz-Veranstaltungen, die es in manchen Theatern gab, oder der
von faulen Zähnen und altem Knoblauch; es fehlen die Nüsse, die
der elisabethanische Zuschauer laut knackte und kaute und samt
den zischend geöffneten Bierflaschen zu Wurfgeschossen gegen
schlechte Schauspieler umfunktionierte. Es fehlt die unterschwel-
lige Angst vor der tödlichen Ansteckung mit der Schwarzen Pest,
die damals über jedem größeren Menschenauflauf hing. Von den
scharfen Waffen, die im Publikum ganz selbstverständlich jedermann trug, gar nicht zu reden, denn wie leicht konnte man in ein
Messer laufen – schließlich war man im Rotlichtbezirk in Southwark, wo finstere Gestalten lauerten. Und es fehlt vor allem das
Movens, das die Londoner damals täglich zu Abertausenden in die
Theater trieb: die brennende Neugier darauf, wie *ihre eigene, aktuelle Welt* da oben in dem brandneuen Medium der öffentlichen
Unterhaltungstheater verhandelt wurde. Alles war Hier und Jetzt.
Ein Spiegel der aktuellen Welt. Wir hingegen erleben heute im *Globe* alte Texte über alte Probleme, wir hören alte Witze, und wir ver-
passen die Ober- und Untertöne, die die alten Stücke für Shakespeares Zeitgenossen ehemals aktuell transportiert haben. *Unsere
aktuellen Probleme werden dort nicht verhandelt. Wir müssen sie*
mühsam in die Stücke hineinlesen. Wir werden keine Elisabethaner. Das wunderschöne, mit viel Liebe erbaute Denkmal des historistischen Shakespeare-Verständnisses, das *Globe Theatre,* das
jeder einmal besucht haben sollte, ist eine Simulation, wie eine
begehbare Installation über das Neolithikum im Naturkundemu-
seum. Oder wie Neuschwanstein in Disneyland. Das historische
Sehen hilft unserem Verständnis, aber immer nur ein Stück weit.

Wenn wir also nicht zu Shakespeares Zeitgenossen werden
können, können wir laut Kott umgekehrt versuchen, Shakespeare
zu unserem Zeitgenossen zu machen. Das machten und machen

die Theater notwendigerweise bei jeder neuen Inszenierung, die
so ein altes Stück mit jeweils modernen Menschen *für* moderne
Menschen verlebendigen will; da wird immer zuerst überlegt: Wo
finden wir Heutigen uns in den alten Geschichten wieder? Was
geht das uns an? Inwiefern ist uns all das verwandt – bei aller historischen Fremdheit? Shakespeares alte Stücke werden mit neuen
Assoziationen und neuen Ober- und Untertönen aufgeladen, an
die Shakespeare nie gedacht hat. Das ist völlig legitim: Ein Shakespeare-Stück ist kein Geschichtsunterricht und kein Museums-
tableau. Es muss *uns* betreffen. Es ist eine Binsenweisheit, dass
jede Epoche auf ihre Façon die Brillengläser neu einschleift, durch
die wir die alten Texte betrachten. Und so kann's dann vorkommen, dass »*unser*« Zeitgenosse Shakespeare – durch unsere heutige Brille gesehen – irgendwie Marx gelesen zu haben scheint,
oder Sigmund Freud, oder Michel Foucault, Jacques Derrida, und
Judith Butler. Sperrige neue Sichtweisen auf einen alten Text können spannend und erkenntnisträchtig sein. Umgekehrt können
sie den Zugang zu Shakespeare auch *ver*sperren, und die Frage
taucht auf, ob wir Shakespeare dabei wirklich als uns verwandten Zeitgenossen wiederfinden – oder ob wir den Fremden nur
nach unserem Geschmack modisch verkleiden bis zur Unkennt-
lichkeit.

> Vor einigen Jahren sah ich in Stockholm zum ersten Mal junge
> Paare Hand in Hand auf der Straße, die einander in Haartracht
> und Kleidung so ähnlich waren, daß man unmöglich sagen konn-
> te, wer Junge oder Mädchen war – da fiel mir ganz plötzlich die
> Ähnlichkeit mit Viola und Rosalinde auf,

schrieb Jan Kott und schloss daraus auf eine enge Verwandtschaft
unserer Zeit mit der Shakespeare-Zeit.[3] Nun ist eine solche Ähnlichkeit erst einmal reines Kostüm. Im Theater sehen wir heute den Römer Coriolan im NATO-oliven Tarnanzug mit Maschi-
nenpistole und Springerstiefeln, Macbeth als Börsenbroker im
Maßanzug, Hamlet im Strampelhöschen mit Schnuller. Das sind

zunächst recht äußerliche Verkleidungen; manchmal klappt's und erzählt Spannendes über den Kern der alten Geschichte, manchmal läuft es als modische Geste leer und verfehlt jenes Kraftzentrum des Fremd-Verwandten, das in den Stücken steckt. Manchmal wird ein Stück gar zum reinen Vehikel für ganz stückfremde Erzählungen: Wenn wir die Bankenkrise nebst Occupy-Bewegung anhand des *Kaufmanns von Venedig* darstellen wollen, aus keinem anderen Grund, als dass es ja hier wie da um Geld geht, so werden wir wohl den Reichtum von Shakespeares Stück verfehlen; oder wenn wir die popkulturelle Beliebigkeits-Assoziations-Maschine anwerfen und *Macbeth* plötzlich in Transsylvanien unter Vampiren spielt oder Othello der weiße Lead-Sänger einer Rockband auf Zypern wird, so ist das zwar »Shakespeare entstaubt« und geht vielleicht »geil ab«, ist poppig bunt und kultverdächtig, aber es könnte uns auffallen, dass bei solchen Ineinssetzungen etwas auf der Strecke bleibt. Das neue Kostüm ist in solchen Fällen entweder zu eng oder zu weit oder zu kurz oder zu lang – es passt den alten Figuren und Geschichten und Kontexten nicht so recht auf den Leib; und so wird, statt das Kostüm dem Leib anzupassen, der Leib passend gemacht. Zumeist wird er beschnitten, hier ein Finger, da ein Ohr, dort ein Arm weg, und er bleibt verstümmelt als Torso zurück. »Eine gelungene Vergewaltigung Shakespeares ist der Beginn eines neuen Stils«[4], schrieb Jan Kott. Möglich; aber wenn die Vergewaltigung *nicht* gelingt …? Der Versuch, verwandte Nähe gewaltsam zu stiften, kann ganz ungemein entfernen. Auch die Suche nach der radikalen Zeitgenossenschaft hilft uns nur ein Stück weit.

»Shakespeare heute« oder »Shakespeare historisch« – keiner der beiden Wege ist ein Königsweg zu Shakespeares merkwürdigen, fremd-verwandten Werken. Beide Wege sind erkenntnisträchtig und legitim. Ins Extrem getrieben, werden beide fragwürdig. Ob wir die Texte auf der Suche nach Shakespeare »heutig« oder »historisch« lesen – immer blicken wir letztlich in Zerrspiegel, in denen wir im »Shakespeare« wesentlich uns selbst erkennen. Große Texte sind immer klüger als ihr Autor: Sie halten mehr bereit, als

ihr Schöpfer bewusst erdachte. Wenn wir uns kühn heutig asso-
ziierend im Sinnüberschuss der alten Texte wiederfinden wollen,
sollten wir ihre widerständige historische Fremdheit nicht übersehen: Sie ist ein notwendiges Korrektiv für unsere produktive
und übermütige Willkür der Aneignung. Das vertrackte Verhältnis von Verwandtschaft und Fremdheit muss bei Shakespeares
Stücken immer wieder neu austariert werden.

Dieses Buch will von beidem erzählen: von Shakespeares historisch ferner, fremder Welt ebenso wie von jenem Shakespeare,
der auf verschlungenen Wegen »*unserer*« geworden ist. Oder besser gesagt – von den vielen Shakespeares, die wir uns im Laufe der
Zeit erfunden haben. Denn »Shakespeare«, unser Verwandter, besteht aus unseren Phantasien.

VON NOSTRIFIZIERUNG UND
ENT-ENGLISIERUNG
ODER
WIE SHAKESPEARE *UNSER* SHAKESPEARE WURDE

Zur Nation euch zu bilden, ihr hofft es, Deutsche, vergebens;
Bildet, ihr könnt es, dafür freier zu Menschen euch aus.
Schiller und Goethe, Xenien, Nr. 96

Am Anfang war Deutschland wüst und leer, und es war finster auf der Tiefe. Der Geist Shakespeares schwebte noch nicht über den deutschen Landen. So unglaublich es scheint – es gab einmal eine Zeit, als man in Deutschland von Shakespeare nichts wusste. Noch zu Beginn des 18. Jahrhunderts – Shakespeare war seit fast hundert Jahren tot, nämlich seit 1616, und in England längst mit dem Dichterlorbeer gekrönt – hatte man in Deutschlands gebildeten Bürgerkreisen kaum auch nur seinen Namen gehört. Das lag unter anderem daran, dass man ihn nicht recht lesen konnte – es gab keine einzige Shakespeare-Übersetzung, man stelle sich vor! Und auf Englisch lesen konnten ihn nicht sehr viele, denn Englisch war für die Deutschen nicht unbedingt die Fremdsprache erster Wahl: Das war damals Französisch, die internationale Kultursprache der Zeit, die Sprache der Höfe und der Bildung. Mit Französischkenntnissen bewies man, dass man *très en vogue*, auf der Höhe der Zeit und der Kultur war. Wer's nicht konnte, flickte bei jeder *occasion* mit *coquetterie* wenigstens französische Wörter in die *conversation* ein. Friedrich der Große von Preußen konnte später Deutsch nur radebrechen, hielt es für vulgär und betrachtete Französisch als seine Muttersprache.

Vorbild aller europäischen Höfe und Bürgerstuben war Frankreichs Prunkhof Versailles, der Nabel der zivilisierten Welt. Der

Festglanz der französischen Hofkultur überstrahlte seit Ende des 17. Jahrhunderts ganz Europa und erleuchtete auch die letzten Winkel der vielen deutschen Lande, denn eine einheitliche deutsche Nation gab es nicht. Es gab nur die deutsche Kleinstaaterei, einen Flickenteppich aus über 300 kleinen und kleinsten selbstständigen Fürstentümern im erschütterten Überbau des Heiligen Römischen Reiches; in ihrem Mittelpunkt rückständige Miniatur-Residenzen, die sich alle mühten, Versailles nachzueifern. Von der galanten Kleidermode, dem abgezirkelten Hofzeremoniell, den Umgangsformen bis zur korrekten Perücke war Frankreich der Maßstab: Seit Ludwig XIV. wegen Haarausfalls zur gelockten Zweitfrisur gegriffen hatte, wurde die weiß, blau oder rosa gepuderte Allongeperücke überall in Europa zum höfischen wie bürgerlichen Statussymbol.

Unter den Puderlocken verbreitete sich in den Köpfen auch das aus Frankreich importierte *cogito ergo sum (Ich denke, also bin ich)* des Descartes: der neue, mathematisch begründete Glaube an die Vernunft, der Rationalismus. Sein verspieltester Ausdruck waren die Gärten und Parkanlagen: Da wurde die wuchernde Natur mit Zirkel und Lineal zu geometrisch-mathematischen Wunderwelten gezähmt.

Das Universum war eine große rationale mathematische Maschine, man lebte laut Leibniz in der besten aller denkbaren Welten, alles war vernünftig geordnet und geregelt. Auch die Dichtkunst.»Die Gartenkunst und die dramatische Dichtkunst haben in neuern Zeiten ziemlich dasselbe Schicksal gehabt«, meinte Schiller später, 1793, »dieselbe Tyrannei der Regel in den französischen Gärten und in den französischen Tragödien. Dieselbe bunte und wilde Regellosigkeit in den Parks der Engländer und in ihrem Shakespeare.«[1] Und so war auch das Theater.

Mit dem Theater hatte es in Deutschland seit dem Dreißigjährigen Krieg lange recht schlimm gestanden. Zwar wurde überall an den Höfen und in den Residenzstädten der vielen deutschen Kleinstaaten Theater gespielt, ob am Hoftheater oder durch Wanderbühnen – aber es war grobschlächtiges Zeug, wie Gotthold

Ephraim Lessing später erinnert:»Unsre *Staats- und Helden-Ak-tionen* waren voller Unsinn, Bombast, Schmutz und Pöbelwitz. Unsre Lustspiele bestanden in Verkleidungen und Zaubereien; und Prügel waren die witzigsten Einfälle derselben.«²

Dies zu verändern, war ab 1727 ein 27-jähriger deutscher Gelehrter in Leipzig angetreten: der Professor für Poetik, Logik und Metaphysik, Johann Christoph Gottsched. Er war ein der Vernunft verpflichteter, aufrechter Bürger, der den Idealen der Frühaufklärung anhing und eine große emanzipatorische Mission hatte: Er wollte die konfuse deutsche Sprache, die rückständige deutsche Literatur und vor allem das chaotische und stillose deutsche Theater reformieren. Er wollte den Traum eines deutschen Nationaltheaters verwirklichen, den damals viele Bürger angesichts des deutschen Zoten- und Rüpeltheaters träumten. Nach dem Vorbild der *Comédie-Française* sollte es eine Agentur des aufklärerischen Denkens für Bürger,»Volk« und Adel werden – ein allgemeines aufklärerisches Erziehungsinstitut. Es sollte in der deutschen Kleinstaaterei eine übergreifende deutsche Nation erst eigentlich formen helfen, denn die gab es noch gar nicht. Statt eines Nationalstaats also wenigstens ein Nationaltheater.

Zusammen mit der Leipziger Theaterdirektorin Friederike Caroline Neuber verbannte der vernünftige Gottsched als Erstes demonstrativ die Figur des pöbelnden, furzenden und frech anarchischen deutschen Hanswurstes von den Bühnenbrettern. Seine Vorbilder waren – was sonst – französisch: die Dramen eines Corneille und Racine.

Missionarisch verbreitete Literaturpapst Gottsched deren Dramentheorie, wie sie in der rationalistischen Dichtungsrezeptur ›L'Art poétique‹ des Nicolas Boileau dargelegt war. Es handelte sich um eine»Regelpoetik«, die auf die klassischen Vorbilder der großen»Alten« wie Horaz und Aristoteles zurückging. Dramen müssten nach korrekten Regeln geschrieben werden, die auf Vernunft gründeten, wurde da behauptet, und müssten vor allem einen moralischen Nutzen als belehrenden Anschauungsunterricht haben. Gottsched stellte sich – mit den französischen Dichtern –

eine Art Bastelanweisung für das Schreiben von Dramen vor. Das ging etwa so:

> Der Poet wehlet sich einen moralischen Lehrsatz, den er seinen Zuschauern auf eine sinnliche Art einprägen will. Dazu ersinnt er sich eine allgemeine Fabel, daraus die Wahrheit eines Satzes erhellet. Hiernechst sucht er in der Historie solche berühmte Leute, denen etwas ähnliches begegnet ist: … Er erdencket sodann alle Umstände dazu, um die Hauptfabel recht wahrscheinlich zu machen. … Dieses theilt er denn in fünf Stücke ein, die ungefehr gleich groß sind, und ordnet sie so, daß natürlicher Weise das letztere aus dem vorhergehenden fliesset.[3]

Ein Drama hatte also einen nützlichen moralischen Lehrsatz zu illustrieren. Der Dichter war pädagogischer Verpackungskünstler desselben im Dienste von Aufklärung, Vernunft und Humanität. Als oberstes Gebot galt Gottsched die Natürlichkeit und Wahrscheinlichkeit des Werkes. Darunter verstand er nicht etwa naturalistische Abbildung der Realität, sondern ihm genügte die »Ähnlichkeit des Erdichteten mit dem, was wirklich zu geschehen pflegt«[4]. Also war alles Wunderbare, Phantastische und Übernatürliche verboten – keine Geistererscheinungen, keine Götterauftritte und keine Feenreigen. Zentrales Gerüst seiner Theorie war die strenge Einheit von Ort und Zeit – Zeitsprünge in der Dramaturgie waren untersagt, denn »die besten Fabeln sind also diejenigen, die nicht mehr Zeit nötig gehabt, wirklich zu geschehen, als sie zur Vorstellung brauchen«[5]. Die Spielhandlung sollte idealerweise – gemäß einer etwas absonderlichen Wirklichkeitsauffassung– »wirklich« die genaue Dauer der Vorstellung haben. Sonst wäre es nicht natürlich.

Ebenso untersagt waren dem Dichter Ortsveränderungen im Ablauf der Handlung, denn

> die Zuschauer bleiben auf einer Stelle sitzen, folglich müssen auch die spielenden Personen alle auf einem Platze bleiben, den jene

übersehen können, ohne ihren Ort zu ändern. … Wo man ist, da muß man bleiben; und daher auch nicht in der ersten Handlung im Walde, in der andern in der Stadt, in der dritten im Kriege und in der vierten in einem Garten oder gar auf der See sein. Das sind lauter Fehler wider die Wahrscheinlichkeit: Eine Fabel aber, die nicht wahrscheinlich ist, taugt nichts: weil dieses ihre vornehmste Eigenschaft ist.[6]

Nun lässt ein solches Gerüst (oder eher Schnürkorsett) beim Schreiben nicht allzu viel Luft zum Atmen; es schließt alles aus, was sich nicht in ein paar Stunden und an ein und demselben Ort ereignen kann. Das hatte natürlich Folgen auch für die Darstellung komplexer Charaktere; solche lassen sich, angenagelt an einen einzigen Ort, schlecht in ein paar Stunden Realzeit entfalten, und daher meinte Gottsched:

Ein widersprechender Charakter ist ein Ungeheuer, das in der Natur nicht vorkömmt; daher muß ein Geiziger geizig, ein Stolzer stolz … seyn und bleiben; es würde denn in der Fabel durch besondere Umstände wahrscheinlich gemacht, daß er sich ein wenig geändert hätte. Denn eine gänzliche Aenderung des Naturells oder Characters ist ohnedieß in so kurzer Zeit unmöglich.[7]

Auch die Einheitlichkeit des menschlichen Charakters wurde also verlangt: Was eine Figur einmal war, hatte sie unveränderlich zu sein und zu bleiben; etwaige Wandlungen einer Figur waren verboten, weil in ein paar Stunden kaum darstellbar und sowieso »in der Natur« unwahrscheinlich, laut Gottsched. Eine etwas enge Sicht: Von den Werdensmöglichkeiten eines Menschen konnte in einem solchen mechanistischen Regelwerk nichts erzählt werden. Der Mensch war in diesem Prokrustesbett der rationalen Poetik ein starres, eindimensionales Etwas.

Besonders folgenreich an dieser Literaturverfertigungstheorie war aber die *Ständeklausel*. Sie besagte, dass die Tragödie nur von hohen, erhabenen und großen Menschen handeln konnte, also vom Adel in Form von Königen, Fürsten und Menschen hohen Standes. Denn nur standesmäßig hochstehende Menschen, hieß es, hätten eine Fallhöhe, aus der sie tragisch darniederstürzen konnten. Nur ein Fürst, der zum Bettler wird, hat demnach ausreichende Chancen auf tragische Darstellung. Eine solch adelige Figur etwa in einer Komödie zu zeigen war im absolutistischen Ständestaat unvorstellbar – dies hätte der schuldigen Ehrerbietung gegenüber Fürsten widersprochen. Die Gattung »Komödie« wiederum war ausschließlich den tumben Bürgern vorbehalten; denn der bürgerliche Mensch habe nun mal keine Größe und Erhabenheit, folglich könne er auch nicht tragisch stürzen; seine kleinkrämerischen Alltagsprobleme taugten daher nur für das klamottige Lustspiel; Bürger hätten nun mal kein Empfinden für das wahrhaft Tragische. So waren auch nur die Hoftheater berechtigt, Tragödien aufzuführen; die Wanderbühnen hatten sich mit grobschlächtigen Lustspielen zu begnügen. Und so gab es nur adelige Tragödien und bürgerliche Komödien auf den Theatern. Und deswegen war der für uns Heutige unscheinbare Begriff »Bürgerliches Trauerspiel«, wie es später Lessing kühn auf die Bühnenbretter brachte, ein Oxymoron, ein in sich widersprüchlicher Begriff: »Bürgerlich« und »Trauerspiel« schlossen sich gegenseitig wie von selbst aus. Sie zu vereinen, wie Lessing es tat, kam einer politischen Revolution gleich. Und weil Adel und Bürgertum dramatisch streng getrennt waren, sprachen die komischen Bürgerlichen in solchen Stücken auch ihre komische Alltagsprosa, während die Tragödienhelden in erhabenen Heldenversen sprachen – natürlich im französischen Versmaß des Alexandriners (welcher, wenn der deutschen Sprache aufgepresst, leider etwas mechanisch ausfällt). Gottsched legte selbst eine Probe vor: das Stück ›Der sterbende Cato‹ (1732), das er, wie andere spotteten, aus mehreren vorhandenen französischen Vorlagen »mit Schere und Kleister« zusammengebastelt hatte. Das klingt alexandrinisch so – man lese rhythmisch laut (der Schrägstrich signalisiert eine kleine Zäsur):

Er kam erhitzt darzu, / als schon die andern fochten,
Und hat sich selbst dabey / den schönsten Kranz geflochten.

Pharnazes drang auf ihn / mit bloßem Säbel ein,
Doch alle seine Wuth / schien hier umsonst zu seyn:
Weil ihm kein Hieb, kein Stoß / nach Herzenswunsch gelungen,
Bis deines Sohnes Schwert / ihm durch die Brust gedrungen.[8]

Dieser alexandrinisch tönende oder eher deutsch stampfende ›Sterbende Cato‹ des Professors Gottsched feierte zehn Jahre lang auf allen deutschen Bühnen Triumphe. Dreißig Jahre lang beherrschte Literaturpapst Gottsched die deutsche Szene.

Ein anderer, 30 Jahre jüngerer deutscher Aufklärer fand's dann dreißig Jahre später grässlich: Gotthold Ephraim Lessing, der studierte Theologe, Philosoph, Mediziner, Geschichtskundler und Dichter, kurz, ein promovierter Magister der Sieben Freien Künste. Er wollte, wie Gottsched, ein deutsches Nationaltheater. Aber ein ganz anderes. Dank unguter Erfahrungen an frankophilen absolutistischen Fürstenhöfen sowieso etwas frankophob orientiert (siehe den satirisch gezeichneten Chevalier de Riccault in seiner ›Minna von Barnhelm‹) und geradezu allergisch gegen Frankreichs spöttischen Vorzeigeintellektuellen Voltaire, hielt Lessing von der französischen Regelpoetik und ihren Backrezepten zur Dramenerstellung überhaupt nichts. Die feudale Ständeklausel war ihm nachgerade eine Beleidigung seines emanzipativen Bürgerstolzes.

Nicht nur das Theater schien Lessing reformbedürftig zu sein, sondern ebenso der absolutistische Ständestaat nebst der bibelbuchstabenhörigen orthodoxen lutherischen Kirche und deren Verdammung der Vernunft. *Sein* erträumtes Nationaltheater sollte nicht ein Abklatsch des preziösen Hoftheaters von Versailles mit pompös kostümierten Figuren auf hohem Kothurn und geziert geächztem »Helas!« werden, sondern ein Theater der aufgeklärten, also mündigen deutschen Bürger.

Und so schrieb Lessing am 16. Februar 1759 polemisch den epochalen 17. Literaturbrief gegen den nun bald 60-jährigen Frühaufklärer Gottsched, worin er programmatisch dem französischen Regeltheater den Abschied gab:

>>Niemand<< sagen die Verfasser der Bibliothek, >>wird leugnen, daß die deutsche Schaubühne einen großen Teil ihrer ersten Verbesserung dem Herrn Professor Gottsched zu danken habe.<< Ich bin dieser Niemand; ich leugne es gerade zu. Es wäre zu wünschen, daß sich Herr Gottsched niemals mit dem Theater vermengt hätte. Seine vermeinten Verbesserungen betreten entweder entbehrliche Kleinigkeiten, oder sind wahre Verschlimmerungen. [...] Er verstand ein wenig Französisch und fing an zu übersetzen; er ermunterte alles, was reimen und Oui Monsieur verstehen konnte, gleichfalls zu übersetzen; er verfertigte, wie ein Schweizerischer Kunstrichter sagt, mit *Kleister und Schere* seinen >>Cato<<; ... er legte seinen Fluch auf das extemporieren; er ließ den Harlekin feierlich vom Theater vertreiben ... kurz, er wollte nicht sowohl unser altes Theater verbessern, als der Schöpfer eines ganz neuen sein. Und was für eines neuen? Eines Französierenden; ohne zu untersuchen, ob dieses französierende Theater der deutschen Denkungsart angemessen sei, oder nicht.[9]

Da tönt sie zum ersten Mal deutlich herauf: *Die deutsche Denkungsart!* Ein Thema, das in der Luft lag. Es ist der Keim all jener Diskurse über den deutschen Nationalcharakter und den deutschen Nationalgeist, die die kommenden Epochen führen werden. Eine wesensmäßig *deutsche* Art zu denken wird der ganz anderen französischen entgegengehalten. Inkompatibilität wird festgestellt. Und Lessing sagt auch gleich, wo es langgehen soll, wo die deutsche Denkungsart verwandtere Geister findet:

Er hätte aus unsern alten dramatischen Stücken, welche er vertrieb, hinlänglich abmerken können, daß wir mehr in den Geschmack der Engländer, als der Franzosen einschlagen.[10]

Engländer sind also deutscher als Franzosen. Und hier nun öffnet Lessing mit Fanfaren und Trompeten den Vorhang für den großen historischen Auftritt des William Shakespeare auf der deutschen Bewusstseinsbühne:

> Wenn man die Meisterstücke des Shakespeare, mit einigen bescheidenen Veränderungen, unsern Deutschen übersetzt hätte, ich weiß gewiß, es würde von bessern Folgen gewesen sein, als daß man sie mit dem Corneille und Racine so bekannt gemacht hat. Erstlich würde das Volk an jenem weit mehr Geschmack gefunden haben, als es an diesen nicht finden kann; und zweitens würde jener ganz andere Köpfe unter uns erweckt haben, als man von diesen zu rühmen weiß. Denn ein *Genie* kann nur von einem *Genie* entzündet werden; … Nach dem »Ödipus« des Sophokles muß in der Welt kein Stück mehr Gewalt über unsere Leidenschaften haben, als »Othello«, als »König Lear«, als »Hamlet« etc.[11]

Der alte kahlköpfige Shakespeare hielt Einzug in den Kreis moderner Puderperückenträger. Der Engländer wurde in Stellung gebracht gegen das französisierende Theater und überhaupt die französische Kultur. Er sollte nach Lessings Vorstellung das neue Leitbild für die bürgerliche deutsche Denkungsart werden, der er wesensverwandter sei als die Franzosen. Er sollte das feudale ständische Theater verbürgerlichen helfen. Er sollte Freiheit vom französischen kulturellen und politischen Einfluss bringen. Sein englisches Genie sollte das deutsche Genie entzünden und zu sich selbst bringen. Ziemlich viel, was Lessing von ihm erwartete.

Nun sind Shakespeares Stücke in der Tat das glatte Gegenteil all jener nach französischem Regelpoetik-Rezept zusammengerührten Dramen, die literarisch *á la mode* waren. Sie kennen keine einschnürenden »Gesetze« und »Regeln«. Sie kennen keine Einheit der Zeit, sie zoomen nach Lust und Laune über Tage, Monate, Jahre, Jahrzehnte, ja, über ein Menschenleben hin. Mal schnurrt die reale Stundenzeit in ihnen zu Augenblicken zusammen, mal blähen sich Augenblicke auf, als wären's Tage. Die »Wirklichkeit«

der reinen Spielzeit löst sich auf im Zeitraffer wie *slow motion* der subjektiv erlebten inneren Zeit der Phantasie.

> Sollte es denn jemand in der Welt brauchen demonstriert zu werden, daß Raum und Zeit eigentlich an sich nichts, daß sie die relativeste Sache auf Dasein, Handlung, Leidenschaft, Gedankenfolge und Maß der Aufmerksamkeit in oder außerhalb der Seele sind? Hast denn du, gutherziger Uhrsteller des Dramas, nie Zeiten in deinem Leben gehabt, wo dir Stunden zu Augenblicken, und Tage zu Stunden, Gegentheils aber auch Stunden zu Tagen und Nachtwachen zu Jahren geworden sind?[12]

– wird später Herder ausrufen in seinem Aufsatz ›Von deutscher Art und Kunst‹.

Und Shakespeares Dramen kennen weiß Gott keine Einheit des Ortes: Sie spielen tatsächlich in der einen Szene »*im Walde, in der andern in der Stadt, in der dritten im Kriege und in der vierten in einem Garten oder gar auf der See*«. – Was Gottsched als Fehler schulmeisterlich rot anstrich, ist ihr ureigenstes Bauprinzip. Sie springen vom höfischen Boudoir aufs Schlachtfeld, vom Thronsaal in die Bärenhöhle, vom Küstengestade zum Marktplatz, von Hochzeiten zu Friedhöfen. Sie springen zwischen Ländern: z. B. von Rom nach Sizilien, nach Alexandria, nach Athen, nach Rom, nach Syrien zurück, nach Rom, nach Messina, nach Actium, nach Alexandria und wieder nach Rom, im wilden Wirbel der Örtlichkeiten – der nackte Irrsinn in regelpoetischer Sicht. Sie springen aus der wirklichen Welt in Traumwelten, so real wie die wirklichen, und stürzen zurück auf die harte Erde, die so irreal wirkt wie ein Traum. Sie springen im Reden der Personen aus der Gegenwart in die Zukunft und zurück in die Vergangenheit; sie wechseln aus der Realwelt in Möglichkeitswelten. Sie folgen dem Flug kreiselnder Gedanken in die Innenräume der Seele, bohren sich in die Wahnwelten kranker Gehirne. Sie wechseln die Perspektive von Szene zu Szene, verlaufen sich in Irrgärten und taumeln durch Spiegelkabinette der Realitätswahrnehmung.

Und wenn irgendetwas jene Shakespeare-Charaktere auszeichnet, so ist es das völlige, absolute, radikale *Fehlen* jedweder Einheitlichkeit. Ihr Markenzeichen ist das genaue Gegenteil: Sie sind wahre »Ungeheuer« in ihrer hirnzerquälenden Widersprüchlichkeit, genauso, wie die Menschen eben »in der Natur vorkommen«; ein Geiziger ist niemals nur geizig, sondern weiß um Freigebigkeit; ein Stolzer ist niemals nur stolz, sondern weiß von Demut. Das Wichtigste all dieser Figuren: Sie sind nicht, was sie sind. Sie bleiben nicht, was sie waren. Sie sind in ständiger Wandlung begriffen. Es ist geradezu das Prinzip des alchimistischen Schmelztiegels der shakespeareschen Stücke, dass dort kein Mensch von Anfang bis Schluss er selbst bleibt, sondern durch das Mahlwerk extremer Erfahrungen geht und am Ende als Verwandelter dasteht, ob zum Guten oder zum Bösen, erschüttert in seinem alten Selbst. Wandlung, Verwandlung ist das zentrale, innerste Thema all seiner Texte: Der Mensch ist dort ein sich fließend Umgestaltender, sich immer neu Erfindender in ewigen Verpuppungen und wundersamen neuen Metamorphosen.

Und der allergrößte Affront gegen das französische Regeltheater: Shakespeare beachtet die politisch begründete Ständeklausel nicht. Nicht nur, dass in seinen Stücken erhabene Adelige *und* banale Bürger zusammen vorkommen – sie treten sogar gemeinsam in den Szenen auf! Und es erscheinen sogar ganz einfache Leute aus den untersten Volksschichten zusammen mit Königen und Fürsten im Dialog. Und sogar Narren werden mit Königen gesellt – obwohl Gottsched den Hanswurst doch gerade von der Bühne verbannt hatte! Und Könige werden sogar als Narren vorgeführt! Da herrscht kein Respekt vor den höheren Ständen, keine Ehrfurcht, keine Distinktion. Alle Schichten der gesellschaftlich-hierarchischen Pyramide werden wild durcheinandergewürfelt und in ihrer Interaktion gezeigt. Die Konflikte der Adeligen werden sogar unten auf der Ebene des gemeinen Volkes parodistisch wiedergespiegelt, so, als ob einer aus dem gemeinen Volk auch Tragödien erleiden könnte wie Fürsten. Helden und Pöbel in ein und derselben Szene! Und in traurigen Tragödien gibt es sogar massenhaft komische Szenen! Im herzerweichenden *Romeo und Julia* wird das halbe Stück über kräftig gelacht. In Tragödien treten witzereißende Narren auf wie in *König Lear*; in *Hamlet* ist der Titelheld selber einer und blödelt herum wie der Komiker auf der Wirtshausbühne. Sogar im düsteren *Macbeth* kann's Shakespeare nicht lassen, da tritt ein halb besoffener Pförtner als Narrenfigur auf, der obszöne Kalauer von sich gibt, während oben im Haus König Duncan ermordet wird. Und umgekehrt spukt selbst durch seine burleskesten Komödien wie ein dunkler Schatten die Ahnung, dass die heitere Handlung jederzeit in die Katastrophe, in die Tragödie umschlagen könnte. Tragödie und Komödie werden wüst und wild gemischt und durcheinandergerührt – und das ist nach den französischen Dramenregeln und den fein säuberlichen Unterscheidungen der Genres und der aufklärerischen kühlen Vernunft völlig indiskutabel! Und gleich ganz unmöglich sind übernatürliche Erscheinungen wie Geister von toten Vätern, wie in *Hamlet*; Ermordete, die aus ihren Gräbern kriechen, wie in *Richard III.*; Götter auf Adlerflügeln, wie in *Cymbeline*; Tote, die auferstehen und ihre Mörder verfolgen, wie in *Macbeth*, Spuk-, Wald- und Elfengeiste, die mit den Menschen ihren bösen Schabernack treiben, wie im johannesnächtigen *Sommernachtstraum*. Denn das ist gegen die aufklärerische Vernunft. *Quel horreur! Quel mauvais goût!*

Literaturpapst Gottsched hat sich geschüttelt. Indem er das rationale Regelpoetik-Metermaß an Shakespeares Dramen anlegte, wurden sie ihm zu einer Ansammlung von gröbsten Fehlern – überall Verstöße gegen die Regel. Die Dichtung passte nicht zum Modell – also weg mit der Dichtung. Gottsched war unfähig, ein Werk an sich zu erfassen: Was nicht ins Raster der Regel passte, war für ihn falsch. Über Shakespeares *Julius Cäsar* schrieb er, das Stück habe so viel Niederträchtiges an sich, dass kein Mensch es ohne Ekel lesen könne:

> Sonderlich ist das engländische Theater insgemein in der Einrichtung der Fabel fehlerhaft, als welche größtentheils nichts besser

sind, als die altfränkischen Haupt- und Staatsaktionen der gemeinen Komödianten unter uns.[13]

Für ihn war das Theater ein moralischer Lehrkatheder, kein geistiger Raum der schöpferischen Phantasie und Freiheit. Shakespeares Theater war in jeder nur denkbaren Hinsicht das Gegenteil dessen, was der französische gute Geschmack, die Vernunft und die Regelpoetik verlangten. Als der große Spötter, Vordenker und Dramatiker Voltaire in England erkennen musste, welche Kraft in jener shakespeareschen Regellosigkeit und Phantasie lag, erklärte er in verständlicher Selbstverteidigung, Shakespeare sei ein »betrunkener Wilder«, »ein Monstrum ohne Geschmack«.

»*Unser Shakespeare*« war bei seinem ersten Auftritt in Deutschland gleich zwei Shakespeares: Shakespeare, der ekelerregende regellose Grobian, und Shakespeare, der die ästhetischen Verhältnisse auf den Kopf stellende rebellische Geistesverwandte der Deutschen, je nach Blickwinkel. Der Grobian war er für die beharrenden Kräfte in den absolutistischen deutschen Rokoko-Landen; ein befreiender Geistesverwandter war er für all jene, die in der deutschen Provinz auch schon von jenem ersten leisen Rumor erfasst waren, der in Frankreich dreißig Jahre später zur Französischen Revolution führen würde. Aber noch konnte man ihn nicht wirklich lesen …

»Wenn man die Meisterstücke des Shakespeare, mit einigen bescheidenen Veränderungen, unsern Deutschen übersetzt hätte …«, hatte Lessing geschrieben.[14] Aber man hatte eben noch nicht. Es gab nur erste einzelne Versuche mit »schönen Stellen«, die in Anthologien veröffentlicht wurden. Doch nun, nach Lessings Aufbruchssignal und zunehmendem öffentlichen Interesse am neu ausgerufenen Meister der Dichtung, fand sich jemand, der es wagen wollte: der intellektuelle, faunisch französisch tändelnde Christoph Martin Wieland, der einmal zu einem der Vier Großen der Weimarer Klassik werden sollte und den Napoleon ansprechen würde mit den Worten:»So, Sie sind also der deutsche Voltaire?« Damals war er noch Kanzleiverwalter in seiner Geburtsstadt Biberach an der Riss und hatte Zeit für ein solches Unterfangen – und für das Theater: 1761 führte er mit Laien den *Sturm* in eigener Übersetzung auf, als erste originalgetreue Shakespeare-Inszenierung in deutscher Sprache.

1762 begann er als 29-Jähriger mit dem gewaltigen Pionierversuch einer Gesamt-Shakespeare-Übersetzung, die viele seiner Zeitgenossen für unmöglich hielten: Ohne Vorbild, ohne Vorgänger, ohne verbesserbares Muster versuchte er, Shakespeare auf Deutsch von Grund auf neu zu erfinden.

Anfangs war er begeistert von seinem Autor (*»Welcher Schriftsteller hat jemals so tief in die menschliche Natur gesehen?«).*[15] In seinem Shakespeare-Enthusiasmus wollte er den Deutschen den »Shakespeare so geben, wie er ist«. Aber dies nahm eine seltsame Wendung: Wo Shakespeare Verse schreibt, übersetzte Wieland nämlich Prosa – was nicht so ganz dasselbe ist, vielmehr einen großen Unterschied verwischt: Shakespeares *inhaltliche* Differenzierungen durch Prosa und Vers. Und vor allem schrieb Wieland zunehmend empört Fußnoten:

> Shakespeare mußte einen Reim auf den vorhergehenden Vers haben, und es ist kein Unsinn, keine Unanständigkeit, die er sich nicht erlauben sollte, um sich nicht lang auf einen Reim besinnen zu müssen …
> Der Narr sagt hier etwas so elendes, daß der Übersetzer sich nicht überwinden kann, es herzusetzen …
> [es folgen Einfälle], deren Absicht bloß war, die Grundsuppe des Londoner Pöbels lachen zu machen …
> Hier folgen etliche Reden im tollhäusischen Geschmack …
> … ungereimte Abfälle, aufgedunsene Figuren, frostige Antithesen, Wortspiele und alle nur möglichen Fehler des Ausdrucks …
> Ich habe mich genötigt gesehen, einige ekelhafte Ausdrücke wegzulassen …
> … die ekelhafte Unsittlichkeit derselben [Szenen] verbietet es uns sie zu übersetzen …[16]

Das klingt fast wie Voltaire. Wieland kann sich nicht überwinden, solchen Schmutz und Schund »herzusetzen«. Goethe und Herder waren später empört über die Peinlichkeit von Wielands moralinsauren Fußnoten. Wieland wandelte sich im Laufe der Arbeit zunehmend vom Shakespeare-Jünger zum Shakespeare-Kritiker. Er, der geschmäcklerisch verspielte Rokoko-Dichter, fand keinen eigenen Zugang zum Ganzen der dichterischen Renaissancewelt Shakespeares. Mit seinen »vernünftigen« Anmerkungen über das Rohe und Grobe der Texte scheint er sich persönlich von Shakespeares Derbheiten zu distanzieren und ihn zugleich vor seinem Publikum zu entschuldigen: Das Grobianische sei nur Zugeständnis Shakespeares an seine primitive, finstere, mittelalterliche Epoche, sodass man diese nur dem üblen Zeitgeschmack geschuldete Zutat natürlich jederzeit weglassen könne, um den reinen (gereinigten) dichterischen Kern des Genies Shakespeare zu vermitteln. Folglich verkürzte Wieland – insbesondere, wenn er auf »unmoralische« sexuelle Anspielungen traf – immer radikaler, ließ Dialogteile, Auftritte, ganze Szenen aus und schrieb manchmal nur noch kursorische Inhaltsangaben für komplette Akte. Er wollte Shakespeare zwar so, wie er war, dem deutschen Publikum bekannt machen, so, wie Shakespeare (angeblich) der Schnabel gewachsen war, aber ohne das Publikum wegen Anstößigkeiten zu verärgern. Also doch nicht ganz so, wie Shakespeare war. Eher so, wie der Publikumsgeschmack war. Oder wie Wieland, der Dichter der lüstern-lasziven Rokoko-Grazien in griechischem Gewande, ihn einschätzte. Ein Balanceakt der halbherzigen, anpasserischen Eingemeindung, der einigermaßen schiefging. Die Quadratur des Kreises ist schlecht möglich. »Unser« erster deutscher Shakespeare war Aufklärer Wielands Shakespeare – »sein« Shakespeare. Ein literarischer Zwitter. Vielleicht ist es geradezu symbolisch, dass Wieland, der kaum Englisch konnte, kein englisch-deutsches Wörterbuch besaß, sondern nur ein englisch-französisches, Boyers ›Dictionnaire royal francois et anglois‹[17]: Wieland hat Shakespeare quasi über das Französische rezipiert.

In Gefahr und großer Not / Bringt der Mittelweg den Tod: Die alten Regeltreuen fanden, Wieland hätte viel freier vorgehen, Shakespeares Schmierereien ganz weglassen und mehr dem eigenen Zeitgeschmack entsprechend gereinigt übersetzen müssen. Die jugendlichen Shakespeare-Begeisterten verhöhnten den »Franzennachäffer« Wieland wegen seiner Philisterei und forderten eine genauere, treuere Übersetzung – näher am angeblich wilden, chaotischen, ungeregelten Original.

Es hatte ruckhaft ein Umschwung der öffentlichen Stimmungslage stattgefunden: Die revolutionären Stürmer und Dränger, die jungen Autoren der neuen »Geniezeit« regten sich, denen der aufklärerisch strenge Vernunftgestus zu eng wurde. Weniger Kopf sollte sein, mehr Bauch sollte dazu; weniger Klügeln, mehr Gefühlsüberschwang; weniger gebändigte Sprache, mehr impulsiver Ausbruch aus der Fülle des Herzens; weniger Kasernierung des Verstandes, mehr individuelle Leidenschaft zum Verstand hinzu. *Freiheit* sollte sein im absolutistischen Ständestaat, im Sturm hinwegfegen wollte man das »tintenklecksende Säkulum« (Schiller). Und die literarische Lichtgestalt dafür sollte den Deutschen statt Frankreichs Racine Englands Shakespeare sein: »Unser« Shakespeare. Unser Verwandter. Unser Landsmann. Der andere Shakespeare, geboren in den schäumenden Phantasien des Sturm und Drang. Die deutsche Shakespearomanie und Eingemeindung begann mit dem Aufbruch der Stürmer und Dränger, die begeistert waren von Shakespeares scheinbarer Formverachtung und angeblich wilder Regellosigkeit. Beflügelt wurde der mit antifranzösischem Gestus gewürzte Shakespeare-Jubel dabei vom arg kritisierten Wieland'schen Shakespeare, der trotz all seiner Mängel und seiner Formverachtung (oder gerade *wegen* seiner Mängel und seiner Formverachtung) allgemein enorme Shakespeare-Begeisterung hervorrief und ihn in Deutschland überhaupt erst zugänglich machte.

1770 STRASSBURG. IM GASTHOF »ZUM GEIST«. Kein schlechter Begegnungsort für große Geister. Der 21-jährige Jurastudent Johann Wolfgang Goethe trifft dort den bereits berühmten 26-jährigen Theologen, Prediger, Sprach- und Literaturtheoretiker Johann Gottfried Herder. Goethe war schon ein halbes Jahr in Straßburg an der Universität, Herder nur auf der Durchreise, blieb aber wegen eines Augenleidens einige Wochen in der Stadt. In dieser Zeit wurde er, obwohl kaum älter, zum galligen Mentor und aufrüttelnden Inspirator in Goethes Freundeskreis stürmischer junger Männer und Literaten. Man diskutiert über die Schriften von Klopstock und Rousseau, dessen Kampfruf von der »Natur!« revolutionäre neue Gedanken bei jenen befeuerte, die Gefühl und Empfindsamkeit zumindest neben, wenn nicht *vor* die aufklärerische Vernunft setzen und die schöpferische Kraft der Phantasie beschwören wollten. Herder raunt, von humanistischem Pathos beflügelt, von seinen entstehenden Thesen über Poesie als Ursprache, als »Muttersprache der Menschheit«, über Dichtung aus dem natürlichen Ursprung des Volkes und der natürlichen Volkspoesie. Vor allem aber preist Herder Shakespeare als eines der großen schöpferischen Originalgenies der Welt in den höchsten Tönen, und Goethe wird mit ihm erstmals bekannt.

Die Folgen zeigten sich ein Jahr später, 1771, in der großen ekstatischen, wenn nicht gar delirierenden Rede ›Zum Schäkespears Tag‹[18] des jungen, stürmischen Herrn Goethe in Frankfurt, zu dem er extra eingeladen hatte:

> Die erste Seite, die ich in ihm las, machte mich auf zeitlebens ihm eigen, und wie ich mit dem ersten Stücke fertig war, stund ich wie ein Blindgeborner, dem eine Wunderhand das Gesicht in einem Augenblicke schenkt. Ich erkannte, ich fühlte aufs lebhafteste meine Existenz um eine Unendlichkeit erweitert, alles war mir neu, unbekannt, und das ungewohnte Licht machte mir Augenschmerzen. Nach und nach lernt ich sehen, und, dank sei meinem erkenntlichen Genius, ich fühle noch immer lebhaft, was ich gewonnen habe.

Shakespeare als rauschhaft religiöses Erweckungserlebnis von der Finsternis zum Licht. In drei Sätzen 13-mal »ich« und »mich« und

»mir«. Das deutsche Individuum erwacht, vom Genie berührt, es empfindet sich selbst genialisch ins Unendliche gesteigert, es wird sehend. Man muss sich Lessings eher trockene Absage an Gottscheds und Voltaires Regelpoetik ins Gedächtnis rufen, wenn man zum selben Thema Johann Wolfgangs emphatischen Abgesang stilistisch recht würdigen will – die rationale Kontrolle ist im Leidenschaftsrausch weitgehend aufgegeben:

> Ich zweifelte keinen Augenblick, dem regelmäßigen Theater zu entsagen. Es schien mir die Einheit des Orts so kerkermäßig ängstlich, die Einheiten der Handlung und der Zeit lästige Fesseln unsrer Einbildungskraft. Ich sprang in die freie Luft und fühlte erst, daß ich Hände und Füße hatte. Und jetzo, da ich sahe, wieviel Unrecht mir die Herrn der Regeln in ihrem Loch angetan haben, wieviel freie Seelen noch drinne sich krümmen, so wäre mir mein Herz geborsten, wenn ich ihnen nicht Fehde angekündigt hätte und nicht täglich suchte ihre Türme zusammenzuschlagen.

Kerker, Fesseln, Unrecht, Regeln, Loch – freie Luft, freie Seelen, berstende Herzen. Unter der Rokoko-Perücke fühlt der junge Goethe durch Shakespeare erstmals Freiheit, spürt erstmals, dass er einen Körper hat, dass er ein Leibwesen ist, dass ihm bitter Unrecht getan wurde von den Regel-Zuchtmeistern – und er kündigt den herrschenden (literarischen) Herren die Fehde an. Er will im sentimentalen Überschwang auch gleich alles zusammenschlagen, jedenfalls literarisch. Bis zur Französischen Revolution, bei der in Frankreich alles blutig zusammengeschlagen wird, sind es noch achtzehn Jahre.

Gefühlsintensität soll Rationalität ablösen. Besonders die französischen Dichter bekommen ihr Fett ab. Ihre lächerlichen Nachahmungsversuche der großen Griechen seien kläglich gescheitert:

> Nun sag ich geschwind hintendrein: Französchen, was willst du mit der griechischen Rüstung, sie ist dir zu groß und zu schwer. Drum

sind alle französche Trauerspiele Parodien von sich selbst Und
ich rufe Natur! Natur! nichts so Natur als Schäkespears Menschen!

Ein grandioses Missverständnis – aber hier erklingt er nun, der
neue sehnsüchtige Schlachtruf der jungen Stürmer und Dränger
in perückenplustriger Rokoko-Zeit: Natur! Nichts als Natur! Und
Shakespeare IST ihnen Natur. Unverbildet. Vielmehr – er wird
dazu gemacht. Er wird zum Kronzeugen und Befreier für die frus-
trierten Sehnsüchte eines jungen Bürgertums stilisiert, dem es zu
eng wird in absolutistischen Rokoko-Residenzen, fern aller ima-
ginierten shakespeareschen freien menschlichen »Natur«:

> Und was will sich unser Jahrhundert unterstehen, von Natur zu
> urteilen. Wo sollten wir sie her kennen, die wir von Jugend auf
> alles geschnürt und geziert an uns fühlen und an andern sehen.

Eine Jugendrevolte gegen die Alten. Mit Shakespeare auf die
Barrikaden. Hamlet, der traumverlorene Dänenprinz, der mit
Worten gegen Staatsverbrechen ankämpft, taugt prächtig zur na-
tionalen Identifikationsfigur. Shakespeare wird titanisch erhöht:

> Er wetteiferte mit dem Prometheus, bildete ihm Zug vor Zug sei-
> ne Menschen nach, nur in kolossalischer Größe; darin liegt's, daß
> wir unsre Brüder verkennen; und dann belebte er sie alle mit dem
> Hauch seines Geistes, er redet aus allen, und man erkennt ihre
> Verwandtschaft.

Shakespeare und Shakespeares Personal: alles unsere Brüder, alles Verwandtschaft. Aus dem Lob Shakespeares klingt Eigenlob:
Die »kolossalische Größe« seiner Gestalten macht uns, die wir
sie plötzlich erkennen, auch ziemlich groß. Der dichtende englische Prometheus Shakespeare wird dabei neu kostümiert: Als
urschöpferischer Naturbursche wird er zum Kronzeugen gegen
die falsche, künstlich geregelte, französisierende (Kunst-)Litera-

tur ebenso wie gegen die falschen feudalen politischen Verhältnisse an deutschen Fürstentümern.

»Laßt mir Luft, daß ich reden kann!« – Goethes scheinbar
»spontane«, luftschnappende Herzensergießung in brodelnden
Satzfetzen ist, wie seine Handschrift zeigt, übrigens rhetorisch
sehr sorgfältig komponiert.[19]

Herder, der später das Viergestirn des klassischen Musenhofes
Weimar vervollständigen wird, schreibt zwei Jahre darauf über
Shakespeare ähnlich hymnisch-rhapsodisch:

> Wenn bei einem Manne mir jenes ungeheure Bild einfällt: »hoch
> auf einem Felsengipfel sitzend! zu seinen Füßen, Sturm, Ungewit-
> ter und Brausen des Meers; aber sein Haupt in den Strahlen des
> Himmels!« so ist's bei Shakespeare! – Nur freilich auch mit dem
> Zusatz, wie unten am tiefsten Fuße seines Felsenthrones Haufen
> murmeln, die ihn – erklären, retten, verdammen, entschuldigen,
> anbeten, verleumden, übersetzen und lästern! – und die Er alle
> nicht höret![20]

Das großgeschriebene Personalpronomen *Er* vergöttlicht Shakespeare endgültig. Ein grandioses, aber sehr fruchtbares Missverständnis. Vorbei ist es für die Literaten mit den alten gesellschaftlichen Klassifizierungen in Bauer, Bürger, Edelmann: Die
»Größe« und Stellung eines Menschen misst sich nur noch am
»Genie« des Einzelnen, der als Weltenschöpfer seiner Werke hoch
erhaben ist über Lob und Tadel. Nicht Regelpoetik nach dem Maß
der Griechen und Franzosen, sondern Naturpoetik nach dem organischen Maß der gewachsenen, individuellen nationalen We-
sensarten sollte bestimmend sein. Herders Shakespeare-Aufsatz,
betitelt ›Von deutscher [sic!] Art und Kunst‹, wird zum Mani-
fest der Revolution des Sturm und Drang. »Kunst« und »Natur«
werden Antagonisten in den stürmischen ästhetischen Debatten:
Künstler ist nicht der, der die Natur kunstvoll nachahmt – das ist
Natur aus zweiter Hand; Künstler ist nur der, der »original« wie
die Natur selbst neue »Natur« schöpferisch erschafft. Genauso wie

Shakespeare. Dieser verkörpert für Herder »das menschgewordene Schöpfertum des Lebens. Seine Kunst ist darum Natur, wie ihre Gesetze als Naturgesetze gelten müssen.« Die Antithese, in die man Shakespeare packt, lautet:»Natur gegen Kunst«. Wobei Shakespeares Kunst die wahre »Natur« ist. Im neuen Shakespeare-Kult vermengen sich erwachender Nationalgedanke und Literatur: Die Vorstellung von der organischen »Natur« wird als Ursprung aller Volksdichtung verstanden, wie sie in den unterschiedlichen Sprachnationen verfasst wird. Die Vorstellung vom »großen« schöpferischen Originalgenie, das wie die Natur (oder Gott oder Prometheus) Neues erschafft, verschmilzt mit vagen revolutionären Phantasien des sich emanzipierenden Bürgertums zu einem neuen Lebensgefühl. Shakespeare macht's angeblich vor. Das menschlich Subjektive und Individuelle wird zum Kriterium: Vernunft *und* Gefühl sollen sein, Hirn *und* Herz, intensiv, spontan und empfindsam, »ganzheitlich«, würde man heute sagen.

Das Shakespeare-Erweckungserlebnis in Straßburg hat jedenfalls schöpferische Folgen: Goethe konzipiert noch dort sein historisches Stück ›Götz von Berlichingen‹ und bringt es in Frankfurt in einem Schreibrausch zu Papier. Goethe macht radikal ernst mit dem Shakespeareschen Modell und sprengt gleich alle klassisch-französischen Konventionen von Zeit und Ort: Es werden über 50 rasende Szenen, vom Kaiserhof geht's zum Feldlager, vom Wald ins Wirtshaus, von der Ritterburg zur Bischofsresidenz, vom Zigeunerlager zum Turmverlies, vom Dorf ins Gebirge, von Augsburg nach Bamberg, von Heilbronn nach Jagsthausen – das Stück wurde ein Skandal und ein riesiger Erfolg in jugendlichen Kreisen. »Die Welt ist ein Gefängnis«, heißt es da hochfahrend auf Deutsch. Wie in Shakespeares *Hamlet*, aber gleich eine Nummer größer: Dort hieß es noch etwas bescheidener nur: »Dänemark ist ein Gefängnis.« Hier im ›Götz‹ klang in wilder Sprache ganz unalexandrinisch-wielandisch der angeblich unverfälschte Shakespeare-Prosa-Ton der neuen Zeit:»Sag deinem Hauptmann: Vor Ihro Kaiserliche Majestät hab ich, wie immer, schuldigen Respekt.

Er aber, sag's ihm, er kann mich im Arsche lecken!« Sogar Herder wurde dieser sogenannte ›Ur-Götz‹ zu heftig:»Dass euch Schäckespear ganz verdorben«, nörgelt er gallig, und Goethe schreibt gehorsam glättend um.

Rebellion auf den Bühnen: 1776 wird zum allerersten Mal *Hamlet* auf einer deutschen Bühne aufgeführt, Shakespeares Drama des überreflektierten und handlungsunfähigen Träumers, der den Racheauftrag seines ermordeten Vaters nicht erfüllt und schmählich in Intrigen untergeht. In der Bearbeitung des Hamburger Theaterdirektors, Schauspielers und Bühnenautors Friedrich Ludwig Schröder lief das Stück allerdings etwas anders ab, in der Übersetzung Wielands zwar, aber nicht ganz so, wie Wieland/Shakespeare es geschrieben hatten. Schröder lässt Hamlet nicht an Gift und Degenstichen inmitten von Leichenhaufen tragisch zugrunde gehen, sondern im Gegenteil höchst heroisch siegen: Vom Giftbecher trinkt nur Hamlets ehebrecherische Mutter, die daraufhin sterbend ihre Untaten beichtet, woraufhin Hamlet zum Degen greift, den toten Vater am Verbrecher Claudius rächt, diesen umbringt und heldisch-heroisch den Thron erringt. Alles wird gut. Es war eine Botschaft wohl nicht ganz im shakespeareschen Sinne, aber doch sehr im Geschmack der rebellischen Stürmer und Dränger, die sich mit einem Sieger gegen höfische Korruption identifizieren konnten: Held Hamlet, ein deutsches literarisches Revoluzzer-Vorbild in politisch leise brodelnder Zeit.

Und so zeugte sich Shakespeare in den deutschen Dichterhirnen fort: Knapp ein Jahrzehnt später produzierte der auch gerade erst mal 23 Jahre junge Friedrich Schiller – Goethe ist inzwischen schon 33 und Lessing ist tot – den nächsten rebellischen Sturm-und-Drang-Skandal im shakespeareschen Geiste: *Die Räuber*. Die Uraufführung am 13. Januar 1782 in Mannheim versetzte angeblich das Publikum einem Augenzeugen zufolge in nackte Hysterie:

> Rollende Augen, geballte Fäuste, stampfende Füße, heisere Aufschreie im Zuschauerraum! Fremde Menschen fielen einander

schluchzend in die Arme, Frauen wankten, einer Ohnmacht nahe, zur Türe. Es war eine allgemeine Auflösung wie im Chaos, aus dessen Nebeln eine neue Schöpfung hervorbricht!²¹

Schiller kommentierte die Skandalaufführung selbst:»Wenn man es dem Verfasser nicht an den Schönheiten anmerkt, dass er sich in seinen Shakespeare vergafft hat, so merkt man es desto gewisser an den Ausschweifungen.«²² Und genauso sah das der Rezensent der ›Erfurthischen Gelehrten Zeitung‹, 1782, der Schiller als den »teutschen Shakespeare« feiert – ein Markenname, der ihm bis heute anklebt. Der eingewanderte Engländer Shakespeare stand Pate beim deutschen revolutionären Kunstskandal.

Ein riesiger Erfolg des literarischen Rebellen. Schiller erhält folglich Schreibverbot von seinem württembergischen Landesfürsten Karl Eugen und muss fliehen. Das ›Magazin der Philosophie und schönen Literatur‹ meldete später grimmig, dass sich nach der Premiere in Schwaben und Bayern gefährlich schwärmende Jünglinge zusammengerottet hätten: Die Banden wollten »Schillers Räuber realisieren«. Von der neuen Französischen Republik hingegen wird Schiller 1792 für seine revolutionären ›Räuber‹ zum französischen Ehrenbürger ernannt. Das revolutionäre Potenzial gegen enge aristokratische Verhältnisse war offenbar auch in Deutschland vorhanden.

Goethe sah dies 1788 mit Unwillen. Gerade von seiner Italienreise zurückgekehrt, war er inzwischen dabei, sich vom Rebellen zum Klassiker zu wandeln. Schillers deutsche Sturm-und-Drang-Räuberpistole, mit rebellischem Freiheitsflair geschmückt, gehörte zu jenen inzwischen in Deutschland erschienenen Werken, die ihn »äußerst anwiderten«, weil hier »ein kraftvolles, aber unreifes Talent gerade die ethischen und theatralischen Paradoxen, von denen ich mich zu reinigen gestrebt, recht im vollen hinreißenden Strome über das Vaterland ausgegossen hatte«.²³ Die Räuber erinnerten ihn wohl allzu sehr an eigene jugendliche Exzesse.

Als dann das Donnergrollen der Französischen Revolution 1789 losbricht, als der revolutionäre philosophische *Gedanke* tatsächlich *Tat* wird; als der Ausgang aus der *selbstverschuldeten Unmündigkeit* als neuer goldener Morgen heraufzudämmern scheint, sind auch die deutschen jungen Dichter und Denker elektrisiert. Und »*Unser Shakespeare*« ist mitten dabei: Hegel erkennt in der Französischen Revolution den wirkenden Geist der Weltgeschichte, und zwar im Bild des Maulwurfs aus *Hamlet*, der sich aus dem dunklen widerständigen Erdreich hinauf ins Licht wühlt:

> Hamlet sagt zum Geist, der ihn bald hier, bald dorthin ruft: ›du bist mir ein wackerer Maulwurf, denn der Geist gräbt oft wie ein Maulwurf unter der Erde und vollendet sein Werk‹.[24]

Hegel sieht den hamletischen Maulwurf als Zerstörer der morschen Weltordnung:

> – wie Hamlet vom Geist seines Vaters sagt, ›Brav gearbeitet, wackerer Maulwurf‹ –, bis er in sich erstarkt, jetzt die Erdrinde, die ihn von seiner Sonne, seinem Begriffe schied, aufstößt, daß sie zusammenfällt. In solchen Zeiten hat er die sieben Meilen Stiefel angelegt, wo sie, ein seelenloses, morschgewordenes Gebäude, zusammenfällt, und es in neuer Jugend sich gestaltet zeigt.[25]

So recht zur deutschen Tat will der revolutionäre Gedanke allerdings nicht werden, der Funke springt nicht so ganz in die deutschen Lande über. Gut, die jungen Leute träumen Revolutionäres, dichten Revolutionsdramen wie der Schüler Ludwig Tieck, wollen wie er Franzosen werden und kämpfend für die Freiheit fallen, wollen nach Paris mitten ins Getümmel wie der Theologiestudent Schelling; schreiben an wider deutsche Fürsten, die die Revolution zu ersticken trachten, wie Schleiermacher; schwärmen von revolutionären Taten, wie Novalis – aber es bleiben eher feurige Taten der Tinte auf dem Papier in Form von politischen Dramen, Flugschriften und euphorischen Gedichten. Und je blutiger die Revolution wird, umso mehr Perücken samt der Köpfe auf den Guillotinen abgeschnitten werden, umso mehr erlahmt der deutsche revolutionäre Eifer. Nur die Mainzer Republik macht Ernst. Unter dem Schutz der französischen Revolutionstruppen gründen Mainzer Jakobiner wie Georg Forster das erste deutsche bürgerlich-demokratische Staatswesen – es hält von Mai bis Juni 1793, als die preußischen (alliierten) Truppen Mainz einnehmen und all dem ein Ende machen. Mit der deutschen Nation als bürgerlichem Staatswesen würde es vorerst noch nichts werden. Hamlets Maulwurf-Weltgeist hatte sich noch nicht weit genug vorgegraben. Im Gefolge des Herzogs Karl August von Sachsen-Weimar-Eisenach bei der Belagerung ist Goethe als eine Art Kriegsberichterstatter dabei.

Goethe, von den Folgen der Französischen Revolution geradezu angewidert und zutiefst misstrauisch gegenüber dem heraufdämmernden Zeitalter der Massen und ihrer Verführer, verschanzt sich nunmehr in der Literatur und bewältigt sein jugendlich-stürmisch-rebellisches Shakespeare-Erlebnis auf eigene Weise: Er distanziert sich davon, indem er es reflektierend zum Thema seines Erziehungs- und Bildungsromans ›Wilhelm Meisters Lehrjahre‹ (1795/1796) macht. Gegen die Gräuel der französischen Guillotinen-Republik setzt er die Bildung des humanistischen Menschen. Damit beschert er Deutschland eine epochal neue Sicht auf Shakespeare – die erste große Interpretation, die für das *Hamlet*-Verständnis lange Zeit bestimmend bleibt, vielleicht bis heute in der mythischen Aura dieses Textes – und dies sogar in England, dem »sein« englischer Hamlet in erweiternder deutscher Interpretation als »unser« Hamlet zurückgeliefert und von den englischen Romantikern weiterverbreitet wurde.

In Goethes ›Lehrjahren‹ erarbeitet sich der Protagonist Wilhelm Meister, ein Kaufmannssohn mit leidenschaftlichem theatralischem Sendungsbewusstsein, lesend und reflektierend eine Deutung des *Hamlet*. Dafür entwickelt er – weit entfernt von übergestülpten mechanischen Regelpoetiken – eine faszinierende neue Sinnerfassungsmethode: Wilhelm/William/Wolfgang (Goethe) erdenkt sich einen Prinzen, wie er *vor* Stückbeginn, vor dem Tod des Vaters war:

Zart und edel entsprossen ... war er ein Fürst, ein geborner Fürst, und wünschte zu regieren, nur damit der Gute ungehindert gut sein möchte ... niemals konnte er sich mit dem vereinigen, der die Grenzen des Rechten, des Guten, des Anständigen überschritt.[26]

Nichts davon steht im Stück. Es ist eine Vision, reine Erfindung, die selbstbespiegelnd eher ihren Urheber Goethe in seinen zeitgeschichtlichen Zwängen und Verhältnissen beschreibt als den charakterlich reichlich zwiespältigen dänischen Prinzen des Shakespeare. Aber aus dieser biographischen Annahme für die fiktive Dramenfigur entwickelt Wilhelm/Goethe organisch-symbolisch den Charakter der Figur – fast so, als sei es keine künstlich geschaffene, sondern eine real lebende Person. Ihr Grundproblem fasst Wilhelm/Goethe so zusammen:

Mir ist deutlich, daß Shakespeare habe schildern wollen: eine große Tat auf eine Seele gelegt, die der Tat nicht gewachsen ist. ... Ein schönes reines edles höchst moralisches Wesen geht unter einer Last zugrunde, die es weder tragen noch abwerfen kann.[27]

Hamlet wirft in dieser Lesart nicht mehr heldisch den Staat über den Haufen wie noch gerade in der Hamburger Inszenierung von Schröder: Er bleibt Shakespeare-getreuer – er scheitert. Aber er scheitert vor allem »edel und moralisch«. Er ist nämlich einfach überfordert von der Tat, die schicksalhaft zu tun gewesen wäre, hätte er denn nur die Kraft gehabt, sie zu tun. Diese fehlte ihm, so wie sie in Deutschland überall fehlte bei der ersehnten Veränderung der absolutistischen Verhältnisse. Die Tat wäre möglich gewesen, aber sie war *ihm* nicht möglich, dem der Welt verlustig gegangenen tragischen Einzelnen. Daher verlor sich der melancholische Prinz in kraftlosem Grübeln und Träumereien, ebenso wie im tatenlosen Deutschland nach der Französischen Revolution nur *Gedanken* blieben und vage Tagträumereien die reformerischen Taten ersetzten. Und so wurde Goethes Hamlet-Erfindung sehr deutsch, geradezu prototypisch deutsch erlebt – und

zwar nicht, *obwohl* Hamlet scheitert, sondern gerade *weil* er scheitert.[28] So sind wir eben, erkannte man, wie Hamlet, so zwiegespal-
ten handlungsarm und träumereich, zum politischen Scheitern
verdammt. Goethes Hamlet wurde bestätigendes Spiegelbild einer verzagenden deutschen Generation, deren politische Träume
Träume blieben. Man verstand sich in Deutschland nicht mehr
nur als »faustischer« Mensch, sondern stilisierte sich verklärend
auch zum »hamletischen« Menschen als der zweiten Persona der
deutschen Seele. Ein »Hamletfieber« begann sich auszubreiten,
vergleichbar dem Werther-Fieber früherer Sturm-und-Drang-
Zeiten. Goethe erinnert sich in ›Dichtung und Wahrheit‹ später:

> Hamlet und seine Monologe blieben Gespenster, die durch alle
> jungen Gemüter ihren Spuk trieben. Die Hauptstellen wusste ein
> jeder auswendig und rezitierte sie gern, und jedermann glaubte,
> er dürfe ebenso melancholisch sein als der Prinz von Dänemark,
> ob er gleich keinen Geist gesehen und keinen königlichen Vater
> zu rächen hatte.[29]

Shakespeare war in Deutschland nun wirklich angekommen. Sein
zentrales Stück *Hamlet* spielte in Deutschland, der Held war ein
deutscher weltschmerzender Schöngeist, der kräftemäßig von
der notwendigen Tat überfordert war. Nun fehlte Shakespeare
nur noch die ästhetische Vervollkommnung seiner Werke in der
deutschen Sprache. Dieser letzte, epochale Schritt der Verwandlung des englischen in einen deutschen Dichter gelang dem Frühromantiker August Wilhelm von Schlegel.

Im Februar 1796 schrieb der 29-jährige Schlegel einen sehr de-
voten Brief an Schiller, mit dem beigelegten langen Aufsatz ›Etwas
über William Shakespeare bey Gelegenheit Wilhelm Meisters‹. Er
beginnt mit dienernder Würdigung von Goethes Hamlet-Inter-
pretation, kommt aber bald zum eigentlichen Thema: die Idee einer *poetischen* Shakespeare-Übersetzung.

Das »Poetische« lag in der Luft. Wenn schon keine politische
Revolution, so doch eine spirituelle, ästhetische, moralische Re-

volution. Eine neue Protest-Generation regte sich. Man wollte die Poesie lebendig und gesellig und das Leben und die Gesellschaft poetisch machen, kurz: Sie sollten *romantisiert* werden. Poetisch und romantisch war ziemlich dasselbe. Wichtige neue Kriterien der romantischen Weltbetrachtung waren Witz, Spiel und Ironie. Friedrich Schlegel, der genialisch irrlichternde Bruder des fünf Jahre älteren August Wilhelm, erfand dafür den Begriff der *progressiven Universalpoesie*.[30] Beide arroganten jungen Herren hatten klassische Philologie studiert; mit Freunden wie Schelling und Novalis bildeten sie in Jena die Keimzelle jener neuen Epoche der Romantik, die ortsnah neben dem Bollwerk der Klassik in Weimar entstand. Von dieser und ihrer Fixierung auf »die klassischen Alten« wollten die jungen wilden Ästhetikrebellen als Nachfahren des Sturm und Drang immer weniger wissen; ebenso waren Aufklärung und Rationalismus nicht mehr ihr Ding. Für die Romantiker hatte die Welt einen Bruch, einen tiefen Zwiespalt zwischen der übermächtigen »Vernunft« der Zahlen und dem zu kurz kommenden geheimnisvollen Reich der Gefühle und dunklen Leidenschaften; zwischen beginnender Zersplitterung im frühindustriellen Umfeld und der Sehnsucht nach ganzheitlicher Überwindung derselben. Diesen Riss in der Welt zu heilen war der Trieb der romantisch schwebenden Seelen – das individuelle »Gemüt« wurde ein zentraler Begriff, die selbstreferenzielle Ironie die zentrale Methode. Und da die Bewegung eigentlich aus der trivialen Schauerromantradition der zweiten Hälfte des 18. Jahrhunderts stammte, die ganz antiaufklärerisch vom Geheimnis, vom Mysterium, vom Übernatürlichen und Phantastischen lebte, wurden dunkle Wälder, mittelalterliche nebelumwogte Schlösser, Klosterruinen und Bergeshöhlen die Lieblingsschauplätze der romantischen, also poetischen Imagination. Kein Wunder, dass Shakespeares Geister auf nächtlichen Schlosszinnen und seine wandelnden schottischen Nebelwälder poetischer Leitstern waren. Nur leider war er so unpoetisch übersetzt …

Wielands lückenhafte Übersetzung, in grober »regelloser Prosa« verfasst (und damit angeblich besonders shakespeareähnlich), ist nun schon mehr als 30 Jahre alt; seit zwanzig Jahren gibt es eine weitere, vollständige Verdeutschung: Der akribische Philologe und Universitätsprofessor Johann Joachim Eschenburg hatte die Wieland'sche Übersetzung überarbeitet, Fehler ausgemerzt, fehlende Passagen und Stücke übersetzt und so als Erster tatsächlich alle Texte zugänglich gemacht – in schulmeisterlicher, exakter, uninspirierter Prosa. August Wilhelm Schlegel kann sie, wie er Schiller schreibt, »nicht ohne Ekel ansehn«[31], und schwärmt von den »herrlichen Schätzen« der englischen Sprache. Er beklagt, dass es nur wenige Deutsche gebe, die den englischen Shakespeare im Ganzen »ohne Anstoß lesen können«, und träumt von deutschen Lesern, »denen alle die feineren Schönheiten, die zarten Abschattungen des Ausdrucks, worauf die Harmonie eines poetischen Gemäldes beruht, so fühlbar und geläufig wären, wie in ihrer Muttersprache«!

Kaum jemand konnte es. Aber das war es: Shakespeare lesen wie in der Muttersprache! ALS Muttersprache! Nicht als Fremdling, nein, als originale deutsche Dichtung *»Unseres Shakespeares«*!

> Wenn es nun möglich wäre, ihn treu und zugleich poetisch nachzubilden, Schritt vor Schritt dem Buchstaben des Sinnes zu folgen, und doch einen Theil der unzähligen, unbeschreiblichen Schönheiten, die nicht im Buchstaben liegen, die wie ein geistiger Hauch über ihm schweben, zu erhaschen?[32]

Das war kühn und neu: eine Dichtung nicht nur in ihrem Sinn, sondern auch in ihrer Gestalt in die deutsche Sprache zu verwandeln. Die Subtilitäten und Eigenheiten des Englischen mit den Mitteln der deutschen Sprache *für* die deutsche Sprache wiedergewinnen – das war für das übersetzerische Handwerk insgesamt ein grundlegend neuer Gedanke. Das angeblich »rein Formale« wird erstmals von Schlegel als Inhalt begriffen. Die jambisch klopfende Verssprache als Sinn und Bedeutung – das ist nicht leicht zu vermitteln:

Wir sind jedoch an prosaische Dramen aller Art, von der Posse bis zum heroischen Trauerspiel, so sehr gewöhnt, daß Mancher hiebey denken möchte: Shakespeare sei ja ein dramatischer Dichter; an seinen Versen, als solchen, könne daher nicht viel gelegen seyn. Es komme auf die Handlung, die Charactere, die Reden der Personen an, und der Uebersetzer, der ihn in Prosa überträgt, nehme ihm höchstens einen entbehrlichen, zufälligen Zierrath, befreye ihn wohl gar von einem wahren Fehler. Wie sehr würde er sich irren![33]

Schlegel beginnt nun mit einer langen Rechtfertigung seines geplanten poetischen Projektes, für das er Beispiele aus dem Sanskrit bis zur Musik anführt. Am meisten ist ihm an der Beachtung des »Silbenmaßes« gelegen, am fünfhebigen Jambus. Denn bei seiner Forschung nach dem »Ursprung der Sprache« ist er auf ein Urphänomen gestoßen: Der Rhythmus, wie er dem Trommeln der Urvölker, der Musik, dem Gesang und dem Tanz zugrunde liegt, lebt als anthropologische Konstante auch im Metrum der Lyrik.

Poesie entstand gemeinschaftlich mit Musik und Tanz, und das Silbenmaß war das sinnliche Band ihrer Vereinigung mit diesen verschwisterten Künsten. Auch nachdem sie von ihnen getrennt ist, muß sie immer noch Gesang und gleichsam Tanz in die Rede zu bringen suchen, wenn sie [...] nicht bloß Übung des Verstandes sein will.[34]

Gesang, Tanz, Sprache und »Silbenmaß« sei ein allen Menschen gemeinsames poetisches Erbteil. Sprache wird zur Poesie erst durch ihre organische Annäherung an die Musik mittels Rhythmisierung. Der Wechsel von musikalischem Vers und Prosa erscheint ihm als sinnstiftend und grundlegend für Shakespeares Dichtkunst.

Ja ich möchte behaupten, wo er eine Person in derselben Rede aus Prosa in Poesie, oder umgekehrt, übergehen läßt, würde man dieß nicht ohne Gefahr, ihm zu schaden, ändern können.[35]

Schlegel möchte alle Eigenheiten des Originals ins Deutsche bringen – das Derbe und Deftige der Bauern, Soldaten und einfachen Leute ebenso wie die leidenschaftsprallen poetischen Aufschwünge in Versen. Er möchte alles stilistisch Widersprüchliche, Uneinheitliche des Originals mit übertragen – auch das Überspannte, Phantastische, das wörtlich in Prosa albern klingen kann, aber erst im poetischen Vers seine organische Funktion erhält:

> Eine poetische Uebersetzung, welche keinen von den charakteristischen Unterschieden der Form auslöschte, und *seine* Schönheiten, so viel möglich, bewahrte, ohne die Anmaßung ihm jemahls andre zu leihen; welche auch die misfallenden Eigenheiten seines Styls, was oft nicht weniger Mühe machen dürfte, mit übertrüge, würde zwar gewiß ein Unternehmen von großen, aber in unsrer Sprache nicht unübersteiglichen Schwierigkeiten seyn ...[36]

Er möchte nicht nivellierend prosaisch übersetzen wie Wieland, der sich in seinen Kommentaren vom Text distanziert hatte und sich moralisch-geschmacklich belehrend zwischen Leser und Text drängte – Schlegel will hinter seiner Übersetzung verschwinden. Er möchte die wahre Treue zum Original durch die Treue zur sprachlichen *Form* erreichen: »Ich wage zu behaupten, daß eine solche Uebersetzung in gewissem Sinne noch treuer als die treueste prosaische seyn könnte.«[37] Kurz: Es soll eine Neuschöpfung deutscher Sprache werden. »Uebrigens wäre alles sorgfältig zu entfernen, was daran erinnern könnte, daß man eine Kopie vor sich hat.«[38] Es müsste möglich sein, Shakespeare gleichsam zu einem alten Deutschen zu machen, fand Schlegel.

Schlegels übersetzerischem Talent und seiner an Goethe und Schiller geschulten Sprachbrillanz gelingt dies am besten im *Hamlet,* dem Leib- und Magenstück aller deutschen Tiefsinnigen. In einem historischen Augenblick hatte Shakespeare seine (eine) deutsche Stimme gefunden. Sein neues deutsches Sprachgewand erklingt im literarischen Stil des ausgehenden 18. Jahrhunderts, im

Rahmen des Maßes und der Harmonie, den Goethe gesetzt hatte. Eine übersetzerische Großtat ersten Ranges: »Der wahre Übersetzer muß der Dichter des Dichters seyn«, folgerte Novalis programmatisch.[39] Schlegels Übersetzung erhält für lange Zeit kanonischen Rang.

Bis 1810 »verdeutscht« Schlegel im wahrsten Wortsinn 18 Dramen. Zudem befreit er den angeblich wilden Naturburschen Shakespeare aus dem Käfig jener unseligen »Natur-Kunst«-Dichothomie, in die ihn besonders Herder eingesperrt hatte: In genauer Analyse von *Romeo und Julia* zeigt Schlegel den hochgradig bewussten künstlerischen Gestaltungswillen Shakespeares auf. Er widerlegt die alte Auffassung von Shakespeare als einem nur blind aus dem Bauch heraus, ohne ordnende Einsicht dichtenden Naturgenie, in dem er die durchdachte Komposition, die Spiegelungen und Kontraste in der Handlungs- und Themenführung beschreibt; und Schlegel versteht als Erster die bewusste Artistik von Shakespeares Sprache. Shakespeare wird vom Naturpoeten zum planmäßig formenden Gestalter ganz neuer, poetischer Strukturen erhoben: »Mir ist er ein tiefsinniger Künstler, nicht ein blindes wildlaufendes Genie.«[40]

Erst Schlegels Übersetzung setzt Shakespeare in den Rang eines deutschen Klassikers, neben Schiller und Goethe: Eine neue Manifestation »*unseres*« deutschen Shakespeare! Die Frühromantiker beglückwünschten sich gegenseitig zu diesem literarischen Ereignis – Novalis schrieb an Schlegel:

> Übersetzen ist so gut dichten, als eigene Werke zustande zu bringen und schwerer, seltener. Am Ende ist alle Poesie Übersetzung. Ich bin überzeugt, daß der deutsche Shakespeare jetzt besser als der englische ist.[41]

»Romantischer« als der englische war er auf jeden Fall. – Die deutsche Apotheose war endgültig vollzogen. Man hatte Shakespeare in Deutschland wie einen »Landsmann« empfangen.

Auch Layen in der ausländischen Litteratur lernten seinen Nahmen mit Ehrerbietung aussprechen, und man darf kühnlich behaupten, daß er nächst den Engländern keinem Volke so eigenthümlich angehört, wie den Deutschen, weil er von keinem im Original und in der Kopie so viel gelesen, so tief studirt, so warm geliebt, und so einsichtsvoll bewundert wird. ... [E]r ist uns nicht fremd: wir brauchen keinen Schritt aus unserm Charakter herauszugehn, um ihn ganz unser nennen zu dürfen.[42]

Deutscher geht fast nicht. – Oh, doch, es geht noch ein bisschen deutscher: Der 24-jährige Friedrich Schlegel befand großmäulig kühn,

wenn die Engländer auch wirklich nicht unfähig sein sollten den Shakespeare zu verstehen und mit Einsicht zu bewundern, so sind doch unstreitig die Deutschen ungleich geschickter dazu. Und nur die Deutschen können ihn ganz nutzen, wegen der Allgemeinheit des Geschmacks und aller der Eigenschaften, um derentwillen ich sie ein kritisches Volk nennen möchte; nur sie dürfen es wagen, über seinen Wert zu entscheiden.[43]

Und August Wilhelm selbst schrieb an Ludwig Tieck:

Ich hoffe, Sie werden in Ihrer Schrift unter anderm beweisen, Shakespeare sey kein Engländer gewesen. Wie kam er nur unter die frostigen, stupiden Seelen auf dieser brutalen Insel? Freylich müssen sie damals noch mehr menschliches Gefühl und Dichtersinn gehabt haben, als jetzt.[44]

Die Engländer werden's nicht gerne gehört haben: Shakespeare kein Engländer mehr, nein, Deutscher. Ein klarer Fall von *poetnapping*.

Fünfzig Jahre hatte es gedauert, von Lessings ›17. Literaturbrief‹ bis zu Schlegels Übersetzung (die von Ludwig Tieck, seiner Tochter Dorothea und Wolf Graf Baudissin später vollendet wurde), von der grobianischen Beschimpfung Shakespeares bis zu seiner künstlerischen Romantisierung/Poetisierung; vom Import des Fremdlings, bis Shakespeare ganz und gar »*unser*« Shakespeare geworden war. Es waren zugleich fünfzig wichtige Jahre in der langen Geschichte der deutschen Selbstfindung. Die Aneignung war damit erst einmal abgeschlossen. Sie ist einzigartig: Es gibt kein anderes Beispiel in der Weltliteratur, dass ein fremdländischer Autor so vollkommen in eine eigene Nationalliteratur übernommen wurde wie Shakespeare in Deutschland: Shakespeare, der dritte deutsche Klassiker. Wobei unklar ist, ob »1. Goethe, 2. Schiller, 3. Shakespeare« so ganz der gefühlten Rangfolge entspricht.

Shakespeare wurde Mythos und Leitbild in ganz außerliterarischen, gesellschaftlichen und politischen Zusammenhängen, schon ehe seine Werke übersetzt waren[45]; er war Katalysator deutscher politischer und gesellschaftlicher Stimmungslagen. Und es gab sehr unterschiedliche Erscheinungsformen »*unseres*« Shakespeare: Vom Barbaren zum ungeformten Naturkind über Prometheus bis zum Spiegel der deutschen Seele wurde er vielfältig deutsch gedeutet – eine Kette furchtbar fruchtbarer Missverständnisse.

»Unser« Hamlet wird politisch

Deutschland? aber wo liegt es? Ich weiß das Land nicht zu finden.
Wo das gelehrte beginnt, hört das politische auf.

Schiller und Goethe, Xenien Nr. 95, 1797

Und natürlich geht die Geschichte mit Shakespeare und den Deutschen auch nach den Frühromantikern kräftig eingemeindend weiter: Aus Herders weltbürgerlichen, von humanistischem Pathos getragenen Überlegungen zum Nationalcharakter und dem erstrebten »Volksbewußtsein«, das sich durch Rückbesinnung aller Völker auf ihre jeweils eigene Sprache und Kultur entwickeln sollte, entwickelt sich im 19. Jahrhundert zunehmend intoleranter politischer Nationalismus. Der Dichter, Shakespeare-Übersetzer und Theaterdirektor Franz Dingelstedt z. B. wird um die Jahrhundertmitte die Frage aufwerfen: »*... auf welchem Wege kann er ... ›Unser Shakespeare‹ werden? Wie, – um einen barbarischen, aber akademischen Kunstausdruck zu gebrauchen – wie müssen wir ihn nostrifizieren?*«[46] (vom lat. noster, nostra, nostrum: unser). Und der erste Präsident der 1864 neu gründeten Deutschen Shakespeare-Gesellschaft, Hermann Ulrici, forderte 1867 angesichts politischer Spannungen zwischen Deutschland und Großbritannien, wir Deutsche müssten Shakespeare »*den Engländern ent-englisieren, verdeutschen*«.[47]

Insbesondere verwob man *Hamlet* mit der deutschen politischen Geschichte, mit deutschem Patriotismus und Nationalismus. Plötzlich erschien Held Hamlet, der deutsch-archetypische empfindsame Träumer, mit negativen Vorzeichen – als *Warnung* vor deutschem Wesen: der negative Hamlet. Viel philosophischer Disput und wenig praktische Taten in der politisch brisanten Realität – so erschien vielen deutschen liberalen Oppositionellen in der ersten Hälfte des 19. Jahrhunderts dieser ganze Lärm um

Hamlet. Ihnen wurde der tatgehemmte Grübler zum besonderen politischen Symbol für den Gang der deutschen Geschichte: Die deutsche Nation war zerrissen, die Restauration feudaler Verhältnisse seit 1815 war in vollem Gange, Metternich hatte eine Art Polizeistaat etabliert – und niemand *tat* etwas dagegen!

So wurde in den Augen der deutschen Freiheitsbewegung des Vormärz der tatenlos grübelnde Hamlet der weltschmerzlüsternen Romantiker zum verabscheuten Inbegriff des politisch apathischen Intellektuellen. »Unser« Hamlet wurde zum Spiegelbild all derer erkoren, die sich vor der konkreten deutschen politischen Gegenwart in Innerlichkeit zurückzogen, statt zur befreienden revolutionären Tat zu schreiten. Da war es aus dem Literatenkreis des Jungen Deutschland, zu dem auch Heinrich Heine gehörte, der liberale Ludwig Börne, der nun zur Jagd auf Hamlet blies: Er habe wohl in Wittenberg zu viel schwere deutsche Philosophie studiert, dieser Nachtwächter, dieser Todesphilosoph, dem die Welt ein Kirchhof ist, dem der Mut des Herzens fehle, den wir »in einem gemeinen Handgemenge schimpflich umkommen und alle, die ihn umgeben, nicht den Schlägen, nein, einer Schlägerei des Schicksals unterliegen« sehen. »Ein Deutscher bräuchte sich nur abzuschreiben und der Hamlet wäre fertig.« … »Wie ein Fichtianer denkt er an nichts, als ich bin ich, und tut nichts, als sein Ich setzen«[48]; die deutsche Philosophie, die er in Wittenberg studiert habe, hätte Hamlet wohl ein für allemal lebensuntauglich gemacht. Schließlich bringt Ferdinand Freiligrath 1844 die Wesensgleichheit Hamlets mit dem deutschen Nationalcharakter als Selbstanklage der scheiternden deutschen Revolution schlagworthaft in Gedichtform:

> Deutschland ist Hamlet! Ernst und stumm
> In seinen Toren jede Nacht
> Geht die begrabne Freiheit um
> Und winkt den Männern auf der Wacht.
> Da steht die Hohe, blank bewehrt,
> Und sagt dem Zaudrer, der noch zweifelt:

»Sei mir ein Rächer, zieh ein Schwert!
Man hat mir Gift ins Ohr geträufelt!«

Nur ein Entschluß! Aufsteht die Bahn –
Tritt in die Schranken kühn und dreist!
Denk' an den Schwur, den du getan,
Und räche deines Vaters Geist!
Wozu dies Grübeln für und für?
Doch – darf ich schelten, alter Träumer?
Bin ich ja selbst ein Stück von dir,
Du ew'ger Zauderer und Säumer![49]

Und so wurde es auch nichts mit den Zauderern und Säumern: Aus der März-Revolution 1948 erwuchs keine demokratische Verfassung, und auch die Gründung eines geeinten Nationalstaats misslang. Ja, *Hamlet* ist Deutschland, sagte der Historiker Gervinus, »*ein Spiegel unserer Gegenwart, als ob dies Werk in diesen Tagen erst geschrieben wäre. ... Das Bild, das wir Deutsche in diesem Spiegel vor uns sehen, ist zum Erschrecken ähnlich*«.[50] Er meinte es nicht positiv romantisch.

Es war nicht das letzte Mal, dass *Hamlet* als Spiegel deutscher politischer Verhältnisse gesehen wurde – auch wenn die Vorzeichen nicht immer gleich waren: Der Literaturwissenschaftler und Politiker Friedrich Theodor Vischer sah keineswegs so hamletschwarz untergangssüchtig in die Zukunft: »wie er [Laertes], so hat uns Frankreich oft genug mit vergiftetem Degen überfallen. [...] wenn der Laertes Frankreich uns den vergifteten Degen in den Leib stoßen wird, so wird Deutschland den Stoß und Gegenstoß überleben«.[51] Der deutsch-französische Krieg von 1870/71 und die Reichsgründung bestätigten ihn. Sie wurde ausdrücklich gefeiert mit dem Motto, dass das siegreiche Deutschland nun eben nicht mehr der untätige Hamlet sei. Auch der Herausgeber der amerikanischen Shakespeare-New Variorum Edition, Horace Howard Furness, war von Deutschland begeistert und widmete seine Ausgabe:

TO THE GERMAN SHAKESPEARE SOCIETY OF
WEIMAR – REPRESENTATIVE OF A PEOPLE WHOSE
RECENT HISTORY HAS PROVED ONCE AND FOR ALL
THAT ›GERMANY IS *NOT* HAMLET‹.

1911 treibt der Germanist Friedrich Gundolf aus dem George-
Kreis in seinem einflussreichen Werk ›Shakespeare und der deutsche Geist‹ die Apotheose auf unerreicht hehre Höhen: Der deutsche Geist (wer immer das sein mag) sei erst durch Shakespeare
über Lessing, Herder und Goethe ganz zu sich selbst gekommen.
22 Jahre später wird der deutsche Geist sich in ein Gespenst verwandeln, in ein Schreckgespenst, von dem Gundolf noch keine
Vision hatte.

Im Kriegsjahr 1915 wirft Gerhart Hauptmann in einer Rede vor
der Deutschen Shakespeare-Gesellschaft schon mal die Frage auf:

> Die Zeit ist die des deutsch-englischen Krieges. Die Frage lautet:
> ist der Kultus des Dichters, den eine englische Mutter geboren hat,
> in Deutschland fortan noch erlaubt?

Er antwortet sich selbst mit donnerndem »Ja!« und erkennt:

> Es gibt kein Volk, auch das englische nicht, das sich ein Anrecht,
> wie das deutsche auf Shakespeare erworben hätte. Shakespeares
> Gestalten sind ein Teil unserer Welt, seine Seele ist eins mit unse-
> rer geworden: und wenn er in England geboren und begraben ist,
> so ist Deutschland das Land, wo er wahrhaft lebt.[52]

Aus englischer Sicht wurde Deutschland von dem Dramatiker
Henry Arthur Jones dann als Retourkutsche nicht mit dem traum-
süchtigen Hamlet, sondern mit dem Massenmörder Macbeth verglichen.

Ein ähnliches Problem wie damals Gerhart Hauptmann hatten
auch die Nazis ab Kriegsbeginn mit Shakespeare: »Feind-Auto-
ren« zu spielen hatten sie verboten. Wie konnte man dann Shake-

speare als Feind-Autor in Deutschland während eines Krieges mit England rechtfertigen? Es gelang: Shakespeare wurde als deutscher Autor behandelt, dem man über das »Germanische« quasi deutsches Heimatrecht zubilligte – Shakespeares Nationalität wurde »nordisch«. Der Nazi-Autor Hermann Burte schrieb 1940:

> Shakespeare ist ein Unserer so gut wie der seiner Engländer, ja, wir kennen und spielen ihn besser als jene und behaupten kühl, daß wir als Deutsche von 1940 dem Geist der elisabethanischen Engländer und ihrem Genius William in Wahrheit näher stehen als die Englischen von heute, hinter deren Thron jener Shylock steckt und herrscht, den Shakespeare erkannte – und verwarf!«[53]

Verworfen wurden bzw. nicht mehr aufgeführt werden durften auf Goebbels-Befehl ab 1941 allerdings Shakespeares Historien, *Troilus und Cressida, Antonius und Kleopatra* und *Othello*. Ansonsten notierte Goebbels am 27.3.1937 zu einer Aufführung des *Coriolan* in seinem Tagebuch:»Dieser Shakespeare ist aktueller und moderner als alle Modernen. Welch ein Riesengenie! Wie turmhoch über Schiller!« Auch der leidenschaftliche Leser Adolf Hitler hat Shakespeare hoch über Schiller und Goethe gestellt, besaß eine ledergebundene Shakespeare-Ausgabe und warf gern mit Shakespeare-Zitaten wie»Bei Philippi sehen wir uns wieder« *(Julius Cäsar)* um sich.[54]

Es ist immer wieder verblüffend zu entdecken, dass man die Liebe zu Shakespeare auch mit den widerwärtigsten Menschen der Welt teilt.

Aus dem Kuriositätenkabinett: Wie die ›Times‹ im Jahr 2010 meldete, wurde in Ludlow, Shropshire, bei einer Auktion eine deutsche Prachtausgabe des *Hamlet* versteigert, die 1934 ein Weihnachtsgeschenk für den großen deutschen Schauspieler Gustaf Gründgens gewesen war. Mit handschriftlicher Widmung – von Hermann Göring. Der Schätzpreis: 5000 £. Shakespeares *Hamlet* auf Deutsch in England als kostbare Nazi-Devotionalie versteigert – das Leben erfindet doch die gemeinsten Witze.

Und irgendwo fand ich beim Stöbern eine *Hamlet*-Schul-Ausgabe von 1947, herausgegeben von einem namentlich nicht notwendig zu nennenden Oberstudienrat, der im Nachwort schlagend beweist, alle bisherigen Hamlet-Deutungen, vor allem die Goethe'sche, seien grundlegend falsch, weil Hamlet nämlich keineswegs ein Zauderer sei, sondern ganz im Gegenteil ein großer, blonder, blauäugiger nordischer Mensch, der mit nie erlahmender Willenskraft unbeirrt und zielstrebig auf seine siegreiche Tat zustrebe und nur durch die Heimtücke und Niedertracht seiner Feinde falle – und die Selbstanklagen der Monologe wegen mangelnder Tatkraft, die dürfe man selbstverständlich als nur momentane Ausbrüche einer hochgespannten Seele keinesfalls wörtlich nehmen.

Mit der deutschen Teilung trennten sich auch etwas die Wege Shakespeares in Deutschland: In der DDR wurde Hamlet zum politischen Vorbild der Jugend erkoren als volksheldischer Revolutionär in unreifer Zeit, dessen Stunde einfach noch nicht gekommen war; *Hamlet* wurde eingemeindet als frühes Beispiel für den sozialistischen Realismus. In der alten BRD wurden deutsche Vergangenheitsbewältigung und die Suche nach der Wahrheit der Vätergeneration z. B. von Martin Walser mit *Hamlet*-Vergleichen betrieben; spätere *Hamlets* wurden durch die Beckett-Brille des »absurden« Theaters als nihilistische Abrechnung mit einer sinnlosen Welt gesehen; schließlich geriet *Hamlet* in jene Diskurse, die die zweifelnde Selbstbefragung des Intellektuellen und seine Lähmung thematisieren; und als 1989 die Mauer fiel, probte Schriftsteller und Regisseur Heiner Müller derweil einen Acht-Stunden-*Hamlet* in Ost-Berlin und erklärte die Gründe dieser Beschäftigung mit dem *Hamlet* in dieser dramatischen Phase der deutschen Geschichte so:

> Was wäre jetzt ... ein aktuelles Stück in der DDR? Da fiel mir nur
> der *Hamlet* ein. Ein Stück, das mit Staatskrisen zu tun hat, mit
> zwei Epochen und einem Riß zwischen den Epochen. In dem Riß
> steht ein Intellektueller Spagat, der nicht genau weiß, wie er sich

verhält: Das Alte geht nicht mehr, das Neue schmeckt ihm auch nicht.[55]

Hamlet scheint im Wesentlichen von Deutschland zu handeln. *Ein* Hamlet? Viele Hamlets! Viele Shakespeares! Es besteht aber die Hoffnung, dass mit der deutschen Einheit der Bedarf an deutscher nationaler Identifikation mit Shakespeare und Hamlet zu Ende ging. Die rauschhafte Liebesbeziehung zwischen Shakespeare und den Deutschen scheint inzwischen etwas abgekühlt. Shakespeare ist eher wurscht. Ein Kritiker schrieb zu einer *Viel Lärm um nichts*-Aufführung, die u. a. einen von Shakespeare nicht direkt vorgesehenen Onanierwettbewerb der Kriegshaudegen zeigte:

> Klar, der 400-jährige Klassiker kommt alles andere als werkgetreu auf die Bühne. Shakespeare durch die Mangel gedreht. Aber der alte William hats verdient. Denn, bitte nicht weitersagen, wirklich lustig sind seine Lustspiele mit ihrer sperrigen Sprache längst nicht mehr. Die Bearbeitung ist weit weg vom Original, hat weniger Rollen und ist bedeutend kürzer. Shakespeare steht drauf, Shakespeare ist aber nur zum kleinen Teil drin. Trotzdem oder gerade deshalb: hingehen.[56]

DIE ELISABETHANISCHE WELT
ODER
DIE GANZE WELT IST EIN THEATER

Dass alle Menschen nichts als Schauspieler ihrer selbst sind und auf der Bühne des Lebens ihre prahlerischen Rollen nur ein kurzes Stündchen durch die Zähne knirschen, war schon lange vor Shakespeare eine gängige Metapher. Diese Metapher aber wurde in der groben und grausamen elisabethanischen Epoche so bewusst gelebt wie kaum je zuvor.

Königin Elisabeth I. hat zwischen 1558 und 1603 eine Königin gespielt, ihre Höflinge haben Höflinge gespielt; das Volk hat das Volk gespielt. Die Hofgesellschaft sah sich Theaterstücke an, in denen Hofgesellschaften sich Theaterstücke ansehen. Am Hof wurden Maskenfeste aufgeführt, in denen Höflinge einen Hof spielten, der eine ewig jugendliche Fürstin verherrlicht, welche die Königin persönlich spielte, indem sie die Königin war – Majestät in Spiel und Wirklichkeit zugleich … Elisabeth hielt unsichere adlige Kantonisten an der Kandare, indem sie ihnen schöne Rollen beim nächsten Maskenspiel versprach.

Der Hof führte mit Prunk und Pracht das Stück »Englands starke Monarchie« vor dem internationalen Publikum in Gestalt der ausländischen Gesandten auf; vor sich selbst und der englischen Nation gab der Hof das Stück »Wir leben im Goldenen Zeitalter«.

Staatssekretär Lord Burghley entwarf Bühnenbild-Skizzen für die Sitzordnung bei Maria Stuarts Prozess – für die dramatische Plattform ihres letzten Auftritts. Maria Stuart spielte die Rolle der katholischen Märtyrerin und erklärte ihren Richtern: »Das Theater der Welt ist größer als das englische Reich«;[1] zur Hinrichtung, ihrer Abschiedsvorstellung, erschien sie kostümiert in mehreren

Kleiderschichten in symbolischen Farben, rückte sich den Henkersblock bequem zurecht, sprach Jesu Christi letzte Worte am Kreuz auf lateinisch, wirkungsbewusst ihr welthistorisches Ende inszenierend. Elisabeth bekam die undankbare Rolle der bösen Königin und beklagte sich, dass man »als Monarch auf Bühnen agiert, vor den Augen der ganzen Welt, die den kleinsten Fleck auf dem Kleid registriert«[2] – wie beim Schauspieler die geplatzte Hosennaht.

Verurteilte Verbrecher hielten unterm Galgen oder vor dem Richtblock wohlvorbereitete und wortspielreiche Reden vor ihrem faszinierten Publikum, gaben sich als reuige Sünder und dankten dem Henker überschwenglich für ihren Tod, der sich seinerseits bei ihnen dafür entschuldigte – immer wieder »a good piece of dialogue«, wie es in Hollywood heißt. Ein Verurteilter, dem als Strafe die rechte Hand abgehackt wurde, riss nach dem Axthieb mit der linken den Hut vom Kopf und rief: »Lang lebe die Königin!«, bevor er ohnmächtig wurde.[3]

Das alltägliche London war eine Bühne der Eitelkeiten, Maskenspiele und Huldigungszeremonien, ein Laufsteg für Kleidermoden, eine Bildergalerie der Symbole und ein Paradeplatz der Selbstdarstellungen – und dies bei den Handwerkergilden so gut wie beim Hofpersonal. Für die bombastischen Prunkumzüge der Königin wurden vorweg story-boards gezeichnet, um die theatralische Wirkung zu überprüfen. Zur Unterhaltung der Königin auf einem Landschloss wurde ein See in Form einer Mondsichel angelegt (symbolische Anspielung: Elisabeth = Mondgöttin!), mit künstlichen Inseln in Form von Riesenschnecken, Festungen, Schiffen, mit mythologischen Wassergottheiten und feuerspeienden Meeresungeheuern. Nostalgisch-ironisch inszenierte sich der Hof als mittelalterliche Welt der Minne – mit Königin Elisabeth I. als der unerreichbaren, göttlichen Geliebten.

Das einzigartige elisabethanische Theaterwunder erwuchs aus einer theatralisierten Alltagswelt, die das Bewusstsein schärfte für den Unterschied von äußerem Schein und wahrhaftem Sein, für das verwirrende Ineinandergreifen von Illusion und Wirklichkeit des Lebens, von Rollenspiel und Maske und der dahinter verborgenen, verkleideten Wahrheit.

Das »Styling« des Ego wurde in höfischen Kreisen zum Kult. Die Selbstinszenierung war unabdingbares Mittel der Selbstbehauptung auf dem theatralischen Schlachtfeld der höfischen Salonkultur. Es ging allerdings nicht darum, sich so darzustellen, wie man *tatsächlich* war, sondern man stilisierte sich gezielt so, *wie man gesehen werden wollte*. Die eigene Pose war sorgfältig geplanter Selbstentwurf und Selbstkonstruktion zum einzigen Zweck, auf den Betrachter eine bewusst gewählte, manipulative *Wirkung* auszuüben.

Das Ziel der Übung war z. B. im berühmten und einflussreichen Buch ›Der Höfling‹ von Baldassare Castiglione (1518) beschrieben: Er sah den Hof als ein einziges großes Theater. Ein Hofmann (wie Hamlet, der »Spiegel der Hof-Art, Muster feinster Formen« war) sollte sein Gehabe künstlich auf eine Weise derart »stylen«, dass es wirkte, als sei es natürlich. Die höchste Vollendung höfischen Ideals bestand demnach darin, sein äußeres Verhalten mit solcher »Leichtigkeit« zu erkünsteln, dass es ganz natürlich aussah. »*Sprezzatura*« war das Stichwort, »eine gewisse Art von Lässigkeit …, die die Kunst verbirgt und bezeigt, dass das, was man tut oder sagt, anscheinend mühelos und fast ohne Nachdenken zustande gekommen ist«.[4] Das scheinbar »Natürliche« als Ergebnis einer künstlichen Bemühung, die Künstlichkeit als »Natur« des idealen Hofmanns. Da jeder sich verstellt, und jeder weiß, dass der andere sich verstellt, muss man sein eigenes Selbst noch besser verstellen, um dem anderen Versteller auf die Schliche zu kommen. Das gesellschaftliche Verhaltensgesetz zu Beginn der Moderne lautet aus dieser Sicht: »Verstelle dich besser.« Da alle das Gleiche taten, ergab sich die höfische Welt als Dauer-Maskenball scheinbar natürlich wirkender Versteller.

Alles Theater. Die ganze Welt ist eine Bühne. Alle Frauen und Männer sind nur Schauspieler, die auftreten und wieder abgehen und viele Rollen spielen ... So erklärt es der Melancholiker Jacques in Shakespeares *Wie es euch gefällt* (II,7,141 ff.) in einem berühmten Monolog. Sich verstellen und den anderen beim Verstellen beobachten, bis man ihn in einem unbedachten Moment erwischt – das schien die Maxime der (Hof-)Welt zu sein. So könnte man auch das Verhalten sich umkreisender Wölfe beschreiben.

Wenn aber alle Masken vor sich hertragen – was ist das Selbst hinter der Maske?

TERRA NOVA INCOGNITA
ODER
HAMLETS WAHRES SELBST

Herr, sag, bin ich vertauscht, bin ich noch ich?

Komödie der Irrungen, II,2,97

Hamlet, wurde einmal von T. S. Eliot gesagt, ist die Mona Lisa der Literatur. So unergründlich, wie sie lächelt, so unauslotbar grübelt Hamlet. Das Bild vom düsteren Jüngling, schwarz in Samt gekleidet, der einen bleichen Totenschädel in seiner Hand anstarrt, ist eine der großen Ikonen der abendländischen Literatur. Die Figur hat ein außerliterarisches Eigenleben erreicht; es bedarf gar nicht mehr der knirschenden Mechanismen einer Bühnenhandlung, um »hamletische« Assoziationen freizusetzen. Hamlet ist eine Figur des europäischen kulturellen Erbes wie Dr. Faustus, Don Juan oder Don Quijote. Endgültig zu formulieren, was der »Sinn« des *Hamlet* ist, oder gar dem Stück sein Geheimnis aus dem Herzen zu reißen, ist allerdings noch niemandem gelungen.

Es geht um Mord. *Hamlet* ist ein Krimi, in dem ein vertuschtes Verbrechen durch spiritistische Offenbarung ans Licht kommt: Der Geist des ermordeten Königs von Dänemark erscheint seinem Sohn Prinz Hamlet, weiht ihn in das Verbrechen ein und fordert ihn zur Rache auf.

Es geht um Politik. Ein geheimer Staatsstreich: Hamlets Vater, der legitime Herrscher Dänemarks, ist heimtückisch durch einen Giftanschlag beseitigt worden. Die Staatsmacht hat der Verbrecher an sich gerissen, der Bruder des Königs, der nun widerrechtlich regiert. Es ist ein Anschlag auf den Staat selbst; der gegenwärtige Zustand ist ein fortwährendes Verbrechen wider die Grundlagen des Gemeinwesens. Die Welt wird von einem Verbrecher regiert. Die Welt ist aus den Fugen. Hamlet fühlt sich missionarisch aufgerufen, sie wieder ins Lot zu bringen.

Es geht um Mutter, Sohn und Sexualität. Hamlets Mutter hat, kaum verwitwet, den Bruder ihres Ehemannes und Königs geheiratet. Das galt in elisabethanischer Zeit als Blutschande. In Hamlet kochen quälende Phantasien, was seine Mutter im Bett mit Claudius treibt:

>»... zu leben
Ranzig im Schweißdunst eines schmierigen Bettes,
Schmorend im Schleim, süß keuchend sich bespringen
Überm Drecksschweinekober!«

III,4,92

Die Blutschande der Mutter, die zum Tier absinkt, erscheint als Anschlag auf die menschliche und göttliche Sittenordnung *per se*.

Es geht um Rache. Der Geist aus der alten Welt des katholischen Fegefeuers fordert vom aufgeklärten protestantischen Studenten der Martin-Luther-Universität zu Wittenberg, ein mittelalterliches Ehrenritual zu vollziehen: den Mörder aus Rache zu ermorden.

Es geht aber um mehr als Rache: Das Konzept »Rache« ist fragwürdig geworden in neuer Zeit: »Mein ist die Rache«, sprach schon immer Gott. »Mein ist die Rache«, spricht aber neuerdings der Staat: »Rache ist eine Art wilder Justiz; und je mehr die menschliche Natur ihr anhängt, so mehr sollte das Gesetz sie ausjäten«. (Francis Bacon, Über die Rache, aus: ›Essays‹, 1601)

Es geht aber auch um mehr als nur um einen Mord in der Familie. Die Tat wird verstanden als Verbrechen wider die Ur-Gesetze der Natur. Seit Kain und Abel gilt der Mord am Bruder als Ursünde, die den Menschen von Gottes Gnade scheidet; Brudermord ist ein Verbrechen, das den Täter aus der Gemeinschaft mit Gott und den Menschen ausstößt. Satyr hat Hyperion umgebracht, der Tiermensch den göttlichen Menschen, der dunkle Anteil im Menschen hat den lichten verschlungen.

Es geht aber auch um mehr als den politischen Mord an einem beliebigen Regierungschef. Einen regierenden Herrscher umgab in elisabethanischer Zeit eine religiöse Aura: Ein Königsmord erschüttert nicht nur die menschlich gesetzte, sondern die mittelalterliche, göttlich-universelle Ordnung. Ein gesalbter König ist in der kosmischen Hierarchie der Dinge und der Wesen Gott am nächsten; Mord am König gleicht einer Schändung Gottes; den Leib des Königs zu töten heißt Gottes Tempel zu zerstören:

> Gottschänderischster Mord brach klaffweit auf
> Des Herrn gesalbten Tempel
>
> *Macbeth, II,3,66*

So heißt es in *Macbeth* nach dem Mord am König Duncan. Der metaphysische Weltbau wird erschüttert, dem Ur-Chaos, dem Zusammensturz jeglicher Ordnung der Weg bereitet. Im Königsmord ereignet sich »ein Riß in der Natur, durch den Zerstörung einstampft« *(Macbeth, II,3)*. Aus Hamlets persönlichem Problem erwachsen epochentypische und metaphysische Fragestellungen, die nicht unbedingt mehr die unseren sind; sie sind uns eher fremd. Umso näher, verwandter und unsriger sind dafür andere Elemente des Stückes.

Der Schauspieler Shakespeare, der wie alle Schauspieler zu allen Zeiten mit dem berufsbedingten theatralischen Silberblick auf die Welt sah, jenem Blick, der immer leicht schizophren den Unterschied zwischen dem äußeren Verhalten eines Menschen und seinem dahinterliegenden wahren Sein wahrnimmt – eine Art Berufskrankheit bei Schauspielern, die ja immer um ihre professionell gespielte Persona auf der Bühne und ihr privates Menschsein hinter der künstlichen Persona wissen ... –, der Schauspieler Shakespeare also wählte sich, um von Hamlet und seiner Geschichte zu erzählen, als zentrale Metapher – das Theater: »Theater« – jene öffentliche Scheinwelt, hinter der eine verborgene zweite, private Realität der Schauspieler steckt; jenes flüchtige Gebilde aus Akteuren und Zuschauern; jenes schillernde Paradox aus inszeniertem So-tun-als-ob und verborgener Wirklichkeit, aus Verstellung und Offenbarung, aus glitzernder Fassade und banaler Realität. Im *Hamlet* wird die Janus-Gesichtigkeit des Theaters zur Metapher für die Doppelbödigkeit aller Weltwahrnehmung. Die Einrichtung »Theater« wird im *Hamlet* benutzt, um dem Wirklichkeits-Theater den Spiegel vorzuhalten. Theater auf dem Theater auf dem Theater wird gespielt – das Ergebnis ist ein verwirrendes Spiegelkabinett.

Schauspieler Shakespeare versieht Hamlet mit dem wissenden Schauspielerblick, der kritisch einer Vorstellung zusieht. Es ist auch der Blick des berühmten »Hofmann«-Rollenmodells von Castiglione, das auf Machiavelli zurückgeht. Der Hof ist für diesen Blick immer Bühne.[1] Alle Auftretenden sind Versteller, die ihre Rollen nach bester Hofmannskunst spielen: vollkommen erkünstelt, aber wie natürlich wirkend, mit gekonnter *sprezzatura*, leicht-lässiger Zwanglosigkeit, denn *ars est celare artem,* die Kunst ist, die Kunst zu verbergen. Wenn man nicht genau hinsieht, merkt man es fast gar nicht, dass alle nur Darsteller ihrer selbst sind, hinter vielerlei Masken. Um das zu merken, braucht man den besonderen Blick. Nur wer ihn hat, sieht, dass alle mitspielen im Großen Maskenspiel. Der neue König, zum Beispiel, Hamlets Onkel, und die Königin, Hamlets Mutter, und der ganze Hofstaat. Alle bekunden Trauer um den plötzlich verschiedenen alten König. Hamlet durchschaut das so echt wirkende Getue. Er trauert anders: Er trauert echt »echt«. Tief. Meint er. Seine Mutter wundert sich: Alles, was lebt, muss nun eben mal irgendwann sterben. Warum also scheint es Hamlet bei seinem Vater so was Besonders zu sein? Und da macht Hamlet Skandal vor dem ganzen Hofstaat:

Scheint, Gnädge? Nein, es ist! Ich kenn kein »scheint's«.
's ist nicht mein tintendunkles Wams nur, Mutter,
Noch 's übliche Gewand aus Trauerschwarz,
Noch 's windige Geseufz gepreßten Atems,
Nein, noch der reichlich quellnde Strom vom Auge,

Noch der zerquälte Ausdruck im Gesicht,
Samt aller Kummergesten, Formen, Sitten,
Was wahr mich zeigen kann. Dies freilich »scheint«,
Denn das sind Posen, die leicht spielbar wären;
Doch in mir lebt, was Schau weit übersteigt,
Jenes nur Flitterkram, drin Gram sich zeigt.

I,2,76 ff.

Alles nur Schau, alles nur Schein, alles nur Lüge und Heuchelei. Hamlet verweigert die spielbaren Posen der Trauer – das Geächze, Geseufze und Geflenne, kurz: den Zeichenkanon gesellschaftskonformer Trauer*sitten*. Die könnten ihn in seinem leidenden Selbst nicht »wahr« zeigen. Er nämlich kenne keinen »Schein« in seinen Gefühlen. Denn in ihm, in seinem Selbst, meint Hamlet, lebt etwas anderes, »was Schau weit übersteigt«.

Was ist das, was da in ihm lebt?

Es ist eine Frage, mit der Hamlet sich, das ganze weitere Stück über, weit mehr beschäftigen wird als mit seinem Racheauftrag. Sie beschäftigt auch *uns* heute mehr als die zeitgenössischen Verstehenshorizonte und die religiös-metaphysischen Implikationen eines Königsmordes und des Rache-Konzeptes. Die Figur Hamlet gilt als der erste Mensch der Neuzeit auf einer Bühne. Wie der Kulturhistoriker Jakob Burckhardt aufgezeigt hat, war die Renaissance die Geburtsstunde der Individualität.[1] Im Hamlet beobachten wir die theatralische Darstellung der Geburtswehen, mit denen jenes neue Etwas in die abendländische Welt geboren wurde, dessen letzte Nachfahren wir Heutigen sind: Hamlet steht als Archetypus am Beginn der Geschichte unseres »Ich«.

Denn der Einzelne war nicht immer ein »Individuum«: Er war im Mittelalter Teil einer paternalistischen, strikt religiös ausgerichteten Gemeinschaft, einem domestizierenden Kollektiv aus Familie, Clan oder Volk, das für ihn eine vorgegebene Rolle bereithielt und deren Einhaltung die soziale Kontrolle der Gemeinschaft überwachte. Vom Einzelnen wurde die Ausfüllung dieser Rolle verlangt, aber nicht etwa zum Wohle seines Selbst, sondern im Dienst an Gott und Gemeinschaft. Auch die christliche Einzelseele war nur in Beziehung zu Gott gesehen, war dienend ausgerichtet auf den »Herrn«. Mit Misstrauen betrachtete man Abweichungen: Ein persönlicher »Stil«, eine eigene »Handschrift«, ein von der Norm abweichendes »Wesen« stand nicht zur Debatte; »Selbstverwirklichung« war kein kulturelles Ideal – im Gegenteil: Der Abweichler erschien negativ als Störelement im konformen Ganzen.

Als ein solcher Störfaktor manifestiert sich Hamlet gleich mit seinem ersten Auftritt: Er brüskiert den König, seine Mutter und die ganze Hofgesellschaft. Er protestiert, wirft allen Trauernden Heuchelei vor – und behauptet von sich selbst, als Einziger *anders* zu sein. Er setzt sich ab von allen andern. Er fühlt sich anders als alle andern – im Innern.

Shakespeare kontrastiert in seinem Stück zwei verschiedene Welten: Die öffentliche *Außen*welt des Hofes mit ihren höfischen Verstellern, ihren Posen und Künsteleien einerseits und andererseits die *Innen*welt des Hamlet. Von diesem privaten Raum wird auf eine Weise erzählt, wie noch niemals zuvor seelisches Geschehen auf der Bühne präsentiert wurde: In den *Monologen des Hamlet* ereignet sich inneres Geschehen als Drama.

Ein Monolog ist eine sehr künstliche, theatralische Erzähltechnik. Da stellt sich jemand allein auf die Bühne und redet, während er so tut, als ob das Publikum gar nicht da wäre und er nur mit sich selbst spräche. Aber kein Mensch würde im wirklichen Leben derart ausführlich und wohlformuliert laut mit der leeren Luft parlieren; das »Selbstgespräch«, in dem man allein vor sich hin redet, kennt man aus der Wirklichkeit ganz anders, und wo es ausufert, erscheint es als autistische Verirrung. So wirkt ein Bühnenmonolog für den modernen film- und fernsehgewohnten Blick als sehr unrealistische Theaterkonvention, die viel mit künstlicher Kunst, aber wenig mit dem wirklichen Leben zu tun hat. Dieses abstrakte und formale Kunstmittel aber ermöglicht die Darstellung von Dingen, die keine scheinbar »realistische« Erzählweise jemals vorführen könnte: Shakespeare gelingt es damit, die niemals sichtbare *Innenwelt* eines Menschen auf der Bühne zum dramatischen Ereignis werden zu lassen.

Die Hamlet-Monologe sind Zäsuren im Handlungsablauf. Die Abfolge äußerer Geschehnisse, die der Zuschauer quasi »objektiv« beobachten konnte, kommt zum Stillstand, und das innere Geschehen in Hamlet wird entfaltet. Statisch aber ist Hamlets Innenwelt durchaus nicht; es werden nicht einfach klar ausformulierte Einsichten oder vorgefasste Pläne und Kommentare zur Kenntnisnahme des Zuschauers vorgetragen. Es handelt sich – paradox formuliert – um eine Art »emotionale Reflexionen«: Der Zuschauer kann teilnehmen an der Entstehung von Haltungen, Einstellungen und Gedanken; er wird Beobachter des selbstreflektierenden Vorgangs, der sich in Hamlet ereignet. Dieser innere Prozess generiert sich gleichsam zwischen Hirn und Herz, zwischen nachvollziehbaren rationalen Überlegungen und einem diffusen, a-sprachlichen, explosiven Gefühlsbereich, der ständig ahnbar und spürbar, aber nicht genau festmachbar ist. Die Emotionen scheinen Gedanken zu gebären und Gedanken neue Emotionen auszulösen – ein dialektischer innerpsychischer Vorgang ereignet sich beobachtbar in Rede und Gegenrede eines Menschen mit sich selbst.

Damit erscheint Hamlet in diesen Monologen nicht eigentlich als Herr seiner selbst, sondern immerzu als erst Werdender, als vor den Augen des Publikums Entstehender – mit offenem Ausgang. Was Hamlet in diesen Monologen sagt, was er »meint«, ist deshalb nicht unbedingt »wahr« im Sinne einer Botschaft, einer absoluten Einsicht oder einer Verkündigung letzter Weisheiten; seine Äußerungen sind Reflex auf ein augenblickliches Geschehen, sind jeweils Ergebnisse eines momentanen Durchgangsstadiums, das im nächsten Monolog längst überholt sein mag.

Hamlet wird für den Zuschauer einerseits aus der Außenperspektive beobachtbar als ein sich in seiner Umgebung öffentlich verhaltender, sozial interagierender Mensch; aber darüber hinaus wird er in seiner monologischen Innenwelt in einer so intimen und nackten Privatheit offenbart, wie man sie eigentlich nur von sich selbst kennt. Aber wie gut man sich auch selber kennen mag, kennt man sich ja doch selbst nie ganz … Das Theater der höfischen Versteller wird kontrastiert mit dem Theater, das Hamlet mit sich selbst im Innenraum seiner Seele spielt. Während Königin Elisabeth ihre Piraten und Abenteurer wie Francis Drake auf die Weltmeere schickte, um neue Länder zu erobern, schickte Shakespeare seinen Hamlet in die noch unerforschten Landschaften der Seele, die wahre *terra incognita*, die sich ganz neu darboten.

> O daß dies all- allzu beschmutzte Fleisch
> Doch schmölz, zerflöß, zerging in einem Tau,
> Oder daß nicht der Ewge sein Gebot
> Gesetzt hätt gegen Selbstmord! Oh Gott, Gott,
> Wie öde, schal, flach, fad und überflüssig
> Scheint mir all das Getu in dieser Welt!
> Pfui drauf, ah pfui, ein ungeharkter Garten,
> Der satt ins Unkraut samt; Kroppzeug prallwüchsig
> Herrscht einzig drin. Daß es so kommen konnt!
> Grad erst zwei Monat tot – nein, was nicht zwei –
> So herrlich doch ein König …
>
> *I,2,129*

Hamlets Kommentar zur Außenwelt aus seiner Innenwelt: Sein Mut zur aggressiven öffentlichen Provokation hat eine private Kehrseite. Gegen sich selbst in leidenschaftlichem Selbstekel und Selbsthass wütend, erscheinen ihm die eigene physische Auflösung, die Auslöschung, das Nicht-mehr-sein-Müssen lustvoll als Wunschziel angesichts der unerträglichen Welt und ihrer Heuchelei. Nicht Hamlet verkündet etwas – »Es« zerreißt ihn schier. Ein diffuser Komplex von Schmerz, ein Krampf aus vorsprachlichen Leidenschaften und Trieben scheint ihn zu schütteln wie ein »Sturm in seiner Seele«. Man könnte es heute einfach für typisch pubertär halten – wenn es nicht zu Beginn der Moderne eine so grundsätzlich neue Absonderung eines Einzelnen, eine so radikale Ich-Setzung wider den Rest der Welt wäre. Man beobachtet die beginnende Formierung eines Selbst. Das war unerhört Neues.

Der Student Hamlet, der aufgeklärt protestantisch nicht an Geister glaubt, erfährt nun auf nächtlichen Burgzinnen vom katholischen Geist seines Vaters die wahren Umstände seines Todes: Er wurde vom eigenen Bruder Claudius ermordet. Der Bruder sitzt jetzt auf dem Thron und hat die Frau des Ermordeten geheiratet. Der tote Vater fordert ihn auf, Rache zu nehmen.
Der erschütterte Hamlet reagiert seltsam. Er macht sich zuerst Notizen:

> Wohl nicht falsch, wenn ich's mir aufschreib,
> Daß einer lächeln kann und lächeln, lächeln, und
> Ein Schuft doch sein ...
>
> *I,5,107 ff.*

Es ist unfassbar. Die Spaltung der Welt in eine sichtbare und eine verborgene wird schriftlich festgehalten. Und dann stürzt Hamlet nicht etwa zur erforderlichen Rachetat, sondern beschließt rätselhafterweise, »ein seltsames Wesen anzulegen«: Er will sich selbst verstellen à la mode der Hofgesellschaft; er will einen Narren, einen Verrückten spielen, will die Welt der Versteller mit Verstellung provozieren, um herauszufinden, ob das Gespenst die Wahrheit verkündet hat oder nicht. Hamlet will wissen, was wahrhaft hinter den Masken des Hofes steckt. – Alle Hofleute wollen natürlich wissen, was hinter Hamlets Wahnsinns-Maske steckt – ist es echter Wahnsinn? Oder ...? Wo jede natürlich scheinende »Persona« als künstlich fabrizierte Selbstkonstruktion verstanden wird, ist für andere Selbststilisierer, die genau wissen, dass auch alle andern sich selbst nur stilisieren, nicht leicht zu entscheiden, was an einem *natürlich wirkenden* Wahnsinn tatsächlich natürlich und was geschickt gespielt ist. Was natürlich wirkt, kann auch die zur Natürlichkeit geronnene Verstellung sein. Was man sieht, ist wahrscheinlich Lüge. Wahr sein wird nur das, was unsichtbar ist. Was aber ist wahr? Was ist hinter der Maske? Die Welt der äußeren Erscheinungen ist nichts, die geheime, unsichtbare Wahrheit hinter der Oberfläche des jeweils anderen muss man entdecken … Die Welt am Hof von Helsingör wird zum quälenden Vexierbild sich belauernder Maskenträger.

Shakespeare potenziert nun das Spiel mit der Theatermetaphorik: Er lässt tatsächliche Schauspieler, also hauptberufliche »Versteller«, am Hof ankommen, eine Wandertruppe. Hamlet ist begeistert. Sofort möchte er vom 1. Schauspieler einen bestimmten Monolog über den Fall von Troja vorgetragen hören; und zur besseren Einstimmung deklamiert Hamlet, offenbar ein begeisterter Laienspieler, den Anfang gleich selbst (vermutlich ziemlich schrecklich pathetisch und theatrig). Als er dann an den Schauspieler übergibt, geschieht Seltsames: Der professionelle Schauspieler gebiert aus dem Text eine erschütternde Szene. Er spielt Theater auf dem Theater, dem Hamlet als Zuschauer zusieht. Er spielt den Trojaner Aeneas, der den Untergang seiner Heimatstadt Troja schildert – und den Tod seines Vaters Priamus und das Leid seiner Mutter Hekuba durch den mörderischen Pyrrhus. Dieser Grieche Pyrrhus hatte einen Racheauftrag wie Hamlet: Er musste seinen im Kampf um Troja getöteten Vater Achill am trojanischen König Priamus rächen – wie Hamlet seinen Vater rächen muss. Rächer Pyrrhus steht einen Moment mit erhobenem Schwert und zögert, den gestürzten alten Priamus zu töten – wie Rächer Hamlet zögert, Claudius umzubringen:

> So stand, wie ein gemalter Wüt'rich, Pyrrhus,
> Und wie ein Neutrum zwischen Woll'n und Ziel –
> Tat nichts.
>
> *II,2,474 ff.*

So steht, wie ein gemalter Rächer, auch Hamlet, und wie »ein Neutrum zwischen Woll'n und Ziel« tut auch er – nichts. Es ist Rächer Hamlets eigene Situation, der er im Spiel des Schauspielers zusieht: Hamlet blickt auf den Schauspieler wie in einen Spiegel.

Es ist etwas Seltsames um Spiegelerlebnisse. Wer in den Spiegel blickt, sieht sich von außen. Er blickt sich selbst an, als ob er ein anderer wäre. Er blickt aber auch in sich selbst hinein. Zugleich sieht er sich selbst, wie ihn andere sehen. Aus dem Spiegel blickt ein anderer, der seinerseits ihn ansieht. Er wird sich selbst zum Beobachter, er ist Subjekt und Objekt in einem. Kurz: *Er wird sich seiner selbst gewahr.*

Es ist ein irritierender Moment. Heinrich von Kleist beschreibt 1810 in seinem berühmten Aufsatz ›Über das Marionettentheater‹ einen schönen jungen Mann, der sich in vollendeter Grazie bewegt – bis er sich zufällig in einem Spiegel erblickt. Er versucht die Bewegung zu wiederholen, aber es gelingt ihm nicht. Von diesem Tag an geht eine seltsame Veränderung mit ihm vor. »Er fing an, tagelang vor dem Spiegel zu stehen; und immer ein Reiz nach dem andern verließ ihn. Eine unsichtbare und unbegreifliche Gewalt schien sich, wie ein eisernes Netz, um das freie Spiel seiner Gebärden zu legen ...«

Kleists junger Mann erlebt den Verlust der paradiesischen Unschuld durch Selbstreflexion. Der Blick in den Spiegel gleicht dem Biss in den paradiesischen Apfel vom Baum der Erkenntnis. Und er sieht, dass er nackt ist. Hamlet sieht sich im Spiegel des Schauspielers, und es beginnt für ihn (und seine Epoche) das Drama des Individuums, das *sich seiner selbst bewusst* wird.

Das künstliche Theater, das der Schauspieler aufführt, hat aber einen weiteren seltsamen Aspekt, den ausgerechnet Staatsrat Polonius, der Banause mit seinen unpassenden Bemerkungen, so formuliert:

POLONIUS: »Da schaut her, hat der jetzt nicht gar die Farbe verloren und hat Tränen in den Augen ...«

II,2,513 f.

Die Illusionskraft der künstlichen Theaterspielerei ist so groß, dass das Leid des Aeneas die Physis des Schauspielers zu verändern scheint. Sein Mit-Leid scheint ganz »echt« und »natürlich«. Dabei

ist es schauspielerisch künstlich hergestellt, es ist Täuschung und
entspricht nichts Wahrem im Innern des Schauspielers.

Dieses seltsame Paradox über den Schauspieler provoziert
Hamlet zu seinem nächsten, schäumenden Monolog:

Ist's nicht grotesk, daß dieser Spieler da
In nichts als einer Dichtung, einem Traum
Von Leidenschaft konnt seine Seele so
Auf seine eigne Vorstellung hinzwingen,
Daß durch ihr Wirken sein Gesicht ganz bleichte,
Tränen im Aug, Zerwühltheit in der Miene,
Die Stimme bricht, und 's ganze Innre schmiegsam
Formt seiner Vorstellung sich an? Und alles das um nichts!
Um Hekuba!
Was ist ihm Hekuba, oder er ihr,
Daß er sollt weinen über sie? Was würd *er* tun,
Hätt er das Stichwort und 's Motiv zur Leidenschaft,
Das ich hab? *Er* tät in Tränen gleich die Bühne tränken,
Und aller Ohrn mit Schauerreden sprengen,
In Wahnsinn Schuldige, in Furcht Schuldfreie jagen,
Unwissende verwirrn und wahrlich die
Ur-Fähigkeit von Aug und Ohr betäuben.
Doch ich,
Ein dröger, stumpfstofflicher Gauner, schlurf hin
Wie Hans der Träumer, unschwanger mit der Sache,
Und kann nichts sagen – nein, nichts für einen König,
An dessen Hab und Gut und teurem Leben ...

II,2,544 ff.

Hamlets Sprache ist aufgewühlt wie selten; sie sprengt Versmaß,
Syntax und Grammatik. Seine Argumentationen springen wild
hin und her; beginnend mit masochistischer Selbstbeschimpfung,
tobt er los über die groteske Absurdität des Schauspieler-Auf-
tritts. Dass ein bezahlter Komödiant mittels eines fiktiven Textes,
eines fabulierten Abklatsches wirklicher Leidenschaft seine gan-

ze Physis zum überzeugend natürlichen Ausdruck tiefen Leidens hintrimmen konnte, obwohl es den Schauspieler innerlich doch überhaupt nichts anginge: Was bedeutet ihm Hekuba? Nichts! gar nichts! – und trotzdem konnte er weinen über sie und die erschütterten Zuschauer zu Tränen rühren. Während er, Hamlet, doch allen Grund zur tragischen Emotion hätte, und doch könnte er nichts darüber zum Ausdruck bringen.

Hamlet steht vor dem »*Paradox des Schauspielers*«, das Denis Diderot (1713–1784) im nächsten Jahrhundert formulieren würde: Nur wer *keine* Empfindsamkeit besitzt, ist ein »erhabener Schauspieler«. Der ideale Schauspieler ist demnach vollkommen kalt, investiert keinerlei persönliche Empfindung. Persönliches Empfinden würde ihn nur unkontrolliert überwältigen. Nur die emotionslose, kontrollierte und künstliche Herstellung von Gefühlen würde ihn zum großen Darsteller menschlicher Regung machen. Wer von persönlichen Gefühlen gepeitscht wird, ist unfähig, sie auszudrücken.

Hamlet begreift sich nicht. Er wird *sich selbst problematisch*. Hamlet versteht sich nicht mehr. Was täte ein solcher Mensch, wenn er solchen Grund zu leidenschaftlichen Emotionen wie Hamlet in sich fühlte? Er würde das Theater, ach was, alle Hirne zersprengen! Und was tut er, Hamlet, den alles zur Tat ruft? Nichts tut er, nichts und nochmals nichts … Und warum?

Noch bei der Krönungsfeier hatte Hamlet seiner Mutter und der ganzen angeblich trauernden Hofwelt pathetisch provozierend den Spruch »*Doch in mir lebt, was Schau weit übersteigt*« entgegengerufen und sein »wahres« Inneres, sein lebendiges, echtes Sein, gegen alle äußeren Posen behauptet. Nun aber erscheint die »Schau«, die der innerlich unbeteiligte Schau-Spieler aufführt, viel wahrer und leidenschaftlicher als das angeblich so leidenschaftlich wahre Innenleben Hamlets … Was ist das in ihm, was so viel gewichtiger, wertvoller, tiefer, bedeutender sein soll als die äußeren Posen aller anderen? Was ist das Wahre, Innere, was angeblich »Schau weit übersteigt«?

Dies beginnt Hamlet sich selbst zu fragen; er betrachtet und

analysiert sich wie einen Unbekannten und kommt zu ihn selbst
überraschenden Selbstdeutungen:

… denn's kann nicht anders sein,
Als daß ich taubenherzig bin …
II,2,571 f.

»Ich« wird ihm zu einem weißen Fleck auf der Landkarte. Was
»in ihm lebt«, wird fragwürdig. Hamlet beginnt eine Forschungs-
reise ins Innere, als hätte er Montaignes ›Essais‹ von 1580 gelesen:

Die Welt sieht immer gerade von sich weg; ich aber wende meinen
Blick nach innen, und da halte ich ihn fest und lasse ihn verwei-
len. Jedermann schaut von sich weg, ich schaue in mich hinein; ich
habe es nur mit mir selber zu tun; ich betrachte mich ohne Unter-
lass; ich habe auf mich acht, ich schmecke mich, ich fühle mich.
Andere gehen beständig von sich weg, wenn es um ernste Dinge
geht … Ich kreise in mir selbst.[2]

Montaignes Ansichten, eine endlose Selbstbewusstseinsentfal-
tung, der alles zum Spiegel wird, waren bestürzend in einer alten
Welt, die »aus den Fugen« ging. Sichere Erkenntnis über die Phä-
nomene des Lebens gebe es nicht, erklärte Montaigne mit lächeln-
dem Skeptizismus. Alle Dinge seien in einem ewigen »Schaukeln«
begriffen und unendlich vielgesichtig; und dieses Schaukeln der
Welt erfasst selbst den, der sie in der Innenschau ergründen will.
Gewissheiten seien weder theoretisch durch Denken noch praktisch durch Handeln zu erreichen; höchstens könne man erkennen, dass man nichts Sicheres erkennen könne. »Ich bin ich« ist
beim Skeptiker Montaigne eine donquijotische Selbsttäuschung.
Das stabile »Ich« ist eine Illusion. »Ich« ist immer zugleich auch
ein anderer. Wenn nicht sogar mehrere.

Hamlet, der ständig In-sich-Hineinschauende, ist dabei, diese neue Erfahrung zu machen. Man wird sie später als die neue
Grunderfahrung des Subjektes in der Moderne bezeichnen.

Shakespeare hat sie mit Hamlet auf die Bretterbühne seines Jahr-
marktsbuden-Theaters gebracht. Hamlet begibt sich in die gefahr-
vollen Spiegelkabinette der Individualität und Identität, die das
Abendland seit der Renaissance, der Wiedergeburt des Humanen,
geprägt haben, das in der mittelalterlichen Finsternis schon verloren gegangen schien. Wer bin ich? Hamlets Fragen nach dem
»Ich« und der Identität, wie er sie zu Anfang der Moderne stellte, könnten am Ende der Moderne vielleicht noch einmal gestellt
werden.

1860 schrieb Jacob Burckhardt:

> Im Mittelalter lagen die beiden Seiten des Bewußtseins – nach
> der Welt hin und nach dem Inneren des Menschen selbst – wie
> unter einem gemeinsamen Schleier träumend oder halbwach.
> Der Schleier war gewoben aus Glauben, Kindesbefangenheit und
> Wahn; ... In Italien zuerst verweht dieser Schleier in die Lüfte, es
> erwacht eine *objektive* Betrachtung und Behandlung des Staates
> und der sämtlichen Dinge dieser Welt überhaupt: daneben aber
> erhebt sich mit voller Macht das *Subjektive*, der Mensch wird geis-
> tiges Individuum und erkennt sich als solches.[3]

In diesem alten Text schwingt selbstbewusster Jubel über das Ge-
leistete und Erreichte: der Glaube an die unwiderruflichen Werte des abendländischen Individualismus. Wie sich zeigt, sind es
sehr relative Werte: Sie gehören, wie ein fernsehtauglicher Mode-
Philosoph kürzlich sagte, längst in die Mülltonne der Geschichte.
Die Begriffe Identität und Individualität, unsere Ich-Konstitution,
sind nicht zuletzt durch Performanz-Theorien und Neurophysio-
logie pulverisiert – sie sind Chimären: Ich ist ein anderer. Ich bin
viele. Und die numerische Mehrheit der Weltbevölkerung hat sie
nie nachvollzogen; sie sind eine westliche Erfindung ohne Nach-
folge. Auch uns selber scheinen sie inzwischen fremd geworden
und überflüssig: Nachdem sie mühsam über die kollektiven Ideo-
logien des mörderischen 20. Jahrhunderts hinweggerettet wurden,
übergeben wir sie heute lächelnd an die heraufdämmernde, neue

Epoche, welche erst künftige Generationen werden benennen und definieren können: Die Jetztzeit, in der wir freiwillig und erleichtert unsere schwierige Individualität an die anonymen Mobs und Mächte der *Social Networks* und an die elektronischen Maschinen von *Very Big Data* abtreten, die unser Verhalten und unser Wesen bestimmen werden. So etwas gab es noch nie. Shakespeares *Hamlet* könnte vielleicht als Erinnerung an die Anfänge der Individuation dienen – solange wir ihn noch verstehen können.

DAS ELISABETHANISCHE WELTBILD
ODER
DIE WELT IST AUS DEN FUGEN

Dass die Welt aus den Fugen war, fand nicht nur Hamlet. Durch die ganze Epoche tönt ein großes Gejammere über den Niedergang der Moral, der Sitten, der Traditionen – nicht zuletzt auch über den Niedergang der Natur. Diese Dauerklage aber bezog sich auf ein Netzwerk von bildhaften Vorstellungen über die Welt, die uns sehr fremd und im Kern unverständlich sind. Shakespeares Stücke sind aus diesem elisabethanischen Gedankensystem erwachsen; sie nehmen in ihrer Bildersprache, in ihrem Wertesystem und ihrer Themenwahl ständig darauf Bezug, ohne es jemals explizit zu erklären – dies war nicht nötig, denn Shakespeare teilte diese Weltsicht mit seinem Publikum. Wir müssen sie uns heute aus zweiter Hand erschließen.

DIE WOHLVERFUGTE ALTE ZEIT bot ein Weltorientierungsgerüst, das jedem Elisabethaner geradezu »eingeboren« war: die Vorstellung einer universalistischen, unverrückbaren ORDNUNG UND HIERARCHIE, die zur segensreichen STABILITÄT auf der Welt und im Kosmos führt.

Gott hat ein großes, geordnetes Universum geschaffen; sein Mittelpunkt ist die Erde; um der Erde willen wurde das Universum geschaffen; und die Erde wurde geschaffen um des Menschen willen.

Um die Erde herum schweben die sieben kristallenen Sphären der sieben Planeten, deren kreisende Bewegung die Sphärenmusik als ewige kosmische Harmonie erzeugt. Die Erde und alles, was auf ihr lebt, besteht aus unzähligen verschiedenen Mischungen der vier Grundelemente: Erde, Wasser, Feuer und Luft.

Im gesamten Kosmos herrscht eine vernünftige, gottgewollte HIERARCHIE, eine gestaffelte ORDNUNG des Lebens, eine Leiter oder Kette des Seins *(chain of being)*, die buchstäblich alles, was existiert, jeden kleinsten Baustein der Schöpfung, nach seinem Wert und Rang einbindet.

Das Reich der Mineralien bildet die unterste Stufe – reiner Stoff, tote Materie, aber auch diese in sich hierarchisch: Gold steht höher als Silber, Silber höher als Bronze, der Rubin höher als der Topas, der Diamant höher als der Rubin ...

Auf höherer Seinsstufe steht das Pflanzenreich – materiehaft und belebt *(anima vegetabilis)*: Die Eiche steht höher als die Buche, die Rose höher als die Primel ...

Über dieser Stufe steht das Tierreich – materiehaft, belebt und empfindungsfähig *(anima sensibilis)*: Die Ameise steht über der Schnake, der Hund über der Ameise, der Löwe über dem Hund, der Delfin über dem Schellfisch ...; und darüber, als Krönung der irdischen Stufenleiter, der mit Vernunft begabte Mensch als Summe all dessen, was unter ihm steht; der Mensch, der mit dem Tier das Empfinden, mit der Pflanze das Leben, mit dem Stein die Materie gemein hat; der Mensch als das Ebenbild Gottes, mit seinem Leib an die Materie gebunden, mit seiner rationalen Geistseele *(anima rationalis)* aber teilhaftig der Welt der körperlosen, reinen Geister in den himmlischen Sphären, die Gott erkennen können. Dank seiner Vernunft hat der Mensch die Möglichkeit, die Schönheit der sinnvollen, vernünftigen Ordnung des Universums zu erfassen.

Der Mensch ist die Krone der Schöpfung und ein Zwitter – zugleich das oberste Materiewesen und das unterste Geistwesen, nicht mehr Tier und noch nicht Engel, der Schnittpunkt des Universums. Somit ist der Mensch ein *Mikrokosmos,* in dem sich der universelle *Makrokosmos* spiegelt; der Mensch ist ein Modell für die gesamte göttliche Schöpfung.

So hierarchisch geordnet, wie es die Stufen des Kosmos sind, müssen auch die Menschen in gottgewollter Hierarchie und Ordnung *(ordo)* leben – jeder, der König wie der Bürger wie der Bauer, als Glied der Seinskette, in der jedes Wesen einem andern übergeordnet und einem anderen untergeordnet ist, in der jeder sei-

nen klar bestimmten Platz im genau abgestuften Weltgefüge hat,
mit klaren Rechten und klaren Pflichten dem Ganzen gegenüber.
Friede und Wohlstand und Glück auf Erden und STABILITÄT im
Universum herrschen nur durch Einklang des Menschen mit dieser gottgewollten Harmonie.

Im Menschen aber lebt durch die Erbsünde die perverse Lust
zur Rebellion gegen alle Ordnung, die Gier nach Anarchie; und
der Mensch entzieht sich gern den lästigen Pflichten, die seine
Position im hierarchischen Gefüge mit sich bringt, wie die Treue-
pflicht gegen seinen Herrn, die Schutzpflicht gegen den Geringeren ... Aber sofern er sich selbstsüchtig mehr um die Genüsse der
sinnlichen Welt kümmert statt um die Erkenntnis der göttlichen
Ordnung, sofern er diese Ordnung missachtet und sich nicht in
sie einfügt, schadet er nicht nur sich selbst, sondern wird zur Gefahr für die empfindliche HARMONIE des gesamten Universums:
Denn eine Störung in einem geordneten System, in dem alles mit
allem hierarchisch verbunden und vernetzt ist, pflanzt sich fort
und führt zu Unordnung in den entlegensten Verzweigungen,
in allen kosmischen und irdischen Bereichen: die Sphärenmusik
wird dissonant, die Sonne verfinstert sich, die Planeten schießen
aus ihren Bahnen, die Jahreszeiten vertauschen sich, die Ernte
verdorrt, das Neugeborene schlägt seine Mutter, das CHAOS kehrt
zurück ... Ordnungsstörung, Wechsel, Wandel und Veränderung
sind die Todsünden in Gottes vernünftiger Schöpfung.

Shakespeare lebte in einer aufregenden Zeit: Ein Paradigmen-
wechsel großen Ausmaßes begann. Die Neu-Gier des Neuen Denkens der Renaissance trug Erregung, Aufruhr und Unsicherheit in
die alten Gewissheiten, die allmählich aus dem Leim gingen: Das
tradierte Lehrgebäude, das alle Fragen mit scholastischer Metaphysik beantwortete, wurde brüchig; neue, sehr diesseitig politische, soziale, wissenschaftliche und ethische Probleme verlager-
ten die Fragestellungen; das Individuum wurde entdeckt und in
seinen Rätseln und Zwiespältigkeiten zum neuen Studienobjekt.

DIE AUS DEN FUGEN GEHENDE NEUE ZEIT war nicht nur »unheil« in dem Sinne, wie die Welt schon immer »unheil« war: dass

die Ordnung und die Hierarchien nicht eingehalten werden, dass alles immer schlechter wurde, dass früher, im idealen Zeitalter, alles besser war etc.; das Neue – und das war wohl das Beunruhigende – war wesensmäßig anders. Es untergrub das überlieferte Ordnungssystem als solches. Umso verzweifelter wurde es beschworen. INSTABILITÄT im Politischen und Sozialen war der Albtraum eines ordnungssüchtigen Weltbildes. Die Verunsicherung wuchs.

Mittelalter meets Renaissance – neu-alte Teilansichten der Welt gab es bereits im Überfluss: Neoplatonismus, Alchemie, Dämonenlehre …; man glaubte dies und das. Einschneidend aber wurde der Protestantismus: Über die Lehre der persönlichen Gewissensentscheidung wurde der Individualismus gezüchtet; die Aufforderung zur Prüfung des eigenen Gewissens führte zur Prüfung der Fakten der empirischen Welterfahrung. Calvins grundlegender Zweifel, ob menschliche Vernunft Gott überhaupt erkennen könne, untergrub die alte Lehre und verstörte ebenso wie seine Prädestinationslehre, nach welcher der Mensch von vornherein erwählt oder verworfen ist.

Über das heliozentrische Weltbild des KOPERNIKUS wurde gemunkelt, welches der alten geozentrischen Weltordnung allmählich den Boden unter den Füßen wegzog. Die Schriften des MONTAIGNE las man, der die Ausnahmeposition des Menschen im Universum anzweifelte, die Vorstellung eines geordneten Kosmos als menschliche Phantasterei abtat und die ganze Welt und alles Menschentum darin als sich ewig wandelndes, unbeständiges, schaukelndes Chaos betrachtete, in dem es keine andere Gewissheit, Sicherheit und Wahrheit gebe als das, was subjektiv für das einzelne Ich gültig sei. Man erfuhr mit einigem Entsetzen von den Gedanken des MACHIAVELLI, der das Geschick und Wohlergehen eines Volkes nicht mehr aus der Befolgung göttlicher Gesetze ableitete, sondern sehr utilitaristisch aus der gerechtfertigten (notfalls gewaltsamen) Verfolgung seines vitalen, diesseitigen Lebensinteresses. Objektive Werte und Normen gab es bei beiden Denkern nicht mehr, sondern nur noch die subjektiven, die sich das Individuum zu seinem eigenen Nutzen selbst setzte. Das *relativistische Denken* hielt Einzug, die Frage nach dem Standpunkt in einer instabilen Welt, in der die Werte janusköpfig wurden.

Der Mensch stand nicht mehr so fest im Zentrum eines Universums, das er sich ausschließlich für zu seinem Wohl geschaffen dachte; das Studium der Bibel genügte nicht mehr, um den Urgrund aller Schöpfung zu begreifen; die genaue Beobachtung der Welt versprach besseres Wissen, und auch ein Gott wurde denkbar, der sich nicht mehr um das Wohl des Menschen kümmerte:

> Was Fliegen bösen Buben sind, sind wir
> Den Göttern. Sie töten uns zum Spaß.
>
> *König Lear, IV,1,36 f.*

Shakespeares Figuren beschwören sehnsüchtig ein hierarchisch geordnetes Weltgebäude als Maß aller Dinge; aber in den Konfliktstrukturen ihrer Irrungen und Wirrungen organisiert ein ironischer Mastermind ein Weltchaos.

In *Troilus und Cressida,* liefert Shakespeare das klassische Beispiel des hierarchischen alten Denkens: Im griechischen Heerlager vor der Stadt Troja herrscht dicke Luft – man hat Troja noch immer nicht besiegt. Es ist Disziplinlosigkeit eingerissen. Die Heeresführung ist zu schlaff. Bei einer Ratssitzung ergreift der schlaue Odysseus das Wort und erklärt, was falsch läuft.

> Das Grundgebot des Herrschens wurd mißachtet;
> Und seht, so viele Griechenzelte leer
> Im Feld stehn, so viel sinnentleerte Spaltung herrscht.
> Ja, ist der Feldherr nicht der Bienenstock,
> Um den ein jedes Arbeitsbienchen kreist,
> Woher soll Honig kommen? Maskiert sich Rang unkenntlich,
> Wirkt, gleich maskiert, der Niedrigste gleich schön.
> Die Sphären, die Planeten selbst, dies Zentrum
> Beachten Rangstufung, Vorrecht und Stellung,
> Stetigkeit, Bahn, Verhältnis, Zeitlauf, Form,

Amt und Gewohnheit ganz in strenger Ordnung:
Und drum thront Sol, der strahlende Planet,
Herrlich im Sphärenmittelpunkt, umkreist
Von allen anderen; sein heilkräftiges Auge
Hebt allen Einfluß schlimmer Sterne auf
Und eilt, wie Königsmachtwort, ungehemmt
Zu Gut und Böse. Doch wenn die Planeten
In übler Abweichung ins Chaos wandern,
Was Plagen, was für Omen, was Gemeuter,
Was Stürme, Meeresbeben, Erdeschwanken,
Was Aufruhr in den Lüften, Furcht, Graun, Umsturz
Zerfetzt, zertrümmert, spaltet, reißt entwurzelnd
Die Einheit und vertraute Ruh der Staaten
Aus ihrem Ankergrund! Oh, wankt die Rangordnung,
Die Stufenleiter allen hohen Planens,
Dann krankt das Ganze bald!

Troilus und Cressida, I,3,78

In Shakespeares/Ulysses Bilderwelt korrespondiert alles mit allem; so ist der Einsturz der sozialen Hierarchien mit dem Einsturz des kosmischen Systems zu vergleichen: Alle Planeten beachten Rangstufung und feste Ordnung; man stelle sich vor, sie würden aus ihren Spähren abweichen – welches Chaos würde auf der Welt entstehen. Und so entsteht irdisches Chaos, wenn die Menschen die feste Ordnung nicht mehr einhalten …

Das also meint Shakespeare mit dieser Rede? Er bestätigt hier das alte elisabethanische Ordo-Weltbild als sein eigenes? Keineswegs. Die Rede hält nämlich der listenreiche Ulysses. Und der *benutzt* nur reichlich zynisch das überholte statische Weltbild der Scholastik als Mittel für eine kleine Intrige: Er möchte den schwulen Achill aus dem Lotterbett holen und wieder an die Kampffront schicken – denn der ist einflussreich und Vorbild und steckt mit seiner Trägheit alle anderen Streitkräfte an. Die hochphilosophische Rede-Vision ist rhetorische Mache zur Beeinflussung der Ratsmitglieder. Ein PR-Trick.

DAS ELISABETHANISCHE ZEITALTER
ODER
THE GOLDEN AGE OF ENGLAND

Englands goldenes Zeitalter, wie Königin Elisabeths Regierungszeit nicht nur in vergoldender Rückschau, sondern schon von ihren zeitgenössischen Untertanen genannt wurde, sah 1558 bei ihrer Krönung noch nicht sehr vielversprechend aus:

> Die Königin arm, das Reich erschöpft, der Adel verarmt und heruntergekommen. Mangel an guten Hauptleuten und Soldaten. Das Volk zügellos. Recht wird nicht mehr gesprochen. Große Teuerung. Innerer Zwist im Land. Kriege mit Frankreich und Schottland. Der französische König, mit einem Fuß in Calais und mit dem andern in Schottland, nimmt das Reich zwischen die Schenkel. Unerschütterlichen Feindschaften, aber keine unerschütterlichen Freundschaften im Ausland.
>
> *(A. Waad, Geheimer Staatsrat Elisabeths)*

Als Elisabeth 45 Jahre später starb, klang es anders:

> Zu ihren Lebzeiten, welcher Friede in ihrem Reich! welcher Reichtum in ihrem Land! welche Pracht an ihrem Hof! welche Gelehrsamkeit an ihren Schulen! welcher Handel in ihren Städten! welcher Wohlstand in ihrem Königreich! welche Weisheit in ihrem Ratschluss und welche Gnade in ihrer Regentschaft!
>
> *(Aus einer Eloge des Nicholas Preston auf Elisabeth, 1603)*

Elisabeths Erfolgsbilanz ist in der Tat beachtlich: Innenpolitisch gelang ihr eine tragfähige Kompromisslösung im blutigen Religionskampf der Reformation, Bürgerkrieg wurde vermieden;

außenpolitisch konnte sie dreißig Jahre lang Kriegen mit dem Ausland entgehen; ihr Sieg über die spanische Armada machte England zur protestantischen Großmacht und weckte Nationalstolz, Patriotismus und Loyalität der Monarchie gegenüber; Machtkonflikte zwischen Krone und Parlament wusste sie diplomatisch geschickt durch Kompromisse beizulegen; ihr prunkvoller Hof mit seinem in ganz Europa einzigartigen Staatszeremoniell wurde zum Zentrum der kulturellen und intellektuellen Elite; Musik, Malerei und vor allem Literatur entwickelten sich unter ihrem Patronat auf nie da gewesene Weise; englische Seefahrer eroberten neue Handelswege in die ganze Welt und kehrten mit Schätzen beladen zurück; eine ungeahnte wirtschaftliche Dynamik war die Folge: Viele wurden reich. Alles war gut.

In Wahrheit aber knirschte es gewaltig im Gebälk des Goldenen Zeitalters. Das Bedrohlichste für die Elisabethaner: Es gab keinen Thronerben; ohne Thronfolger konnte England aber leicht Beute ausländischer Potentaten werden; ohne Herrscher waren die Hierarchien und Ordnungen des Staates in Gefahr; und nichts fürchteten die Elisabethaner mehr als einen Rückfall in Unsicherheit, Chaos und Unordnung wie zur Zeit der Rosenkriege (1455–1485). Das boomende kapitalistische neue Wirtschaften zeigte erstmals ein hässliches Gesicht: Durch eine galoppierende Inflation und rasende Preissteigerungen, die niemand begriff und niemand steuern konnte; in Verbindung mit Missernten, Hungersnöten und einer extremen Bevölkerungsexplosion entstand eine enorme Arbeitslosigkeit, und Massen entwurzelter Menschen vagabundierten ziellos durchs Land. Als *masterless man*, der keinen Herren und keine schützende Sozialeinbindung hatte, war man elend dran: Es entstand eine Vagabundengesellschaft, die zu einem Sprengsatz der ganzen Gesellschaft zu werden drohte.

Aufsteiger-Ehrgeiz galt andererseits als neue »Tugend«, die mit Gier und Gewinnsucht Hand in Hand ging. Durch die neue Macht des neuen Geldes kam es zu großen gesellschaftlichen Auf- und Abstiegen: Die Klassenschranken wurden durchlässig, alter Adel sank verarmt ab, tatkräftig neureiches Bürgertum konnte sich in

wichtige Machtstellungen einkaufen und selbst adelig werden, der
aufsteigende Bauer trat dem Adeligen auf die Hacken (*Hamlet*,
V,1,134) … – kurz, das ehemals feste gesellschaftliche Ordnungs-
gefüge begann gefährlich zu schwanken, ja, sogar der Gedanke,
dass es überhaupt eine feste, gottgeschaffene Ordnung mit dem
Menschen als Mittelpunkt gäbe, wurde äußerst fragwürdig…
Englands Goldenes Zeitalter stand um 1600, als Shakespeare in
Boomtown London seinen *Hamlet* schrieb, vor einer düsteren Zukunft: *Gloom and doom* lag in der Luft.

Shakespeares Lebensweg in solcher Umwelt war durchaus typisch für die Zeit: ein aufstiegsorientierter Bürgersohn, der in der
großen Stadt sein Glück machen wollte.

> Wer jung zu Haus hockt, wird im Hirn hausbacken.
> Würd nicht die Liebe deine Zeit festbandeln
> Ans süße Äugeln deiner werten Schönen,
> Würd ich vielmehr dich bitten, dass du mitkommst,
> Die Wunder anzuschaun der weiten Welt,
> Eh du mir träg daheim die Drohne spielst
> Und mit verschwommnem Nichtstun Zeit vertust.
>
> *Zwei Herren aus Verona, I,1*

Shakespeare, der auch die Wunder der weiten Welt anschauen
wollte, verfiel auf das lockende neue, boomende Theatergewer-
be, mit dem schnell Geld zu machen war; er wurde Schauspieler
und Erfolgsautor; seine Gewinne investierte er als Unternehmer
in eine Theaterteilhaberschaft – durchaus mit Risiko: Theater-
schließungen wegen der Pest konnten alle Einlagen sehr schnell
vernichten. Aber schon nach wenigen Jahren konnte er es sich
leisten, seinem sozial unglücklich abgestürzten Vater ein kost-
spieliges Wappen zu kaufen, ein prahlerisches Symbol, das gesellschaftlichen Aufstieg und Anerkennung signalisieren sollte – für
ca. 30 £: Das waren etwa drei Jahresgehälter eines Lehrers. Dafür durften sich Vater und Sohn Shakespeare nun »Gentlemen«
nennen und sich eleganter einkleiden: Die elisabethanische Klei-

derordnung schrieb jedem Stand streng vor, was er tragen durfte und was nicht; Verstöße wurden bestraft. Es ging aufwärts. Shakespeare wird populär und erringt einige Prominenz.

William Shakespeare, Gent., war ein strebsamer und höchst erfolgreicher bürgerlicher Untertan Ihrer Majestät, der Königin.

SHAKESPEARES KÖNIGIN ELISABETH I.

(1533–1603, Königin seit 1558); Vater: König Heinrich VIII. (sechs-mal verheiratet, ließ zwei seiner Ehefrauen köpfen); Mutter: Anna Boleyn (eine der Geköpften); Elisabeth war selbst in ihrer Jugend einige Monate im Tower in Untersuchungshaft wegen vermute-ten Hochverrats an ihrer Halbschwester, der damaligen Königin Maria; blieb zeitlebens unverheiratet und jungfräulich (trotz eini-ger ernsthafter Versuche, diesen Zustand zu ändern); war höchst gebildet und äußerst scharfsinnig; dabei selbstherrlich, launisch und starrköpfig; besaß großes Durchsetzungsvermögen, gepaart mit enormem politischem Instinkt; war zutiefst überzeugt vom Gottesgnadentum des Monarchen und dessen Pflichten fürs Volk; pflegte zur Verzweiflung ihres Staatsrats die Kunst, Proble-me durch Aussitzen zu erledigen; hasste Extreme, liebte den Mit-telweg, taktierte opportunistisch nach allen Seiten; diplomatisch geschickt bis zur Verschlagenheit und Heuchelei, war berüchtigt für ihre Eigenart, »zu antworten, ohne zu antworten« (hielt z.B. katholische europäische Fürsten dadurch von Feindseligkeiten ab, dass sie jeweils ernsthaftes Eheinteresse bekundete, die Ver-tragsvereinbarungen aber so viele Jahre hinzog, bis die Sache ein-schlief); hasste Krieg, Bürgerkrieg und Todesstrafe (erließ z.B. notgedrungen ein Gesetz, dass jedem die Todesstrafe androhte, der zweimal den Religionseid auf die Königin verweigerte; ord-nete aber nachdrücklich an, dass keiner zweimal gefragt werden sollte).

Elisabeth war die erste Schauspielerin ihres Staates: Es gelang ihr, zur Königin für *alle* zu werden, indem sie sich selbst als »jung-fräuliche« Herrscherin zur lebenden Ikone stilisierte, die »nur mit England verheiratet« war – zugleich volkstümlich und entrückt, demütiges »schwaches Weib« und überlebensgroßes Symbol nationaler Stärke, als protestantischer Marien-Ersatz verehrungswürdig für den gezierten Höfling wie für den plumpen Bauern. Sprachkenntnisse: Latein, Französisch, Italienisch, Griechisch, etwas Niederländisch u. Spanisch; verfasste bis ins hohe Alter zum Vergnügen Übersetzungen lateinischer und griechischer Klassiker; Musikinstrumente: Laute und Virginal; Leidenschaften: reisen, tanzen, Jagd und Mode; Interessen: Musik, Drama, Turniere; war außergewöhnlich eitel, kokett und empfänglich für Schmeichelei; liebte das Bad in der Menge; wurde mit zunehmendem Altersverfall immer putzsüchtiger; verzieh es ihrem 30 Jahre jüngeren Günstling Essex nie, dass er sie ohne Schminke und Perücke gesehen hatte; hinterließ 80 Perücken und 3000 Prunkgewänder; war jähzornig, cholerisch und berüchtigt für ihre vulgären Wutausbrüche; war imstande, ihre Hofdamen oder einen Minister zu ohrfeigen; bediente sich gern bewusst ordinärer, unflätiger Ausdrucksweise; besaß boshaften, auch selbstironischen Witz; war dabei tolerant und gütig: ihr Lächeln »war reinster Sonnenschein«; war außergewöhnlich volkstümlich und beliebt; liebte ihrerseits das Volk (gemäß eigener Aussage); der Kult, der sie als »Gloriana« verherrlichte, nahm fast hysterische Züge an; man feierte noch die fingerdick geschminkte 70-jährige als jugendfrische »Frühlingsgöttin« – im Einklang mit der herrschenden Weltanschauung, die in inszenierten Symbolen und Metaphern die eigentliche Wirklichkeit entdeckte.

Dabei war der von ihr gepflegte Mythos durchaus politisches Mittel: Mit ihr als angebeteter Halbgöttin und Heiligen wurde der Hof zum (absolutistischen) Machtzentrum des Staates, der alle Stände anzog, da der Hofdienst durch Patronage und Protektion ein Fortkommen versprach; Elisabeth anzubeten war karrierewichtig, aber aus dem ihr persönlich dargebrachten Kult erwuchs auch Loyalität der Monarchie gegenüber.

Elisabeth I. und William Shakespeare sind für uns die beiden großen mythischen Figuren des elisabethanischen Zeitalters. Die legendäre Königin und der berühmteste Dramatiker aller Zeiten –

gemeinsam wären sie ein unschlagbares Duo, das Dream-Team der Epoche gewesen. Die Königin, die nach eigenen Worten lieber ein Milchmädchen hätte sein wollen, und der 31 Jahre jüngere, aus bescheidenen Verhältnissen stammende Dichter – die Vorstellung setzt alle möglichen romantischen Assoziationen frei, und man wüsste zu gerne Näheres, in welchem Verhältnis sie zueinander standen.

Aber man weiß nichts darüber. Shakespeare und seine Kollegen, die *Lord Chamberlain's Men*, waren die inoffiziell vom Hof bevorzugte Truppe – sie spielten dort häufiger als die Konkurrenztruppe der *Admirals Men*, von 1504 bis 1603 insgesamt 33 Hof-Vorstellungen. Also spielten sie auch vor der Königin, die bei solchen Veranstaltungen in einem erhöhten Thronsessel direkt vor der Bühne saß und selbst ebenso Teil der Veranstaltung wurde wie das Stück. Da Shakespeare in sehr vielen dieser Vorstellungen aufgetreten sein muss, hat Elisabeth ihn als Schauspieler wohl wahrgenommen. Ob es darüber hinaus zu persönlichen Gesprächen mit dem Theaterdichter Shakespeare kam, wie sie zwischen dem Hofdichter John Lyly und Elisabeth belegt sind, weiß man nicht. Nach einer Legende soll Elisabeth das Stück *Die lustigen Weiber von Windsor* bei Shakespeare bestellt haben, weil sie die Figur des Falstaff einmal als Liebhaber sehen wollte.

Ben Jonson schwärmt in seiner Eloge in Shakespeares First Folio:

> Sweet Swan of Avon! What a sight it were
> To see thee in our waters yet appear,
> And make those flights upon the bankes of Thames
> That so did take Eliza and our James![1]

Demnach hätte Elisabeth ihn auch als Dichter wahrgenommen. Jedenfalls aber war sie niemals Zuschauerin in Shakespeares *Globe Theatre* im übel beleumundeten Amüsier- und Bordellviertel Southwark. Das war im Film ›Shakespeare in Love‹ nur witzig erfunden.

UNTERWEGS ZU NEUEN HORIZONTEN
IN DIE ÄUSSERE UND INNERE WELT
ODER
ELISABETHANISCHE REISEN

Reisen war ein schwieriges Unterfangen: Die meisten blieben ihr Leben lang zu Hause, denn Reisen war gefährlich wegen Wegelagerei und Straßenraub und äußerst unbequem wegen des katastrophalen Zustands der lehmigen Landstraßen. Als Transportmittel hatten die Armen die eigenen Füße; Wohlhabendere ritten; an den Hauptstrecken lagen Poststationen zum Pferdewechsel und Schenken zum Übernachten; der Warentransport lief über Packpferde und Karren; Kutschen waren nur in und um London in Gebrauch. Der Verkehr dort muss ein infernalisches Chaos gewesen sein, denn es gab keine Verkehrsregeln für die von zwei, vier, sechs oder noch mehr Pferden gezogenen Kutschen, die, erst einmal in Fahrt, nur schlecht zu lenken waren. Es gab immer wieder Verkehrstote.

Reisen war sehr langwierig, denn England war größer als heute: Die Entfernung Stratford-upon-Avon bis London beträgt ca. 95 Meilen oder 2 Autostunden. Für einen Reiter galten 40 Meilen als gute Tagesstrecke: Also wird Shakespeare für die Reise von seiner Familie in Stratford nach London zum Theater etwa 2½ Tage gebraucht haben, wenn er vernünftigerweise in Oxford und Uxbridge übernachtet hat.

Aus der Enge der überschaubaren Welt heraus betrachtet wurde Reisen ein Faszinosum, ein Symbol für die Neu-Gier der Zeit; denn die Welt war gerade unendlich größer geworden als bisher; sie dehnte sich plötzlich weit übers Meer zu unerforschten Kontinenten hinterm Horizont. Sir Walter Raleigh gründete die erste englische Kolonie – Virginia, nach der jungfräulichen Königin benannt; Sir Francis Drake, der oberste Seeräuber Ihrer Majestät, umsegelte als erster Engländer die ganze Welt und brachte unendliche Schätze nach Hause, die er den Spaniern gestohlen hatte; sie brachten den Investoren 4700 % Gewinn. Shakespeares *Sturm* spielt auf den Bermudas. Die alte, vertraute Welt entgrenzte sich, die eigene Stellung im Weltganzen wurde fragwürdiger und unsicherer.

Diejenigen, die weit gereist waren, kamen mit seltsamen Reiseandenken zurück: mit ausgestopften merkwürdigen Tieren, seltsamen Pflanzen wie der Kartoffel, unbekannten Gerätschaften – und seltsamen Menschen: Schwarze Menschen aus Afrika oder »rothäutige« Menschen aus dem westlichen »Indien«, die anfangs auf Jahrmärkten ausgestellt wurden; später wurde es Mode in reichen Adelshäusern, schwarzhäutige Bedienstete zu halten – auch Königin Elisabeth hatte ihren »Mohren« im Personal. Der Sklavenhandel begann ein einträgliches Geschäft zu werden.

Vor allem aber eines brachten diese Reisenden aus fernen Ländern mit: phantastische Erzählungen, von Menschenfressern, von Fabelwesen und goldenen Städten. Damit bezaubert Othello, der schwarze General, die staunende Desdemona:

> Und so sprach ich von schlimmsten Schicksalsschlägen;
> Von aufrührenden Land- und Seegeschichten;
> Vom Tod, dem ich haarbreit entging in einem Brecher;
> Von der Gefangenschaft beim frechen Feind
> Und dem Verkauf in Sklaverei und meinem Freikauf;
> Und was mir sonst geschah auf meinen Reisen;
> Wobei von düstern Höhlen, toten Wüsten,
> Steinschluchten, Bergen, himmelhohen Felsen
> Ich sprechen sollte – so war das gewünscht;
> Und von den Kannibalen, die sich fressen;
> Von den Anthropophagen und von Menschen,
> Der'n Kopf unter den Schultern wächst: davon
> Zu hörn …

I,3,133

Das faszinierte die Menschen: Es trug sie aus der Enge ihrer kleinen Welt hinaus und eröffnete neue Horizonte.

Überschreitungen alter Horizonte gab es auch in den Reisen der Phantasie – wenn man aus der City of London hinüberfuhr über die Themse in die wilden Vorstädte, um von den Dichtern und Dramatikern auf ganz neue Forschungsreisen mitgenommen zu werden: nach Italien, nach Böhmen, nach Schottland, nach Amerika, in die Privatgemächer der Könige und Fürsten, in die Vergangenheit und in Träume, in die dschungelhafte Natur des Menschen. Dort unternahm man Expeditionen ins unentdeckte Land der menschlichen Seele, ging auf Abenteuerfahrt in die rätselhaften Abgründe des neu entdeckten, chaotischen, widersprüchlichen Individuums, das man so noch nie gesehen hatte – und vor dem man erschrak. Das bindungslose Individuum, herausgelöst aus den gottgegebenen Hierarchien der menschlichen Gesellschaft wie des Universums – also der persönliche Autonomie beanspruchende einzelne Mensch war keineswegs ein erstrebenswertes Idealbild wie für uns Heutige; es war ein mit Lustgrauen beobachtetes Monstrum, wie Shakespeare es mit dem witzereißenden Massenmörder Richard III. als Schreckbild auf die Bühne brachte:

> Hab keinen Bruder, bin nicht wie ein Bruder;
> Und 's Wörtchen »Liebe« – »göttlich« nennt's ein Graubart –,
> Das wohn in Menschen, die einander gleichen,
> Und nicht in mir: ich bin ich selbst allein.
>
> *Heinrich VI., 3. Teil, V, 6*

Es war der heraufdämmernde neue Menschentyp, den Shakespeare beschrieb. Das für uns so harmlos klingende Sätzlein »Ich bin ich selbst allein« dürfte in elisabethanischen Ohren eine der fürchterlichsten Selbstbeschreibungen gewesen sein, die man sich vorstellen konnte. Die Auffassungen haben sich sehr gewandelt.

OTHELLO, DER POC VON VENEDIG
ODER
PIPPI LANGSTRUMPFS NEUER PAPA
ODER
VORAUSEILENDER NACHRUF AUF EIN BALD
UNSPIELBARES STÜCK

Unser Shakespeare heute. Er behauptet sich immer noch recht vital in einer deutschen Gesellschaft, die sich inmitten eines erheblichen sozialen Umbruchs befindet. Im Jahre 2012 haben etwa 18 % der Menschen in Deutschland einen ethnischen bzw. migrantischen Hintergrund. Davon sind etwa acht Millionen Deutsche; sieben Millionen haben zwar keine deutsche Staatsbürgerschaft, tragen aber zum Gesicht Deutschlands bei. Die Gesellschaft verändert sich. Ohne jeden Zweifel wird sich unser altgewohnter Shakespeare ebenfalls wieder einmal verändern müssen. Insbesondere sein Stück *Othello*:

Othello – wer ist das? Wie nennt man den? Wie sieht der aus? Wer darf den spielen?

WER IST OTHELLO? Ein Soldat im Rang eines Generals. Er ist der Oberbefehlshaber der venezianischen Flotte. Er lebt in der eleganten weißen Gesellschaft Venedigs. Er stammt aus Afrika. Er heiratet heimlich eine weiße Venezianerin.

WIE NENNT MAN OTHELLO? Das Stück trägt das Anstößige bereits im Untertitel: *The Moor of Venice/Der Mohr von Venedig*. Bekanntlich ist dieses *moor/Mohr* heutzutage politisch korrekt als rassistisch zu betrachten und kann nurmehr als »M-Wort« zitiert werden, in Analogie zum berüchtigten und geächteten [N-Wort]. Das [M-Wort] wird im Duden als »veraltet für dunkelhäutiger Afrikaner« bezeichnet; es spielte schon länger im Alltagsgebrauch keine Rolle mehr, außer bei Shakespeares *Othello* und bei Sarotti-

Schokolade, wo der »Sarotti-[M-Wort]« allerdings schon seit vielen Jahren durch den »Sarotti-Magier« ersetzt wurde; »[N-Wort] kuss« oder »[M-Wort]enkopf« sind schon länger verschwunden, der shakespearesche [M-Wort] ist so gut wie die letzte Verwendung des Wortes. Shakespeares originaler Titel *[M-Wort] von Venedig* ist demnach rassistisch, diskriminierend und ausgrenzend, und kann in gesellschaftlich bewussten Diskursen nicht mehr benutzt werden. Man muss ihn folglich ändern.

Ein historischer Text könne nicht verändert werden? Das ist naiv, nach Meinung vieler: Das Diktum des Pontius Pilatus, *quod scripsi scripsi* (was ich geschrieben habe, habe ich geschrieben – auch wenn es falsch war), sei nicht mehr aufrechtzuerhalten, wenn die Beibehaltung diskriminierender Begriffe schwere gesamtgesellschaftliche Verwerfungen nach sich ziehe und Teile der Bevölkerung rassistisch verletze. Hier müsse eine Güterabwägung vorgenommen werden.

Dies wurde unlängst deutlich in einer geradezu zum Kulturkampf gewordenen sehr deutschen Debatte über ›Pippi Langstrumpf‹ von Astrid Lindgren: Ob Pippi Langstrumpfs Papa, der von Astrid Lindgren als »[N-Wort]-König« geführt wurde, weiterhin in den Kinderbüchern derart rassistisch benannt werden könne oder umbenannt werden solle und ob die ›Kleine Hexe‹ von Otfried Preußler wg. »Hexe«, »Türke«, »Eskimo«, »Chinesenmädchen« etc. den Tatbestand des Rassismus erfülle und deswegen umgeschrieben werden müsse. Preußler hat kurz vor seinem Tod erkannt, dass sein Text für das Gemüt nicht nur eines nichtweißen Kindes schädlich sei, und hat die Genehmigung zum Ändern aller rassistisch konnotierten Begriffe in seinen Büchern erteilt – wobei unklar bleibt, inwiefern »Türke« rassistisch konnotiert sei, da »Türke« keine Rasse ist, sondern eine Bezeichnung wie Lette, Finne, Ire oder Portugiese.

Ausgelöst hatte die Debatte Dr. Mekonnen Mesghena, Leiter des Referates »Migration und Diversity« bei der Heinrich-Böll-Stiftung, der beim Vorlesen solcher Texte und Begriffe bei seiner 7-jährigen Tochter eine Erschütterung ausgelöst sah und ihr diese Begriffe (und ›Pippi Langstrumpf‹) nicht zumuten wollte. Mesghena sagte, wer einer Beibehaltung solcher Begriffe aus literarischen oder sonstigen Gründen das Wort rede, ignoriere die Tatsache, dass diese Begriffe mit einer langen Geschichte der Entmenschlichung, Misshandlung und Ausbeutung verbunden seien, und dankte Preußler ausdrücklich für sein wegweisendes Verhalten.

Astrid Lindgren, die 2002 verstarb, konnte sich dazu nicht mehr äußern; aber dies war letztlich kein Hinderungsgrund, ihren originalen »[N-Wort]-König« in »Südseekönig« zu ändern: Schließlich, so wurde argumentiert, würde Astrid Lindgren das [N-Wort] heute auch nicht mehr so schreiben, sondern einen anderen Begriff wählen. Der Verlag schrieb entsprechend um. Dies alles löste eine äußerst konträre Feuilleton-Debatte aus, die laut einer Forsa-Umfrage mit 50 % *für* zu 48 % *gegen* das Umschreiben ausging.

Das Argument, dass der Autor, wenn er heute leben würde, das, was er damals geschrieben habe, heute nicht mehr schreiben würde, ist natürlich bestechend: Auch Martin Luther würde heute seine antisemitischen Ausfälle vermutlich so nicht mehr niederschreiben, und Astrid Lindgren würde heute wohl keinen [N-Wort]-König mehr erfinden, schon allein um den *shitstorms* im Internet zu entgehen. Also muss man heute das tun, was Astrid Lindgren selbst täte, wenn sie noch leben würde: umschreiben. Die Debatte ging weiter: Wenn wir aber bei ›Pippi Langstrumpf‹ mit dem Umschreiben alter Texte anfangen, wo hören wir dann und aus welchen Gründen auf?, wurde von Zweiflern an der Sinnhaftigkeit solcher Vorgänge gefragt. Ein renommierter Journalist der *Süddeutschen Zeitung* z. B. votierte in einer Talk-Show[1] ganz entschieden *für* das Umschreiben von ›Pippi Langstrumpf‹, hatte aber bereits bei einer Veränderung von Mark Twains ›Huckleberry Finn‹ erhebliche Bedenken – obwohl doch gerade dieses Jugendbuch von klar rassistischen Schimpfwörtern wie *nigger* geradezu überquillt. Es gelang dem Journalisten nicht so recht, seine Mark-Twain-betreffenden, politisch etwas inkorrekten Skrupel zu konkretisieren und zu begründen. Er hätte argumentieren können, dass Kinderbücher und Literatur zweierlei seien, und Kinder nun mal noch nicht fähig seien, ein übles Wort historisch einzuordnen, während man das von heranwachsenden Mark-Twain-Lesern erwarten könne. Aber die Entwicklung ist in den USA inzwischen wesentlich weiter: Mark Twains Klassiker ist dort mancherorts wegen der [N-Wörter] als Schullektüre bereits untersagt; und 2011 wurde nun die erste gereinigte amerikanische Ausgabe veröffentlicht, die die 219 [N-Wörter] aus ›Huckleberry Finn‹ gestrichen hat.² Joseph Conrads ›Nigger of the Narcissus‹ wurde 2010 von WordBridge Publishing mit dem Titel ›The N-Word of the Narcissus‹ in einer gereinigten Fassung veröffentlicht, die überall *Nigger* durch *N-Word* ersetzt – mit der Begründung, man täte der Öffentlichkeit damit einen Dienst, denn das unerträgliche originale Wort würde Leser abstoßen.³ Es geht also nicht mehr nur um Kinderbücher.

Wenn die Büchse der Pandora einmal geöffnet ist, also die Ächtung heute als rassistisch empfundener Begriffe in bestehender älterer Literatur erst einmal angesagt ist und Umschreiben als alternativlos erscheint, kann es schwerlich noch rationale Gründe dafür geben, die Sache nicht bis zum Ende zu durchdenken und durchzuziehen – wobei das Umschreiben nicht auf rassistische Begriffe beschränkt bleiben muss; auch religiöse Moralfundamentalisten z. B. könnten da die einen oder anderen Forderungen nach Textrevision einbringen. So wurde aufgrund einer Kampagne einer religiös-konservativen Gruppierung in Virginia, USA, von der Schulbehörde eine gereinigte Shakespeare-Ausgabe geordert, aus der alle sexuellen Stellen z. B. in *Romeo und Julia* und *Hamlet* getilgt sind.

Sprachliche Textsäuberungen gemäß jeweils herrschenden, historisch späteren Vorstellungen werden dann geradezu zwingend, um die originalen Texte den jeweils aktuellen Befindlichkeiten, Normen und Verständnishorizonten anzupassen. Unbedingt notwendig erscheint dies dann z. B. auch bei der epochalen »*I have a dream*«-Rede Martin Luther Kings von 1963, die die Bürgerrechtsbewegung in den USA gewaltig vorangebracht hat:

But 100 years later, the Negro still is not free. One hundred years later, the life of the Negro is still sadly crippled by the manacles of segregation and the chains of discrimination. One hundred years later, the Negro lives on a lonely island of poverty in the midst of a vast ocean of material prosperity. One hundred years later, the Negro is still languished in the corners of American society…

Dies ist die offizielle Übersetzung der US Embassy:

Aber einhundert Jahre später ist der Neger immer noch nicht frei. Einhundert Jahre später ist das Leben des Negers leider immer noch von den Handfesseln der Rassentrennung und den Ketten der Diskriminierung eingeschränkt. Einhundert Jahre später lebt der Neger immer noch auf einer einsamen Insel der Armut … Einhundert Jahre später vegetiert der Neger immer noch an den Rändern …[4]

Es kann dann nicht angehen, dass Martin Luther King als Vorkämpfer gegen Rassismus einen Text hinterlässt, der randvoll mit rassistischen Begriffen wie »[N-Wort]« steckt und die Gefühle der Nichtweißen verletzt: Auch hier muss korrigierend eingegriffen werden, um bei uns Heutigen einen falschen, verletzenden Eindruck zu vermeiden …

Die Frage ist jedoch, welcher Begriff anstelle des [N-Wort]s in Frage kommt. Soweit dies zu übersehen ist, gibt es derzeit (das kann sich erfahrungsgemäß schnell ändern!) nur eine einzige Bezeichnung für Nichtweiße, die von Antirassisten akzeptiert wird: »PoC«. Das Wort mag in der breiteren Öffentlichkeit noch recht unbekannt sein, ist aber laut antirassistischen Aktivisten die wohl derzeit einzig mögliche, nichtrassistische Bezeichnung für einen Menschen mit nichtweißer Hautpigmentierung: »PoC« bezeichnet »alle rassifizierten Menschen«, die durch die »weiße Dominanzkultur marginalisiert … werden«.[5]

Ein/eine PoC ist ein/e *Person of Colour*, PoC als Plural verstanden bedeutet *People of Colour*. Der Begriff wird hier in der Folge

etwas zögernd verwendet, da einen nichtweißen Menschen als
»PoC« zu bezeichnen doch etwas rassistisch klingt; aber das ist
nicht zu ändern, da es die derzeit von PoC-Seite legitimierte, einzig nichtrassistische Begrifflichkeit ist. Also muss man sie, wenn
auch mit einigem Widerstreben, in einem politisch derart sen-
siblen Bereich wunschgemäß korrekt verwenden. Der historisch
relevante Martin-Luther-King-Text muss folglich – darauf ist hin-
zuarbeiten – antirassistisch abgeändert werden:

> Aber einhundert Jahre später ist der PoC immer noch nicht frei.
> Einhundert Jahre später ist das Leben des PoCs leider immer noch
> von den Handfesseln der Rassentrennung … Einhundert Jahre
> später lebt der PoC immer noch auf einer einsamen Insel der Ar-
> mut … Einhundert Jahre später vegetiert der PoC immer noch an
> den Rändern …⁶

Außerdem zu verändern sind die diversen Arbeiten, die Martin
Luther King ansonsten hinterlassen hat, wie ›The Negro and the
Constitution‹ (1944). Wer gegen eine solche Umschreibung wie bei
›Pippi Langstrumpf‹ an-argumentiert, kämpft ersichtlich grund-
sätzlich für die Beibehaltung rassistischer Begriffe, wurde erklärt
und ist folglich Rassist. Wer will sich das schon nachsagen lassen.

Um nun auf Shakespeare zurückzukommen: Der Untertitel
Der [M-Wort] von Venedig kann demnach nur noch als »*Der PoC
von Venedig*« geführt werden, um jeden Rassismus zu vermeiden.
Dies hat natürlich Folgen für den Dramentext selbst: Der »[M-
Wort]« muss z. B. in der Baudissin-Übersetzung überall in »PoC«
umgewandelt werden, z. B. im ersten Akt:

> … Urteilt nun selbst,
> Ob mich wohl irgend Recht und Dank verpflichtet
> Den PoC zu lieben.

> Wär ich der PoC, nicht möcht ich Jago sein.

… wird ausgeliefert …
Den rohen Küssen eines lüsternen PoC?

Hier kommt Brabantio und der tapfre PoC.

Man wird sich daran gewöhnen müssen.

Nur am Rande sei vermerkt, dass natürlich noch sehr viel mehr Literatur vom rassistischen [N-Wort] oder [M-Wort] gesäubert werden muss: Sartre, z. B., der den Begriff »[N-Wort]« ausführlich in der ›Ehrbaren Dirne‹ verwendete. – Jean Genets Drama: ›Die [N-Wort]‹. – Hermann Melville: *»Die meisten [N-Wort] sind die geborenen Kammerdiener und Friseure.«* – Goethe: *»Wir andern aber, so wie auch die [N-Wort] und Lappländer …«* – Schiller: *»Der [M-Wort] hat seine Schuldigkeit getan.«* – Tucholsky: *»Ja, man kann sich sogar … einen Eskimo vorstellen, der italienische Arien singt. Aber einen [N-Wort], der sächselt …«* – Adorno: *»… die authentischen [N-Wort]elemente des Jazz …«* – Horckheimer: *»Die [N-Wort] will man dort halten, wo sie hingehören.«* – Kafka: *»Seligsprechung der 22 christlichen [N-Wort]jünglinge von Uganda.«* – Enzensberger: »*… mordete* »Europa« *kalt die [N-Wort].«* – Eichendorff: *»[M-Wort]diener.«* – Hofmannsthal: *»… und ein kleiner [N-Wort] in Gelb, behängt mit silbernen Schellen …«* – Ossietzky: *»Der [N-Wort] ist auffallend groß und wohlgebaut …«* – Karl Marx: *»Der jüdische [N-Wort] Lassalle … Es ist mir jetzt völlig klar, daß er … von den [N-Wort]n abstammt.«* – Max Frisch: *»[N-Wort] mit einem Mädchen, … der [N-Wort] döst …«* Etc. Nicht zu vergessen Karl Mays rassistische »Rothäute und Bleichgesichter«, die neuen [R-Wort]- und [B-Wort]-Begriffe – Zeugnisse des europäischen Rassismus, alle abzuändern. Es gibt ersichtlich viel zu tun.

All dem leise entgegenzuhalten wäre natürlich, dass ein Wort keinen absoluten, unveränderlichen, überhistorischen Sinn trägt, sondern erst kontextual seine intendierte Bedeutung erlangt. Wörter ändern ihren Sinn im Laufe der historischen Entwicklung, indem sie mit weiteren Bedeutungen aufgeladen werden. Erst die mit einem Wort subtextual transportierte Absicht des Sprechers und der Kontext schaffen den jeweiligen Sinn. Beispiel:

A. Drei weiße rassistische Idioten in der Kneipe. Am Nebentisch drei PoCs. Die weißen rassistischen Idioten reden provozierend laut von Negern, Niggern, etc. – Der Kneipenbesitzer kommt und verbietet ihnen, von Negern, Niggern etc. zu reden.

B. Die weißen rassistischen Idioten halten sich daran. Sie reden jetzt ganz laut von weißer und schwarzer Schuhcreme. – Der Kneipenbesitzer verbietet ihnen, von Schuhcreme zu reden.

C. Die weißen rassistischen Idioten halten sich daran. Sie reden jetzt ganz laut von weißer und schwarzer Schokolade. – Der Kneipenbesitzer verbietet ihnen, überhaupt von weiß und von schwarz und von Schuhcreme und Schokolade zu reden …

Und so weiter. Wer rassistisch reden will, kann immer rassistisch reden. Das Verbot angeblich rassistischer Wörter nutzt nichts gegen böswillige Rassisten. Ebenso, wie jedes unverfängliche Wort absichtlich zu einer obszönen Anspielung umgemünzt werden kann, kann jedem Wort ein rassistischer Sinn unterlegt werden. Verbot von Wörtern als Mittel gegen Rassisten ist daher sinnlos. Das Wort verschwindet, die Rassisten aber bleiben. Sprachliche Verschiebungen sind willkürlich, ihre politische Aufladung erst ergibt jeweils den Sinn.

Nein, so wird widersprochen, es verhält sich ganz anders: Sprache repräsentiert nicht nur die Wirklichkeit, Sprache konstituiert die Wirklichkeit. Sie ist nicht nur deskriptiv, sie ist auch präskriptiv: Sprache gibt Wirklichkeit vor, sie erschafft Wirklichkeit. Rassistischer Sprachgebrauch erschafft Rassismus. Folgerung: Abschaffung der rassistischen Sprachzeichen führt zur Abschaffung des Rassismus. So schlussfolgern Sozialwissenschaften, die den »*linguistic turn*« etwas sehr wörtlich nehmen. Das [N-Wort] sei schon immer rassistisch, diskriminierend und ausgrenzend ge-

wesen, auch wenn der jeweilige historische Sprecher selbst es gar
nicht rassistisch gemeint haben muss oder sich seines rassistischen
Sprachgebrauchs gar nicht bewusst war. Auch gedankenloser rassistischer Sprachgebrauch verletze die Gefühle der Betroffenen.

Der Preußler-Verleger Klaus Willberg begründete seine Entscheidung folgendermaßen: Es sei nötig, Bücher dem sprachlichen und politischen Wandel anzupassen. »Nur so bleiben sie
zeitlos.« Also bleiben sie zeitlos *(for all ages)* nur durch kontinu-
ierliche Umschreibung. Müssen wir *Othello* umschreiben?

Dr. Mesghena erklärte ganz grundsätzlich in der Talkshow: »Es
gibt keinen Grund, Menschen auf Grund ihrer Hautfarbe zu markieren. Es geht um Markieren, dieser Begriff beinhaltet rassistische Ideologie an sich.«[7]

Im Falle *Othello* ist sprachliche Markierung aber ausdrücklich
gemeint: Das [M-Wort] bereits im Stücktitel markiert Othello
sprachlich als Fremden, als *Other;* es markiert seine Hautpigmentierung; es grenzt ihn damit aus dem weißen Venedig aus.

Wie sieht Othello aus? Othello gibt es nicht; er ist eine
Phantasiegestalt, deren Aussehen vom jeweiligen Leser bestimmt
wird, der seine eigenen Assoziationen einbringt, geführt von den
Sprachzeichen des Textes – oder vom Theater, das das Stück aufführt und die Hautfarbe als Zeichen optisch vorgibt, ebenso, wie
ein Theater festlegt, ob Hamlet mit einem kleinen Dicken oder einem großen Dürren besetzt wird. Welche Hautpigmentierung und
damit rassisch ausgrenzende Zuschreibung für Othello gemeint
war, ist immer wieder Gegenstand von Debatten, da das englische
[M-Wort] in elisabethanischer Zeit vielerlei bezeichnen konnte,
vom hellhäutigen nordafrikanischen Araber (wie dem Prinzen
von Marokko im *Kaufmann von Venedig)* bis zum schwarzafri-
kanischen PoC. Im Text beschreibt Othello sich selbst so: »*I am
black*« (III,3,260); »*... and black/ As my own face*« (III,3,386). Andere Figuren beschreiben ihn so: »*Thick-lips*« (Dicklipp, I,1,67),
»*old black ram*« (alter schwarzer Bock, I,1,89); »*sooty bosom*«
(rußige Brust, I,2,70) etc. Shakespeare hat einen zweiten PoC im
Titus Andronicus erfunden, den [M-Wort] Aaron, der von sich

selbst und über sein Kind sagt: »*My fleece of wooly hair*« (Mein Flies wolligen Haars, II,3,34), »*Aaron will have his soul black as his face*« (seine Seele schwarz wie sein Gesicht III,1,204); »*Coal-black is better than another hue*« (Kohlschwarz taugt mehr als jede andere Farbe, IV,2,99); »*you thick-lipped slave*« (dicklippiger Sklave, IV,2,177); Aaron hat ein »*blackamoor child*« (ein tiefschwarzes Kind, IV,2,51); andere nennen ihn »*her raven-coloured love*« (ihr rabenschwarzer Liebster, II,3,83) und »*a coal-black moor*« (kohlschwarzer Mohr, III,2,78). Eine Skizze zu einer *Titus-Andronicus*-Aufführung, 1595 erstellt von Henricus Peacham, zeigt am rechten Bildrand die Aaron-Figur klar schwarz markiert, so, wie wohl auch Othello gemeint war.

Die Versuche, aus Othello einen hellhäutigen, eher europäischen Typus mit etwas Solarstudio-Bräunung zu machen – und es gab deren viele über die Jahrhunderte! –, Versuche also, ihn »weiß« einzugemeinden, sind von meist sehr durchsichtigen rassistischen und sexistischen Vorstellungen geleitet. Klassische Beispiele sind zum einen der romantische englische Dichter Coleridge: »Es wäre einigermaßen ungeheuerlich, sich vorzustellen, daß dieses schöne venetianische Mädchen sich in einen veritablen Neger verliebt«[8]; zum anderen eine Miss Preston aus den amerikanischen Südstaaten, die 1869 schrieb:

»Beim Lesen des *Othello*-Dramas habe ich mir den Helden immer als einen *weißen* Mann vorgestellt. Es stimmt, daß der Dramatiker ihn schwarz gezeichnet hat, aber diese Schattierung steht dem Mann nicht. Es ist eine Bühnendekoration, die mein Geschmack ablehnt; ein Farbfehler … Othello *war ein weißer* Mann.«[9]

Und Charles Lamb fragte sich, »… ob wir nicht etwas äußerst Abstoßendes in der Werbung und den ehelichen Zärtlichkeiten des Othello und Desdemonas sehen …«.[10]

Solche Betrachter sehen in Shakespeares Stück nur »allgemeinmenschliche« Verhaltensweisen, die überzeitlich *for all ages* gültig sein sollen: Das »grünäugige Monster« der Eifersucht tritt immer und ewig in Erscheinung, heißt es, fehlgeleitete Liebe gab und gibt es damals wie heute, Morde aus krankhafter Eifersucht waren und sind nie zu verhindern. Übersehen, ausgeblendet, geradezu geleugnet werden aus solcher Sichtweise die besonderen Bedingungen des »Allgemeinmenschlichen« in Shakespeares Stück: dass das Eifersuchtsdrama zwischen einer weißen Frau und einem schwarzen Mann stattfindet.

Aus solchen Erklärungen sprechen Ängste und Phantasien: Eine weiße Frau könne einfach nicht freiwillig lustvoll mit einem Monster von schwarzem Mann ins Bett gehen. Die schöne weiße Unschuld Desdemona und unsere Achtung vor ihr würden beschädigt, wenn Othello ein veritabler PoC ist. Schwarz ist hässlich, weiß ist schön. Nun liegt der Kern des Stückes aber gerade in der ethnischen Weiß-Schwarz-Polarisierung. Die »schöne Frau« der Renaissance war weißhäutig und blond. Der Schwarze Mann war der Fremde, der Exot, der Barbar, dessen Identität durch seine Hautpigmentierung bestimmt war. Er war derjenige, der durch reine Existenz ein weißes Selbstverständnis beunruhigend infrage stellte – und er war das gefährlich schöne, schwarze, sexuelle Tier, der Tier-Mensch-Zwitter, das Monstrum, die enthemmte Bestie:

Jetzt, eben jetzt, bespringt ein alter schwarzer Bock Ihr weißes Lämmchen;

I,1,89

lieber lassen Sie Ihre Tochter von 'nem schwarzen Berberhengst decken; lieber wollen Sie Enkel, die Sie anwiehern; und wollen lieber Falben als Vettern und Vollblüter als Blutsverwandtschaft!

I,1,110

Ihre Tochter und der Schwarze [machen] grad eben jetzt das Tier mit den zwei Rücken.

I,1,116

Der sexuell unersättliche Schwarze mit Hörnern assoziiert auch den Teufel; die sprachlich drastisch evozierte Phantasie vom gemischtrassigen Geschlechtsakt sieht tier-menschliche Zwitterwesen daraus entstehen. Das schwarze Äußere muss ein schwarzes, diabolisches Inneres haben. Der Schwarze ist das Böse. Die sexuelle Verbindung der weißen Frau mit dem schwarzen Mann ist daher eine Grenzüberschreitung, ist gegen die Natur, ist eine Perversion – so reden Jago, Brabantio und Roderigo, die Rassisten des Stückes. Und auch der zweite Präsident der USA, der Sklavereigegner John Quincy Adams, sagte das so: Niemand könne mit einer weißen Frau von geachtetem Rang sympathisieren, die in einer »unnatürlichen Leidenschaft« mit einem ehemaligen Sklaven durchbrenne. Darum hat Adams auch kein Mitleid, wenn Othello Desdemona im Bett erwürgt: Da kriege sie nur, was sie verdient habe. Gemischtrassiger Sex erschien als abstoßend und erschreckend (jedenfalls in der Kombination weiße Frau/schwarzer Mann. Umgekehrt eher nicht.) Adams befand: »Die große moralische Lektion der Othello-Tragödie besagt, daß weißes und schwarzes Blut nicht in der Ehe vermischt werden kann ohne großes Vergehen wider die Gesetze der Natur.«[11] Es war eine Warnung an weiße amerikanische Frauen, sich mit Schwarzen einzulassen – in Shakespeares Stück sieht man, was dann passieren kann. Adams wiederholt damit den Intriganten des Stückes, den weißen Rassisten Jago, der Othello mit sexuellen Diffamierungen Desdemonas quält:

So manchen Heiratsantrag abzulehnen,
Der nach Stand, Rasse, Heimat gut gepasst hätt,
Was die Natur, wir sehn's doch, stets erstrebt –
Hei, so was riecht nach lüsterner Verderbtheit,
Übler Verirrung, abartigen Trieben.
Jedoch verzeihn Sie – ich mein hiermit nicht
Ausdrücklich Ihre Frau; obzwar ich fürchte,
Wenn sie erst wieder zur Vernunft kommt, könnte
Sie Sie mit Herrn von eigner Art vergleichen
Und dann vielleicht bereun.

III,3,227ff.

Die »widernatürliche« sexuelle Schwarz-Weiß-Beziehung wird genüsslich heraufbeschworen. Durch Worte und plastische Beschreibungen werden imaginierte sexuelle Akte zu scheinbarer Wahrheit. Desdemonas Vater Brabantio werden Bilder suggeriert, wie der Schwarze Mann als Hengst sein weißes Töchterlein vögelt. Dem schwarzen Mann Othello werden Bilder suggeriert, wie sich seine weiße Frau von einem weißen Mann vögeln lässt (III,3,410 ff.). Rassische und sexuelle Phantasien bilden den Kern des Dramas *Othello*, besonders gemischtrassige sexuelle Phantasien. Sie rumoren lustschreckhaft als vitale Energien in Shakespeares Drama wie in den kollektiven Träumen der Völker: die weiße Frau in den Armen des schwarzen Mannes. Die Schöne und das Biest, die blonde Frau und King-Kong – mythische Bilder im kollektiven Unterbewussten, die Shakespeares *Othello* emotional dynamisieren.[12] Eldrige Cleaver, einer der Vordenker der *Black-Panther*-Bewegung, hat in seinem Buch ›Soul on Ice‹ (1968) darüber gegrübelt. Schon immer seit Shakespeares Zeiten hat es ein weißes Publikum erregt und erschreckt – und fasziniert: Othello sollte weniger schwarz sein, damit man das Verstörende erträgt. Die ganz besonderes Lustgrauen weckende Phantasie: die weiße Frau, die von sich aus einen schwarzen Mann begehrt. Jago suggeriert Rodrigo:

> »Und sie braucht einen Jüngeren: wenn sie sich an seinem Körper erst mal satt verlustiert hat, wird sie den Irrtum ihrer Wahl einsehn. Sie muß Abwechslung haben, muß sie einfach!«
>
> *I,3,344*

PoC waren keine Seltenheit in Shakespeares England: Man schätzt, dass in der 200 000-Einwohner-Stadt London um 1600 etwa 900 Schwarzafrikaner anzutreffen waren, als Dienstpersonal, als Maskottchen und exotisches Aushängeschild für den Reichtum ihrer Besitzer, als Sklaven, als Dolmetscher für Sklavenhändler und als Prostituierte im Rotlichtgewerbe der Vorstädte. Ab 1585 wurden in England immer wieder afrikanische »*negroe boys*« oder »*beau-*

tiful Raven-black negroes«, auf Löwen, Kamelen und Einhörnern sitzend, als Lebende Bilder zur Schau gestellt.[13] Schwarze Haut war exotisch und erotisch, vor allem im Gegensatz zu weißer Haut. Schwarze Schönheit war die Kontrastfolie zu weißer Schönheit auf zeitgenössischen Gemälden. Königin Elisabeth erließ um 1600 mehrere Anordnungen, die Schwarzafrikaner, die »ins Königreich geschlichen waren«, zu deportieren. Sie sollten als Sklaven gegen englische Gefangene in Spanien ausgetauscht werden. Coleridges *»veritable negroes«* waren die Fremden schlechthin, markiert durch ihre Hautpigmentierung.

Obwohl sie als exotische Ausstellungsstücke dienten, wurden sie offenbar nicht auf die Theaterbühnen geholt: Der PoC trat dort nicht auf, er wurde repräsentiert – von geschminkten Weißen. Shakespeares erster Othello war in seiner Truppe der weiße Schauspieler Richard Burbage, der sich dazu schwarz anmalte. Das geschah damals entweder mittels Ruß oder mit verkohltem Kork, der mit Öl vermischt war; steif gekräuseltes Lammfell diente als Material für die Perücke. Die schwarz angemalte Haut war das theatralische Zeichen für ethnische Diversität und Andersheit gleich welcher Herkunft.

Wer auf Shakespeares Bühne ebenfalls nicht auftrat, waren Frauen: Auch sie wurden repräsentiert, nämlich durch Knabenschauspieler. Diese malten sich ebenfalls an: Insofern die Farbe Weiß, kombiniert mit Rosa, die zeitgenössische Vorstellung von Feminität und vollendeter Schönheit war, schminkten die jungen Männer in Frauenrollen sich weiß und rosa. Shakespeares Zuschauer sahen bei *Othello* folglich zwei weiße Männer, der ältere schwarz, der jüngere weiß geschminkt, in den Rollen des PoC Othello und seiner Frau Desdemona. Ein Engländer, der in Frankreich Frauen als Schauspielerinnen auf der Bühne gesehen hatte und Vergleiche ziehen konnte, bevorzugte den englischen Brauch: Frauen, meinte er, könnten Frauen niemals so treffend spielen wie Männer. Ähnlich argumentierte die Kritikerin Pauline Kael hinsichtlich Lawrence Olivier, der sich 1964 für die Rolle des Othello in einer schauspielerischen Extremleistung geradezu physisch in einen PoC verwandelt hatte: Olivier würde einen PoC besser spielen, als ein echter PoC das jemals könne.[14] Der PoC selbst war von der Selbstdarstellung ausgeschlossen; er war unter den Weißen lediglich ein Zeichen für Alterität – und als solches zumeist negativ konnotiert.

Als der afro-amerikanische Schauspieler Ira Aldridge, bekannt für seinen naturalistischen Spielstil, um 1830 nach England kam und den berühmten schwarz angemalten Edmund Kean als Othello ersetzte – als erster Schwarzer, der Othello spielte –, wurde er harsch kritisiert: Von Natur aus schwarz zu sein, reiche nicht, er müsse auch etwas spielen; und wenn er nichts spiele, sondern nur »sei«, so sei sein Begrapschen der weißen Schauspielerin ein physischer Übergriff. Der Afro-Amerikaner Paul Robeson war der erste schwarze Schauspieler, der um 1940 in Stratford-upon-Avon als Othello auftrat. Die Kritik warf ihm vor, seine Darstellung sei falsch, da Shakespeare eigentlich einen weißen Schauspieler mit *blackfacing* gemeint habe.

Shakespeares *Othello* auf der elisabethanischen Bühne und danach prägte europäische Vorstellungen vom fremden Anderen aus Afrika. Also ist das Stück rassistisch, insofern es ethnische Stereotype aus europäischer Sicht einführt? Ja – wenn allein schon die Erwähnung und Markierung des Ethnischen Rassismus genannt wird. Andererseits: Nein – denn Shakespeares Stück, in Ambivalenzen sich bewegend wie alle Shakespeare-Stücke, argumentiert gegen das Negativ-Stereotyp an, das es vorführt: Shakespeares *moor* ist ausdrücklich ein *noble moor*. Er ist von königlichem Stamm, nicht anders als die Adeligen in Shakespeares Zeit; er ist ein christlicher, charismatischer Heerführer, der sich seinen Platz in der weißen venezianischen Gesellschaft verdient hat. Der vorurteilslose Doge von Venedig erkennt hinter dem belanglosen äußeren »Schein« der Hautfarbe das menschlich edle »Sein«: *Gäb's helle Haut für Edelmut als Preis / Dann wär Ihr Schwiegersohn statt schwarz rein weiß* (I,3,285). Der schwarze Othello ist dazu ein großer Liebender, der von einem weißen Intriganten Jago zugrundegerichtet wird. Der Schurke ist der Weiße.

Im Ausdruck *noble moor* ist der Versuch der Inklusion angelegt: Othello gehört anfangs von Rang und Stand zur weißen Gesellschaft. Afrikanische Prinzen und Könige waren bekannte Gestalten in der Renaissance: Einen selbstbewussten Schwarzafrikaner in europäisch-aristokratischer Pose zeigt ein Gemälde des niederländischen Jan Mostaert aus dem Jahr 1525. Coleridge, der schon nicht glauben konnte, dass Shakespeare einen *»veritable negro«* gemeint haben könne, hielt um 1800 den Begriff *noble moor* gar für ein Oxymoron: Shakespeare hätte nie den Fehler gemacht, von einem Publikum zu erwarten, dass es ihm einen »edlen Mohren« abkaufen würde. Der Othello-Traum scheitert an den Weißen: Das Stück führt vor, wie es zur Ausgrenzung kommt, indem die weißen Rassisten Othello zu jenem Monstrum verformen, als das sie ihn sehen wollen. Das Stück lässt sich als Vision einer scheiternden Integration oder Inklusion lesen.

Wie Shakespeares Stück einem europäischen Publikum seinen eigenen Blick auf den Fremden aus Afrika zeigt, zeigt es dem Afrikaner den europäischen Blick auf ihn selbst: Indem ihm in Shakespeares Othello-Figur sein *Selbst* gegenübertritt, ist dieses *Selbst* aber zugleich als »*der Andere*« definiert, als »der Fremde an sich«. Ein solcher ist er aber nur für die Weißen, die ihn dazu machen – nicht für die Schwarzen: »Für mich als afro-deutsche Zuschauerin sowie für viele andere PoC funktioniert weder ein schwarzer noch ein schwarz angemalter weißer Schauspieler als Verfremdungseffekt oder Darstellung des ›Fremden an sich‹«, schreibt die deutsche PoC-Schauspielerin Lara-Sophie Milagro:»Für uns sind schwarze Haut und krauses Haar oder schmale, schräg gestellte Augen oder große braune Augen in Kombination mit schwarzem Haar, braunem Teint und vollen Lippen nicht automatisch gleich fremd, weder im nationalstaatlichen noch im zwischenmenschlichen Sinn. Denn WIR sehen so aus und sind weder in Deutschland noch in Europa Fremde.«[15]

Die weiße Gesellschaft ist nicht mehr unter sich: Die europäische Symbolfigur des Fremden, Othello, lebt nun in großer Zahl in den deutschen Städten. Es sind auf einmal viele schwarze

»Othellos« da, die sich und einander *nicht* als »die Fremden« verstehen, sondern als Deutsche, heimisch in Deutschland, oft schon geboren in Deutschland, unterschieden lediglich durch die Hautpigmentierung. Shakespeares Stück, das den Afrikaner als den ewigen Fremden zeigt, ist eben der Text eines *dead white male*, wird der Afrikaner sagen: eine überholte typisch weiße Sichtweise. Gilt eben nicht für alle Menschen, und nicht für *all ages*. Die alten Zeichen und ihre Bedeutungen kommen angesichts einer sich verändernden Gesellschaft ins Schwimmen.

WER KANN, WER DARF SHAKESPEARES OTHELLO SPIELEN? Ein Gedankenspiel.[16]

Stellen wir uns ein deutsches Stadttheater vor – sagen wir, das Goethe-Theater in Berlin, das eine *Othello*-Aufführung plant; es wird die vier- oder fünf- oder sechshundertste der letzten 200 Jahren sein. Das Theater macht es wie alle Theater vor ihm: Es besetzt dafür seinen besten Schauspieler im Alter zwischen vierzig und fünfzig; der Maskenbildner schminkt ihn für die Rolle, wie schon immer üblich im Theater, mit Leichners Fettschminke Nr. 6 oder Nr. 154 schwarz; Plakate mit seinem geschwärzten Konterfei werden in ganz Berlin ausgehängt. Und urplötzlich bricht ein massiver *shitstorm* über das Theater herein: Das sei übelstes rassistisches »*blackfacing*«, erklären antirassistische Aktivistengruppen und PoC lautstark, das Theater müsse das Stück absetzen. Die allesamt weißen Theaterleute fallen aus allen Wolken: Was, bitte, ist denn »*rassistisches Blackfacing*«?

Zunächst einmal ist es ein Missverständnis. »*Blackfacing*« bedeutet einfach »schwarz schminken«. Es ist dies ein Brauch, der schon Jahrhunderte vor Shakespeare begann, sogar bis in heidnische Zeiten zurückreicht, und ohne Bezug zu afrikanischen Menschen war. Schwarzgemaltes Gesicht und Haut markierten z. B. den »Sündenbock« in heidnischen Ritualen; im Mittelalter bezeichnete es den Teufel und die verdammten Seelen; die Engel waren weiß. Es entstammt einem einfachen manichäischen Symbolismus: Weiß, Licht und Tag war das Gute, dunkel, schwarz und Nacht stand für das Böse; dieses Schema wurde bei der Begegnung Europas mit Afrika durch Analogiedenken auf die »helle« und »dunkle« Hautfarbe übertragen; Letztere hielt man lange Zeit für eine Folge der heißen afrikanischen Sonne. Schwarze Haut war das Zeichen des Kain; eine schwarze Maske trug der *Lord of Misrule,* der »König Hofnarr« der Unordnung, bei den anarchischen Maifeiern; die Morris-Tänzer trugen oftmals schwarze Masken und hießen *King Coffee* oder *Old Sooty-Face* (altes Rußgesicht); die Begleiterin war eine Schäferin mit weißem Lamm. Den Afrikaner als Exoten gab es in vielen Stücken schon vor Shakespeares Zeit, ebenso wie danach; im Jahr nach der *Othello*-Premiere schrieb Ben Jonson ein höfisches Maskenspiel, ›Masque of Blackness‹, bei dem Anna, die Ehefrau des Königs Jakob I., und ihre Hofdamen wunschgemäß mitwirkten, alle schwarz geschminkt. Schwarzschminken ist als theatralisches Mittel, um PoC als Fremde, als *Other* zu markieren und Differenz festzuhalten, jahrhundertealt; es ist erst einmal nicht diffamierend gemeint, sondern ist zunächst einfache Imitation eines Andersaussehenden; es beabsichtigt *nicht,* die PoC lächerlich zu machen – der schwarz geschminkte Weiße, der die Megarolle des Othello spielt, wird ja nicht seine eigene Figur denunzieren, er wird vielmehr über den äußerlichen Unterschied hinweg gerade das verbindende Menschliche darstellen.

Etwas ganz anderes sind die Minstrel-Shows im 19. Jahrhundert in Amerika: Etwa ab 1810 spielten grotesk schwarz geschminkte Weiße mittels rassistischer Klischees PoC-Stereotype; die Vaudeville-Nummern mit Musik und Tanz waren gezielt rassistische Karikaturen, die die ethnische Minderwertigkeit der schwarzen Bevölkerung behaupteten und Hohn und Spott über sie ausgossen; es waren Parodien auf die afroamerikanischen Sklaven in den Plantagen. Die stereotypen Figuren hießen z. B. Jim Crow, Zip Coon, Mammy, Oncle Tom, Jezebel (zusätzlich ein *drag-act:* ein schwarz geschminkter Weißer als Frau verkleidet) und die Kinder Pickaninny. Dieses rassistische Minstrel-Genre hat nichts mit *Blackfacing* als theatralischem Mittel zu tun. Es ist eine US-amerikanische Tradition, die durchaus komplexe Spielarten kannte: Auch Afro-Amerikaner spielten in *Blackface*, oftmals zum Zweck, Weiße zu karikieren; afro-amerikanische musikalische Kultur wurde durch solche beliebten *Blackface*-Aufführungen durchaus in den Mainstream gehoben; ein sich wechselseitig beeinflussendes Gewebe aus weißer und schwarzer Musik und Entertainment entstand, sodass weiße und schwarze Minstrel-Shows im späten 19. Jahrhundert zu einem vitalen Teil des amerikanischen Unterhaltungsgewerbes wurden – Mark Twain, der Antirassist, hat es geliebt. Ihre gezielt rassistische Vulgärform endete mit Beginn des 20. Jahrhunderts. Der Film hat das Genre noch eine Weile weitergeführt. *The Black and White Minstrel Show* z. B. war eine sehr populäre Musik-Show in England und lief bis 1978 im englischen Fernsehen. In den USA werden Minstrel Shows und *Blackfacing* heute als begrifflich identisch und gleichermaßen rassistisch aufgefasst und sind spätestens seit der Sensibilisierung durch die Bürgerrechtsbewegung der 60er-Jahre geächtet. Eine differenziertere Betrachtung bahnt sich allerdings bereits an.[17] Die deutlich rassistische Minstrel-Tradition war in Deutschland so gut wie unbekannt – schon mangels einer zahlenmäßig relevanten schwarzen Bevölkerungsgruppe, die Opfer von Minstrel-Show-Verhöhnung hätte werden können.

Die Theaterleute staunen also: »Aber wir verwenden doch nur ein uraltes theatralisches Mittel! Das wird doch schon immer so gemacht!«

Und die Antirassisten setzen dagegen: »Euer theatralisches Mittel ist aber rassistisch und verletzt die Gefühle einer gesellschaftlich ausgegrenzten PoC-Minderheit, die sich durch euch lächerlich gemacht und herabgewürdigt sieht!«

Die Theaterleute protestieren: »Aber wir meinen das doch überhaupt nicht rassistisch! Im Gegenteil, unsere Aufführung bezieht klar Stellung gegen jeden Rassismus!«

Die Antirassisten: »Das spielt überhaupt keine Rolle, wie ihr das meint. Man muss nicht Rassist sein, um rassistisch zu handeln!«

Die Theaterleute: »An keiner Stelle, zu keinem Zeitpunkt machen sich der Regisseur und schon gar nicht der Schauspieler über schwarze Mitbürger lustig.«

Die Antirassisten: »Man muss auch kein Neonazi sein, um rassistisch zu handeln. Rassismus gibt's nicht nur am rechten Rand, sondern in der Mitte der Gesellschaft. Rassistische Klischees kann man auch unwissentlich verbreiten. *Blackfacing* ist rassistisch und diskriminierend.«

Die Theaterleute: »Es geht nicht an, dass Bürger und auch die Kunst gezwungen werden sollen, eine Definition des Rassismus anzunehmen, die von einer Gruppe von Menschen im Internet als allgemeingültig und ausschließlich behauptet wird. Die abwegige Schlussfolgerung, wer dieser Definition nicht zustimme, sei Rassist, widerspricht demokratischen Grundsätzen und der Freiheit in der Kunst.«

Die Antirassisten: »Rassistische Strukturen werden von denen, die sie geschaffen haben, als normal empfunden. Deswegen wird struktureller und institutioneller Rassismus in diesem Land auch nicht als solcher benannt: Rassismus ist hier die Normalität. Ob in bester Absicht oder aus bösartigen Motiven heraus – im Ergebnis ist und bleibt es für die Betroffenen: Rassismus. Und den betreibt ihr am Theater!«

Die Theaterleute: »Wir können jedes Stück so besetzen, wie wir wollen. Die Theatermittel der Masken, Pappnasen, Perücken, falschen Bärte und Schminke sind das urälteste Handwerkszeug im Phantasieraum Theater. Es ist die Zeichensprache des Theaters, das immer den Anderen darstellt. Theater ist Verkleidung und Verstellung, ist Verwandlung in den Anderen, ist immer nur ein So-tun-als-ob. Theater zeigt das Nicht-Wirkliche, Gemachte. Die Kunst ist frei.«

Antirassisten: »Ja – solange sie nicht gegen § 3 des Grundgesetzes verstößt: ›Niemand darf wegen seines Geschlechtes, seiner Abstammung, seiner Rasse, seiner Sprache, seiner Heimat und Herkunft, seines Glaubens, seiner religiösen oder politischen Anschauungen benachteiligt oder bevorzugt werden.‹ Theatermacher können nicht einfach die negativen Gefühle einer ganzen Gruppe von Menschen ignorieren und mit dem Verweis auf künstlerische Freiheit vom Tisch wischen!«

Die Theaterleute: »Dann darf also niemals wieder ein Weißer schwarze Rollen spielen? Kein Weißer jemals mehr den Othello? Ist das nicht umgekehrter Rassismus?«

Die Antirassisten: »Warum sollten nicht auch Weiße Schwarze spielen, solange dies ohne die Verwendung rassistischer Stilmittel geschieht?«

Die Theaterleute: »Wie kann ein Weißer denn einen Schwarzen spielen, wenn er NICHT als schwarz markiert werden darf? Wenn das bereits »rassistisch« sein soll? Schwarze Rollen dürfen also nur noch von PoC gespielt werden? Chinesen nur noch von Chinesen? Hamlet nur noch von Dänen? Ein Jude nur noch von Juden? Der bucklige Richard III. mit Klumpfuß nur noch von einem klumpfüßigen Buckligen? Wäre denn nicht genau das auch rassistisch?«

Die Antirassisten: »Die Frage, ob *Blackfacing* rassistisch ist oder nicht, wird in Deutschland zukünftig nicht mehr nur von Weißen entschieden werden, sondern vor allem auch von denen, die durch *Blackfacing* dargestellt werden (sollen) und darin eine rassistische Diskriminierung erkennen. Weiße Deutsche werden sich daran gewöhnen müssen, sich nicht mehr rassistisch verhalten zu können, ohne dass dies auch rassistisch genannt wird.«

Die Theaterleute: »Ihr verwechselt Theaterkunst mit Realität. Darf jeder nur das spielen, was er ist? Ein Bauer nur einen Bauern, für die Rolle eines Königs muss man einen König engagieren? Theater basiert darauf, dass man *nicht* derjenige ist, den man spielt, dass man jemand anderen darstellt. Theater ist ein freier Kunstraum, der Phantasiewelten aufbaut. Wäre Anna Netrebko Rassismus vorzuwerfen, wenn sie die Turandot in Puccinis Oper singen würde, obgleich sie keine Asiatin ist? Oder die Aida, obwohl sie keine Afrikanerin ist? Dürfen nur noch schwarze Baritone Verdis ›Otello‹ singen? Müssen wir jetzt auf Friedrich Schillers ›Fiesco‹ verzichten, weil uns ein schwarzer Schauspieler im Ensemble fehlt?«

Die Antirassisten: »Warum fehlt euch denn ein schwarzer Schauspieler? Warum stellt ihr nicht einfach einen ein?«

Die Theaterleute: »Allein deswegen, weil das Stückrepertoire zu wenige PoC-Rollen in einer Spielzeit bieten könnte, die ein Festengagement rechtfertigten. Es gibt einfach zu wenige schwarze Rollen im europäischen Stückrepertoire, als dass wir uns PoC leisten könnten.«

Die Antirassisten: »Ach! PoC dürfen also nur sich selbst spielen, also PoC? Ihr besetzt also rein ethnisch! Das ist nackter Rassismus! Ein PoC darf nicht den weißen Faust spielen? Weiße dürfen aber weiße Rollen UND den Othello spielen? Was ist das denn sonst als blanker Rassismus und systematische Diskriminierung der PoC! Eure Rechtfertigungen gegenüber dem Rasissmus-Vorwurf offenbaren gerade dies: euer rassistisches Denken und Handeln.

Die Wogen gehen hoch. Es kommt zu Flugblattaktionen, Publikumsgesprächen und Störungen der Othello-Blackface-Vorstellungen durch antirassistische Aktivisten.

Die BBC, London, berichtet: Germany's Goethe-Theatre defends ›blackface‹ actor. A theatre group in Germany has come under fire for allowing a white actor to paint his face and take the part of Othello on stage.

Wütende Beschwerdebriefe treffen bei der Antidiskriminierungsstelle, beim Integrationsbeauftragten und beim Berliner Regierenden Bürgermeister ein.

Die Deutsche Dramaturgische Gesellschaft hält ihre Jahrestagung zum Thema »Wer sind WIR?« *als Selbstbesinnung über die eigene theatralische Praxis und über die Exklusion von PoC in deutschen Stadttheatern ab.*

Amerikanische Blogger kommentieren: »They are all fuckin' racist over there in Berlin, that's what they are, fuckin' racists.«

Das »Gedankenspiel« ist natürlich eine freie Adaption der tatsächlichen *Blackfacing*-Debatte, die im Jahr 2012 wegen einer *Blackfacing*-Aufführung des Stückes ›Ich bin nicht Rappaport‹ am Schlossparktheater Berlin stattfand. Die gesamte Debatte ist ausführlich im Internetportal *nachtkritik.de* → *blackfacing-debatte* zu finden. Die vorangehende kleine Collage verwendet dort nachzulesende Argumente und Textzitate beider Seiten.

Es gäbe sicherlich würdigere antirassistische Ziele bei der überraschend aggressiv, verbissen und geradezu militant geführten Debatte als ausgerechnet »rassistische« Schminke. Es geht dabei erkennbar um anderes, nämlich um eine grundsätzliche politische Agenda. Die Minderheit positioniert sich gegenüber der Mehrheit: Sie fordert die Deutungshoheit über das Verhalten der Mehrheit und verlangt Partizipation. Aus der Minderheiten-Sicht ist Deutschland ein bis ins Mark rassistisches Land, das die vielen Menschen anderer Hautfarbe rassistisch ausgrenzt und systematisch diskriminiert. In der Tat kann der PoC-Schauspieler, der in der dritten Generation hier aufwächst, von Geburt an Deutscher mit deutscher Muttersprache ist und das deutsche Bildungssystem durchlaufen hat, fragen, warum er bestenfalls nur sich selbst, den Migranten als Drogendealer, im Fernsehkrimi spielen darf. Warum darf der PoC nicht auch Romeo und den Prinzen von Homburg spielen, die PoC nicht Julia und das Gretchen und das Käthchen von Heilbronn? Sie können auf England verweisen, wo 25 % des Ensembles der *Royal Shakespeare Company* PoC sein sollen und wo inzwischen mehr und mehr mit *colour-blind casting* experimentiert wird, also mit »farbblindem Besetzen«: d. h., es wird dort u. U. ohne Rücksicht auf die »stimmige« Hautfarbe besetzt; den Sohn eines weißen Ehepaares kann durchaus auch ein sehr schwarzer PoC spielen; die sich daraus ergebenden »naturalistischen« Fragen werden ausgeblendet. Die deutschen PoC können auf Adrian Lester am *National Theatre* verweisen, den sehr dunkelhäutigen Schauspieler, der nicht nur einen fulminanten Othello dargeboten hat, sondern zuvor schon in einer Shakespeare-Inszenierung den weißen englischen Nationalhelden Heinrich V. Die Ensembles der deutschen Stadttheater seien rein weiße Schutzzonen überholter weißer Dominanz, die nichts mit der vielfarbigen Gesellschaft auf den Straßen zu tun habe. Die Argumente der Theater, die auf ihrer künstlerischen Freiheit und dem Kunstraum Theater bestehen, der nicht mit der Realwelt verwechselt werden dürfe, der ein Spielraum sei, in dem jeder alles mit Pappnase, Perücke oder Schminke darstellen dürfe und in dem eine »ethnisch« identische Besetzung nicht notwendig sei, werden zurückgewiesen: Genau das zeige den Rassismus der Theater, denn die PoC dürften ja gerade *nicht* alles spielen, sondern würden auf ihre ethnische Eigenart beschränkt, folglich diskriminiert, das Argument sei entlarvend für den institutionellen Rassismus der Theaterleute.

Es ist inzwischen egal, ob *Blackfacing* rassistisch ist oder nicht. Wie der Theaterwissenschaftler Ulf Schmidt richtig sagte: »Nach diesen Debatten wird kein Theater in Deutschland sich mehr auf eine Tradition der Schwarzmalerei weißer Schauspielergesichter beziehen und sie ›harmlos‹ naiv einsetzen können.«[18]

Stimmt. Ein Theaterleitung wird sich's dreimal überlegen, wenn sie nach dieser Schminke-Debatte noch jemals versuchen wollte, den Othello mit einem schwarzgeschminkten Weißen zu besetzen und sich damit eine neue »Rassismus«-Debatte ans Bein zu binden. Das *Othello*-Problem ist Bestandteil eines gesamtgesellschaftlichen Diskurses um Partizipation und Inklusion geworden, die das Theater als winziger Teil der Gesellschaft gar nicht lösen kann. Die massive Immigration nach Deutschland löst neue Verhandlungen über das Selbstverständnis der deutschen Mehrheitsgesellschaft aus, die sich bislang als recht homogen weiß konstruierte. Es sind Debatten, die in England, Frankreich oder Holland, Ländern mit gewichtigerer kolonialer Vergangenheit, schon viel früher anfingen. »Die Debatte hat erst begonnen und wird die Kultur dieses Landes nachhaltig umkrempeln«, erklärte eine Redakteurin der nachtkritik.de; der Andrang bei Diskussionsveranstaltungen »machte deutlich, dass dieses Thema keineswegs nur ein Minderheitenthema ist, sondern die Gesellschaft längst damit begonnen hat, ihre Werte und Begriffe neu zu verhandeln«.[19] Wohl wahr.

Und wo bleibt also Shakespeares *Othello* in der gesellschaftspolitischen Gemengelage der Gegenwart? Es gibt drei Möglichkeiten, den Othello zu besetzen:

1. mit einem ungeschminkten weißen Schauspieler als *colourblind-casting* – was absurd wäre, da es die stücktragenden Themen »der Fremde« und »Rassismus« ausblendete (es sei denn, man besetzte das restliche Ensemble schwarz; dann allerdings wäre der Weiße das Opfer der rassistischen schwarzen Täter, was politisch auch nicht sonderlich korrekt wäre[20]).

2. mit einem schwarzgeschminkten weißen Schauspieler, was das Theater umgehend vor das Internet-Rassismus-Tribunal brächte.

3. mit einem passenden, professionellen PoC-Schauspieler zwischen vierzig und fünfzig, der aber die nächsten zwanzig Jahre bestimmt noch nicht an jeder Ecke zu finden sein wird – wobei es natürlich auch als rassistisch aufgefasst werden könnte, wenn man den ausgegrenzten »Fremden« und Mörder einer weißen Frau gerade mit einem echten PoC besetzt.

Shakespeares »Fremder« wird zu einem Problem. Man muss befürchten, dass die Theaterdramaturgien eine vierte Variante wählen könnten: auf den *Othello* vorerst lieber zu verzichten.

DAS ELISABETHANISCHE SHOW-BIZ
VON SHAKESPEARE & CO.

Die neu entstandene Theaterwelt des W. Shakespeare & Kollegen war ein durch und durch kommerzieller Wirtschaftszweig; Theater waren Gründungen von Kaufleuten, heutigen Musical-Produzenten vergleichbar, die für Produkte wie »Cats« und »Phantom der Oper« Theaterhallen bauen; keine Hochkultur-Mäzene, sondern gewinnorientierte Unternehmer. Es ging um Unterhaltung.

Elisabethanisches Show-Biz kannte eine Vielzahl von populären, spektakulären Action-Nummern, die sich wie die unvermeidliche Verfolgungsjagd im amerikanischen Film in immer neuen Variationen immer wieder gut verkaufen ließen:

- Sterbeszenen
- Wahnsinns-Szenen (oft mit Todesfolge)
- Geisteskrankheit (echte bzw. gespielte)
- Geistererscheinungen
- Hexen- und Magierzaubereien
- Mord und Totschlag
- Festgelage
- Folterungen (z. B. Herausrausreißen von Gedärmen etc.)
- Schlachtszenen, Fechtszenen, Zweikämpfe, Schlägereien
- Clownsszenen mit Zotenreißern und Witzemachern
- Staatsakte (prunkvolle Krönungen, Beerdigungen etc.) mit Kanonenschüssen
- Tanzeinlagen (höfische Tänze und derbe Bauerntänze)
- Slapstick-Klamotten

Für Verfechter des gewaltfreien Bildschirms ist Shakespeares Trivialliteratur nicht das Richtige. So waren die Theater auch keine

Feierstätten für ein bildungsbürgerliches Publikum. Sie wurden im Gegenteil vom protestantisch-puritanischen Bürgertum, das den Londoner Magistrat stellte, nach besten Kräften verfolgt – als Stätten des gottlosen Müßiggangs, als Brutstätten der Unzucht und als Herde des Aufruhrs und der Anarchie; die Schaubühne als unmoralische Anstalt, die eine sittliche und soziale Gefahr darstellte (schließlich entzog das Theater täglich mehrere Tausende dem Arbeitsprozess) – und eine religiöse, denn man ging lieber ins bunte, sinnenfrohe Theater als in die puritanischen Gottesdienste vor weiß getünchten Kirchenwänden. Die Theater wurden Konkurrenten der Kanzel.

> Wenn du heucheln lernen willst; wenn du betrügen lernen willst; wenn du täuschen lernen willst; wenn du lernen willst, wie man den Scheinheiligen spielt, hintergeht, lügt und fälscht; wenn du lernen willst, wie man witzelt, scherzt, schäkert, Fratzen schneidet und Zoten reißt; wenn du lernen willst, wie man dreckiger Zuhälter wird und Jungfrauen defloriert und brave Ehefrauen schändet; wenn du lernen willst, wie man mordet, klaut, stiehlt, raubt und vagabundiert; wenn du lernen willst, gegen Fürsten zu rebellieren … wenn du lernen willst, wie man GOTT und seine Gebote mißachtet, brauchst du in keine andere Schule, denn all diese schönen Beispiele kannst du in Schauspielen vor deinen Augen ausgemalt sehen.
>
> *(Philipp Stubbes, 1583)*

Den Theaterunternehmern blieb nichts anderes übrig, als ihre Theaterbauten außerhalb der Grenzen der Londoner City und deren Jurisdiktion zu errichten – in Nachbarschaft der Hurenhäuser und der Elendsviertel mit hoher Kriminalität, in Konkurrenz zu den beliebten Tierhatz-Arenen. Die bekanntesten Theater hießen: *The Curtain, Red Bull Theatre, Fortune, The Rose, The Swan, The Hope* und *The Globe* – letzteres Gebäude gehörte Shakespeares Truppe. Weil die Schauspieler in der Stadt keine Werbung machen durften, wurde, wenn eine Vorstellung stattfand, eine Fahne aufgezogen, die von der City aus sichtbar war – was gespielt wurde, merkte man erst, wenn man drinsaß. In guten Zeiten besuchten jeweils drei- bis viertausend Menschen so ein Theater – bei einer Einwohnerzahl Londons von 200 000.

DIE ELISABETHANISCHEN THEATERBAUTEN waren kreisrunde, Arena-ähnliche, nur teilweise überdachte Fachwerkkonstruktionen mit dem zweifelhaften Charme verbretterter Kornspeicher – in ihrer Struktur den Innenhöfen der Wirtshäuser nachempfunden, wo bislang fahrende Schauspieltruppen auf groben Bretterböden über Bierfässern ihre Stücke aufgeführt hatten; nun gab es in den roh gezimmerten, aber festen Bauten zwei bis drei Zuschauerränge direkt übereinander, um ein gepflastertes Stehparterre herum, das vielleicht 15–20 Meter Durchmesser hatte. Darin stand die BÜHNE: ein einfaches Bretterpodest, von einer Gebäudeseite in die Arena vortretend, überdacht von einem Plafond, der gleichzeitig Balkon war, von drei Seiten von Zuschauern umstellt.

Es gab kein Bühnenbild, sondern nur hinten einen bemalten Vorhang vor einem kleinen Raum, der für Schlafzimmerszenen und überraschende Szenenwechsel diente; rechts und links je eine Tür für Auftritte und Abgänge, z. B. »*Das englische Heer durch die linke Tür, das französische durch die rechte. Kampfgetümmel*« (Regieanweisung in einem Königsdrama). Es wurde bei Tag gespielt – als Symbol für Nachtszenen reichte eine Kerze oder Fackel; notfalls wurde ein Tuch mit aufgemaltem Mond hingehängt. Eine Versenkungsmaschinerie ermöglichte Auftritte von Teufeln und Geistern oder das Absenken von Särgen in Friedhofsszenen; ein Flugwerk mit Rollen und Flaschenzüge im Oberbau konnten Engel, Götter und Geister schweben lassen. Kleine, schnell bewegliche Versatzstücke wie Thronsessel, Tische und Stühle, gelegentlich Schilder mit Ortsangaben und Handrequisiten waren alles, was man brauchte. Musiker saßen oben auf dem Balkon, mit den Feuerwerkern und Geräuschemachern (Donner, Gewitter, Kanonenschüsse, Feuerwerk). Statt gemalter Kulissen aus Holz und Leinwand hatte man Wort-Kulissen: »Wie kalt die Nacht heut ist im freien Feld!«, brauchte nur der erste, der im *Hamlet* auftrat, zu sagen, und jeder Zuschauer wusste, dass die Szene im Freien spielen sollte, bei Nacht und bei ungemütlicher Witterung.

Sanitäreinrichtungen gab es für die Besucher nicht, und man musste seinen Geldbeutel festhalten wegen der Taschendiebe, aber oben der Plafond über der Bühne war als Himmel mit den Planeten, mit Sonne, Mond und Sternen bemalt – der kosmische Raum und Rahmen für ein wahrhaftes Welt-Theater. Darunter auf den Bühnenbrettern lebten, liebten, litten, stritten, juxten, mordeten und starben in kostbaren, teuren Kostümen nach der neuesten Londoner Stadtmode die Könige und Fürsten, die Bürger und Bettler, die Verliebten und Verrückten, die Huren und Heiligen, die Narren und Mörder – nachmittags zwischen zwei und fünf. Mindestens so wichtig wie das Stück war das Drumherum: der Veranstaltungsrummel und der *Jig* zum Abschluss: Dabei handelte es sich um eine mehr oder weniger ordinäre *song-and-dance-number*, mit obszönen Witzen und satirischen Kommentaren zu neuesten Tagesereignissen – ein Satyrspiel rundete die Vorstellung ab, egal ob eine Komödie oder Tragödie gegeben wurde.

Es war kein illusionistisches Theater; es war ein bisschen ordinär und grobschlächtig. Für diese Theaterform hat Shakespeare geschrieben. Die technischen Gegebenheiten bestimmten die Dramaturgie und die Gestalt seiner Stücke. Der Vorteil dieser Theaterform war ihre Flexibilität: Man konnte überall spielen, im *Globe Theatre* wie bei Hof, in den Hallen der *Inns of Court* wie auf Tourneen.

Die elisabethanischen Schauspieler galten im Allgemeinen als herumstreunendes Gesindel; lediglich diejenigen, die unter der Schirmherrschaft eines hohen Adeligen standen und dessen Dienerlivree trugen, genossen einiges Ansehen und waren vor allen Dingen vor Verfolgung durch die städtischen Behörden sicher. Shakespeare gehörte zu den *Lord Chamberlain's Men* – eine prominente Truppe von etwa 15–20 Schauspielern, die quasi genossenschaftlich organisiert waren; acht davon hatten am Gemeinschaftsvermögen aus Gebäuden und Kostümen wie auch am Reingewinn prozentualen Anteil.

Wie damals gespielt wurde, ist ein ewiger Streit – ob »naturalistisch« und illusionistisch, ob bewusst künstlich und »ausgestellt« posierend, ob deklamierend an der Rampe als reine Sprechoper … niemand weiß es. Einen Regisseur gab es so wenig wie wochenlange Proben: Dazu war keine Zeit, denn der Konkurrenz wegen mussten dauernd neue Stücke gespielt werden. Man schätzt, dass ein wichtiger Schauspieler einer Truppe etwa dreißig bis vierzig Rollen pro Jahr auswendig »drauf haben« musste – das heißt, er musste eine unglaubliche Textmenge parat halten.

Einen grundlegenden Unterschied zu heute gab es: Alle FRAUENROLLEN wurden von Knaben gespielt, die als Lehrlinge von einem älteren »Meister«-Schauspieler ausgebildet wurden. Niemand fand etwas dabei, dass Julia ein verkleideter Mann war – das wurde nicht als Klamotte oder als schwüle Transvestitenshow aufgefasst, sondern war eine ganz normale Bühnenkonvention, eine grundsätzliche Verabredung zwischen Zuschauern und Schauspielern. Einwände gegen diese Praxis erhoben nur die Puritaner, aus moralischen Gründen, wegen angeblicher unzüchtiger homosexueller Umtriebe; schließlich spielten da ältere Herren leidenschaftliche Liebesszenen mit niedlichen Knaben. Aber Frauen auf der Bühne wären vielleicht noch skandalöser gewesen.

THEATERSTÜCKE wurden von den Puritanern gehasst, vom Hof protegiert, vom Volk geliebt – aber als »Literatur« galten sie damals noch nicht. Theatertexte waren bestenfalls Trivialliteratur, wurden bei großem Erfolg höchstens in billigen, schlampigen Quartdrucken als eine Art Groschentext veröffentlicht. Die Autoren arbeiteten häufig im Kollektiv, ähnlich wie heute Drehbuchautoren von Vorabend-Fernsehserien – schließlich mussten ständig neue Stücke auf die Bühne. Der Texthunger der Theater bestimmte das Arbeitstempo. Zwischen 1550 und 1650 wurden ca. 3000 Dramen verfasst. Thomas Dekker z. B. schrieb in drei Jahren acht komplette Stücke und Teile von 24 anderen. Mit 25–30 £ Einkünften pro Jahr verdiente er immerhin mehr als ein Landschullehrer.

DAS ELISABETHANISCHE PUBLIKUM entstammte dem gesamten gesellschaftlichen Spektrum. Vor allem Adel und Unterschicht trafen sich in ihrem Unterhaltungsgeschmack – am wenigsten vertreten waren die Bürgerlichen. Das elisabethanische Theater florierte dank einer seltsamen Allianz aus Königin und Küchenpersonal: Das Küchenpersonal strömte in die Vorstellungen und brachte das Geld; die Königin blockierte durch ihr Wohlwollen den protestantischen Sauberkeitseifer und rettete die Theater vor dem Puritanismus.

Fast jeder konnte sich den Besuch dieses Volksvergnügens leisten: Der billigste Stehplatz auf ebener Erde kostete einen Penny, dafür gab's beim Bäcker einen Laib Brot; für drei Penny bekam man einen gepolsterten Stuhl auf der Galerie. Die Stadtstutzer leisteten sich Logen für einen halben Schilling. Theater war spannend: Bei Weitem nicht jeder konnte lesen und schreiben; so liebte man das gesprochene Wort auf der Bühne als eine wichtige Informationsquelle – wo hätte man sonst so Bedenkenswertes über die jüngste blutige englische Geschichte und das derzeit regierende Königshaus erfahren wie in Shakespeares Königsdramen? Und wo wurde so schön unterhaltsam von der ganzen Welt erzählt: von Königen, Adeligen, Bürgern, Bauern, Handwerkern, Bettlern … von England und fernen Ländern, von Krieg und Frieden und Macht und Ohnmacht, von Traum und Wahnsinn, von Liebe und Tod, von Mord und Hass, Trauer und Glück, von Helden und Schurken, von Gott und dem Teufel – also irgendwo sicher auch von einem selbst …

Man nahm teil, kommentierte laut, äußerte spontan Staunen, Unmut und Begeisterung, ergriff Partei, war so aktiv in Kontakt mit dem dramatischen Geschehen auf den groben Brettern, wie es heute die Zuschauer nur noch beim Boxkampf sind.

Kein magisches Theaterdunkel hat die Zuschauer in ihren Polstersesseln vereinzelt; bei hellem Tageslicht nahmen alle Stände an einem Gemeinschaftserlebnis teil, vereint vor ihrem theatralischen Spiegelbild …

ELISABETHANISCHE STRAFEN
ODER
GANZ GROSSES THEATER!

Die Bretterbühnen der Theater als große Attraktion der elisabethanischen Zeit hatten eine fatale Ähnlichkeit mit den faszinierenden Bretterpodien der Hinrichtungsstätten – beide dienten gleichermaßen der Unterhaltung und Belustigung des Volkes. Der Sadismus und die Grausamkeit, die sich im Blutrausch der Tierhatz-Spektakel auslebte, wurden auch von den Theaterautoren mit beeindruckenden Gewaltorgien bedient. Das erfolgreichste aller Shakespeare-Dramen zu Lebzeiten des Dichters war eines seiner frühesten und grobsten Werke: das sadistische *Splatter*-Stück *Titus Andronicus* – eine Blutorgie nach Motiven des Dichters Ovid. Es bietet unter anderem die Vergewaltigung einer Frau auf dem Leichnam ihres vorher umgebrachten Mannes; anschließend werden ihr die Hände abhackt und die Zunge wird ihr herausgeschnitten. Dazu spricht jemand erlesene Blankverse:

Ach weh, ein Purpurstrom aus warmem Blut
Entspringt und sinkt, gleich der Fontäne, die
Der Wind bewegt, von deinen Rosenlippen,
Und kommt und geht mit deinem Honighauch.

II,4

Blut und Poesie, Lyrik und Gemetzel waren kein Widerspruch für den elisabethanischen Geschmack. Es kommt in dem Stück auch noch zur Ermordung zweier Kinder, die, als Pastete gebacken, der Mutter serviert werden. Laut Ben Jonson scheint es in London ein unglaublicher Bühnenhit gewesen zu sein, der über 25 Jahre gespielt wurde – fast wie Agatha Christies ›Mousetrap‹.

Von erstaunlicher theatralischer Phantasie und Brutalität waren auch die elisabethanischen Strafen. Hinrichtungen wurden gern an Markttagen abgehalten, des Abschreckungseffektes wegen, missrieten allerdings zur schaurigen Volksbelustigung, besonders, wenn der gaffende Mob sich über die letzten Worte eines Verurteilten totlachte: so bezeugt bei der Hinrichtung des konvertierten portugiesischen Juden Rodrigo Lopez, des Leibarztes der Königin. Angeblich hatte er sie vergiften wollen – Hochverrat! Die letzten Worte eines Verurteilten werden gemeinhin als wahr akzeptiert; als Lopez – zum Zeichen seiner Unschuld – als letzte Worte aufrichtig sagte, dass er »die Königin ebenso sehr wie Jesus Christus liebte«, brach die vieltausendköpfige Meute in schallendes Gelächter aus: Ein Jude beruft sich auf Christus – also hat er gelogen! Also ist er schuldig! Also stirbt er zu Recht! Die Leute lachten sich scheckig wie über einen guten Witz im Theater, während Lopez aufgehängt, ausgeweidet und geviertelt wurde – *hanged, drawn and quartered*, wie der schlimmste aller Urteilssprüche hieß.[1] Manche Delinquenten waren allerdings sowieso kaum noch am Leben, wenn sie am Richtplatz ankamen: Der Mob, der sich bei besonders attraktiven Hinrichtungsunterhaltungsveranstaltungen zu Abertausenden einfand, hatte sie schon auf dem Weg vom Gefängnis halb totgeschlagen.

Es galt

- für Schwerstverbrechen wie Mord, Totschlag, Raub, Piraterie: aufhängen bis zum Tode – nicht durch schnellen Genickbruch, sondern durch langsames Ersticken. Wenn der Verurteilte Freunde hatte, hängten sie sich an seine Beine, damit es schneller zu Ende ging.

- für Verbrechen gegen Staat und Krone: aufhängen bis knapp vorm Erstickungstod, dann den Täter noch lebend losschneiden, aufschlitzen, Gedärme herausreißen und Geschlechtsteile abschneiden, diese verbrennen und ihn abschließend vierteilen. John Houghton, ein katholischer Priester und Märtyrer, soll auch während des Gedärmeherausreißens noch laut gebetet haben; erst als es ans Herz ging, verstummte er mit dem Ruf: »*O Jesu, what wouldst thou do with my heart?*«

- wenn eine Frau ihren Mann umbringt: lebendig verbrennen
- wenn ein Diener seinen Herrn tötet: aufhängen
- wenn man jemanden vergiftet: in Wasser oder Blei kochen bis zum Tode
- für Ketzerei: lebendig verbrennen
- für Selbstmord: Die Leiche wurde gepfählt und zur Schau gestellt
- für Meineid: Pranger und Einbrennen eines Zeichens in die Stirn. Der am Pranger Festgebundene wurde von der Bevölkerung gerne mit Dreck, Fäkalien und Steinen beworfen
- für Schafdiebstahl: Hände abhacken
- für Hexerei: aufhängen
- für schweren Diebstahl: aufhängen
- für aufrührerische Reden: abschneiden von einem oder beiden Ohren
- für gemeingefährlichen Klatsch: das *ducking*, d. h., auf einen Stuhl geschnallt mittels einer kranartigen Hebevorrichtung immer wieder unter Wasser getaucht werden (konnte tödlich enden), im Effekt wohl ähnlich dem heutigen *water-boarding*
- für Unzucht und Hurerei: *ducking* bzw. hinter einem Boot zwischen Lambeth und Westminster über die Themse schleppen
- für Landstreicherei: auspeitschen durch die ganze Stadt, mit nacktem Rücken
- bei Aussageverweigerung eines überführten Verbrechers, der dadurch sein Erbe für die Familie retten wollte, das sonst an die Krone gefallen wäre: zerquetschen zwischen Bohlen und Steinen

Das Köpfen als die ehrenvollere Hinrichtungsart war verurteilten Adeligen vorbehalten. Die Köpfe wurden auf der London Bridge auf Pfählen zur Schau gestellt; nach Zerlegung des Leichnams wurden die restlichen, gewöhnlich halb gekochten Körperteile auf verschiedene Städte verteilt. Hauptberufliche Henker gab es selten: Meist wurden dafür Metzger abgestellt.

Am Galgen endete man schnell: In manchen Jahren wurde fast täglich jemand in London gehängt. Beinahe wäre es auch Shakespeares Kollegen und Freund Ben Jonson passiert: Er hatte in einem Streit seinen Widersacher erstochen; der Galgen war ihm sicher. Nur ein formaljuristischer Trick rettete ihn. Zur Warnung und Markierung wurde ihm aber mit einem Brandeisen ein T in den Daumen gebrannt: »T« für Tyburn, die Hinrichtungsstätte. Noch einmal – dann Galgen.

Ein einziges Mal kamen Shakespeare selbst und seine Kollegen der Staatsmacht gefährlich nah. Im Jahr 1601 wollte der Earl of Essex in einer grotesken Verkennung der Lage gegen Elisabeth rebellieren, ihre Berater (die Cecils) verjagen und Elisabeth absetzen. Um das Volk darauf einzustimmen und seine Unterstützung zu gewinnen, wollten die Mitverschworenen Shakespeares Theater als Medium zur propagandistischen Manipulation der Londoner Bevölkerung nutzen: Sie bestellten für den Tag vor dem geplanten Aufstand eine Vorstellung von Shakespeares *Richard II*. Darin wird gezeigt, wie der legitime König Richard auf die Einflüsterungen seiner üblen Berater hört und deshalb von einem Usurpator abgesetzt wird. Shakespeares Truppe willigte in die Spielplanänderung ein, als die Verschwörer ein Extra-Honorar dafür zahlten, und spielten das »alte und verstaubte« Stück. Die Essex-Rebellion tags darauf scheiterte geradezu lächerlich; Essex aber zahlte dafür teuer: Er wurde umgehend geköpft. Auch die Schauspieler von Shakespeares Truppe wurden zum Verhör bestellt – es war brandgefährlich. Sie konnten aber glaubhaft machen, dass sie nur widerstrebend das Stück gespielt hatten und keine Mitwisser der Verschwörung waren. So entgingen sie einer Bestrafung. Andernfalls hätte Shakespeare vielleicht keine Gelegenheit mehr gehabt, *Macbeth*, *König Lear*, *Othello*, *Wintermärchen* und *Maß für Maß* zu schreiben …

Es ist verständlich, dass Shakespeare sich zeitlebens nicht sonderlich politisch oder religiös exponiert hat – auch nicht in seinen Werken.

VON DER TODESSTRAFE FÜR GESCHLECHTSVERKEHR ODER GARANTIERT AHISTORISCHE RANDNOTIZEN ZU MASS FÜR MASS

Ein Stück für Juristen. Der Fall:

Der milde Herzog von Wien weiß nicht mehr, wie er regieren soll. Seine Milde war wohl falsch: Die Sitten in Wien, vor allem die sexuellen, sind verkommen; weil das Recht nicht mehr durchgesetzt wird, wird es nicht mehr geachtet. Rechtsunsicherheit herrscht, zum Schaden des Gemeinwohls. Der ratlose Herzog will das Regierungsamt probeweise einem anderen übergeben: dem sittenstrengen, rigiden Law-and-order-Mann Angelo. Statthalter Angelo greift durch: Als Erstes verurteilt er nach einem alten Gesetz den jungen Claudio zum Tode, weil der seine Verlobte geschwängert hat. Geschlechtsverkehr zwischen Verlobten ist nach dem alten Gesetz verboten. Die ebenfalls sittenstrenge Schwester Claudios, die Nonne Isabella, muss sich widerstrebend für ihren sündigen Bruder beim Statthalter Angelo einsetzen. Der gnadenlose Richter Angelo verfällt Isabellas Schönheit und bietet ihr das Leben ihres Bruders gegen eine Nacht in ihrem Bett an ...

Man kann über so manche Themen und Motive in *Maß für Maß* mit großem Recht den Kopf schütteln – sie gehören ersichtlich zu Wert- und Weltvorstellungen des finstersten Mittelalters und haben für uns heute nur noch wenig Relevanz. Wie ein Kritiker zu einer *Maß für Maß*-Aufführung schrieb:

Das Stück ist 403 Jahre alt. Die Moralvorstellungen haben sich seitdem verändert. Liebe ohne Trauschein wird nicht mit dem Tode bestraft, sondern ist für weite Teile der Bevölkerung die bevorzugte Lebensform geworden. Was soll das Stück also heute noch?[1]

Ja, richtig: Was soll uns das eigentlich noch?

Am irritierendsten ist dabei ausgerechnet jenes Motiv, um das das ganze Stück kreist: ein Gesetz, das Todesstrafe für einvernehmlichen Geschlechtsverkehr unter Verlobten befiehlt. Die Absurdität liegt für uns heute auf der Hand: Was geht den Staat das Sexualverhalten der Bürger an? Schon allein die Strafbarkeit des »Deliktes Geschlechtsverkehr« spricht einem modernen westlichen Weltverständnis Hohn, vom Thema »Todesstrafe« schon gar nicht zu reden. Genau darauf aber baut das Stück auf und begründet die Strafbarkeit für uns heute juristisch inakzeptabel folgendermaßen:

ANGELO: Die Sittenordnung will, daß Beischlaf sich
　　Grundsätzlich in der Einehe vollzieh,
　　Denn Sinne und Folge des Verkehrs ist stets
　　Das Kind. Die Schöpfungsordnung Gottes hat
　　Dem Menschen Ehe und Familie als
　　Verbindlich-ewge Lebensform gesetzt;
　　Denn Mann und Weib sind »ein Fleisch«, lehrt die Schrift.
　　Daraus folgt klar als Rechtsgrundsatz, daß sich
　　Geschlechtlicher Verkehr ganz grundsätzlich
　　Nur in der Ehe zu vollziehen hat
　　Und der Verstoß dawider das Gebot
　　Grundlegendster Geschlechtszucht schwerst verletzt:
　　Denn so bezeugt es uns die Heil'ge Schrift.
　　Und dies Gebot gilt auch, und zwar in ganz
　　Besondrem Maße, für Verlobte.

Die Bibel, wird hier gesagt, will es so: Die Religion ist der große Gesetzgeber. Gott hat uns ein ewiges Sittengesetz gegeben, das auf

Fortpflanzung, Ehe und Familie gründet; daher ist vor- und außerehelicher Geschlechtsverkehr als Verstoß gegen göttliches Gebot zu verstehen und muss vom Staat bestraft werden. Zum Beispiel mit der Todesstrafe.

Nun besteht in unserer post-religiös aufgeklärten, rechtsstaatlichen westlichen Welt aber keineswegs mehr Einvernehmen darüber, dass das Wort der christlichen Bibel der Wortlaut unserer weltlichen Gesetze und Lebensformen zu sein habe: Ein gewähltes Parlament formuliert unsere Rechtsnormen und Gesetze, und kein heiliges Buch. Das Stück *Maß für Maß* beschreibt also offensichtlich rechtliche Weltverhältnisse, die schon vor einigen Jahrhunderten überwunden wurden. Oder doch nicht?

Die oben zitierte Verspassage enthält keinen Quellenverweis, denn sie stammt gar nicht aus *Maß für Maß*. In Wahrheit handelt es sich bei dem Text um zwei recht moderne, nur leicht in Blankverse übersetzte Urteile des deutschen Bundesgerichtshofs von 1954; es ist dies eine oberstrichterliche Normendefinition, die im »Original« folgendermaßen lautet:

DAS NATÜRLICHE SITTENGESETZ IM UMGANG
DER GESCHLECHTER:

Die sittliche Ordnung will, daß sich der Verkehr der Geschlechter grundsätzlich in der Einehe vollziehe, weil der Sinn und die Folge des Verkehrs das Kind ist. … Indem das Sittengesetz dem Menschen die Einehe und die Familie als verbindliche Lebensform gesetzt und indem es diese Ordnung auch zur Grundlage des Lebens der Völker und Staaten gemacht hat, spricht es zugleich aus, daß sich der Verkehr der Geschlechter grundsätzlich nur in der Ehe vollziehen soll, und daß der Verstoß dagegen ein elementares Gebot geschlechtlicher Zucht verletzt. Dieses Gebot gilt auch, und zwar in besonderem Maße, für die Verlobten … .

Die Familie ist nach der Schöpfungsordnung eine streng ihrer eigenen Ordnung folgende Einheit: Mann und Frau sind »ein Fleisch«. An diesen Urtatbestand … Rechtsformen gesellschaft-

licher Art herantragen zu wollen, ist widersinnig. ... Demge-
mäß bezeugen die christlichen Kirchen in völliger Übereinstim-
mung mit den klaren Aussagen der Heiligen Schrift des Alten und
Neuen Testamentes (1. Moses 3, 16; Eph. 5, 22–33; Col. 8, 18; 1. Petr.
3, 1) ... die von Gott gestiftete Ordnung der Familie...²

Das ist doch schon etwas erstaunlich und kaum zu fassen: Noch
im Jahr 1954 also hat ein hohes deutsches Gericht befunden, dass
es ein ehernes »natürliches Sittengesetz« jenseits allen gesellschaftlichen Wandels gebe; dass die Ehe die »verbindliche Lebensform« sei, die allen Völkern und Staaten (!) von einem absolut gültigen, christlich-göttlichen Sittenkodex gesetzt wurde; dass
der Schöpfungsmythos des Alten Testaments und die Aussagen
des Neuen Testaments quasi naturrechtlicher, unveränderlicher
»Urtatbestand« seien, der mit »Rechtsformen gesellschaftlicher
Art«, also z. B. einer sich wandelnden Auffassung von sexuellen
Sitten, nicht hinterfragt oder relativiert werden könne – und daraus leitete das deutsche Gericht einen Strafanspruch für Beischlaf
»gerade auch« unter Verlobten ab. Aus der Bibel. Im historisch
gesehen noch gar nicht so lange zurückliegenden Jahr 1954. Ein
Urteil des Großen Senats, der nur bei Entscheidungen von grund-
sätzlicher Bedeutung angerufen werden kann.

Und noch ein anderes religiöses Offenbarungsbuch wird im
Jahr 2007 im Rechtsstaat Deutschland zur juristischen Referenz:
Eine Frankfurter Familienrichterin verweist eine geprügelte, vom
Ehemann mit Ermordung bedrohte marokkanische Ehefrau, die
die vorzeitige Scheidung wollte, auf Sure 4, Vers 34 des Heiligen
Koran mit dem Hinweis, dass es für den marokkanischen Kultur-
kreis nicht unüblich sei, dass der Mann gegenüber der Frau ein
Züchtigungsrecht ausübe; dass die Antragstellerin bei ihrer Hei-
rat mit dieser Züchtigung habe rechnen müssen und dass die Aus-
übung des Züchtigungsrechts deshalb keine unzumutbare Här-
te gemäß Paragraph 1565 BGB begründe und sie daher mit der
Scheidung eben warten müsse.

Und da das eigenartige Bibel-Urteil des deutschen Bundesgerichtshofs von 1954 zum ewigen »natürlichen Sittengesetz« niemals explizit außer Kraft gesetzt wurde, könnte also auch heute vielleicht noch ein übereifriger Staatsanwalt Dr. jur. Angelo X. rein theoretisch irgendein unkeusches verlobtes Pärchen ... – selbstverständlich zum aufgeklärten Gelächter aller empörten Mitbürger heute, die dieses vom allgemeinen Sittenwandel längst überholte, längst vergessene, eingeschlafene und »tote« Recht des BGH für völlig absurd, verstaubt und *ungerecht* hielten – in exakter Parallele zum empörten Gelächter der jungen Leute in Shakespeares *Maß für Maß*, die es für absurd, verstaubt und ungerecht halten, dass Richter Angelo »vergeßnes, eingeschlafnes Recht« auf den jungen Claudio loslässt und für ihn

All die papiernen Strafgesetze [weckt],
Die im Regal wie Rüstzeug staubig verschimmelt waren –
I,2,161 f.

– ebenso staubig verschimmelt, wie es das Urteil des Bundesgerichthofs von 1954 heute ist.

Und so verweist Shakespeares »Todesstrafe-für-Geschlechtsverkehr«-Konstrukt auf eine uralte und sehr komplizierte juristische Thematik: Auf das Problem der *Geschichtlichkeit allen gesetzten (»positiven«) Rechts*; denn »das Recht« ist ja keineswegs absolut und überzeitlich starr, wie der Laie naiv und unreflektiert meinen könnte, sondern ist *wandelbar* gemäß den sittlichen und ethischen Auffassungen in der jeweiligen Gesellschaft. Und daraus ergibt sich die peinliche Frage: Wie – wenn denn die Geltung jedes normativen Gesetzes so historisch und gesellschaftlich »relativ« ist – steht es dann mit der *wahren Gerechtigkeit?* Mit der »objektiven«, »gerechten« Gesetzesauslegung im Einzelfall? Wie ist denn dann, jenseits des relativen gesetzten Rechts, ein »wirklich« gerechtes, »richtiges Recht« zu denken, zu formulieren und zu installieren? – Dieses Ringen um das »richtige Recht«, also um ein absolutes, »höheres« Recht jenseits des allzu schillernden, das der Mensch erfunden hat, wohnt seit Urzeiten jedem Rechtssystem inne: Gegen das menschengemachte Recht wird ein allem Menschlichen vorgängiges *Naturrecht* postuliert, das nicht selten auf religiöser Metaphysik beruht. Und dies ist kein kleines Thema in *Maß für Maß:* Soll das menschengemachte, »positive« Recht gelten mit all seinen möglichen und tatsächlichen Fehlern – oder jenes angeblich »richtige«, gottgegebene, höhere Recht der christlichen Offenbarung, das die Nonne Isabella himmelhoch über das irdische stellt? Also, was soll letztlich gelten: Strafgesetzbuch oder Bergpredigt? Soll die religiös abgeleitete Scharia gelten oder das Grundgesetz? Und *kann* die Bergpredigt in dieser Welt eigentlich ohne Strafgesetzbuch gelten? Beziehungsweise – wie kann die Bergpredigt, die ja auf das Recht der Vergeltung ausdrücklich verzichtet, *mit* Strafgesetzbuch gelten?

Shakespeares scheinbar historisch überholtes Thema ist nicht gar so weit aus der heutigen Welt. Auch bei seinen auf den ersten Blick verstaubtesten Motiven sollte man auf der Hut sein: Sie könnten lebendiger sein, als man spontan so meint.

WENN ICH RICHTER WÄR: EIN PROZESS GEGEN DEN UNGERECHTEN RICHTER ANGELO

Würde Angelo heute vor Gericht gestellt – wie würde sein Prozess wohl aussehen? Ohne Frage hat er sich des Amtsmissbrauchs, der Rechtsbeugung, der sexuellen Erpressung und des (zum Glück vereitelten) Mordversuchs im Amt mit juristischen Mitteln schuldig gemacht. Wie aber ist diese Schuld zu wägen – so, wie Shakespeare die Figur gestaltet hat? Wie würde sein Anwalt plädieren, wie würde der Gerichtsgutachter die Schuldfähigkeit des Angeklagten Angelo beschreiben?

Shakespeares analytische Beschreibung der Psyche des Angelo ist ungeheuerlich: Ein vom fanatischen Glauben an das Recht und an das Sittliche beseelter Mensch verfällt genau dem, was er zutiefst hasst. Die sexuelle Gier, die sich ausgerechnet an einer Nonne entzündet, erwacht in einem bislang streng asketischen, hochintelligenten Menschen mit einer solchen Urgewalt, dass sie alle seine rationalen Überzeugungen davonschwemmt. Seine obersten Prinzipien, seinen strengen Glauben an das Recht und die Rechtlichkeit gibt er preis – weil er nicht anders kann. Etwas in ihm ist stärker als sein Verstand, seine Vernunft, sein Wille zum sittlichen Verhalten. Shakespeare stellt dar, wie Angelo sich selbst beobachtet und sich selbst kommentiert (II,2,162 ff.), während *etwas mit ihm geschieht* – und obwohl er weiß, dass er falsch und verbrecherisch handelt, kann er nichts dagegen tun. Angelo erlebt einen Zustand der Schizophrenie:

> Wenn ich jetzt bet und denke, denk und bet ich
> Wie zwiegespalten ...
>
> *(II,4,1f.)*

> Pfui, pfui, pfui!
> Was tust du, nein, was bist du, Angelo?
>
> *(II,2,173f.)*

> Die Tat löst mich ganz auf, macht mich verschwommen
> Und stumpf vor allem Handeln
>
> *(IV,4,18f.)*

Angelo schaut sich bei seinen Rechtsbrüchen und Versündigungen selbst zu wie einem Fremden; er weiß um seine Vergehen – und kann dennoch nicht ausbrechen aus jenem Zwang, der ihn in den Klauen hat.

Wie bewerten wir eine solche menschliche Ausnahmesituation? Wie richten wir da über die Schuld, was erwarten wir da an menschlicher Selbstverantwortlichkeit? Von welchem Menschenbild, von welcher Vorstellung von der »Natur« des Menschen, von welchem sittlichen Anspruch an den Menschen gehen wir als Richter über einen Angelo aus? Es wird unser Urteil wohl bestimmt sein von unserer grundsätzlichen Vorstellung von der Natur des Menschen, und sie wird schwanken zwischen den Extremen, dass der Mensch völlig frei ist in seinem Willen bzw. dass der Mensch völlig determiniert ist durch seine Natur. Von welchem Menschenbild geht heute »das Recht« aus?

Shakespeare könnte für seine Erfindung des Angelo Sigmund Freud gelesen haben: Ein offenbar unkontrollierbares »Es« in Angelos Psychohaushalt übernimmt die Steuerung, sein Über-Ich als Stimme des Gewissens verzweifelt, sein selbstverantwortliches Ich versagt. Oder hat Shakespeare eine moderne rechtsphilosophische Abhandlung gelesen? Was er als Fall darstellt, zeigt sich wie ein Modellbeispiel aus einem Lehrbuch – und ein solches sei deswegen hier auch gleich zitiert: ›Einführung in die Rechtsphilosophie‹, Heinrich Henkel, München 1977. Zum Thema »Menschenbild und Recht« stützt sich der Autor auf das Schichtenmodell Nicolai Hartmanns – oder hat er vielleicht Shakespeares *Maß für Maß* gelesen?

> Der Mensch erscheint zunächst als *animalisches* Lebewesen. Die untere Schicht, die Vitalschicht, bildet den Lebensgrund des Menschen. In ihr wirken sich die Urtriebe der Art- und Selbsterhaltung, der Fortpflanzungs-, Sexual- und Aggressionstrieb, aus. Diese Triebe bedürfen, um nicht gesellschaftsfeindlich zu werden, der Hemmung und Sublimierung. …
> Wir stehen damit vor der Frage der Willensfreiheit des Menschen, bzw. besser der Frage nach der *Handlungsfreiheit des Menschen.* Dies ist denn auch die Frage, zu der die Alternativen *Indeterminismus* und *Determinismus* Stellung nehmen: Kann der Mensch sein Verhalten »frei« wählen? Oder ist er durch seine körperlich-seelisch-geistige Disposition determiniert und daher total »unfrei«? … Gibt es in dem komplexen menschlichen Verhaltenssystem einen »offenen« Raum in dem Sinne, daß im Konflikt mit Antriebskräften der »unteren« Schicht die Steuerungsinstanz im Oberbau die Möglichkeit hat, sich durchzusetzen? Mit anderen Worten: Gibt es in einem solchen Konfliktfall *einen Spielraum menschlicher Selbstbestimmung im Verhalten?* Die Lebenserfahrung lehrt, daß der gesunde Mensch zwar mit der Fähigkeit zur Selbstbestimmung ausgestattet ist. Doch ist sie weder *unbedingt noch unbegrenzt.* Ob der verantwortungsfähige Täter im Einzelfall die Verantwortung zu tragen hat, hängt davon ab, ob ihm sein

Verhalten als zu vertretendes *Versagen der Selbstbestimmung* vorzuwerfen ist. ...

(234 *ff.*)

Unter all diesen verwirrenden Gesichtspunkten mal dumm gefragt: Wenn ich Richter wäre – wie sähe ich die Schuldfähigkeit oder verminderte Schuldfähigkeit des angeklagten Täters Angelo? Und welches Recht würde ich über ihn sprechen?

VOM SINN DER GENERALPRÄVENTION

Der strenge Richter Angelo erscheint als ein »Richter Gnadenlos«. Er hat nicht viel im Sinn mit Diskursen über Täter-Rehabilitierung, Resozialisierung, Reintegration, verminderte Schuldfähigkeit, Verbrechen als Krankheit etc., etc., wie sie heute geführt werden. Angelo lässt sich für die einen Betrachter leicht abwerten als »Law-and-Order«-Mann und von manchen anderen genau deswegen als Ideal rühmen: Ein Mann mit dem Motto »Kurzer Prozess, Rübe runter!«

Nun ist es aber nicht ganz so einfach: An Angelos *Grund*haltung ist nämlich juristisch gar nichts auszusetzen. Er ist angetreten, um einen objektiven Missstand im Staat zu beseitigen: Die Gesetze, die im Land bestehen, werden nicht mehr angewendet – die Folge ist natürlich, dass die gute Ordnung des Gemeinwesens verkommt. So beschreibt der Herzog den Zustand des Staates:

> So ist Unsere Satzung,
> Weil tot im Rechtsbrauch, in sich selber tot,
> Und Willkür tanzt Justitia auf der Nase,
> Der Säugling schlägt die Amme und verquer
> Geht alle gute Sitte.
>
> *(I,3,27)*

Der Staat ist aus den Fugen. Wenn Straftaten nicht mehr geahndet werden, macht sich Rechtlosigkeit breit, und Rechtsunsicherheit ist niemals zum Vorteil der Bürger, »die an vertuschter Untat Schaden nehmen«, wie Angelo zu Recht feststellt. Und ebenso durchaus zu Recht erklärt er:

> Wir dürfen nicht das Recht zur Vogelscheuche machen,
> Einmal erstellt als Drohung für die Krähen
> Und dann belassen, bis noch durch Gewöhnung
> Ihr Nistplatz draus wird statt ihr Schrecken
>
> *(II,1,1ff.)*

Es kann nicht angehen, dass man dem Heroin-Dealer auf dem Schulhof mit dem Das-sollst-du-aber-nicht-Finger droht, ihn aber ansonsten duldsam gewähren lässt. Die Kinder und die Gesellschaft müssen vor dererlei geschützt werden. Richter Angelo vertritt hier ein einfaches juristisches Prinzip, das auch heute Grundlage der Strafrechtstheorie, genauer: der präventiven und »relativen Strafzwecktheorie« ist. Es ist das Prinzip der Generalprävention. Angelo formuliert es so:

> Die vielen hätten nicht gewagt zu freveln,
> Hätt gleich der erste, der Erlasse brach,
> Sein Tun gebüßt.
>
> *(II,2,91ff.)*

Die Generalprävention will vor Straftaten abschrecken (daher auch »Abschreckungsprinzip«). Ihr Ziel ist der Schutz der Gesellschaft vor sozialschädlichen Entwicklungen. Die Generalprävention soll einerseits das Vertrauen der Gesellschaft in die Rechtsordnung stärken und ihr Sicherheit geben und soll andererseits die Gesellschaft von der Begehung einer Tat abschrecken, indem ihr durch einzelne Verurteilungen ins Bewusstsein gerufen wird, welche Strafen folgen können. Das umstrittenste Beispiel ist die Todesstrafe in den USA, die mit der Generalprävention gerechtfertigt wird – ohne dass aber der Nachweis ihrer Wirksamkeit zu erbringen ist: An der Zahl der Kapitalverbrechen scheint sie nichts zu ändern.

Andererseits aber gibt es die offenbar sehr erfolgreiche Broken-Windows-Theorie. Diese Kriminalpräventions-Theorie vom »Zerbrochenen Fenster« besagt, dass ein eher harmloses Phänomen wie z. b. ein zerbrochenes Fenster in einem leerstehenden Haus der erste Schritt zur völligen Verwahrlosung des Stadtviertels ist und zu seinem Niedergang führen wird, bis es zu einem Rückzuggebiet für Prostitution, Kriminalität, Drogenkonsum, Vandalismus und Obdachlosigkeit wird. Durch sofortige Ahndung kleinster Gesetzesübertretungen oder des geringsten sozialschädlichen Verhaltens aber lässt sich das »zerbrochene Fenster« reparieren – es klingt drakonisch, aber die ehemalige Verbrechenshochburg New York wurde durch konsequente Anwendung dieses Prinzips der Kriminalprävention zu einer der sichersten Großstädte überhaupt.

Der Jurist Angelo vertritt den juristischen und ordnungspolitischen Standpunkt der Generalprävention, der aus grundlegendem Rechtsdenken (des Römischen Rechts) stammt und heute genau wie zu Shakespeares Zeiten Grundlage allen Strafrechts ist:

> Kein Vernünftiger straft allein wegen des begangenen Unrechts;
> der Vernünftige straft, um künftige Gefahr zu verhüten.

heißt es beispielsweise schon bei Seneca, dem gelehrten Erzieher Kaiser Neros.[3] Nichts anderes will Angelo. Nur scheitert »Richter Gnadenlos« Angelo in mehrfacher Hinsicht an sich selbst – und am Maß …

VOM ZWIESPÄLTIGEN CHARME DER PROSTITUTION

Pornographie und Prostitution sind salonfähig geworden. Porno-Queens werden als illustre Gäste beim Wiener Opernball hofiert; *dirty talking* ist weitverbreitetes Zeichen für liberale Gesinnung; das Internet *lebt* geradezu von der kommerziellen Pornographie; und aus der schmuddeligen Rotlicht-Prostitution soll ein völlig normales, eher sozialpflegerisch-sozialtherapeutisch-klinisches

Dienstleistungsgewerbe mit Versicherungspflichten und -rechten und Rentenabgaben werden: Die Prostitution soll aus dem kriminellen *Milieu* herausgeholt und als »Sexarbeit« gesellschaftlich integriert und normalisiert werden. So wird auch in *Maß für Maß* die fröhlich anarchische Welt der Bordelle und Zuhälter, die die rigiden Moralansprüche der religiösen Fundamentalisten und Asketen lustvoll unterlaufen, heute keineswegs als besonders unmoralisch empfunden, im Gegenteil – wohl die allermeisten Leser oder Zuschauer werden erheitert der auf- bzw. abgeklärten Haltung des Zuhälters Pompeius zu strengen Sexualstrafgesetzen zustimmen:

POMPEIUS: Wollen Euer Ehrn die jungen Leute in Wien vielleicht zunähen und kastrieren? … Dann ehrlich meiner unmaßgeblichen Meinung nach, Herr, die wollen ran und dran. … Wenn Sie nur zehn Jahre hinternander weg alle hängen und köpfen, die deshalb [der »Unzucht« wegen] straffällig werden, dann dürfen Sie sich gratulieren, wenn Sie noch irgendwo irgendwen finden, bei dem Sie neue Köpfe in Auftrag geben können.

(II,1,218 ff.)

Ein zwar etwas krude formuliertes Plädoyer für die animalische Sinnlichkeit und natürliche Triebstruktur des Menschen, aber ohne jeden Zweifel richtig und realistisch: Dem Menschen den Sexus zu verbieten ist ein absurdes Unterfangen und wird niemals gelingen – auch wenn jede neu etablierte Diktatur merkwürdigerweise immer sofort versucht, die Bevölkerung ausgerechnet im sexuellen Bereich zu reglementieren: Die griechischen Obristen z. B. verboten seinerzeit nach dem Putsch als Erstes ausgerechnet den Minirock … Von der sich auslebenden Sexualität scheinen für Diktatoren anarchisch-rebellische Gefahren auszugehen.

Aber bei Shakespeare, dem großen Spezialisten für Ambivalenzen, ist die Welt des Sexus und der organisierten Unzucht nun keineswegs nur erheiterndes, liberales Fest der Sinne:

Nein, also wenn dem kein Riegel nicht vorgeschoben wird, daß ihr
auf Teufel komm raus die Männer und Frauen kauft und verkauft
wie 's liebe Vieh ...

(III,2,1ff.)

– so empört sich schließlich der biedere Büttel Ellbogen und verhaftet den rückfälligen Zuhälter. Die Welt der Bordelle mit ihrer
angeblich fröhlich-freien Sexualität ist zugleich die Welt des harten Kommerzes, in der Männer und Frauen als Waren gekauft
und verkauft und gehandelt werden, wie Vieh eben, ethisch nicht
sonderlich zu loben – und als z. B. die Kokain-und-Nutten-Or-
gien eines deutschen Prominenten in Hotel-Suiten aufflogen,
nahmen ihm wohl viele – vor allem Männer – seine sexuellen
Vorlieben moralisch nicht sonderlich übel (»Na, wenn der so was
braucht ...!«) – als sich aber herausstellte, dass einschlägig bekannte Zuhälter und Menschenhändler an der Sache beteiligt waren, warf die dunkle Seite des vorurteilslos befreiten Sexus dann
doch wieder ein paar ethische Fragen auf ...

WENN ICH KÖNIG WÄR, ODER: DER HERZOG, MACHIAVELLI UND MAX WEBER

Die nur halbernst gemeinte Denkfigur »Wenn ich König wär ...«
ist in unserer komplizierten, schwer überschaubaren modernen
Welt manchmal ganz hilfreich: Angesichts von jeweils berechtig-
ten, aber sich wechselseitig ausschließenden gesellschaftlichen In-
teressenlagen ist die Frage, wie man selber als »König« den jeweiligen Konfliktfall denn wohl entscheiden würde, recht erhellend:
Man merkt daran, dass man es nämlich meist selbst nicht so recht
weiß, und ist eigentlich gottfroh, nicht wirklich »König« sein,
also: nicht wirklich entscheiden, herrschen, regieren und »führen« zu müssen. Denn wer weiß, vielleicht würde man dann ja irgendwie irgendwem wider Willen schaden müssen ...?
Der Herzog in *Maß für Maß* ist nun aber tatsächlich »König«:
Er ist als absoluter Herrscher in Wien sogar Herr über Leben und
Tod. Er ist der Machthaber. Und damit hat er nicht nur ein Privi-

leg, sondern auch ein Problem: Er weiß nach vierzehn Jahren des Regierens einfach nicht mehr, wie man das richtig macht:»herrschen«. Er ist verwirrt. Er hatte es mit dem Regieren nämlich folgendermaßen versucht:

> Wir haben scharfes Recht und schneidende Gesetze,
> Zügel und Zaumzeug halsstarriger Gäule,
> Die Wir bald vierzehn Jahr nun schleifen ließen.
>
> *(III,3,19 ff.)*

Als »kindsnärrischer Vater« seines Volks hatte er sehr menschenfreundlich die »Rute« der Gesetze nie angewandt. Leider aber war das Ergebnis dieser gut gemeinten herrscherlichen Zurückhaltung keineswegs positiv: Sie wurde im Volk nicht als Freiraum zur Gestaltung des Guten, Wahren und Edlen genutzt, sondern, weil Straftaten nicht mehr verfolgt wurden, geradezu als Aufforderung zum Rechtsbruch verstanden. Als paradoxe Folge des Gutgemeinten liegt nunmehr das Land im Chaos: Die soziale Ordnung ist zerstört, die Gesetze werden verspottet, alle »gute Sitte« ist verkommen. Und der Herzog sucht die Schuld dafür bei niemand anderem als bei sich selbst: Denn *sein* Amt war es, für Rechtssicherheit und sozialen Frieden in seinem Volk zu sorgen – und das hat er schuldhaft versäumt. Also hat der Herzog als Herrscher versagt. Sein schwaches Laissez-faire-Regieren war erfolglos. Nun laboriert er an einer Krise seines Selbstverständnisses – »Übers Regieren, was das fordert« (I,1,1) von einem regierenden Menschen, grübelt er nach. Alles war falsch. Was wäre richtig gewesen?

Wir könnten dem Herzog zwei grundlegende Texte empfehlen, in denen über sein Problem – das Dilemma des Herrschers/Regenten/Politikers – ausführlich nachgedacht wird. Der erste Text war zur Zeit der literarischen Erfindung des Herzogs schon hundert Jahre alt: Es ist die wichtigste, aber auch berüchtigtste politikwissenschaftliche Schrift seiner Zeit (und vielleicht auch unserer): Machiavellis Buch ›Der Fürst‹ aus dem Jahr 1513. Dieser hatte sich Gedanken darüber gemacht, was einen *erfolgreichen* Fürsten wohl auszeichnet vor einem erfolglosen. Dazu hatte er sein Untersuchungsthema radikal eingegrenzt: Wie bleibt ein Fürst an der Macht – denn woran sonst lässt sich der »Erfolg« eines Regierenden messen. Machiavelli hatte bewusst nicht darüber nachgedacht, was z. B. einen moralisch edlen, einen gerechten, einen gottgefälligen, einen väterlichen Fürsten ausmacht, das hatte er ausgeklammert – denn auch der moralisch edelste, gerechteste und väterlichste Fürst kann, wie die Erfahrung und Weltbeobachtung zeigt, durchaus ein erfolg*loser* Herrscher sein und paradoxerweise gerade *wegen* seiner Güte und Menschenfreundlichkeit scheitern. Machiavelli sah es recht realistisch:

> Denn von den Menschen kann man im allgemeinen sagen, daß sie undankbar, wankelmütig, verlogen, heuchlerisch, ängstlich und raffgierig sind. Solange du ihnen Vorteile verschaffst, sind sie dir ergeben …, aber nur …, wenn die Not ferne ist. Rückt sie näher, so empören sie sich.[4]

Und so habe zu gelten:

> Ein Fürst darf daher die Nachrede der Grausamkeit nicht scheuen, um seine Untertanen in Treue und Einigkeit zu erhalten; denn mit einigen Strafgerichten, die du verhängst, bist du menschlicher, als wenn du durch übertriebene Nachsicht Unordnungen einreißen läßt, die zu Mord und Raub führen. Diese treffen ein ganzes Gemeinwesen, wogegen die Strafgerichte, die der Fürst verhängt, nur dem einzelnen schaden.[5]

Aber zu solchem Verhalten fühlt Shakespeares Herzog sich nicht imstande. Denn er hat auch die folgende These des Machiavelli nicht beherzigt:

> Man muß wissen, daß es zwei Arten zu kämpfen gibt, die eine nach Gesetz, die andere durch Gewalt; die erste ist die Sitte der

Menschen, die andere die der Tiere. Da jedoch die erste oft nicht ausreicht, so muß man seine Zuflucht zur zweiten nehmen. Ein Fürst muß daher sowohl den Menschen wie die Bestie zu spielen wissen ... soll nichts anderes bedeuten, als daß der Fürst beide Naturen zu gebrauchen wissen soll und daß die eine ohne die andere nicht bestehen kann.[6]

Der Mensch ist nach dieser brutalen These ein Kentaur, ein Zwitter: halb Mensch, halb Tier. Das Tier wird nicht dem Recht gehorchen – es beugt sich nur der Gewalt. Entsprechend hat der Herrscher mal mit dem Recht, mal mit Gewalt vorzugehen, so er erfolgreich sein will.

Was bei dieser Betrachtungsweise selbstverständlich entfällt, ist die Frage nach Moral und Ethik. Recht und Gerechtigkeit, meint der genau beobachtende, strenge Empirist Machiavelli, mag manchmal sinnvoll fürs erfolgreiche Herrschen sein, ist manchmal aber genau das Falsche: dann helfen nur List, Betrug oder Gewalt. Gewalt andererseits mag ebenso oft falsch sein für erfolgreiches Regieren, ist oftmals aber auch die einzig erfolgreiche Methode. Machiavelli trennt bei seiner Untersuchung Sittlichkeit und erfolgreiche Herrschaft radikal – und behauptet implizit, dass die beiden nicht kompatibel sein können. Ein guter Mensch könne kaum ein erfolgreicher Herrscher sein, ein erfolgreicher Herrscher kaum ein »guter« Mensch. Es sei dies ein grundlegendes Dilemma allen herrscherlichen Handelns. Es ist eine empörende These. Sie heißt in heutiger Terminologie »Staatsräson«.

Als die Entführer der Lufthansa-Maschine 1977 in Mogadischu die Freilassung der RAF-Terroristen forderten, andernfalls sie die Maschine mit 90 Touristen in die Luft sprengen würden, stand der damalige deutsche Bundeskanzler Helmut Schmidt genau vor diesem Dilemma: Wie konnte er den Tod von 90 unschuldigen Menschen riskierend in Kauf nehmen zugunsten des abstrakten, aber zwingenden Rechtsguts, dass ein Staat sich nicht erpressen lassen darf? Es möchte wohl niemand vor eine solche Entscheidung gestellt werden, wie Helmut Schmidt sie treffen musste. Er konnte in

seiner Amtsverantwortung nicht anders handeln, als der Staatsräson zu folgen und das Leben von 90 Menschen zu riskieren –
aber er war menschlich und ethisch gnadenlos gegenüber den Geiseln. Machiavelli ließ grüßen. Helmut Schmidt hatte Glück – dank
der GSG9. Die Geiseln wurden befreit. Wäre es anders ausgegan-
gen – man mag sich nicht ausmalen, mit welcher Last jemand, der
so entscheiden musste, weiterleben müsste. – Es ist das Dilemma
oder die Tragödie allen politischen Herrschaftshandelns.
Der Herzog in *Maß für Maß* schreckt vor diesem Dilemma zurück. Er schickt experimentellerweise einen rechtschaffenen Angelo vor, um zu sehen, wie ein moralisch strenger Mensch damit
umgeht und sich als Herrscher bewährt ... Das Ergebnis ist er-
nüchternd: Der Rechtschaffene versagt ungeheuerlich.

Wir könnten Shakespeares Herzog, der über das Wesen des
Regierens und die Ethik herrscherlichen Handelns nachgrübelt,
auch eine wesentlich modernere Schrift zu seinem Problem empfehlen, die erstaunlicherweise zu gar nicht sehr viel anderen Er-
kenntnissen kommt als der alte Machiavelli: Der Herzog hätte
auch in Max Webers berühmtem Vortrag ›Politik als Beruf‹ von
1919 lesen können (ein Text, der übrigens für des Herzogs Kollegen, den Kanzler Helmut Schmidt, von politisch prägender Bedeutung ist). Max Weber stellt in seinem Vortrag die Frage: »Wie
steht es denn aber mit der wirklichen Beziehung zwischen Ethik
und Politik?« Und Weber beginnt mit einer Definition des Staates:

> Der Staat ist ... ein auf das Mittel der legitimen Gewaltsamkeit
> gestütztes *Herrschafts*verhältnis von Menschen über Menschen.[7]

Und von dieser Prämisse ausgehend, fragt sich Max Weber, ob ein
Beruf, der letztlich auf Gewaltsamkeit beruht, nicht ganz besondere, berufsspezifisch ethische Probleme aufwirft:

> Sollte es wirklich für die ethischen Anforderungen an die Politik
> so gleichgültig sein, daß diese mit einem sehr spezifischen Mittel:
> Macht, hinter der *Gewaltsamkeit steht*, arbeitet?[8] ...

Es ist durchaus wahr und eine … Grundtatsache aller Geschichte, daß das schließliche Resultat politischen Handelns oft, nein: geradezu regelmäßig, in völlig unadäquatem, oft in geradezu paradoxem Verhältnis zu seinem ursprünglichen Sinn steht.[9] …

[Man muß wissen,] daß die Welt von Dämonen regiert sei, und daß, wer mit der Politik, das heißt: mit Macht und Gewaltsamkeit als Mitteln, sich einläßt, mit diabolischen Mächten einen Pakt schließt, und daß für sein Handeln es nicht wahr ist: daß aus Gutem nur Gutes, aus Bösem nur Böses kommen könne, sondern oft das Gegenteil. Wer das nicht sieht, ist in der Tat politisch ein Kind.[10] …

Keine Ethik der Welt kommt um die Tatsache herum, daß die Erreichung »guter« Zwecke in zahlreichen Fällen daran gebunden ist, daß man sittlich bedenkliche oder mindestens gefährliche Mittel und die Möglichkeit oder auch die Wahrscheinlichkeit übler Nebenerfolge mit in den Kauf nimmt, und keine Ethik der Welt kann ergeben: wann und in welchem Umfang der ethisch gute Zweck die ethisch gefährlichen Mittel und Nebenerfolge »heiligt«.[11] …

Wer Politik überhaupt und wer vollends Politik als Beruf betreiben will, hat sich jener ethischen Paradoxien und seiner Verantwortung für das, was *aus ihm selbst* unter ihrem Druck werden kann, bewußt zu sein. Er läßt sich, ich wiederhole es, mit den diabolischen Mächten ein, die in jeder Gewaltsamkeit lauern.[12]

Man kann wohl davon ausgehen, dass auch Shakespeares Herzog aus *Maß für Maß*, der in alter Zeit über die Ethik dessen nachdenkt, der »Gottes Schwert« führen soll auf Erden, aber in Ausführung seines Amtes nicht zur »Bestie« werden mag, bei Max Webers Text so manches von der eigenen Problematik entdeckt haben könnte: dass die edle Absicht allein nicht reicht. Dass man mit Gesinnungsethik allein nicht regieren kann. Dass jeder Staat auf Gewalt gegründet wird (Trotzki).[13] Dass ein Regierender am

»Heil der Seele« Schaden nehmen kann durch die »diabolischen Mächte« der Gewaltsamkeit, die seinem Amt notwendig innewohnen. Dass er, wenn er diese nicht praktizieren kann oder will, dem Gemeinwohl durch sein Gut-sein-Wollen schadet und in seinem Amt wohl falsch ist.

Dass diese grausame Paradoxie, unter der der Herzog leidet, von Machiavellis Fürsten bis zum heutigen Politiker für jeden gilt, der »regiert«, macht Shakespeares angeblich unspielbares Stück zu einem überzeitlich aktuellen Modell.

SHAKESPEARES KÖNIG JAKOB I.

»*Unser Shakespeare*« wird seltsamerweise immer ausschließlich
als Zeitgenosse der Tudor-Königin Elisabeth verstanden – dabei hat er einen Großteil seiner Dramen unter der Herrschaft Jakobs I. aus dem Hause Stuart verfasst. Königin Elisabeth hatte ihn
auf dem Sterbebett als ihren Nachfolger bestimmt.
Jakob I., König von England, Wales, Irland und Schottland,
war zugleich Jakob VI. – unter diesem Namen hatte er, als er 1603
den englischen Thron bestieg, bereits 45 Jahre lang als König der
Schotten regiert. Er wurde dort im Alter von dreizehn Monaten
gekrönt. Schon als Ungeborener war er von Mord und Totschlag
umgeben: Drei Monate vor seiner Geburt durch die Königin Maria Stuart erlebte er die Ermordung des angeblichen Liebhabers
seiner Mutter, David Rizzio, durch seinen Vater, Lord Darnley,
quasi mit. Kein Jahr später wurde sein Vater ermordet, man vermutet, auf Befehl Maria Stuarts, die Rache nehmen wollte; die Sache war jedenfalls undurchsichtig, Maria musste abdanken und
mit ihrem neuen Liebhaber vor den schottischen Lords fliehen.
Jakob VI. kam als Kleinkind zur Krone und unter Vormundschaft
und war von da an bis zur neuen Krönung in London ein Spielball
und Pfand in den Händen verfeindeter schottischer Clans und des
Klerus, deren bürgerkriegsähnliche Machtspiele er knapp überlebte. Er entwickelte einen misstrauischen und menschenscheuen
Charakter, bis zum Verfolgungswahn; zeigte mit fünfzehn homoerotische Neigungen zu einem französischen Adligen; erhielt von vorzüglichen Lehrern eine ausgezeichnete Ausbildung,
schrieb elegante, scharfsinnige politische Abhandlungen, in denen er das Gottesgnadentum des Königs und seine Unabhängig-
keit von Parlamenten darlegte (seine bekannteste Schrift *Basilikon*

Doron [griech., Königliches Geschenk], seinem Sohn gewidmet, beschreibt, was einen erfolgreichen König ausmacht: die christlichen Pflichten gegenüber Gott und die Verantwortung im Amt); schrieb Gedichte und Dramen; war musisch hochinteressiert; war furchtsam, abergläubisch und geradezu besessen in seiner Angst vor Hexerei, mit der er sich in seiner Schrift *Daemonology* 1597 befasste: Einen heftigen Sturm, in den sein Schiff nach seiner Hochzeit mit Anna von Dänemark geriet, hielt er für übernatürliches Hexenwerk; es kam zu Untersuchungen in North Berwick, das Jakob als Hexenbrutstätte ansah: Über hundert Männer und Frauen wurden meist unter Folter befragt, teils in Anwesenheit des Königs; so wurde eine angeblich groß angelegte Verschwörung von Hexen und Hexern zur Ermordung des Königs aufgedeckt; wie viele nach diesen North-Berwick-Hexenprozessen lebendig verbrannt wurden, ist nicht bekannt: Jakob wurde nach seiner Inthronisation in England 1603 zum schärfsten Hexenverfolger der englischen Geschichte.

Jakob hatte mit Anna von Dänemark sechs Kinder, unterhielt zugleich zeitlebens ihm wichtigere homoerotische Verhältnisse mit Höflingen, die er reich beschenkte und mit hohen Adelstiteln versah, und prägte damit das sexuelle und soziokulturelle Klima am englischen Hof. Zur Geldbeschaffung verkaufte er neu erfundene Adelsränge in solchen Mengen, dass der Preis von anfänglich über tausend Pfund auf 200 Pfund sank. Er ließ eine Neuübersetzung der Bibel anfertigen, die berühmte *King-James-Bible* der anglikanischen Kirche; entkam nur knapp dem Mordanschlag des Katholiken Guy Fawkes und seiner Anhänger, der ihn samt dem Parlament 1605 in die Luft sprengen wollte und somit Jakobs lebenslange panische Angst vor Ermordung verstärkte; eine scharfe Katholikenverfolgung begann erneut. Mit Jakobs Krönung gehörte erstmals auch Schottland zum Vereinigten Königreich.

Jakob war äußerlich wenig einnehmend: Wegen einer Beinverkrüppelung und starken O-Beinen hatte er einen merkwürdig hoppelnden Gang, litt unter dauerndem Tränenfluss und der

Erbkrankheit Porphyrie, welche Neuropathien, Depressionen, Paranoia, Darmkoliken und Erbrechen mit starken Schmerzen hervorruft. Er war berüchtigt für seinen mangelnden Sinn für Hygiene: trug dieselben Kleider monatelang, hat nur ein einziges Mal im Leben gebadet und dieses Erlebnis nie wiederholt: Er hielt Baden für gesundheitsschädlich. Gern ging er auf die Jagd, musste sich aber wegen vieler Stürze auf dem Pferd festbinden lassen.

Dieser Jakob wurde also Shakespeares neuer König und Dienstherr: Shakespeares Truppe der *Lord Chamberlain's Men* wurde direkt der Patronage des Königs unterstellt und umbenannt in *The King's Men*. Shakespeare wurde – wie seine Kollegen – zum *Groom of the Chamber* ernannt und erhielt vom Hof viereinhalb Ellen rotes Tuch für eine königliche Livree. Er hatte von da an auch an Paraden oder besonderen Empfängen als livrierter Kammerdiener teilzunehmen. Die Truppe spielte jetzt so häufig am Hof wie nie zuvor. Und Shakespeare revanchierte sich: Im Stück *Maß für Maß* konnte der intellektuelle, politisch scharfsinnige König einige seiner Wesenzüge in der Rolle des Fürsten von Wien wiederentdecken: Wiens Fürst ist wie er ein Intellektueller auf dem Thron, der über das Wesen des Regierens nachgrübelt und dieselbe Scheu vor öffentlichen Veranstaltungen und Menschenansammlungen zeigt wie der krankhaft scheue Jakob, der sich zu seiner Thronübernahme nach London geradezu einschlich und dem Volk verbat, sich zu seiner Begrüßung zu versammeln:

> Ich reise insgeheim. Ich lieb das Volk,
> Doch ungern stell ich mich dem Blick zur Schau:
> Zwar tut es gut dran, doch ist mir nicht gut
> Beim lauten Beifall und Hurrageschrei;
> Noch halt ich viel vom Weitblick eines Mannes,
> Der das genießt.
>
> *Maß für Maß, I,1*

Und vor allem das Stück *Macbeth* ist auf Jakob zugeschnitten: Die Hexenszenen sind ein Kotau vor seiner Kennerschaft auf dem Gebiet der Dämonologie. Mit der Banquo-Erzählung dient sich Shakespeare dem König geradezu an: Banquo ist ein Adliger, den Macbeth ermorden lässt. Nun war Jakob stets unsicher über seine Legitimation als schottischer König; nach dem Guy-Fawkes-Anschlag packte ihn wohl nackte Panik. In *Macbeth* möchte Shakespeare ihm diese Furcht und Unsicherheit offenbar nehmen. Er lässt den König Macbeth die Hexen fragen, welche Nachkommenschaft in Zukunft Schottland regieren wird – seine oder die Banquos. In einer Szene mit Donner und Blitz zeigen die Hexen in einer langen Parade die künftigen Könige:

MACBETH: Mein Herz klopft jetzt
Um eins nur noch: sagt mir (wenn eure Kunst
Auch das noch weiß), wird Banquos Same je
Dies Reich regieren?
ALLE HEXEN: Such nicht mehr zu wissen.
MACBETH: Ich will die Antwort hörn: versagt mir das
Und seid verflucht auf ewig! Weiht mich ein. –
Was sinkt der Kessel? Und was jetzt für Lärm?
1. HEXE: Erschein!
2. HEXE: Erschein!
3. HEXE: Erschein!
ALLE HEXEN: Erschein dem Blick und quäl den Sinn;
Wie Schatten kommt und fahrt dahin.
          Eine Parade von acht Königen, der letzte mit einem
          Spiegel in der Hand; Banquo folgt.
MACBETH: Du gleichst zu sehr dem Geist von Banquo: fort!
Dein Reif versengt mein Aug: – und dein Getu,
Du zweite Goldkron-Stirn, ist ganz wie seins: –
Ein Dritter wie der Zweite: – Vettelpack!
Was zeigt ihr mir's? – Ein Vierter? – Blick, werd blind!
Was! geht der Zug fort bis zum Jüngsten Tag?
Noch wer? – Ein Siebter? – Ich will nichts mehr sehn: –
Und doch, der Achte kommt und trägt ein Glas,
Das viele mehr mir zeigt; und manche seh ich

Mit zwei Reichsäpfeln und drei Szeptern gar.

Grässliches Bild! – Jetzt seh ich, es ist wahr;

Denn blutverklebt grinst Banquo zu mir her

Und zeigt auf sie als Seine.

Macbeth, IV,1

Die Erben des ermordeten Banquo werden also die Nachfolger auf Schottlands Thron sein, erzählt Shakespeares Stück. *Und von genau diesem legendären Banquo leitete König Jakob VI. von Schottland seine eigene Herkunft und seinen Thronanspruch ab.* Und Shakespeare lässt ihn quasi selbst in seinem Stück auftreten: In der Geisterparade der Hexen sieht Zuschauer Jakob einen Banquo-Nachfolger mit *zwei Reichsäpfeln*: sich selbst, Jakob, den König von Schottland und England. Jakob sieht sich in Shakespeares Stück wie in jenem Spiegel, den der Schauspieler dem Darsteller des achten Königs hinhält. Und weitere Könige erscheinen darin mit mehreren Reichsäpfeln und Szeptern – also werden auch Jakobs Nachfahren über Schottland, England, Wales und Irland herrschen. Shakespeare bestätigt seinen Monarchen in seinem Thronanspruch und huldigt ihm als Prophet.

Was immer das Stück *Macbeth* erzählt – der *Anlass* zu diesem Drama war der ehrerbietige Kotau des Dichters Shakespeare vor seinem neuen König.

VOM ALLTÄGLICHEN
SCHNELLEN STERBEN

DER TOD war jemand, den man täglich traf, ein ständiger Begleiter. Er saß bei jeder gebärenden Frau am Bett, bei jedem Kind an der Wiege, und nahm mal den Säugling, mal die Frau und oft gleich alle beide mit; draußen hockte er, in Winkeln und Ecken hingekauert, als Hungerleiche zwischen Obdachenlosen; beim Einkaufen traf man ihn, wie er glöckchenbimmelnd durch die Straßen zog, hinter sich die vermummten Gestalten, die wieder einen Pesttoten zu Grabe trugen und Räuchergefäße schwenkten –»Am Morgen das Mägdlein noch rosig und rot, und schon am Abend war es tot«, denn er war oft sehr flink, wenn er als Pest auftrat. Auf der London Bridge zwinkerte er einem aus den toten Augen der abgehackten Köpfe von Hochverrätern zu, die dort auf Spießen ausgestellt waren; an den Stadttoren winkte er mit den Fingern der ans Tor genagelten Arme von gevierteilten Hingerichteten; in Newgate am Galgenplatz konnte man ihm übers Jahr hin Hunderte von Malen bei der Arbeit zusehen; beim Bier in Schenken und Tavernen traf man ihn als schnellen Dolch- und Degenfechter schon beim kleinsten Streit; auf Reisen über Land wartete er als Straßenräuber und Wegelagerer verkleidet; dann wiederum kam er prunkvoll ausstaffiert in neuesten Trauermoden als Zeremonienmeister bei reichen Begräbnissen daher, die mit prächtigeren Festen begangen wurden als Geburten und Taufen: mit Musik und Fanfaren, mit Fahnen und Wimpeln und riesigen öffentlichen Trauerprozessionen. Er war auf Bildern und Emblemen überall präsent, trat oft Hand in Hand mit Gevatter ZEIT auf, drehte mit am Glücksrad der Fortuna, spielte in Gedichten, Balladen, Predigten und Theaterstücken eine der wichtigsten und faszinierendsten Rollen der Zeit …

Das Leben konnte sehr kurz sein im elisabethanischen England. Die drei großen Existenzbedrohungen, die jedem jederzeit innerhalb weniger Tagen ein gewaltsames Ende bereiten konnten, waren der Richtplatz, der Galgen und die Pest. Vor diesem Hintergrund aus latenter Furcht ereignete sich das alltägliche Leben: Die brennende Hoffnung auf das ewige Leben dereinst war der Gegenpart zur bedrohlichen Unsicherheit des Daseins.

Als Mary Shakespeare, geb. Arden, ihren ersten Sohn William mutmaßlich am 23. April 1564 gebar, hatte sie schon zwei Kinder zu Grabe getragen: ihre erste Tochter Joan im Jahr 1558, die schon bald nach der Geburt starb – etwa 9 % aller Neugeborenen starben innerhalb einer Woche, weitere 11 % während des ersten Lebensmonats.[1] Mary Ardens zweite Tochter Margaret, geboren am 2. Dezember 1562, lebte etwas länger. Sie starb am 30. April 1563. Früher Kindstod war nichts Besonderes. Als Marys Sohn William im Kirchenbuch eingetragen wurde als *Guilelmus filius Johannes Shakespere* – Latein war die Sprache der Kirche und der Bürokratie –, standen folglich die Chancen, dass er überleben würde, nicht allzu gut. Drei Monate später, am 11. Juli 1564, schrieb auch noch der Vikar ins Stratforder Kirchenbuch neben den Todeseintrag für einen Lehrling: *Hic incipit pestis* – hier beginnt die Pest in Stratford. In Leicester und in Coventry tobte sie schon. Sie brach mitten in der Stadt aus, dreihundert Meter vom Haus der Shakespeares entfernt. Niemand wusste, woher die Pest kam, man vermutete, von giftigen Dämpfen in der Luft – vom Bakterium *Yersinia pestis*, das über Ratten und Nagetiere von Flöhen übertragen wird, wusste man nichts. Man wusste nicht, warum das eine Haus verschont wurde, das andere nicht. Man zündete Feuer in den Straßen an und ließ keine Besucher mehr ein. Es half nichts. Häuser mit einem Pesterkrankten wurden von außen zugenagelt, samt der übrigen Familie darin, dass keiner mehr rauskonnte, mit einem Schild an der Tür: »Gott, erbarme Dich unser«. Die Stadtverwaltung überprüfte die Maßnahmen und beauftragte vertrauenswürdige Personen, den Eingenagelten täglich Lebensmittel zu bringen – und die Todesfälle zu melden. Bis zum September gab es über 200 Tote, in einer Stadt von 1500 bis 2000 Einwohnern. Ganze Familien starben aus. Im Jahr zuvor, 1563, hatte es in London über 20 000 Pesttote gegeben. London hatte da noch kaum über 100 000 Einwohner. William überlebte erstaunlicherweise auch die Pestepidemien in London, obwohl er im Theater ständig exponiert war. Bei mehr als 20 Pesttoten pro Woche wurden die Theater geschlossen – man hatte die dicht gedrängt stehenden Volksmengen als Seuchenherde begriffen. Anfang 1593 z. B. kam ein Verbot aller Aufführungen und öffentlichen Lustbarkeiten. Die Schauspieler flohen aus der Stadt und gingen auf Tournee in Gegenden, in denen es gerade keine Pest gab. Die Krankheit wütete aber auch noch im August. Die Schauspieltruppen lösten sich auf, die Bevölkerung floh aus London. Wieder starben über 10 000 Londoner Bürger, fast ein Zehntel der Bevölkerung. Taufen gab es nur 4021.

Der arbeitslose William musste Geld verdienen und begann, Gedichte zu schreiben – sein erotisches Versepos *Venus and Adonis*, inmitten der pestkranken Stadt. Er versuchte, als Literat sein Auskommen und einen Mäzen zu finden, und widmete sein lyrisch-mythologisches Liebesepos dem Earl of Southampton.

Dazu gab es an endemischen Krankheiten insbesondere noch Pocken (woran Königin Elisabeth 1563 fast starb), malariaähnliche Fiebererkrankungen, Rachitis, Typhus und Syphilis, die die Bevölkerung dezimierten. Nach Schätzungen lag die durchschnittliche Lebenserwartung eines Mannes bei 47 Jahren; in London in den ärmeren Stadtvierteln bei 20 bis 25 Jahren, in den wohlhabenderen bei 30–35 Jahren; nur die wirklich Reichen lebten bis und über das 50ste Jahr. Den Beginn des Alterns setzte man bei 40 Jahren an. Über die Hälfte der Bevölkerung war unter 20 – die elisabethanische Gesellschaft war sehr jung.[2]

Als Shakespeare mit 52 Jahren starb, knapp über seiner normalen Lebenserwartung, hatte er bereits seine jüngeren Brüder Gilbert, Richard und Edmund um Jahre überlebt. Eine einzige seiner Schwestern lebte länger: Joan wurde biblische 77. Woran Shakespeare gestorben ist, weiß man nicht.

DIE RELIGIONSFRAGE
ODER
IM WECHSELBAD DER KONFESSIONEN

Die englische Reformation muss für jeden biederen John Smith, der sonntags in die Kirche ging und ansonsten Gott einen guten Mann sein ließ, einigermaßen undurchschaubar gewesen sein. Die Reformation entsprang in England keiner Volksbewegung, sondern wurde »von oben« bestimmt. In 25 Jahren gab es vier grundsätzliche Veränderungen der Konfession:

1000 Jahre lang war England römisch-katholisch gewesen – auch unter den Tudors. Ketzer, die seit Beginn der Reformation ab 1517 der Lehre Luthers oder Calvins anhingen, waren des Teufels und wurden verbrannt.

1534 war das Land plötzlich durch königliches Dekret nur noch katholisch, aber nicht mehr römisch: Der katholische Heinrich VIII. hatte sich aus Ärger, weil der Papst seine Ehe nicht scheiden wollte, von Rom losgesagt und sich selbst zum Herrn der katholischen englischen Kirche gemacht: Katholizismus ohne Papst. Der katholische Thomas Morus, Philosoph und Lord Chancellor, wurde wegen Papsttreue geköpft; wegen Ketzerei wurden weiterhin Protestanten verbrannt.

1547 wurde der protestantisch erzogene Edward VI. König und der Protestantismus wurde zur Staatsreligion erklärt; das *Common Prayer Book* erschien in englischer Sprache, calvinistisch orientiert, mit Gebeten gegen den »Bischof von Rom«. Die katholische Messe war des Teufels. Standhafte Katholiken wurden verbrannt.

1553 wurde die katholische Maria Tudor (»Bloody Mary«) Königin und rekatholisierte England mit Feuer und Schwert. 300 standhafte Protestanten wurden verbrannt.

1558 wurde die protestantische Elisabeth Königin – zwischen radikalisierten Protestanten, die jetzt endlich strengste Reformen wollten und Katholiken jagten, und hartnäckigen Katholiken, die heimlich mit dem feindlichen katholischen Ausland paktierten. Elisabeth mochte beide nicht; sie hasste Fanatiker und suchte einen Kompromiss in ihren Erlassen von

1559 UND 1563, die sogenannte »Englische Reformation«: gemäßigter Protestantismus in der anglikanischen Staatskirche, Verbot der Katholischen Messe, aber Beibehaltung der traditionellen (eher katholischen) Liturgie und Kirchenhierarchie, Streichung der anti-römischen Elemente aus dem protestantischen *Common Prayer Book*, endgültige Trennung vom Papst. Katholische Priester, die nicht anglikanisch werden wollten, wurden entlassen; calvinistisch geprägte puritanische Prediger, die der (neuen-alten) Liturgie nicht folgen wollten, wurden entlassen; Katholiken wurden mit Geldstrafen von 12 Pence für Nichtteilnahme am Gottesdienst belegt (Tageslohn eines Arbeiters: etwa 9 Pence).

Kompromisse haben den Nachteil, dass keiner der Beteiligten zufrieden ist: Die enttäuschten puritanischen Sekten wurden immer fanatischer, besetzten zunehmend Schaltstellen der Macht (z. B. die Stadtverwaltung Londons) und gingen in Opposition zu Kirche und Krone; die Katholiken intrigierten zugunsten der schottischen, katholischen Königin Maria Stuart, der nächsten Anwärterin auf den englischen Thron, und planten Mordanschläge gegen Elisabeth, unterstützt von Philipp II. von Spanien, der mit seiner Armada drohte. Der Papst exkommunizierte Elisabeth am 27. April 1570 als Ketzerin; sie war von da an in akuter Lebensgefahr und musste streng bewacht werden; Katholiken wurden wieder verfolgt und verbrannt. Es gab weitverbreiteten, wenn auch meist stillen Widerstand gegen die anglikanischen Reformen. Mit Schrecken hörte man andererseits von der Abschlachtung abertausender Protestanten in Frankreich in der Bartholomäusnacht am 23. August 1572. Wegen eines geplanten Anschlags ließ Elisabeth Maria Stuart schließlich im Jahr 1587 hinrichten. Die Spitzel des Geheimdienstes waren allüberall präsent. Es entstand eine katholische Untergrundbewegung, getragen von katholischen Priestern, die verkleidet durchs Land zogen, heimlich katholische Messen lasen und missionierten. Wer dabei erwischt wurde, starb grauenhaft.

Katholik oder »Rekusant« zu sein, wie man Katholiken nun nannte, wurde immer gefährlicher. Ein Rekusant musste mit Denunziationen rechnen, die seine Existenz und sein Leben bedrohen konnten. Shakespeares Mutter Mary Arden stammte aus einer großen, für ihren entschiedenen Katholizismus bekannten Familie der Ardens in Warwickshire. Der wirtschaftliche Niedergang von Shakespeares Vater John soll eine Folge seines Rekusantentums gewesen sein; ein katholisches »spirituelles Testament«, von John Shakespeare unterschrieben, das 1757 in seinem Haus gefunden wurde, könnte darauf hinweisen. Alle Lehrer in Shakespeares Grammar School waren Katholiken; manche waren später in katholische Komplotte verstrickt oder wurden katholische Priester. William Shakespeare selbst soll nach einer Theorie wenigstens in seiner Jugend katholischen Glaubens gewesen sein: Er könnte jener William Shakeshaft gewesen sein, der während Shakespeares sieben »verlorenen Jahren« in Lancashire bei dem prominenten Katholiken und Gutsbesitzer Alexander Hoghton als Hauslehrer angestellt war und von dem er Geld und Theaterkostüme erbte – auch Williams Großvater Richard hatte sich eine Weile »Shakeshaft« genannt. Aber all das sind im Grunde genommen unbelegte Spekulationen. Die reale Gefahr war jedoch für jedermann allgegenwärtig.

Shakespeares Vater stand auf einer Liste, auf der diejenigen Leute geführt wurden, die nicht regelmäßig in die Kirche gingen. Shakespeares Tochter Susannah wurde einmal wegen Nichterscheinens zum Abendmahl zu den 12 Pence Strafe verurteilt, zusammen mit einigen anderen bekannten Katholiken Stratfords, scheint sich aber gemäß einem Aktenvermerk den Autoritäten gebeugt und widerrufen zu haben. In Shotterey nahe bei Stratford lebte ein Mitschüler Shakespeares, ein Robert Debdale, der zum katholischen Netzwerk des Priesters Edmund Campion gehörte.

Beide wurden später verhaftet und wegen Hochverrats hingerichtet.

Margaret Arden, eine angeblich weitläufige Verwandte von William Shakespeares Mutter, hatte einen katholischen Adeligen namens John Somerville geheiratet. Dieser fasste 1583 den öffentlich erklärten Entschluss, Königin Elisabeth zu ermorden, und brach nach London auf. Er kam nicht weit – schon am nächsten Tag wurde er verhaftet, und in der Folge auch seine Schwiegereltern Arden. Überall wurden Hausdurchsuchungen vorgenommen, um den Papisten in Warwickshire auf die Spur zu kommen. Im Hochverratsprozess wurden John Sommerville und Edward Arden zum Tode verurteilt – *to be hung, drawn and quartered*. Somerville erhängte sich in der Nacht vor der Hinrichtung im Gefängnis bzw. wurde er von Mitgefangenen erwürgt, um zu verhindern, dass er sie unter der Folter belastete. Edward Arden wurde gehängt und geviertelt. Beider Köpfe stellte man, aufgespießt auf Pfählen, an der London Bridge aus.

Nicht unwahrscheinlich, dass Shakespeare in London an den Köpfen seiner entfernten Verwandten vorbeikam. Wer mit den Ardens auch nur weitläufig verwandt war, lebte von nun an in Gefahr. Verständlich, dass Shakespeare seine Mönche, Klosterbrüder, Nonnen und Äbtissinnen nur in fernen Ländern auftreten lässt und in seinen Stücken keinerlei religiöse Vorlieben zeigt.

ELISABETHANISCHER ALLTAG
ODER
SITTEN, MODEN UND GEBRÄUCHE

HYGIENE war kein besonderes Anliegen. Seife war bekannt, aber wenig in Gebrauch; körperliche Ausdünstungen wurden mit Riechfläschchen und Duftstoffen bekämpft; Zahnpflege war unbekannt (daher rühren die häufigen Stellen in Shakespeare-Stücken, in denen als Qualitätsmerkmal von »süßem Atem« die Rede ist). Baden war ein seltenes Vergnügen: bei sehr Reichen alle paar Wochen, bei Bürgern ein paarmal im Jahr, bei den Armen nie. Die Fußböden wurden mit Stroh oder Binsen bestreut, um den Straßenschlamm aufzunehmen; daher ähnelte Putzen eher einer Art Ausmisten. Fenster hatten selten Glasscheiben, stattdessen transparente Tierhäute oder Flechtwerk.

Die Wasserversorgung in London erfolgte durch Zisternen, Brunnen und Wasserträger; nur einige wenige reiche Häuser hatten Zuleitungen aus Blei. Abwässer liefen in die Themse; Themsewasser wurde getrunken; Abfall wurde auf die Straße gekippt oder in Kanäle geschüttet (häufig verstopft); daher starke Fliegen- und Ungezieferplagen vor allem im Sommer und entsprechende Seuchen (1563: 20 000 Pesttote); Rattenbekämpfung (Hafenstadt!) durch professionelle Rattenfänger. Als Klosetts im Freien diente u. U. die nächstbeste Hauswand (die St.-Pauls-Kirche war dazu sehr beliebt); zu Hause nahm man Kübel; Entsorgung vor dem Haus auf dem nächsten Misthaufen bzw. mit dem Warnruf »Gardyloo!« einfach aus dem Fenster (vom franz. *garde à l'eau*: »Vorsicht, Wasser!«). Die Straßen waren rund ums Jahr mit tierischen wie menschlichen Fäkalien verdreckt. Toilettenpapier war unbekannt (Papier war viel zu teuer!), stattdessen nahm man eine Handvoll Stroh oder Heu, sonst Lappen zum Wiedergebrauch.

Vereinzelt gab es in besseren Häusern und Schlössern Plumpsklosetts mit gemütlichem Doppelsitz zum Plausch; Entsorgung: die Hauswand runter. Um 1600 wurde übrigens in England das Wasserklosett erfunden; Königin Elisabeth ließ sich eines einbauen. Es blieb für lange eine große Rarität.

KOSMETIKA: Rezepte wurden von Frauen und Männern gleichermaßen benutzt. Das Schönheitsideal: reinweißes Gesicht, Augen und Mund stark abgesetzt. Als Hautschminke diente dickes Bleiweiß (dringend davon abzuraten: ist hochgiftig und führt zum Vergilben der Haut), wurde aber z. B. von Königin Elisabeth im Alter so dick aufgetragen, dass sie nicht mehr lächeln konnte, weil die Schminke sonst abgeplatzt wäre. Des Weiteren: Schminke aus Eiweiß, gemahlenen Eierschalen, Alaun, Borax, Mohnsahmen. Bei Pockennarben: vernarbte Haut mit Quecksilbersublimat ablösen (abzuraten: hochgiftig!); für weiße Zähne: mit Riffelholz und Scheuermittel (Ziegelstaub, o. Ä.) bearbeiten (abzuraten: zerstört langfristig den Zahnschmelz); für schwarze Lidschatten etc.: Kohle (harmlos); für glänzende Augen: Belladonna (= Tollkirsche; gefährlich bei starker Sonnenstrahlung); Augenbrauen: auszupfen und mit Kohle neu malen; Lippen und Wangen: mit Purpur rot färben; Haare: locken, ölen, parfümieren, färben, auf Draht aufziehen; evtl. Perücken. Perückenmaterial: meist Pferdehaar; armen Frauen wurde schönes Kopfhaar abgekauft oder Straßenkindern für einen Penny abgeschnitten.

WAFFEN waren wichtig. Jedermann ging bewaffnet. Man(n) war streitsüchtig; als armer Landmann trug man Messer oder Dolch; Degen trug man als Bürger und Adeliger (für die Degen war durch Erlass eine bestimmte Länge vorgeschrieben – sie wurden trotzdem immer länger gefertigt); das zweischneidige Schwert kam vor allem als Kriegswaffe in Einsatz; das Rapier war ein neumodischer Import aus Italien; beliebt waren auch Säbel am Gehänge – ein Begriff, der zu fröhlichen Wortspielen reizte. Mit einer Art Bihänder scheint man in Schottland umgegangen zu sein. Man zog gern blank und schlug gern zu (vgl. *Romeo und Julia*) – ein italienisches Brauchtum, das in England ebenso in Mode gekommen war wie die raffinierte italienische Fechtweise. Neuester Kampfstil war Rapier und Dolch gleichzeitig – eine sehr umstrittene Entwicklung. Der Mann von Welt ließ die Scheiden und Gehänge besonders kostbar arbeiten (galt als lächerliche Unsitte; vgl. Osric in *Hamlet*). SPIEL UND SPORT waren beliebt: FECHTEN als Kunstform war en vogue (vgl. *Romeo und Julia*), ein eleganter Import aus Italien.

Der ficht nach Noten wie du nach Nöten: hält Takt und Ton und Tempo, pausiert pünktlich jede Pause, »und eins, und zwei« und bei drei rein in die Brust. Und vorher spielt er Knöpfe köpfen. Ein Metzger als Künstler, ein Kunstmetzger, sozusagen. Ein Kavalier bester Schule, er kann jeden Stich begründen. Ah, dieser unsterbliche passado! dieser punto reverso! dieses touché!

Romeo und Julia, II,4

RINGKÄMPFE waren weniger elegant, gelegentlich sogar lebensgefährlich, zumindest gesundheitsschädlich, aber beliebt; kein Sport für Damen (vgl. *Wie es euch gefällt*). FUSSBALL gab es in Vulgärform (»tierisches Toben«); gebrochene Arme und Beine, ausgekugelte Gelenke, eingeschlagene Nasen gehörten wie selbstverständlich dazu; ein Fußballverbot seitens der Behörden konnte nicht durchgesetzt werden. TENNIS wurde in zahlreichen Varianten betrieben, ein Import aus Frankreich. Mit KEGELN hat sich manch einer um Haus und Hof gebracht. Zimmerspiele: Würfeln, Kartenspiele, Schach, Backgammon.

ESSEN BEI DEN ARMEN gab es nicht immer; Hauptnahrungsmittel war Brot (grobes Graubrot aus Roggen oder Gerste) in Wassersuppe mit Gemüseeinlage (Erbsen, Bohnen, Zwiebeln, Kohl); Getreide-Missernten führten deshalb sofort zu katastrophalen Hungersnöten, bei denen die Leute auf der Straße starben.

ESSEN BEI DEN REICHEN bestand aus enormen Fleischmengen, oft in der theatralischen Kunstform extravaganter Fressgelage aufgetischt. Hier eine ÜBERLIEFERTE SPEISENFOLGE: Rindsbraten, gesalzenes Rindfleisch, Kalbfleisch, Hammelkeule, Truthahn, gekochter Kapaun, Huhn mit Blutegeln, Rebhuhn, Fasan, Lerchen,

Wachteln, Schnepfen, Waldschnepfen. Fischgang: Lachs, Flunder, Steinbutt, Weißfisch, Aal, Hecht, Hummer, Krebse, Krabben. Delikatessengang: Kaninchen, Junghasen und Mark auf Toast mit Artischocken, Rüben, grünen Erbsen, Gurken und Oliven und Salate. Nachtisch: Quittenkuchen, Mandeltorte, versch. Obstkuchen, frische Erdbeeren mit Sahne. Käse.

TRINKEN: Es wurde enorm gesoffen. Man trank Wein und Bier aus Gläsern, auch Zinn- und Steingutbecher waren noch in Gebrauch; »ale« und »beer« wurde überall gebraut; Wein gab es nur als Importware, insbesondere fast schon sherryartigen Süßwein aus Spanien (Lieblingsgetränk von Sir John Falstaff, z. B. *Heinrich IV*, 1. Teil, II,4); ansonsten Bordeaux, Rheinwein, italienischen, griechischen, portugiesischen und kanarischen Wein; oft auch englischen Himbeerwein oder Apfelwein (vor dem gewarnt wurde wg. Blähungen). Wein und Bier wurde häufig erhitzt und gewürzt; auch elisabethanische Cocktails sind bekannt, z. B. *Gossip's Cup* (Quasselwasser): Zimt, Ingwer, Gewürznelke, Muskatnuss, Pfeffer eine Woche lang in Weingeist legen, dann mit einer Schale Wein und einer Flasche Bier versetzen.

RAUCHEN: Tabak war seit etwa 1565 in England bekannt, vermutlich gemeinsam mit der Kartoffel aus Amerika importiert; er galt als gesundheitsförderlich und gut gegen Lungenkrankheiten, da man beim Rauchen den Speichel frei fließen ließ und dadurch Verstopfungen und Verschleimungen kurierte; wurde in puritanischen Pamphleten allerdings auch aufs Schärfste verurteilt; bei toten, sezierten Rauchern will man kohlpechschwarze Adern gesehen haben. Um 1600 gab es ca. 1000 Tabakhändler in London; beliebt war gemeinsames Rauchen des »indianischen Krautes« in Wirtshäusern (auch Frauen); Rauchen wurde anfänglich als kommunikatives Gemeinschaftserlebnis ausgeübt.

Jakob I. (Nachfolger von Elisabeth I. auf dem englischen Thron), ein entschiedener Nichtraucher, verfasste einen »Gegenangriff auf den Tabak«: »Das Rauchen ist ein Zweig der Sünde der Trunkenheit, welcher der Quell allen Lasters ist.«[1] Übrigens war Jakob I. berüchtigt für seinen Whiskey-Konsum.

DIE HERRENMODE war eminent wichtig – und teuer. Man musste zeigen, wer man war. Die Schnitte waren zumeist Kopien ausländischer Vorbilder (Paris, Florenz, Madrid, Mailand). Man(n) war eitel und extravagant in England (das war sprichwörtlich auf dem Kontinent). Keine Unterwäsche. Hauptkleidungsstücke kurze flattrige Pumphosen (ausgestopft!), mit Gürteln in Position gehalten, und Wams mit Puffärmeln, oft durch Fischgräteinlagen so steif, dass man sich nicht bücken konnte. Strümpfe mit Strumpfbändern am Knie befestigt. Schuhe mit hohen Absätzen aus Kork. Halskrause aus Batist oder Spitzen, mit Holz oder Fischbein verstärkt (Durchmesser fast ein Meter). Es gab genaue Kleidervorschriften für die einzelnen Stände (Geldstrafe, wenn z. B. Kaufleute wie Hofleute herumliefen!). Die Pumphose wurde auch »Kofferhose« genannt und war der spanischen »Heerpauke« nachempfunden; ihr Umfang war so gewaltig, dass im Parlament die Sitze verbreitert werden mussten, als sie in Mode kam.

Gegen Ende das Jahrhunderts wiederum kam die Schamkapsel (codpiece) allmählich aus der Mode; bis dahin war Königin Elisabeth mit ihren Hofdamen von einer Riege Männer umgeben, die in Form dieses ausgestopften, formalisierten »Gliedschirms« symbolische Modelle ihrer erigierten Penisse vor sich her trugen.

DAMENMODE: Gewünschte Silhouette: breite Schultern durch Puffärmel, Wespentaille, breite Hüften, durch spanische Krinoline hergestellt (= Unterrock auf Fischbeinrahmen oder ähnlichem Gestell, darüber mehrere Röcke). Alternativ »französische« Krinoline: wattierte Rolle um die Hüften, die hinten und seitlich dicker war als vorne. Oberer Teil des Busens wird offengelegt, manchmal ganz barbusig (Königin Elisabeth begann im Alter bei diplomatischen Gesprächen die Brust freizulegen). Halskrause, bzw. Spitzenstehkragen (Drahteinlagen!). Seidenstrümpfe und bestickte Seidenschuhe mit hohen Korkabsätzen. Aufgenähte Edelsteine nach Belieben und Vermögen.

WAR SHAKESPEARE SCHWUL?
ODER
ENTBLÖSSUNG UND VERSCHLEIERUNG
ODER
DIE SONETTE

Man kann die Frage, ob Shakespeare schwul war, gar nicht wichtig genug nehmen. In Zeiten, in denen in Berlin die ersten gendergerechten Unisex-Toiletten in öffentlichen Einrichtungen eingeführt werden, um eine Diskriminierung Transsexueller zu vermeiden; in Zeiten, in denen darum gekämpft wird, für Homosexuelle, Bisexuelle, Transsexuelle, Metrosexuelle, Intersexuelle, Pansexuelle und Asexuelle ihren diskriminierungsfreien Platz in einer Gesellschaft zu erobern, die immer noch dem falschen Geschlechterstereotyp der abzuschaffenden Zweigeschlechtlichkeit verhaftet ist, kommt der Frage nach *unseres* Shakespeares persönlicher sexueller Orientierung ganz besondere Bedeutung zu: *Queer* Dir Deine Welt.

Shakespeare gibt in der Tat in mehrfacher Hinsicht Anlass zu solchen Überlegungen. Zum einen war sein Theater (wie übrigens das der ganzen Epoche) ein reines Transvestitentheater. Frauenrollen wurden nicht von Frauen gespielt, sondern von Knaben vor dem Stimmbruch – der damals bis zum 19ten Lebensjahr ausbleiben konnte. Große leidenschaftliche Liebesszenen aus dem Shakespeare-Kanon wie z. B. zwischen Antonius und Cleopatra wurden den damaligen Zuschauern von erwachsenen Männern und pubertierenden Knaben vorgeführt. Man kann dies als öffentlich propagierte Homosexualität und Pädophilie deuten.

Die Puritaner taten es: Es war dies einer der Gründe, warum sie in London derart geifernd gegen den Sittenverfall anwetterten, der in den Theatern vorgelebt wurde. In Stücken wie Shakespeares *Wie es euch gefällt* wird beispielsweise der erotisch ambivalente Kitzel solcher Konstellationen noch raffiniert gesteigert: Da verliebt sich ein junges Mädchen, Rosalinde, in einen jungen Herrn, Orlando. Nun ist Rosalinde in Wahrheit als Schauspieler natürlich auch ein junger Mann, der sich als Frau verkleidet. Diese MannFrau Rosalinde flieht nun vor der Verfolgung am Hof in den Ardenner Wald. Um vor Überfällen geschützter zu sein denn als Frau, verkleidet sich Frau Rosalinde, die MannFrau, als Mann und nennt sich Ganymed.

Zur Erinnerung: Ganymed war der schwule Lustknabe des Zeus in der klassischen griechischen Mythologie. Dieser Ganymed wiederum – der ein Mann ist, der eine Frau spielt, die einen Mann spielt – trifft im Wald den liebeskranken Liebsten Orlando, der seiner Rosalinde (die ja dieser Ganymed ist) nachseufzt. Natürlich erkennt Orlando in Ganymed nicht seine Rosalinde. Rosalinde als Ganymed will nun ihrerseits ihren Orlando ein bisschen auf die Probe stellen: Sie möchte ihm zeigen, wie schrecklich zickig doch die Weiber sind, und dass ein richtiger Mann damit nichts zu tun haben sollte. Sie will ihn zum Schein von seiner Liebe zu Frauen heilen, indem sie ihm die mannhafte Liebe zu Männern nahebringt. Dazu bestellt sie ihn zu sich und spielt ihm als männlicher Ganymed »seine« zickige weibliche Rosalinde vor. Orlando muss dieser von Ganymed (tuckig) gespielten Rosalinde den Hof machen, und er/sie quält ihn mit weiblichen Allüren. Beinahe schafft es Ganymed, Orlando in Ganymed verliebt zu machen, beinahe kommt es – in einem flirrenden Doppelbild männlichweiblicher Mischidentitäten – zum homoerotischen Kuss. Es muss für das Shakespeare-Publikum ausgesprochen prickelnd gewesen sein. Und insbesondere nach Auflösung aller Gender-Verwirrungen: Da tritt zum Stückschluss der MannFrau »Rosalinde«, die männlichweibliche Doppelidentität, als weibliche Rosalinde vors Publikum und spricht, mit Männern *und* Frauen zugleich sexuell schäkernd, den Epilog:

ROSALINDE: Ich beschwöre euch, o Frauen, so wahr ihr Männer liebt, lasst euch so viel von diesem Stück gefallen, wie es euch gefällt. Und ich beschwöre euch, o Männer, so wahr ihr Frauen liebt – und wie ich an eurem Grinsen sehe, hasst sie keiner –, lasst euch das Spiel mit den Frauen gefallen. Wenn ich eine Frau wäre, ich würde jeden von euch küssen, der einen Bart hat, der mir gefällt, ein Aussehn, das mir zusagt, und einen Atem, der mich nicht abstößt. Und ich bin sicher, alle, die ihr hübsche Bärte, hübsche Gesichter und reinen Atem habt, ihr werdet mir, wenn ich meinen Knicks mache, für mein liebenswürdiges Angebot ein herzliches »Auf bald!« sagen.

(V,4)

Ambivalenter kann man mit Homo- und Heteroerotik kaum spielen. Aber das war so üblich im elisabethanischen Theater und beweist nicht, dass Shakespeare schwul war.

Allerdings hat Shakespeare auf einem anderen Feld einiges dazu getan, dass man ihn als schwul outen könnte: nämlich in seinen *Sonetten,* heute in meist bibliophiler Aufmachung beliebte Geschenke unter Liebenden jeden Geschlechts.

Sonette wurden vermutlich am Hof des Stauferkaisers Friedrich II. in Sizilien erfunden, zwischen 1194 und 1250. Es ging darin zumeist um Liebe – männliches Begehren um eine unerreichbar schöne, keusche und tugendsame Frau wurde in streng abgezirkelter Reimfom zelebriert. Francesco Petrarca (1304–1374) brachte später die literarische Sonettform mit 351 Sonetten auf seine angebetete Dame Laura zur Vollendung – eine literarische Mode, die gesamteuropäisches Modell der Sprache der Liebe wurde.

Anfang des 16. Jahrhunderts wollten zwei englische Dichter, Sir Thomas Wyatt und Howard, Graf von Surrey, die englische Sprache nobilieren und begannen, Petrarca ins Englische zu übersetzen – die freie Nachahmung großer literarischer Vorbilder galt als hohe Leistung. Sie modifizierten dessen Vorgaben und entwarfen ein «englisches« Sonettmodell mit dem Reimschema ABAB CDCD EFEF GG. Es entwickelte sich daraus ein weitverbreitetes und beliebtes literarisches Genre, das zahlreiche Sonett-zyklen hervorbrachte, wie Sir Philip Sidneys ›Astrophil and Stella‹ oder Michael Draytons ›Ideas Mirrour‹. Es geht darin immer um ein lyrisches »Ich« als Sprecher, einen Mann; dieser begehrt eine überirdisch ideale Frau, die er niemals sinnlich-irdisch erringen kann, weil sie ja dann nicht mehr überirdisch vollkommen wäre – eine aussichtslose Konstellation, deren Grundton die »Schmerz-liebe« ist: Leiden an der unerfüllbaren Liebe als Dauerprinzip. Die Frau wird zur Göttin und zur herzlosen Tyrannin stilisiert; das ly-rische »Ich« zelebriert in ewiger Wiederholung in These und An-tithese, zwischen Verzweiflung und erkannt aussichtsloser Hoff-nung, seine unstillbare Sehnsucht, verbunden mit ausführlicher Selbstanalyse der subtilen Empfindungen des »Ich«, das an der Unerfüllbarkeit seiner Sehnsucht krankt. Jedes neue Sonett muss das vorherige an ausgesuchter Bildersprache übertreffen, muss neue, nie gekannte Variationen auf das immergleiche Thema er-finden: In Seufzern und Tränen, Träumen, Götzendienst, Qual, Eifersucht und Melancholie, in Paradoxa und Hyperbeln geklei-det, spiegelten sich in den Sonetten die hin und her taumelnden Liebesstimmungen der von der aussichtslosen Liebe Geschlage-nen. Der nostalgisch das Mittelalter romantisierende, erotisch überhitzte englische Hofkult, der um die unerreichbar »keusche« Königin Elisabeth kreiselte, war der ideale Nährboden für das schwül-erotische Sonett und seine sich selbst bespiegelnden Ver-fasser.

Shakespeare machte daraus etwas radikal anderes: Er schrieb genau nach dem Muster, in den Metaphern und in den Formeln der bestehenden Sonettzyklen einen ganz eigenen Zyklus von 154 Sonetten – darunter 126 offenbar auf einen geliebten jungen Mann. Der Geliebte ist das Inbild der Schönheit. Sensualität ist das neue Thema in Shakespeares raffinierter Umkehrung traditionel-ler Muster: Sein Sonettpersonal ist nicht keusch und überirdisch rein, sondern hat Körper und Genitalien. Der Sprecher »Will« hat in Nr. 135 und 136 einen Penis, in Nr. 129 und 137 hat die zweite Lie-besperson, die rivalisierende Frau, die »Dark Lady«, eine gefräßige

Vagina, die zu misogynen Ausbrüchen Anlass gibt. Shakespeare dramatisierte eine eifersuchtszerfleischte Dreiecksgeschichte zwischen dem »Ich«, dem schönen jungen Mann und der »Dunklen Lady«, mit der er – ebenso wie mit dem jungen Mann und dieser mit ihm – ein Verhältnis zu haben scheint. Das innerseelische Liebesdrama oder der sich abzeichnende Liebesroman wird mithilfe semantischer Doppeldeutigkeiten inszeniert, die sexuelle Anspielungen nahelegen. Die exzessive Liebe zu jenem schönen jungen Mann wird herausgehoben, den das »Ich« im berüchtigten Sonett 20 als »*master-mistress*«, als Herr und Herrin seines Begehrens bezeichnet – aber zugleich wird sie relativiert und zurückgenommen: Der schöne Geliebte sei von der Natur als Frau entworfen, aber die Natur habe ihn mit einem Teil ausgestattet, das nicht für das »Ich« bestimmt ist, nämlich mit einem Penis, der zum Vergnügen der Frauen da sei; so bleibe dem »Ich« nur die seelische Liebe des schönen jungen Mannes:

A woman's face with Nature's own hand painted
Hast thou, the master-mistress of my passion;
A woman's gentle heart, but not acquainted
With shifting change, as is false women's fashion;
An eye more bright than theirs, less false in rolling,
Gilding the object whereupon it gazeth;
A man in hue, all ›hues‹ in his controlling,
Much steals men's eyes and women's souls amazeth.
And for a woman wert thou first created;
Till Nature, as she wrought thee, fell a-doting,
And by addition me of thee defeated,
By adding one thing to my purpose nothing.
But since she prick'd thee out for women's pleasure,
Mine be thy love and thy love's use their treasure.

Ein Frauengesicht, das die Natur mit eigner Hand gemalt hat
Hast du, du Herr-Herrin meines Begehrens;
Ein sanftes Frauenherz, das aber nichts weiß

Vom Wankelmut, wie er falscher Frauen Art ist;
Hast strahlendere Augen als Frauen, nicht so falsch im Äugeln,
Die vergolden, worauf sie blicken;
Du bist in allem Mann, Mann aller Männer
Du fängst dir die Blicke aller Männer ein und läßt Frauenseelen
staunen.
Du wurdest ursprünglich als Frau geschaffen;
Bis die Natur, als sie dich schuf, sich in dich verliebte,
Und mich durch eine Zugabe besiegte,
Dir etwas hinzugab, womit ich nichts anfangen kann.
Aber da sie dich zur Wollust der Frauen beschwänzt hat,
Sei deine Liebe mein, und die Benutzung deines Liebesgeräts der
Frauen Schatz.
ÜB: F. G.

Ist *unser* Shakespeare nun schwul oder nicht schwul? Schwul natürlich, wird der Schwule sagen, wie z. B. der Schauspieler und
Schwulen-Aktivist Sir Ian McKellen, der in vielen Shakespeare-
Verfilmungen spielte, u. a. 1995 den grandiosen Nazi-Richard III.
Abscheulich fanden genau dies die heterosexuellen Shakespeare-
Exegeten um 1800 – dass der neuerkorene englische Nationaldichter Shakespeare mit Männern schlafen sollte. Der Shakespeare-Forscher und -Verehrer Edmond Malone z. B. konnte es,
wie viele andere nach ihm, »nicht ohne eine Mischung aus Ekel
und Empörung« lesen, dass Shakespeare, der Komet am englischen literarischen Himmel, auf Männer gestanden haben soll.

Nein, nicht-schwul, sagten seinerzeit wie heute andere Nicht-
Schwule und verwiesen/verweisen ob des poetischen Skandals auf
eine andere Tradition, in deren Licht man diese Gedichte sehen
könne: Es gab ein Konzept der Männerfreundschaft in der Renaissance, das auf antike Vorbilder zurückging und in England
und Frankreich als Gegenstück zum mittelalterlichen Minne-Kult
gepflegt wurde: die platonische ideale Männerfreundschaft.

Der literarisch idealisierte, modische »Freundschafts«-Kult der
Renaissance leitete sich zum einen aus pragmatischen mittelalter-

lichen Nützlichkeits-Erwägungen ab: »Treue« oder »*fides*« war notwendige Tugend des Ritters, der als »Freier« Loyalitätsbindungen einging, auf die Verlass sein musste, wenn das ganze System nicht kollabieren sollte. Zum anderen aber entsprang der Freundschafts-Mythos der Begeisterung für die neu entdeckten klassischen Texte des Altertums. Bei Epikur, Plato, Aristoteles, Cicero und Plutarch fand sich eine Verherrlichung der Männerfreundschaft, die als eine der höchsten Annehmlichkeiten, ja, als eine der höchsten Güter des Daseins überhaupt gepriesen wurde. Man selbst und der ideale Freund wurden so als verlässliche, unteilbare Einheit stilisiert. 1531 erschien in England das einflussreiche Erziehungs-Buch ›The Boke of the Gouvernour‹ eines Sir Thomas Elyot, der sich im Kapitel »Über die Freundschaft« zu geradezu kosmischen Hymnen aufschwang: Man nehme die Freundschaft aus dem Leben eines Mannes, »und kein Haus bleibt mehr stehen, kein Feld wird mehr bestellt … Es ist, als würde der, der die Freundschaft aus dem Leben eines Mannes nimmt, die Sonne von der Welt nehmen«. Gegen solches Pathos sehen Freundschafts-Konzepte der Gegenwart etwas ärmlich aus: Da bleibt uns nur die Erinnerung an das Blutsbrüderschaftsritual, das wohl auch bei kleinen Jungen längst *démodé* ist; eventuell können noch Winnetou und Old Shatterhand als kollektive literarische Reminiszenz der Männerbündelei gelten. Shakespeare verwendete dieses antike Freundschaftsmodell in seinem Stück *Zwei Herren aus Verona*.

War solcherlei Freundschaftskult nun tatsächlich rein asexuelle, platonische Leidenschaft, oder war er der ideologische Überbau für ganz normale homosexuelle Praxis? Zu Shakespeares Zeit war Homosexualität (das Wort gab es noch nicht) als »*sodomy*« von der Todesstrafe bedroht, aber diese wurde wohl kaum je verhängt. Es scheint eine bemerkenswert deutliche gesellschaftliche Homo- oder Bisexualisierung im urbanen elisabethanischen Milieu geherrscht zu haben, wobei aber weder Frauen noch Männer ihre Identität über ihre sexuellen Neigungen bestimmten – sie verstanden sich durch gleichgeschlechtliche sexuelle Praktiken keineswegs als *gay* oder *queer*.

König Jakob I. konsternierte nach seiner Thronübernahme die englische Hofgesellschaft, indem er junge Höflinge öffentlich beknutschte und befingerte. Er war offen homosexuell und unterhielt über die Jahre mehrere Verhältnisse mit (hetereosexuellen) Liebhabern, die er aushielt und bei passender Gelegenheit verheiratete. Der 17. Earl of Oxford, Edward de Vere, lernte die Freuden der Knabenliebe offenbar bei seiner *Grand Tour* durch Italien kennen und importierte von dort einen Pagen als Lustknaben. Sowohl der 3. Earl of Southampton, Henry Wriothesley (gesprochen: Rosesly), als auch der 2. Earl of Essex, Robert Devereux, sollen intime Verhältnisse mit männlichen Untergebenen gehabt haben: Der Soldat William Reynolds berichtet als Augenzeuge vom Feldzug in Irland, wo Essex es mit einem Captain Pier gehabt habe: »Er aß und trank mit ihm und lebte in seinem Zelt … Der Earl of Southampton pflegte ihn zu umarmen und zu herzen und lüstern an ihm zu spielen«.[1] Southampton soll beträchtliche Summen an seine männlichen Günstlinge verteilt haben. 1593 widmete der 28-jährige Shakespeare dem 19-jährigen Grafen von Southampton, dem neuen Stern bei Hofe, sein erstes Gedicht, *Venus and Adonis,* mit unterwürfiger Huldigung, in der Hoffnung auf Geld und Patronage. Die Widmung seines nächsten Gedichts *Lucrezia* an Southampton 1594 klang schon wesentlich intimer: »*The love I dedicate to your lordship is without end …*«. Dieser Southampton ging in jener Zeit fast täglich ins Theater, und Theaterleute galten als promisk, sexuell verfügbar und wurden von jungen reichen Herrn gern nach der Vorstellung freigehalten. Prostitution als Nach-Vorstellungs-Spaß war üblich. Aus all diesen Ingredienzien wurde eine Indizienkette zusammengebaut, dass Shakespeare eine Zeit lang ein (mäzenatisch bezahltes) homosexuelles Verhältnis zum Earl of Southampton gehabt habe. Leider ist keine einzige persönliche Begegnung Shakespeares mit Southampton historisch belegt – aber das hinderte manche nicht, in Southampton den schönen jungen Mann der *Sonette* zu identifizieren, den Shakespeare mit verzweifelter Leidenschaft andichtete.

Wir wissen definitiv, dass Shakespeare zumindest dreimal mit einer Frau geschlafen hat – zweimal mit seiner Ehefrau Anne Hathaway, woraus zwei Geburten mit drei Kindern resultierten; einmal mit einem weiblichen Theatergroupie aus London, wie der Student Manningham am 13. März 1602 als Anekdote festhält: Die Dame hatte ein Tête-à-tête mit dem Star der Shakespeare-Truppe, dem berühmten Richard III.-Darsteller Richard Burbage, ausgemacht. Als der zur vereinbarten Zeit im Haus der Dame eintraf, erhielt er vom Hausknecht eine Nachricht von Shakespeare: »William der Eroberer war früher da als Richard III.«

Über Homosexualität lässt sich z. B. das Lästermaul Thersites in *Troilus und Cressida* folgendermaßen zeternd aus:

THERSITES: Na, seine maskuline Hure. Jetzt alle Schleimseuchen des Südens, Dickdarmkrämpfe, Leistenbrüche, tropfende Katarrhe, Nierensteine kieselgroß, Schlagflüsse, steife Lähmungen, entzündete Triefaugen, verfaulende Leber, kurzpfeifende Lungen, Bladdern prall voller Eiter, Ischiasreißen, Schuppenflechten, unheilbarer Knochenfraß und die ewige Erbpacht blutblasiger Furunkel piesack und piesack zweifach solche widerlich widernatürliche Umtriebe!

Troilus und Cressida, V,1

Nicht, dass diese Figurenmeinung Shakespeares Meinung sein muss, aber es klingt nicht unbedingt nach homoerotischer Neigung. Andererseits gibt es auch in *Was ihr wollt* das Beispiel des (erotischen?) Freunschaftskultes zwischen Antonio und Sebastian; und den *Kaufmann von Venedig* kann man als elegisches Endspiel der scheiternden homoerotischen Liebe des Kaufmanns Antonio zu Bassanio lesen, welcher Portia heiraten will …

Shakespeare *Sonette* sind ein literarisches Vexierspiel: War es offenbarte wahre, erlebte Liebespein? Oder war es kunstvolle dichterische Mache? Es sind dies die beiden Grundhaltungen, mit denen man an Shakespeares Sonette herangehen kann. Die einen lesen die *Sonette* als Selbstoffenbarung des Autors, als emotionale

Entblößung, als Autobiographie eines großen Liebesdramas, die anderen sehen die unendliche Kunstfertigkeit und das Raffinement, womit Shakespeare Muster und Formeln der petrarkistisch-elisabethanischen Standardlyrik ironisch auf den Kopf stellt. Alles reine (schwule) Lebenswahrheit, sagen die einen, eine einzige schwule Konfession; alles ein kunstvolles Spiel der Literatur und der Sprache, sagen die anderen. Das Problem ist: Shakespeares kunstvolles Seelenzergliederungsspiel überschreitet manchmal jene Grenze, hinter der das Künstliche als fühlbare Lebenswahrheit erscheint: Man kann sich kaum vorstellen, dass diese Subtilität der Selbstanalyse, dieses Enthüllen komplexester Gefühlsbereiche nur reines Gedankenspiel gewesen sein soll – es *müsse* wahr sein, *müsse* erlebt sein, *müsse* durchlebt sein. Literatur ist Konfession. Nein, sagen die anderen, die angebliche Entblößung ist eine Schein-Entblößung; im sprachlichen Spiel wird ebenso immer wieder Verschleierung und Verhüllung deutlich. Die neuzeitliche Idee, dass ein Autor in seinen Werken als autobiographischer Selbstentblößer auftritt, war zu Shakespeares Zeiten völlig unbekannt: Sie taucht erst mit der Romantik um 1800 auf.

Shakespeares *Sonette* bleiben bis in alle Ewigkeit ein quälendes Rätsel des Menschlichen, der Sphinx vergleichbar. Einer ihrer schönsten paradoxen Formulierungen, die den ganzen Zyklus charakterisieren:»Ich glaube dir, obwohl ich weiß, du lügst.«

Im Jahr 2009 gab es in London eine Schulaufführung; gespielt wurde eine schwule ›Romeo and Julian‹-Version, als Protest gegen Homophobie. War Shakespeare schwul, war unsere Ausgangsfrage. Es gibt darauf eine klare, eindeutige Antwort: Kein Mensch auf diesem Planeten weiß es. Aber im Jahr 2012 gab es in New York den ersten *Sommernachtstraum*, in dem Hermia und Lysander als lesbisches Liebespaar auftraten, im Gefolge der aktuellen amerikanischen Debatte um die Homo-Ehe. Ungewöhnliche Spielfassung, durchaus – aber im Sinne des Gender-Mainstreaming und der pansexuellen Befreiung ergibt sich daraus eine spannende neue Frage: War Shakespeare lesbisch?

DIE ELISABETHANISCHE PSYCHOLOGIE
ODER
SEELENKUNDE OHNE SIGMUND FREUD

Shakespeare ist der große dramatische Seelenerforscher der Renaissance. Seine Vorstellungen vom inneren Geschehen im »Gemüt« eines Menschen hatten aber nicht sehr viel mit unseren heutigen psychologischen Vorstellungen zu tun, mit denen wir beispielsweise seine *Sonette* betrachten und zu verstehen versuchen; sie beruhte auf klassischen antiken und mittelalterlichen Modellen von Aristoteles, Galenos von Pergamon und Paracelsus. Diese Gemütskunde war auf seltsame Art »psycho-somatisch«, also seelisch-leiblich: Sie kannte keine Trennung zwischen Materie und Psyche.

Wie alle Dinge der sichtbaren Welt bestand für sie der Mensch aus einer je spezifischen Mischung aus den vier Elementen oder »Essenzen« Wasser, Erde, Feuer und Luft. Diesen waren vier Säfte (*humours* oder »Feuchtigkeiten«, vom lat. humor) mit jeweils analogen Eigenschaften zugeordnet: Blut, schwarze Galle, gelbe Galle und Schleim. Der Schleim (Phlegma) gehört zum Wasseranteil des Menschen, die warme, trockene, gelbe Galle zum Feueranteil, die kalte, trockene, schwarze Galle zum Erdanteil und das warme, feuchte Blut zum Luftanteil. Wenn diese Säfte in vollendeter, ausgewogener Mischung im Körper vorhanden waren, so war der Mensch in harmonischer Gemütslage und im Einklang mit sich selbst und dem Universum. Verschiebungen und Störungen dieses idealen Säftegleichgewichts durch falsche Ernährung etwa führten zu Veränderungen des seelischen Befindens und im schlimmsten Fall zu Krankheiten des Körpers und zu pathologischen Gemütszuständen.

Angeborene Störungen, wie etwa ein Übermaß eines einzelnen

Saftes, führten zur Ausbildung konstitutioneller Typen nach der Temperamentenlehre des Galenos: Ein extrovertierter, praller, fröhlicher Mensch hatte zu viel Blutsaft abbekommen (z. B. der *Sanguiniker* Falstaff[1]); der jähzornige Blähhals zu viel feurige gelbe Galle (z. B. der *Choleriker* Hotspur[2]); ein schwammiger *Phlegmatiker* zu viel inneren Schleim, und einer mit zu viel kalter, trockener, schwarzer Galle war der damals faszinierende Modetypus des »Melancholikers«, der ewig introvertierte, düstere Grübler (z. B. die *Melancholiker* Hamlet und Jacques[3]). Mischformen waren möglich: Falstaff lässt sich auch als *Phlegmatiker* sehen. Insofern der Mensch mikrokosmischer Spiegel des Makrokosmos war, wurde auch sein Säftehaushalt durch vielerlei Einflüsse in Mitleidenschaft gezogen: durch die Ernährung, die Jahreszeiten, das Klima, die Planeteneinflüsse. Starke Leidenschaften wie Zorn, Furcht, Trauer, Freude konnten Ergebnis einer gestörten Säftekonstellation sein – oder umgekehrt eine solche hervorbringen. Der »Säftehaushalt« eines Menschen stand in vielfältigen Bezügen zur Astrologie, zu Elementarwesen, zu Himmelsrichtungen etc. – nicht unähnlich dem System der alten chinesischen Medizin. Der Begriff »*humour*« wurde um 1600 zu einem Modewort, mit dem alles und jedes erklärt werden konnte: Shakespeare macht sich darüber lustig, indem er den kleinen Gauner Nimm[4] in jedem Satz mindestens einmal »*humour*« verwenden lässt.

Wo immer es in der elisabethanischen Literatur um das innere Hin-und-her-gerissen-Sein eines Menschen geht, taucht das Begriffsdreieck *will – reason – passion* auf:

Unter *will* versteht man jenen Bereich der menschlichen Seele, die zielgerichtet etwas erstrebt – nicht allein »Wille« in unserm heutigen Sinn, sondern durchaus auch »Lust«, »Begierde«; folglich heißt *will*, als Slangausdruck verstanden, auch »Geschlechtsteil«.

Reason, Vernunft, galt als das besondere göttliche Erbteil des Menschen: Mit seiner erkennenden Vernunft war es ihm möglich und vor allem aufgetragen, die ideale, harmonische Ordnung der Schöpfung zu begreifen. *Reason* war somit Korrektiv des *will*,

der unter Umständen eine sündige Störung dieser Ordnung erstrebt (Erbsünde) – *will* wiederum war beeinflusst von *passion*,
von Leidenschaften, die das Ergebnis eines disharmonischen inneren Säftehaushaltes waren. Die Psyche des Menschen wurde
als Kampfplatz verstanden, auf dem diese drei Antagonisten miteinander rangen; der Ausgang des Kampfes bestimmte das weitere Verhalten.

Im Rahmen dieser klassischen Lehre beschreibt Shakespeare
seine Figuren. Wo immer sie von ihren *humours* (ungenügend
übersetzt als »Launen«), ihren *passions* (»Leidenschaften«) und
ihrem *will* (»Wille« oder »Lüste«) reden, beziehen sie sich auf diesen Vorstellungskomplex.

In den fast unübersetzbaren Sonetten 135 und 136 an die *Dark
Lady* z. B. spielt Shakespeare bis zum Exzess mit der vielfachen
Bedeutung von »*will*« – es meint seinen eigenen Namen, es meint
»Wille«, es meint die sexuelle Lust, und es meint Penis und Vagi-
na:

> Wilt thou, whose will is large and spacious,
> Not once vouchsafe to hide my will in thine?
>
> *(Sonnet 135)*

> Will will fulfill the treasure of thy love
> Ay, fill it full with wills, and my will one
>
> *(Sonnet 136)*

Der Dichter bittet die Dame wortspielerisch, aber recht drastisch
um Sex.

SPIEGEL, LEITER, TREPPENSTUFE
ODER
ANALOGIEN UND KORRESPONDENZEN

Alles in dieser Welt – aus den Elementen Wasser, Erde, Feuer und Luft gemacht – galt als mit allem anderen verwandt und wie in einem gigantischen Netzwerk verflochten – Mensch, Tier, Erde, Staub, Pflanze, Wurm, Engel, Sonne, Mond und Sterne und Gott über allem. Hierarchien gibt es bei den Menschen wie bei den Tieren wie der unbelebten Materie: die Sonne war die Königin der Himmelskörper, wie der Löwe der König der Tiere war, wie der Adler der König der Vögel war, wie der … *ad infinitum*. So war nun aber auch die Sonne ein Löwe, der Löwe eine Sonne, und der König ein Adler … und dies nicht im heutigen übertragenen Sinn: In solchen *sprachlichen Bildern* äußerte sich nach elisabethanischer Weltsicht eine *konkrete und wirkliche, wesensmäßige* Verwandtschaft des Bezeichneten in der Realität; eine homöopathische Weltsicht sah überall Gleiches mit Gleichem reagieren.

Wie die Embleme der Tarotkarten für den Kartengläubigen ein wahrhaftigeres Bild des Wirkgefüges der Welt ergeben als die banale, ins Auge fallende Oberfläche des Alltags, so bestanden für den Elisabethaner Muster und Korrespondenzen in der Rangstufe der Dinge, die tiefere Wahrheit und Bedeutung hatten als der sichtbare *Schein* der Welt. *Sprache* war das wichtigste Instrument, um sich dem wahrhaften, verborgenen *Sein* der Welt zu nähern; und die Sprache konnte sich mit Bildern, Metaphern, Vergleichen der geordneten »Ganzheitlichkeit« der Welt vergewissern.

SPIEGEL überall: Alles spiegelte sich in allem. Die Zusammensetzung des Hofes spiegelte die Zusammensetzung des Staates und die Zusammensetzung des Staates die jedes einzelnen Haushalts – oder umgekehrt. Die Ämterteilung im Bienenstock spiegelte die Ämterteilung in der Staatsverwaltung – oder umgekehrt. Die Abfolge der Jahreszeiten spiegelte die Abfolge der Lebensalter – oder umgekehrt. Die Ordnung von Tag und Nacht spiegelte den Sinn von Schlaf und Wachen ...

Auch Störungen in einem Weltphänomen spiegeln sich daher in allen andern, die mit ihm korrespondieren: Verfall der Sitten am Hof spiegelt sich im Verfall der Sitten am Bürgertisch; am anarchisch schwärmenden Bienenstock lässt sich die Parteiung in der Ämterhierarchie demonstrieren. Supernovas, von denen es Ende des 16. Jahrhunderts gleich mehrere gab, spiegeln als Aufruhr des translunaren Kosmos die Störung der Weltordnung unter dem Mond ...

Ein SPIEGEL DER WELT sollte auch das Schauspiel sein – das Schauspiel der Welt getreu gespiegelt im Schauspiel des Theaters. So gesehen sind Shakespeares Stücke wahre Spiegelkabinette: Eine komische Szene spiegelt eine tragische, eine lustige Figur eine traurige, ein Narr spiegelt einen König ... Der Sturm in Lears Seele spiegelt den Sturm auf der Heide – oder umgekehrt.

Aus dieser Weltsicht wird in Shakespeares Stücken und in Shakespeares Sprache der Kosmos lebendig: In Sprachbildern brachte Shakespeare die Welt zum Reden, machte er den Himmel, den Wind, das Meer, die Pflanzen und Tiere, den Erdball und die Planeten zu Mitspielern auf der Bretterbühne seines Theaters. So wie hier im *Kaufmann von Venedig*:

Wie süß das Mondlicht auf dem Hügel schläft!
Hier lass uns sitzen und den Klang der Töne
In unsre Ohrn sich schleichen – Nacht und sanfte Stille,
Das fügt sich schön zu süßen Harmonien:
Komm, setz dich – schau, wie das Himmelszelt so reich
Bestückt ist wie mit Hostien reinen Golds;
Kein kleinster Sphärenkreis, den du dort siehst,
Der nicht in seiner Bahn wie Engel singt,
Im Chor zu frisch-äugigen Cherubim;
So Harmonie lebt auch in unsterblichen Seelen,

Jedoch solang dies hinfällige Kleid aus Lehm
Sie grob umschließt noch, hören wir sie nicht.

V,1

Das Thema ist »Harmonie« – es wird Musik gespielt nachts unter Mondlicht. Nacht und Musik verbinden sich zu sanfter Harmonie. Ab Zeile fünf wird das Motiv in einer Analogie erweitert: Die irdische Harmonie der Mondscheinszene wird assoziiert mit der Harmonie der Sphärenmusik; von der Sphärenmusik geht es eine Stufe höher zur Harmonie der Engelchöre; von den Engelchören zu den Harmonien in der menschlichen Seele, die wir nur nicht hören können, solange der Erdenleib sie noch umfängt.

Solche uns heute fremden Verkettungen von Vergleichen und Metaphern sind bezeichnend für Shakespeares Sprachstil – und für sein Denken und das Denken seiner Zeit: Er dachte assoziativ, nicht deduktiv. Nicht ableitende Kausalketten, sondern aneinandergereihte Analogien und Korrespondenzen erklärten in elisabethanischer Zeit die Welt. Es war zur Shakespearezeit durchaus ein intellektuelles Spiel, kühne Parallelen und Analogien solcher Art überrraschend zu kombinieren – man nehme einen Begriff und demonstriere seine universelle Gültigkeit im Universum in immer neuen Variationen:

HERRSCHAFT: Wie Gott im Makrokosmos herrscht, herrscht die Sonne am Himmel und der Adler in den Lüften, und so herrscht in der sublunaren Welt (unter dem Mond) der König im Land.
VORBILD: Wie die Kraft der Sonne die Erde erwärmt, dass sie Blüten treibt, wärmt der Mut eines Königs die Herzen des Volkes, dass Tapferkeit in ihnen sprießt.

Shakespeare war ein Meister in solchen metaphorischen Vergleichsketten; offenbar flossen sie ihm so leicht aus der Feder, dass er kaum eine Zeile durchstreichen musste, wie seine Kollegen in der *First Folio* berichten.

DIE LEGENDEN VOM »KUHDORF«
STRATFORD-UPON-AVON
ODER
SHAKESPEARES FREUNDE UND BEKANNTE

Im Jahr 1552 wurde Williams Vater John Shakespeare zur Zahlung einer kleinen Geldbuße verurteilt, weil er einen nicht genehmigten Misthaufen zu nah an den Häusern in der Henley Street angelegt hatte – wie es viele andere ebenfalls taten, einschließlich der Stratforder Honoratioren. Irgendwo mussten schließlich täglich die Nachttöpfe, Bettpfannen und Urinflaschen geleert werden, denn Toiletten gab es nicht, bestenfalls eine Art Donnerbalken mit Sichtschutz im Garten. Erst in der Folge der Pestepidemien legte die Gemeinde allmählich mehr Wert auf Hygiene. Aus dieser Igitt-igitt-»Misthaufen«-Anekdote entwickelte sich, seit Stratford als Heimatstadt Shakespeares in den Blick geriet, die irrige Behauptung, Stratford sei ein primitives, rückständiges Nest von Analphabeten gewesen, in dem Shakespeare gerade mal am Kuhschwanz laufen lernen konnte – sonst nichts. So meinte Sigmund Freud:

> Wir denken nicht hoch von der Kultur einer englischen Landstadt zur Zeit Shakespeares, wenn wir lesen, daß ein hoher Misthaufen vor der Türe seines väterlichen Hauses in Stratford lagerte.[1]

Freud wünschte sich »seinen« Shakespeare wohl eher in der Beletage eines Palais in der Wiener Josefstadt residierend.

Nun ist es wahr, dass für einen Zeitreisenden des 21. Jahrhunderts das Stratford aus Shakespeares Jugend einigermaßen abschreckend wäre. Die Leute waren ungewaschen, es gab kein Toilettenpapier, Hühner und manchmal Schweine liefen durch die Straßen, es gab keine Kanalisation und natürlich kein Fließendwasser. Die wenigsten Fenster hatten Glasscheiben, die einzige Heizquelle war der qualmende Küchenherd, und die Leute schliefen oft zu mehreren in einem Bett – mangels Betten. Aber das war der Normalzustand nicht nur in England Mitte des 16. Jahrhunderts. Unsere westlichen zivilisatorischen Maßstäbe aus dem 20. und 21. Jahrhundert können nicht zur Bewertung einer Stadt aus dem Jahre 1564 dienen. Sie muss an den Verhältnissen ihrer Zeit gemessen werden. Und da steht Stratford-upon-Avon ganz prächtig da.

Stratford-upon-Avon war eine Art Verkehrsknotenpunkt: Der Name bedeutet »Straßenfurt« und verweist auf die römische Zeit, als dort eine Römerstraße den Fluss Avon querte. Der Ort lag auf der Handelsstraße von London nach Birmingham, das zu Shakespeares Zeit eine florierende Metallverarbeitung entwickelte, sodass entsprechender Handel und Handelsverkehr mit London entstand. Das wohlhabende Stratford war seit 1196 eine selbstständige Stadt mit allen dazugehörigen Stadtrechten und einer eigenen Kommunalverwaltung als *royal borough*. Es war eine Schnittstelle von Stadt und Land: Als Kleinstadt, aber Marktstadt war es der Mittelpunkt der umliegenden ländlichen Einzugsgebiete. Schon seit dem Mittelalter gab es neben dem Wochenmarkt mehrere Jahresmärkte und saisonale Märkte, von denen manche zwei Wochen dauerten. In diesen Zeiten verdoppelte sich die Einwohnerzahl von rund 2000 Einwohnern aus etwa 200 Familien. Fremde brachten Neuigkeiten in die Stadt – und Geld für das städtische Gewerbe aus Sattlern, Webern, Bierbrauern, Schmieden, Zimmerleuten, Bäckern, Metzgern, Händlern und Hut- und Handschuhmachern. Die Großstadt London war nur zwei Tagesritte entfernt, die Universitätsstadt Oxford einen Tagesfußmarsch; das mächtige Schloss der Earls of Warwick und Schloss Kenilworth, wo der Liebling der Königin, der Earl of Leicester, residierte und von der Königin besucht wurde, lagen in der Nähe. Nur vier Meilen entfernt lag Charlecote, wo die Königin zweimal Sir Thomas Lucy besuchte (1566 und 1572), dazu Conventry, die viertgrößte Stadt des Königreiches. Über Stratford aber wachte schon seit dem 14. Jahrhundert der Turm der prächtigen Holy Trinity Church, die bereits 1210 erbaut worden war. Stratford war eine der wichtigsten Städte in Warwickshire.

In Stratfords Bevölkerung gab es schon immer eine Bürgerschicht mit beachtlichem Bildungsniveau: John Stratford aus Stratford wurde im 14. Jahrhundert Erzbischof von Canterbury und Kanzler Englands. Seine Brüder wurden Bischöfe von Chichester und London. Eine Schule gab es seit dem 13. Jahrhundert, die für die Söhne der Ratsherren von Stratford kostenfrei war; sie wurde unter König Edward VI. nach diesem benannt und erhielt Sonderrechte. Im 14. Jahrhundert wurde die von Bürgern getragene Stratforder religiös-soziale *Guild of the Holy Cross* eine Einrichtung von nationaler Bedeutung: Überall im Land wollten betuchte Bürger Mitglieder dieser Organisation werden. Sie betrieb ein Armenhaus, ein Hospital, die Schule sowie die *Guild Hall* und unterhielt mehrere Kapellen. Schauspielertruppen aus London besuchten Stratford häufig; Aufführungen der *Leicester's Men*, der *Queen's Men* etc. sind seit 1568 belegt.

Die Shakespeares wohnten schon früh im eigenen Haus in der Henley Street. John Shakespeare, Williams Vater, war im Zuge der allgemeinen Migration vom Land in die Stadt, vom väterlichen Pachtbauernhof im Weiler Snittersfield nach Stratford gezogen und hatte eine siebenjährige Lehre gemacht – ab 1556 wird er als »Handschuhmacher« geführt, ein angesehener bürgerlicher Beruf in einer aufstrebenden Zeit, in der Handschuhe unabdingbares Modeaccessoire waren. Er wollte gesellschaftlich aufsteigen – und das gelang ihm sehr schnell: Zusätzlich zum Handwerk und zum bäuerlichen Nebenerwerb handelte er mit Gerste, Wolle und Holz. Für solche Geschäfte konnte er bald Pfänder hinterlegen in der Größenordnung von über 200 £ (das Jahresgehalt eines Lehrers betrug etwa 10 £). Er wurde wohlhabend und spekulierte mit Immobilien: In der Greenhill Street kaufte er ein Mietshaus und erwarb für 40 £ zwei weitere Häuser mit Obstgärten. Schließlich konnte er sogar Geld verleihen (zu Wucherzinsen). Im Laufe der Zeit bekleidete er immer höhere Vertrauensämter in der Stadt:

1561 wurde er für vier Jahre Kämmerer *(chamberlain)* für die Gemeindefinanzen; 1565, ein Jahr nach Williams Geburt, wurde er einer der vierzehn Ratsherren *(alderman)* und hieß nun »Master Shakespeare«. 1568, als William vier Jahre alt war, wurde John sogar Bürgermeister *(bailiff)* und Friedensrichter von Stratford, der nun ein scharlachrotes Amtsgewand zu tragen hatte und dem ein Stabträger vorausging – das höchste Amt, das die Bürgerschaft von Stratford zu vergeben hatte. Nach Ablauf seiner Amtszeit wurde er zum Hohen Ratsherrn und Stellvertreter seines Amtsnachfolgers ernannt und mit diesem zusammen in Stadtangelegenheiten nach London an den Hof geschickt – kurz: Er wurde ein hochgeachteter und wohlhabender Bürger Stratfords. 1576 mühte er sich bereits um ein Familienwappen, eine zwar kostspielige Angelegenheit, aber ein Ehrenzeichen, zu dem John Shakespeare sich angesichts seines gesellschaftlichen Aufstiegs, seiner respektierten hohen öffentlichen Stellung und seines Vermögens offenbar berechtigt sah.

Ab 1577 scheint es einen schweren Einbruch in der Laufbahn John Shakespeares gegeben zu haben: Er geriet wohl in finanzielle Kalamitäten, konnte Schulden nicht zurückzahlen und musste Immobilien verkaufen, einschließlich der Mitgift seiner Frau; plötzlich nahm er auch nicht mehr an Ratssitzungen teil und verweigerte den Kirchenbesuch, da man ihn dort wegen Schulden hätte verhaften können. Wie es dazu kam, weiß man nicht. Es ist aber anzunehmen, dass dieser plötzliche soziale und finanzielle Absturz des Vaters und der Familie für den 13- oder 14-jährigen William ein Trauma bedeutete.

Jedenfalls stand William Shakespeare, der trotz großstädtischer Londoner Berufsjahre zeitlebens seiner kleinstädtischen Heimat und seinem ländlichen Warwickshire verhaftet blieb, seinem Vater an Geschäftstüchtigkeit in nichts nach, sondern übertraf ihn gewaltig. Mit dreiunddreißig kaufte er 1597 das zweitgrößte Haus in Stratford, New Place, für 60 £, vermutlich den Gepflogenheiten der Zeit gemäß unterverbrieft und real wohl eher für 120 £. Am 1. Mai 1605 kaufte William 107 Acker Land für 320 £ und am

29. Juli die Hälfte eines Zinsanrechts am Zehnten der Stadt Stratford für 440 £ (also für 44 Lehrer-Jahresgehälter). Zwanzig Jahre nach dem gescheiterten Versuch des Vaters, ein Wappen zu erhalten, gelang es dem Sohn und Aufsteiger William: Das Familienwappen wurde zu hohen Kosten zugestanden. William Shakespeare war bei seinem Tod ein äußerst wohlhabender, um nicht zu sagen reicher Mann.

Vom Stratforder sozialen Geflecht um Shakespeares Familie weiß man ziemlich viel – und es handelte sich dabei keineswegs um eine Ansammlung tumber Kuhbauern, sondern durchweg um gebildete Leute der bürgerlichen Schicht. Befreundet war Vater John Shakespeare z. B. mit Adrian Quiney, einem Tuchhändler. Beide waren sehr ähnlicher Herkunft und errangen nacheinander die gleichen bürgerlichen Ämter der Stadt: Kämmerer, Ratsherr, Bürgermeister und Friedensrichter. Adrians Sohn Richard Quiney war später bestens mit William Shakespeare bekannt und, obwohl elf Jahre älter, offenbar sein engster Freund. Es ist ein Brief Richards erhalten, in dem er William in London einmal um eine Leihgabe von 30 £ anging; Richards Sohn Thomas Quiney heiratete später Shakespeares Tochter Judith: Es war eine Familienfreundschaft unter Honoratioren der Stadt, die drei Generationen umfasste. Durch einen Zufall sind Briefe[2] an Richard Quiney erhalten, die von dessen Bildungsniveau Zeugnis geben: Manche sind in Latein abgefasst und spielen auf Werke von Erasmus und Terenz an; seine Frau rät ihm in einem Brief, sich mit Ciceros ›Episteln‹[3] zu beschäftigen; auch ein Brief von einem Vertreter des Höflings und Dichters Sir Fulke Greville, in dem Quiney nebst Freunden zum Weihnachtsfest bei Greville eingeladen wird, liegt vor.

Bestens bekannt gewesen sein muss William auch mit dem reichsten Mann der Stadt, John Combe, der ihm im Testament 5 £ hinterließ. Dessen Neffe Thomas erhielt im Gegenzug testamentarisch Shakespeares Schwert. Die Comb-Familie war im Übrigen gut vernetzt mit den *Inns of Court* in London.

Befreundet war William Shakespeare mit Richard Field. Der war zweieinhalb Jahre älter und wuchs in der Bridge Street auf, ein paar hundert Meter vom Haus der Shakespeares. Fields Vater war Gerber, arbeitete also in der kleinen Stadt in ähnlicher Profession wie Shakespeares Vater; die beiden Familien kannten sich nachweislich seit mindestens 1556; beim Tod von Henry Field 1592 fungierte John Shakespeare als eine Art offizieller Nachlasspfleger. Sohn Richard Field kam mit siebzehn Jahren nach London und wurde Lehrling eines französischen Buchdruckers, der sich auf schwierige, besonders ausländische Bücher spezialisiert hatte, unter anderem auch in spanischer Sprache. Nach dem Tod seines Lehrherrn heiratete Richard dessen Witwe und übernahm das Geschäft und das Copyright an den Buchbeständen. Er wurde einer der wichtigsten Verleger Englands und einer der 22 Master der Druckergilde. Dass William Shakespeare und Richard Field als Stratfordianer in London Kontakt hielten, zeigt sich z. B. darin, dass Field Shakespeares *Venus and Adonis* und *The Rape of Lucrece* druckte; Shakespeare wiederum setzte seinem Freund in *Cymbeline* ein Denkmal, indem er dessen Namen »Richard Field« französisiert als *Richard du Champ* nutzte, »*a very valiant Briton and a good*«.

Thomas Green war ein anderer enger Freund Shakespeares: ein Dichter und Anwalt, der 1595 in London dem Middle Temple (einer der vier *Inns of Court*) beitrat. Er lebte mit seiner Familie um 1609 bei Shakespeare in dessen Haus New Place; zwei seiner Kinder nannte er »William« und »Anne«, offenbar in Anspielung auf seinen »*cousin Shakespeare*«, den er in seinem Tagebuch erwähnt. Green war wiederum ein Freund der Dichter Michael Drayton und John Marston. Einige Briefe Greens mit lateinischen Versen aus seiner Feder sind erhalten, und er schrieb auch ein Gedicht auf König Jakob I., das von Shakespeares Verleger Richard Field veröffentlicht wurde. Des Weiteren ist ein Sonett für eine Anthologie Draytons und eine Elegie auf Sir Henry Rainsford erhalten. 1603 wurde Green zum *Steward of Stratford* (Stadtkanzlisten) ernannt, ein Posten, den er bis 1617 behielt; danach wurde er *Reader* (eine Art Dozent) in London im *Middle Temple*, später dort *Master of the Bench* – ein herausragender Rechtsgelehrter.

Sehr intensiv und persönlich waren auch Shakespeares Beziehungen zum erlesenen Kreis um Thomas Russel in Stratford, einem Landedelmann aus ehrwürdiger Familie, der sechs Jahre älter als Shakespeare war. Shakespeare setzte diesen als Testamentsvollstrecker ein, was auf eine besonders vertrauensvolle Nähe schließen lässt, und hinterließ ihm 5 £. Dessen Vater, Sir Thomas Russell, war Parlamentsabgeordneter. Sohn Thomas studierte in Oxford am Queen's College. Er unterhielt enge Beziehungen nach London, verkehrte bei Hof und heiratete die Witwe Anne des herausragenden Mathematikers Thomas Digges, dessen Sohn Leonard in Oxford studierte und später ein Huldigungsgedicht auf Shakespeare für die *First Folio* beisteuerte – was die engen Beziehungen bestätigt. Thomas' Bruder Dudley wurde später zum Ritter geschlagen und zog als Abgeordneter ins Parlament.[4]

Ein anderer guter Freund Shakespeares in Stratford war Anthony Nash; dessen Sohn, der wohlhabende Anwalt Thomas Nash, wird später Shakespeares Enkelin Elizabeth heiraten, die Tochter von Susannah Shakespeare und ihrem Ehemann, dem berühmten Arzt Dr. John Hall. Shakespeare-Enkelin Elizabeth wird nach dem Tod ihres ersten Mannes einen John Barnard heiraten und – nach dem Ritterschlag für ihren Ehemann – als Lady Barnard in dessen weitläufige Residenz in Northamptonshire ziehen.

Das soziale Netzwerk, zu dem Shakespeare in Stratford gehörte, bestand aus durchaus wohlhabenden und gebildeten Bürgern mit Kontakten nach London, zu den Gerichten und zum Hof. Der beliebte romantische Mythos vom ungebildeten Naturburschen Shakespeare, der zum großen Nationaldichter aufsteigt, will es, dass man seine Herkunft als möglichst primitiv und beengt *herunter*schreibt: je schlimmer der Lebensbeginn, umso strahlender die Leistung des Aufstiegs.

Der spökenkiekerische Mythos, dass Shakespeare gar nicht Shakespeare war, will es, dass man Stratford als hinterwäldlerisches Kuhdorf voll mit analphabetischen Bauern *herunter*schreibt: Denn je primitiver man das Kuhdorf darstellt, umso unglaubwürdiger, dass der Stratforder Bauernlümmel »*unser*« Shakespeare hatte werden können. – Keine der Mythen stimmt.

DIE BILDUNGSSCHMIEDE *GRAMMAR SCHOOL*

> Quenglig der Schulbub dann; mit Ranzen und
> Polierten Morgenbacken kriecht er zäh
> Im Schneckengang zur Schule.
> *Wie es euch gefällt, II,7*

Durch einen Zufall ist in den Archiven der Gemeinde Stratford
ein Brief aus dem Oktober des Jahres 1598 erhalten geblieben, der
an den Gemischtwarenhändler Richard Quiney, einen Jugendfreund Shakespeares, gerichtet ist:

> *Patri suo amantissimo Mro. Richardo Quinye*
> *Richardus Quinye filius S. P. D.*

> *Ego omni officio ac potius pietate erga te (mi patre) tibi gratias ago*
> *iis omnibus beneficiis quae in me contulisti; te etiam oro et absecro*
> *ut provideres fratri meo et mihi duos chartaceos libellos quibus ma-*
> *xime caremus hoc presenti tempore; si enim eos haberemus, pluri-*
> *mus profecto iis usus esset nobis; et praeterea gratias tibi ago quia a*
> *teneris, quod aiunt, unguiculis, educasti me in sacra doctrina studi-*
> *is usque ad hunc diem. ...*
> *Filiolus tuus tibi obedientissimus*
> *Richardus Quinye*[1]

Der Brief stammt von einem Elfjährigen – dem Sohn des Richard
Quiney. Ersichtlich verstand also Vater Quiney ebenso Latein wie
sein Sohn aus der *Grammar School*. Richard jun. verwendet hier
en passant mit *a teneris unguiculis* eine Formulierung aus Ciceros ›Epistulae ad familiares‹[2] – ein Buch, das Vater Quiney schon
deswegen kannte, weil er es gern als lateinische Reiselektüre mit-

nahm. Richard jun. meint mit seinem Bruder vermutlich jenen Thomas Quiney, der später Shakespeares Tochter Judith heiraten wird. Der lateinische Brief gibt den Lernstand eines elfjährigen Gemischtwarenhändlersohnes zu Shakespeares Zeiten wieder. Shakespeare und sein lateinisch gebildeter Freund Quiney stammten aus den gleichen sozialen Verhältnissen. Historische Forschung schließt zwangsläufig immer von Bekanntem auf Nichtbekanntes: Es ist daher anzunehmen, dass dieser Brief des Richard jun. auch den Lernstand des ehemals elfjährigen William Shakespeare widerspiegelt – der laut Ben Jonsons Lobgedicht in der *First Folio* ja Latein und etwas Griechisch verstand.

»Bildung!« – war ein Schlagwort seit Mitte des 16. Jahrhunderts. Wir hören es heute wieder, in neuem Kontext. Zur Regierungszeit des noch kindlichen Königs Eduard VI. (1547–1553) waren etwa 70 % aller Männer und etwa 90 % aller Frauen Analphabeten. Breite »Bildung« wurde nunmehr zu einem ganz neuen Anliegen. Man verstand etwas anderes darunter als wir heute. Angelehnt an die wiederentdeckten »sieben freien Künste« der Antike und die alten Texte, abgelöst vom katholischen Einfluss durch die Reformation, gegründet auf das humanistische Denken z. B. eines Erasmus, beflügelt und verbreitet durch die Druckerpresse, erzwungen von den neuen wirtschaftlichen und gesellschaftlichen Entwicklungen des Jahrhunderts, wurde die Bildungsidee säkular: der Mensch im Zentrum, als vernünftig *denkender* Anwalt seiner selbst, räsonierend über Königtum, Parlament, Gesellschaft, Nation, Rechte der Klassen und des Einzelnen. Aktuelle Fakten über die Welt wurden nicht gelehrt, nicht Geographie, nicht Geschichte, Gemeinschaftskunde, Biologie, Physik oder Englisch, sondern die Fähigkeit des Geistes sollte trainiert werden, in der Welt kluge, präzise und vor allem moralische Entscheidungen zu treffen: Logik und Dialektik. Alles Denken ist sprachgebunden, also musste präzise Sprache gelernt werden – und als präziseste und logischste aller Sprachen galt die Sprache der Klassiker: Latein. Seit Eduard VI. wurde ein Curriculum entwickelt, das in Variationen für alle Schulen des Königreichs galt, ob in Stratford, Eton

oder in London. William Lilys *Shorte Introduction of Grammar*
war durch königlichen Erlass seit 1548 in jeder *Grammar School*
bis ins 17. Jahrhundert vorgeschrieben.

Englisch lesen und schreiben lernten die Kinder vom 5. bis 7.
Lebensjahr in der *Petty School*, die von einem Lehr-Gehilfen oder
einer schreib- und lesekundigen Frau aus der Gemeinde abgehalten wurde (in Stratford sogar für Mädchen). Im 7. Lebensjahr begann die *Grammar School* für Jungen. Gelernt wurde Grammatik,
Grammatik und dann noch mal Grammatik – und zwar die lateinische Grammatik. *Ich lobe, du lobst … laudo, laudas, laudat, lauda-
mus, laudatis, laudant.* Gegen das sich gerade im 16. Jahrhundert
schnell wandelnde, semantisch vage Englisch mit seinen Dialekten
stand die kristallene Präzision des Lateinischen, das in Europa über
eineinhalb Jahrtausende das unverändert gleichbleibende Vorbild
und die *lingua franca* der internationalen Verständigung unter Gebildeten gewesen war. Das Erbe der Antike lag in den überlieferten
griechischen und lateinischen Texten, die die erstrebte Verfeine-
rung des Geistes zeigten – ihnen wurde nachgeeifert.

Der Schultag begann im Sommer morgens um sechs Uhr und
endete abends um sechs Uhr; danach waren Hausaufgaben zu erledigen und Grammatik auswendig zu lernen. Nur der Samstag-
nachmittag war frei. Im Winter ging der Unterricht von sieben
Uhr bis siebzehn Uhr. Die Schüler einer *Grammar School* haben
vom Tageslicht im Freien wohl nicht sehr viel mitbekommen.

Aber eigentlich waren sieben Tage Unterricht in der Woche –
denn sonntags mussten die Schüler die oft stundenlange Predigt
in der reformierten Kirche anhören, und Montag früh wurden sie
als Erstes über deren Inhalt geprüft. All dies bedeutete, dass die
siebenjährige *Grammar-School*-Ausbildung heute rein zeitlich einer vierzehnjährigen Schulzeit entspräche. Man schätzt, dass ein
damaliger 14-jähriger Absolvent der *Grammar School* mehr Latein beherrschte als ein heutiger Student der Altphilologie beim
Staatsexamen. Der Schulbesuch war frei; aber Kinder aus armen
Verhältnissen kamen meist trotzdem nicht zum Unterricht, da sie
als Arbeitskräfte missbraucht wurden.

Die pädagodische Methode war einfach: Sie beruhte auf massivem Auswendiglernen und endlosem mechanischem Repetieren selbst langer lateinischer Textpassagen. Zum anderen basierte die Lehrmethode auf Rohrstock und Rute: Das formale Wissen wurde tatsächlich eingeprügelt oder eingebläut.

Die ersten vier Jahre in der *Lower School* war das *trivium* der Unterrichtsstoff: das Studium der lateinischen Grammatik, Dialektik/Logik und Rhetorik, anhand der klassischen lateinischen Texte: Es wurde von sechs Uhr früh bis sechs Uhr abends konjugiert, dekliniert, konstruiert und rezitiert – und geprüft. In Shakespeares *Lustige Weiber von Windsor* wird ein kleiner Junge namens William examiniert. Es geht um die Deklination der Demonstrativpronomen *dieser, diese, dieses ... hic, haec, hoc – huius, huius, huius – huic, huic, huic – hunc, hanc, hoc – hoc, hac, hoc.* Und im Plural *hi, hae, haec – horum, harum, horum – his, his, his – hos, has, haec – his, his, his.* Shakespeare macht sich darüber lustig, indem er aus den lateinischen Wörtern obszöne Schülerwitze destilliert: Aus *horum* z. B. lässt sich *whoredom*, also »Hurerei« heraushören.

Aber bei Nichtwissen Prügel. Die *Grammar School* war zugleich eine Disziplinierungsinstitution, die von Tudor-Eltern durchaus geschätzt wurde: Den Bengeln wurde Ordnung beigebracht. Mädchen wurden, wenn überhaupt, zu Hause unterrichtet.

Über zweihundert rhetorische Figuren wurden erlernt und mussten umgekehrt in den alten Texten wieder diagnostiziert und aufgefunden werden. Den Schülern begegneten die Schriften von Ovid (*Metamorphosen*), Vergil (die ersten sechs Bücher der *Äneis*), Horaz (die Oden, Episteln und die *Ars poetica*), Quintilian, Komödien von Terenz und Plautus, Texte von Juvenal, Cato, Caesar, Cicero, Livius, Seneca, von den neueren lateinisch schreibenden Schriftstellern Erasmus von Rotterdam und Äsops Fabeln in Schulbuchfassung.[3]

Eine wichtige Übung war das Übersetzen und Rückübersetzen: vom Lateinischen ins Englische, dann wieder vom Englischen zurück ins Lateinische, wobei insbesondere die gelungene *imitatio*, die elegante Imitation der klassischen Redemuster, als höchster Maßstab der Rückübersetzung galt. Nachahmung war nicht Plagiat: Es war *hommage* an einen großen Autor. Wichtig war nicht nur das *Was* – allergrößter Wert gelegt wurde auf das sprachlich-stilistische *Wie* eines Textes. *Copia,* die »Fülle«, wurde geübt – wie man ein und dasselbe in möglichst vielen verschiedenen Variationen sagen kann: ein Training im Synonym-Erfinden. Auf wie viele Arten kann man »Guten Morgen« auf Latein sagen? Shakespeares wuchernde Metaphernsucht hat hier ihren Ursprung. Das Gedächtnis wurde optimiert: Was heute gelernt wurde, musste morgen aus dem Gedächtnis wiederholt werden; was die Woche über gelernt wurde, musste am Freitag wörtlich aufgesagt werden können. Andernfalls …

Die Komödien des Plautus und Terenz wurden von den Schülern auf Latein eingeübt und aufgeführt; stehende Redewendungen, Sentenzen und Sprichwörter wurden auf Latein auswendig gelernt und im lateinischen Gespräch verwendet; beliebt war das Lehrbuch ›Sententiae Pueriles‹ des Leonard Culman (1498?–1562), wo beispielsweise zu lesen stand:

Amicis opitulare. Alienis abstine. Arcanum cela.
Bonis benefacito. Cognosce te ipsum. Tempera linguam.
Hilf deinen Freunden. Halte dich von Fremden fern.
Wahre Geheimnisse. Sei gut zu den Guten. Erkenne dich selbst.
Mäßige deine Zunge.

In Shakespeares Stücken lassen sich über 200 Zitate aus dieser Sentenzensammlung für Schüler nachweisen. Zum Beispiel finden sie sich als Material in der Ermahnungsrede des Polonius an Laertes im *Hamlet* wieder (I,3,58 ff.):

POLONIUS: Und schau nur zu und präg dir ein paar Regeln
    Fest ins Gedächtnis ein: Gib nicht Gedanken Zungen,
    Noch ungegornem Denken rasche Tat.
    Sei umgänglich, doch nie mach dich gemein; …

Leih alln dein Ohr, doch wenigen deine Stimme;
Hör jede Meinung, doch fäll selbst dein Urteil ...

Besonders wichtig: Die lateinische formale Disputation, bei der
Schüler nacheinander konträre Standpunkte zu einer Frage einnehmen und gleichermaßen mit Leidenschaft vertreten mussten.

Zum Beispiel: Sein oder Nichtsein – das ist die Themenstellung.
Ist es edler, die Schläge des Schicksals stoisch leidend hinzuneh-
men – oder ist es edler, gegen die Schicksalsheimsuchungen an-
zukämpfen? Beziehe Stellung und argumentiere!

Latein wurde als quasi gesprochene Sprache gelehrt, behandelt
und benutzt – so wie Papst Benedikt während seiner Amtszeit
auf Lateinisch twitterte. In manchen Schulen gab es in den oberen
Klassen Prügel, wenn jemand im Unterricht ein englisches Wort
verwendete.

Auf das vierjährige *trivium* folgte das dreijährige *quadrivium*
als *Upper School:* Griechisch kam zu Latein hinzu, außerdem in
Maßen Arithmetik, Geometrie, Astrologie und Musik.

Die *Grammar School* in Stratford war offenbar eine ungewöhnlich gute Schule; der ehrgeizigen Gemeinde war die Bildung ihres
Nachwuchses etwas wert: Sie zahlte ein doppelt so hohes Lehrer-
gehalt wie anderswo üblich – 20 £ im Jahr. Alle Lehrer über die
Shakespeare-relevanten Jahre hinweg waren Oxford-Absolven-
ten: Von 1571 bis 1575 war Simon Hunt, B. A., der Lehrer der *Upper
School.* Ihm folgte 1575 Thomas Jenkins mit einem M. A. von Oxford: Insbesondere dieser führte Ovid in den Stratford-Unterricht
ein, sowie Vergil, Horaz und das griechische Neue Testament.

Shakespeare profitierte später von dem, was für seine Mitschüler nur stupider Drill gewesen sein mag: Das öde Auswendiglern-
nen bereitete ihn auf das Memorieren jener gewaltigen Textmas-
sen vor, die ein elisabethanischer Schauspieler bezwingen musste.
Das Imitieren klassischer Vorbilder lehrte ihn die Anwendung
rhetorischer Muster und das Verständnis ihrer Wirkungen. Und

das Disputieren nach dem Prinzip des *audiatur et altera pars* (Gehört werden muss auch die Gegenseite!) vermittelte ihm das Grundprinzip seines späteren Schreibens: die Fähigkeit, einen Vorfall grundsätzlich aus mehreren divergierenden Perspektiven betrachten zu können.

Es wird immer wieder gerne darauf verwiesen, dass es keinen einzigen Beweis dafür gibt, dass Shakespeare die *Grammar School* in Stratford tatsächlich besucht hat. Das ist richtig. Allerdings gibt es auch keinen einzigen Beweis, dass überhaupt irgendjemand aus Stratford diese Schule besucht hat. Es gibt nämlich erst seit etwa 1800 Schülerlisten. Wir müssen also – wenn wir diese korinthenzählende Sichtweise übernehmen – mangels Belegen davon ausgehen, dass die teure Stratforder Schule keinen einzigen beweisbaren Schüler hatte und die Lehrer leere Bänke unterrichtet haben, da ja für keinen einzigen Schüler ein Anwesenheitsbeweis vorliegt …

Andererseits war Shakespeares Vater Bürgermeister von Stratford – der höchste Amtsträger der Stadt, ein hochrespektierter Mann. John Shakespeare war ein aufstiegssüchtiger Bürger, der auf standesgemäßes Sozialverhalten Wert legte und ein Adelswappen anstrebte: Er wollte sich »Gentleman« nennen dürfen. Bildung war die Methode der Wahl zum Aufstieg. Die Schule war kostenlos. Und da soll also nun der Bürgermeister von Stratford zum Spott seiner Nachbarn und Ratsherren seinen ältesten Sohn *nicht* auf die örtliche Schule geschickt haben, die ihm den Weg nach oben bahnen würde …

DIE ZEIT DER SPRACHFANATIKER
ODER
DAS ELISABETHANISCHE ENGLISCH

Selten war eine Zeit so besessen von Sprache wie die elisabethanische.

Für uns heute ist Sprachlust ein befremdliches Phänomen. Wenn wir überhaupt über Sprache reden, sprechen wir vom Kommunikationsmodell, von kommunikativer Kompetenz, vom restringierten oder elaborierten (eingeschränkten oder differenzierten) Sprachcode: Die Elisabethaner sprachen von Poesie. Für uns schrumpft Sprache zur EDV-gängigen »Info«: Elisabethaner poetisierten auch Staatsdokumente. Für uns wird eine anspruchsvolle komplexere Sprache zum Störfaktor im Datenaustausch: Die Elisabethaner sprachen dagegen von Möglichkeiten der sprachlichen Komplizierung und ästhetischen Bereicherung.

Für Shakespeares Zeitgenossen war Sprache *das* Mittel der Welterfassung. Aus ihrem Weltbild der Korrespondenzen heraus war Sprache das mächtigste Instrument, um zur Wahrheit hinter der Oberfläche der Dinge vorzudringen. Im poetischen *Sprachbild* war es möglich, die disparatesten Weltphänomene in eine Einheit zu zwingen; im *Sprachspiel* wurde man sich der Mehrdeutigkeit der Welt bewusst. Allerdings empfand man angesichts einer immer undurchsichtiger, vielgesichtiger werdenden Wirklichkeit das Ungenügen der Sprache, die Welt angemessen beschreiben zu können, nur umso deutlicher. Und umso fanatischer beschäftigte man sich mit Sprachverbesserung.

Um 1500 war Englisch keine Weltsprache, sondern ein recht krudes Idiom, das außerhalb Englands kaum jemand verstand. Latein war die internationale *lingua franca*, offizielle Dokumente wurden noch auf Latein geschrieben. Von europäischer Bedeutung waren Französisch und Italienisch – beide Sprachen waren durch die Renaissancebewegung längst zu geschmeidigen Ausdruckswerkzeugen geworden.

Auch in England brachten nun die Humanisten die Sprachentwicklung in Fluss: Sie glaubten, dass die Sprache das edelste Erbteil des Menschen sei, das *humanum humanissimum*, das »Menschlichste am Menschsein«, da außer ihm kein anderes Wesen darüber verfüge. Die Sprache unterscheidet den Menschen vom Tier. Daher erwächst aus der Sprache jede kulturelle Leistung.

Also stellten die Humanisten Sprachbeherrschung und Sprachpflege in das Zentrum ihrer Bemühungen: Nur durch geschulte Ausdrucksfähigkeit und Beredsamkeit vervollkommnete sich der Mensch. Klassisches Latein galt als Gipfel aller Vollendung. Im Rückgriff auf die Klassiker der Antike schulte man sich an deren Sprachnormen: an der Rhetorik und der kunstvollen Gestaltung von Stilhöhen.

Mit der Reformation begann ein Emanzipationsprozess: Englisch wurde die Sprache des Gottesdienstes, der Gebetbücher und der Bibel. In neu erwachtem Nationalstolz wollte man nun auch die antiken Autoren in der eigenen Sprache lesen können, und eine rege Übersetzertätigkeit begann. Man musste aber einsehen, dass das Englische dem Lateinischen an Präzision, Wortschatz und Ausdruckskraft nicht das Wasser reichen konnte: Die Eleganz eines Gedankens war im vergleichsweise plumpen Englisch nicht wiederzugeben. Die neuen explosiven Entwicklungen in Handwerk, Wissenschaft und Technik, die Weltreisen der Seefahrer, der Handel – all das verlangte nach einer ausdrucksfähigeren Sprache. Also versuchte man eine Erweiterung des Wortschatzes durch Neuprägungen und Lehnwortbildungen aus dem Lateinischen, Französischen und Italienischen. Und rasch kam es zu der Situation, dass für ein und denselben Gegenstand oder Sachverhalt manchmal drei oder vier verschiedene Wörter zur Verfügung standen. Durch diese Vervielfachung entstand der riesige englische Wortschatz. Parallel dazu begann der Gebrauch des Lateinischen zu schwinden.

Weil es in Grammatik und Syntax wenig Festlegungen gab, befand die Sprache sich in einer Art »flüssigem Aggregatzustand« (Wolfgang Clemen) – aufnahmefähig für alles Neue, alles Neue geradezu einsaugend, ständig Neues hervorbringend: Zu Wortneuschöpfungen war man als Schreiber geradezu verpflichtet, auch das Bizarrste, Entlegenste war gerade recht.

Gleichzeitig versammelte London, in das aus dem ganzen Königreich die Leute zusammenströmten, die englischen Entsprechungen des oberbayrischen Almbauern und des ostfriesischen Krabbenfischers, deren unterschiedliche Phonetik und Idiomatik noch nicht in Widerspruch zu einer normierten Hochsprache standen: »Hochenglisch« wie ein heutiges Duden-reglementiertes Hochdeutsch gab es nicht.

Wo es keine Norm gibt, gibt es keine Trennung in falsch und richtig – folglich auch keine Trennung von Umgangssprache und Hochsprache. Daher bestanden unterschiedlichste »Englisch«-Varianten ganz legitim nebeneinander als persönliche Idiome, Dialekte, Soziolekte, als höfische Ziersprachen und Gaunersprachen und Gelehrtensprachen, als juristischer, theologischer, medizinischer, seemännischer, handwerklicher, kaufmännischer Fachjargon, als derber Ordinärslang und raffinierte Poesie, von staatsmännischem Bombast bis wortwitzelnder Maulhurerei alles bunt gemischt aus alten und neuen Formen und Wörtern.

Als Folge dieser kakophonischen Vielfalt entwickelte sich allgemein ein geschärftes Sprachempfinden und Sprachbewusstsein, geradezu eine Besessenheit vom Thema »Sprache« in allen Bevölkerungsschichten: Aus einem bunten, sich selbst hochgradig reflektierenden Sprachalltag heraus wurde nunmehr auch bewusste englische Sprach*kunst* möglich – und ein unglaublicher Sprachluxus, so opulent und glitzernd wie die Kleidermoden. Lustvoll manieristisch spielte man mit lyrischen Formen, wie Sir John Davies (1570–1626) in seinen Hymnen auf Astraea, die mythische Bringerin des Goldenen Zeitalters, des Frühlings und des ewigen Friedens – einem Schmeichelgedicht für Königin Elisabeth, ELISABETHA REGINA, wie die Anfangsbuchstaben der Zeilen ergeben:

HYMNE AUF ASTRAEA (*)

E   arth now is green, and heaven is blue,
L   ively Spring which makes all new,
I   olly Spring, doth enter;
S   weet young sun-beams do subdue
A   ngry, agèd Winter.

B   lasts are mild, and seas are calm,
E   very meadow flows with balm,
T   he Earth wears all her riches;
H   armonious birds sing such a psalm,
A   s ear and heart bewitches.

R   eserve, sweet spring, this nymph of ours,
E   ternal garland of thy flowers,
G   reen garlands never wasting;
I   n her shall last our state's fair spring
N   ow and forever florishing
A   s long as heaven is lasting.

From Hymnes of Astraea, in Acrosticke Verse:
To the Spring. By Sir John Davies (1570–1626)

Shakespeares junge englische Sprache entstand erst. Bis 1604 gab es kein einziges Wörterbuch des elisabethanischen Englisch, in dem Shakespeare hätte nachschlagen können; es gab keine englische Grammatik, keinen formenden Englischunterricht in den Schulen, die Syntax war instabil. Die Herausbildung des modernen Englisch und seine Standardisierung im 17. Jahrhundert wurde in hohem Maße von Shakespeares Sprachverwendung beeinflusst. Er hat ca. 3000 Begriffe in die Sprache eingeführt, indem er sie erstmals schriftlich festhielt.

WAS LESEN SIE, MASTER WILLIAM?
ODER
SHAKESPEARES BILDUNG
ODER
SHAKESPEARES UNBILDUNG

---

wie wenig aufgeschnapptes wissen gehört dazu, auf der bühne den
anschein tiefer wissenschaftlichkeit zu erwecken

Bertolt Brecht, Arbeitsjournal, 8. Dezember 1940

Gott ist allwissend. Halbgott Shakespeare muss folglich *fast* allwissend sein – übermenschlich wissend jedenfalls, ein Wissen
mindestens im Rahmen der ›Encyklopaedia Britannica‹. Sein
Werk muss zwangsläufig Zeugnis einer ungeheuerlichen Bildung
sein – entweder, weil der Lebensweg des Genies vom unbelesenen
Bauernburschen zum weltgrößten Dichter dadurch noch beein-
druckender wurde, oder umgekehrt: weil das so ungeheuerlich
gebildete Werk auf gar keinen Fall von einem analphabetischen
Bauernburschen stammen konnte. Märchen, Mythen und Legenden allerorten. Das Seltsame an diesem angeblich so unermess-
lich gebildeten Shakespeare-Werk ist aber, dass von Shakespeares
Zeitgenossen es *keiner* so sonderlich gebildet fand – ganz im Gegenteil: Etwa 1635 schrieb Leonard Digges, ein Freund der Familie
Shakespeare und selbst ein Gelehrter der antiken Klassiker und
Hispanist, in einer neuen Ausgabe von Shakespeares Lyrik von
1640 folgendes Gedicht[1]:

Next, Nature only helped him, for look thorow
This whole book, thou shalt find he doth not borrow,
One phrase from Greecs, nor Latins imitate ...[2]

Ben Jonson schrieb in seiner *Eulogie* zur *First Folio*, dass Shakespeare »die Alten« ebenso weit überholt habe wie die »Modernen« Lyly, Kyd und Marlowe – herablassend erwähnt er aber Shakespeares »small Latine and lesse Greek«. Und Jahre nach Shakespeares Tod erwähnt er gesprächsweise: »Shakespeare wanted art« – womit die *artes*, die sieben klassischen freien Künste gemeint sind, die ihm fehlten, und die der elisabethanischen Vorstellung von »Bildung« entsprachen.

Der Dramatiker und Dichter Francis Beaumont (1584–1616) schrieb über Shakespeare, er verfasse seine Werke »by the dim light of night«, »without Learning« – bei trübem Nachtlicht, ohne Bildung.[3]

John Milton (1608–1674) lobte Ben Jonson und Shakespeare in einem Gedicht: Ben Jonson für seine Bildung – und als Gegensatz dazu William Shakespeare für seine sprachlichen Naturlaute:

> Then to the well-trod stage anon,
> If Jonson's learned sock be on,
> Or sweetest Shakespear, Fancy's child,
> Warble his native wood-notes wild.
> *Allegro, ll. 131 f.*[4]

Und der Dichter und Dramatiker John Dryden (1631–1700) meinte:

> Diejenigen, die ihm vorhalten, es habe ihm an Bildung gefehlt, machen ihm dadurch ein um so größeres Kompliment: Er war naturhaft gelehrt; er brauchte keine Bücher, um in der Natur zu lesen. Er blickte nach innen, und fand sie dort.[5]

Alle diese Zeitzeugen machen ersichtlich aus der Not eine Tugend: Was Shakespeare an formaler Bildung deutlich gefehlt habe, mache seine Naturbegabung mehr als wett, argumentieren sie. Also was war er nun – hochgebildeter Gelehrter oder ungebildetes Naturgenie?

Weder noch. Der scheinbare Widerspruch entsteht durch unsere verzerrende historische Perspektive. Der Bildungskanon der Renaissance ist dem unseren so fern wie der Mond: Er umfasste kaum anderes als die alten Texte der römischen und griechischen Klassiker. In diesen musste man bewandert sein, insbesondere in der klassischen Sprache: Latein. Die Klassiker waren Vorbilder, man musste sie möglichst im Original zitieren und sie auf Englisch imitieren können. Das war die Norm, das wurde verlangt. Verglichen mit unserem heutigen Bildungskanon hingegen, der über 400 Jahre mehr geschichtliche Entwicklung einbeziehen muss als die Elisabethaner, erscheint der Kanon der Shakespeare-Zeit (mit einigen wichtigen Ausnahmen) den meisten als mehr oder weniger totes Wissen und unnützer Bildungsballast. »Latein – das brauch ich doch später nie mehr« ist die neue, verwertbarkeitsorientierte Schüler-Haltung; abgesehen von einigen geisteswissenschaftlichen Studienabschlüssen reichen selbst für Mediziner Schmalspurkenntnisse aus, die zwei Jahre später wieder gründlich und folgenlos vergessen sind.

Folglich vergessen wir Heutigen vor Ehrfurcht zu atmen, wenn uns in Shakespeares Texten exotische Gestalten wie Philomele und Phaeton begegnen, wenn Plutus (sic!), Echo, Tereus und Actaeon auftreten und Arachne, Anchises, Daphne und Dido, Adonis und Narcissus eine Rolle spielen. Welch hohe Bildung! Wir kennen diese Figuren gar nicht mehr oder nur in vager Erinnerung – und staunen entsprechend gebannt, wie unglaublich souverän Shakespeare mit solch (für uns) abgelegenem klassischen Bildungsgut hantierte. Für Shakespeare aber war das alles keineswegs abgelegen; es war der normale Stoff, der standardmäßig in den normalen Grammar Schools vermittelt wurde. Uns erscheint er geradezu einschüchternd umfassend.

Und umgekehrt war Shakespeares Verwendung dieses normalen Bildungskanons *im Rahmen seiner Zeit* eher bescheiden, wie die Kommentare seiner gebildeteren Zeitgenossen zeigen, deren eigene Werke nur so strotzen von alledem, was Shakespeare *nicht* verwendet. Aber da wir außer Shakespeare ja kaum etwas von den

elisabethanischen Literaten lesen, merken wir's nicht so recht, wie
z. B. Ben Jonson mit klassischem Wissen um sich wirft. Wiederum
aber: Wenn der Maurermeister-Sohn Ben Jonson, der auch nur
Absolvent einer Grammar School und dennoch einer der klassisch gebildetsten Autoren seiner Zeit war (woher er das hatte,
weiß man nicht), von Shakespeares »*small Latine and lesse Greek*«
spricht, so ist auch dies sehr relativ zu sehen: Gemessen am tatsächlich immensen klassischen Wissen des Ben Jonson verfügten
nicht nur Shakespeare, sondern wohl die meisten Autoren seiner
Zeit über nur wenig Latein- und noch weniger Griechisch-Kennt-
nisse. Shakespeares Latein dürfte nach Ben Jonsons Maßstäben
bescheiden, nach *heutigen* aber recht beachtlich gewesen sein. Alles eine Frage der Perspektive.

Es gibt ausführliche Untersuchungen über Shakespeares klassische Anspielungen, insbesondere das zweibändige Standardwerk
von T. W. Baldwin, ›Shakespeare's Small Latine & Lesse Greek‹[6];
es wird dort nachgewiesen, dass Shakespeare keine einzige klassische Andeutung verwendet, die außerhalb des normalen Gram-
mar-School-Curriculums gelegen hätte. Baldwins Fazit: »Keine
Wunder sind nötig, um solche Kenntnisse und Techniken der
Klassiker zu erklären, wie Shakespeare sie zeigt. Die Stratforder
Grammar School stellt alles Nötige bereit.«[7] In fünf Stücken spielt
Shakespeare auf die Standard-Grammatik für den Latein-Un-
terricht der Grammar-School an und erwähnt ebenso die *petty
school*, die Vorschule. In einzigartiger Weise sind Spuren der nor-
malen Grammar-School-Unterrichtsmaterialien in Shakespeares
Stücken wiederzufinden.

Während andere akademisch gebildete Dramatiker und Dichter
seiner Zeit großen Wert darauf legten, ihr Wissen vorzuführen, ist
Shakespeares schlichterer Gebrauch klassischer Anspielungen für
uns klassisch Unwissende heute ein Glück: Seine Stücke sind für
uns dadurch lesbarer geblieben. Er selbst scheint damals durch
seinen geringeren Bildungsstand behindert worden zu sein: Während er freizügig mit englischen historischen Texten umsprang,
hielt er sich bei seinen »römischen« Stücken fast sklavisch an die

lateinischen Vorlagen – wohl, um keine peinlichen Fehler zu machen. Als am Hof von Jakob I. die Mode der *Masques* aufkam – allegorische Maskenspiele zu klassisch-mythologischen Themen und Motiven mit Tanz, Musik und grandioser Ausstattung, an denen der ganze Hof einschließlich des Königspaares aktiv teilnahm –, schrieb Shakespeare keine einzige davon: Anzunehmen ist, dass er es nicht konnte; er war im Abfassen raffinierter und gebildeter mythologisch-griechisch-römischer Spitzfindigkeiten offensichtlich zu wenig bewandert; das war das Gebiet seines Rivalen, des gelehrten Ben Jonson, der dank seiner Bildung hierin Shakespeare weit überlegen war.

Shakespeare macht noch dazu jede Menge Fehler im Bereich klassischer Bildung: Er gibt Julius Cäsar eine Taschenuhr mit, obwohl diese erst ab Mitte des 16. Jahrhunderts existierte; er verwechselt Pluto, den Gott der Unterwelt, mit Plutus, dem Gott des Geldes; er missversteht die metrische Form griechischer Eigennamen (ebenso wie der griechisch ungebildete Verfasser dieses Textes einmal in einer seiner Shakespeare-Übersetzungen »Hekate« metrisch als »Hekáte« eingesetzt hat, während es korrekt Hékaté akzentuiert werden muss – wurde inzwischen korrigiert); in *Troilus und Cressida*, das im Trojanischen Krieg spielt, wird bei Shakespeare von Aristoteles und Plato geredet, obwohl die erst ca. 1000 Jahre später lebten; und Shakespeare übernimmt brav alle faktischen Fehler, die im ›Thesaurus Linguae Romanae et Britannicae‹ enthalten sind, einem recht unzuverlässigen Werk eines Thomas Cooper (1565), das in der Stratforder Grammar School zur Verfügung stand und von ihm offenbar benutzt worden war. Shakespeares formale Bildung in der Grammar School endete wohl mit vierzehn Jahren – eventuell noch früher, falls der soziale und ökonomische Absturz seines Vaters es nicht erlaubt hatte, dass er die Schule bis zum Abschluss besuchte, weil er im Geschäft helfen musste. Ein Universitätsstudium in Oxford oder Cambridge war für Shakespeare daher mit Sicherheit nicht möglich – aber er teilte mit anderen Dramatikern seiner Zeit, die aus vergleichbarer sozialer Schicht wie der Handschuhmachers-

sohn Shakespeare stammten, den grundlegenden Bildungshintergrund: Der Vater von Henry Chettle (Druckerlehre) war Färber;
der von Thomas Kyd (Grammar School) war Schneider, der von
Robert Greene (B. A. und M. A. von Cambridge) war Färber; der
von Ben Jonson (Grammar School) war Maurer; der von George
Peele (B. A. und M. A. von Oxford) war Pökler, der von Christopher Marlowe (B. A. von Cambridge) war Schuhmacher – alles
Söhne wie Shakespeare aus der aufsteigenden Bürgerschicht, die
ihr Glück im brandneuen Unterhaltungs-Show-Biz des elisabethanischen Hollywood machen wollten. Der klassische Wissens-
stand von Shakespeares Stücken spiegelt eine Standard-Gram-
mar-School-Ausbildung.

Aber mit der formalen Bildung ist es ja nicht getan, wie jedermann aus seiner eigenen Geschichte weiß: Danach erst entstehen
prägende, persönliche Lebensleitplanken. Ganz offensichtlich war
Shakespeare ein emsiger und vielseitig interessierter Leser, seine
Stücke weisen auf eine eklektische Lektüre hin – aber sicher haben
auch jene Spötter recht, die sagen, hätte Shakespeare wirklich all
das gelesen, was man ihm unterstellt, hätte er keine Zeit mehr gehabt, auch nur ein einziges seiner Stücke zu schreiben.

Geoffrey Bullough hat in einer achtbändigen Ausgabe die
Quellen für Shakespeares Stücke aufgespürt. Er kam auf etwa
70 »wahrscheinliche« und 30 »mögliche« Texte. Die allermeisten auf Englisch verfasst, wie von Chaucer, Marlowe, Spencer und
Sidney; acht auf Latein, wie Plautus und Ovid; vier auf Italienisch,
wie Boccaccio und Fiorentino; einer auf Französisch, von Bellefo-
rest. Und es wird noch einiges Grundsätzlicheres hinzukommen:
Machiavellis verrufener ›Il Principe/Der Fürst‹, der angeblich
amoralische Zyniker der Macht, dürfte dazugehören; Castigliones
›Il Corteggiano/Der Höfling‹, ein Leitfaden, der Charakter und
Fertigkeiten des idealen Hofmannes darlegt; Sir Thomas Elyots
Erziehungsbuch ›The Governour‹ (1531), das aus humanistischer
Sicht die Ausbildung adliger Kinder zu ehrbaren Amtsträgern
darstellt, und ›The Mirror of Magistrates‹, der ›Fürstenspiegel‹,
eine Gedichtsammlung des 15. Jahrhunderts, in die Aufstieg und

Fall bedeutender Persönlichkeiten als mahnendes Beispiel vorgeführt werden, um deren Irrtümer zu vermeiden.

Zudem muss man sich bewusst machen, dass in einer Gesellschaft, die zu 70 bis 80 % aus Analphabeten bestand, noch andere
funktionierende Traditionen und Gebräuche der Wissensweiter-
gabe existierten als nur die spezifisch auf Schrift basierenden –
nämlich die mündliche Kulturverbreitung.[8] Sie war im elisabethanischen Alltag in allen Bereichen von eminenter Bedeutung.

Nicht jede Anspielung Shakespeares muss aus der innigen Lektüre eines ganzen Buches stammen: Im Getriebe der polyglotten
Weltstadt London war die Ansammlung von Wissen durch das
zufällig gesprochene Wort anderer gang und gäbe: Sir Edward
Coke[9] (1552–1636) war einer der bedeutendsten Rechtsgelehrten
der englischen Geschichte, der achtzehn Bände Rechtsliteratur
verfasste und Fallbeispiele analysierte. Viele davon aus schriftlichen Archiven – viele davon sind aber auch markiert als »told
by old Plowden or by Wray CJ«. Es sind oftmals Texte, die aus
Gesprächen mit anderen Juristen stammten, aus Plaudereien auf
dem Weg zu den Inns of Court und aus Debatten am Mittags-
tisch. Coke formte aus ihnen Rechtsmaximen und juristische Anmerkungen. Die orale Weitergabe war eine übliche Methode der
Wissensaneignung, die auf allen Ebenen der Gesellschaft funk-
tionierte.[10] Shakespeare dürfte an geschlossenen Denksystemen
eher weniger interessiert gewesen sein – was er brauchte, war
das schnelle Bonmot, die seltsame Geschichte, die überraschende Erzählung, der treffende Vergleich, die prägnante Anekdote:
Material für sein Stückeschreiben. »Ich muß mir's niederschreiben ...«, sagt Hamlet und notiert sich Gedanken zu Claudius.
Man kann sich Shakespeare ähnlich vorstellen – Gehörtes nie-
derschreibend. Es waren wohl eher *bits and pieces*, denen er von
Fall zu Fall in der Literatur nachjagte, als vollständige Abhandlungen.

Darüber hinaus hatte Shakespeare – wie jedermann – sich wohl
seinen eigenen, individuellen Kanon von Texten entwickelt, die
ihm am Herzen lagen, die ihn geprägt hatten und auf die er in sei-

ner Arbeit immer wieder zurückkam. Aus der übersetzerischen Erfahrung mit fast dem gesamten Shakespear'schen Œuvre könnte seine 7-Lieblingsbücher-Liste in gefühlter Reihenfolge folgendermaßen aussehen:

1. Die *Bibel* – *und dann die Bibel und nochmals die Bibel*. Ein von uns Neu-Heiden eher weniger frequentiertes Buch. Bibelzitate würzen Shakespeares Werk allerorten. Wir erkennen sie zumeist nicht – und verstehen daher in der Regel überhaupt nicht, auf welche Kontexte angespielt wird. Shakespeares Bibelkenntnisse sind dabei keineswegs außergewöhnlich: Die Bibel war in kirchlichen Predigten ebenso wie bei häuslichen Lesungen im Kreis der Familie das meistzitierte und -rezipierte Buch der Zeit – während es für uns zunehmend eher ein Buch mit sieben Siegeln ist.

2. Hinzu kommen weitere kirchliche Schriften: Das ›Book of Common Prayer‹, aus dem er immer wieder zitiert: Es ist ein Produkt der Reformation, erstmals 1546 erschienen; es legte die Rituale der anglikanischen Kirche fest.

3. Ebenfalls kirchlichen Ursprungs sind die sog. *Homilies* – Lehrpredigten der *Church of England*, für den Gebrauch durch Laienpriester, entstanden seit Mitte des 16. Jahrhunderts; sie formulierten die anglikanische Glaubenslehre – und waren zugleich der Regierung außerordentlich nützlich, denn sie lehrten das ordentliche Bürgerverhalten: Nr. 11. z. B. ist eine »*Ermahnung zum Gehorsam*«, Nr. 12 »*Eine Warnung vor der Unordnung*«: Gott ist der große Ordnungsstifter, von den Planeten herab bis zu den Tieren, der Mensch ist ein Mikrokosmos im Makrokosmos. Wenn nun die Ordnung gestört wird, dann … Beim Verfassen der großen *Ordo*-Rede des Ulysses in *Troilus und Cressida* über »Rang und Ordnung« (I,3,85 ff.) lag offensichtlich *Homilie Nr. 12* zum Abschreiben auf Shakespeares Schreibtisch.

4. *Ovid*, ›Die Metamorphosen‹, erst auf Latein, später in Goldings Übersetzung – es dürfte Shakespeares zentrale Inspirationsquelle gewesen sein. Es handelt von den klassischen Mythen, die die magische Verwandlung von Menschen und Göttern und Helden in Tiere, Pflanzen oder Himmelskörper schildern, und von deren polymorpher Sexualität. Ovid galt seit dem Mittelalter als bedenklicher erotischer Skandalautor, oberflächlich und schlüpfrig. Das Thema der ovidischen Verwandlung eines Wesens in ein anderes Wesen hatte in Shakespeares metaphorisch-poetischem Denken während seiner gesamten Schaffenszeit größte Bedeutung: *Venus and Adonis* und *Titus Andronicus* aus seinen frühen Jahren, *A Midsummer Night's Dream* und *Twelfth Night* aus den mittleren und *The Winter's Tale* und *The Tempest* aus den späten Jahren belegen, welche Bedeutung Ovid für Shakespeare lebenslang hatte. Der Titel ›Metamorphosen‹ ist Shakespeares Programm: Alles Feste und Starre wird unterspült, alles ist ewig in Wandlung begriffen. 1598 schrieb Francis Meres in seinem Überblick über die aktuelle Literatur, dass »*the witty soul of Ovid lives in mellifluous and honey-tongued Shakespeare*« (dass die geistreiche Seele Ovids im einschmeichelnd honigzüngigen Shakespeare lebt). Grammar-School-Zögling Shakespeare kannte offenbar alle fünfzehn Bücher des Ovid auf Latein (ein heutiger Bachelor der Altphilologie in Oxford muss nur eines kennen), denn aus allen fünfzehn stammen die Anspielungen, die er verwendet – und das entspricht über 90 % aller klassischen Zitate aus Shakespeares Werken.

5. Geschichtsinteresse I: Norths Übersetzung der ›Parallelbiographien des Plutarch‹ prägten offenbar Shakespeares Verständnis von *romanitas*: Er folgte diesen Geschichtstexten über dramatische Charaktere der römischen Geschichte in seinen Römerdramen wesentlich penibler als den englischen Historien.

6. Geschichtsinteresse II: Holinsheds und Halls ›Chronicles‹ waren neu erschienene Werke über die jüngste Geschichte Englands, wie es Vergleichbares bis dato noch nicht gegeben hatte. Shake-

speare hat sie intensiv für seine Königsdramen benutzt und seine Vorstellungen vom Getriebe der Macht an dieser Lektüre entwickelt:»Politik« war eines seiner zentralen Interessengebiete.

7. Auf die ›Essais‹ des Michel de Montaigne (1533–1592) stieß er spätestens im Jahr 1603, als der berühmte Übersetzer John Florio sie »verenglischt« hatte. Shakespeare übernahm im *Tempest* fast wörtlich eine ganze Passage aus Montaignes ›Of Cannibals‹ über einen utopischen Staat. Montaignes Thema lautet:»*Ich selbst bin das Thema meines Buches*«. Das war neu und verstörend: Statt über Gott und das Seelenheil zu meditieren, kehrt sich der Blick ins eigene Innere und untersucht sich selbst in seinem Verhältnis zur äußeren Welt. Und Montaigne entdeckt Seltsames: Die eigene Subjektivität und Identität ist ein fließendes Etwas, das nicht recht zu greifen ist. Man weiß nicht so viel über das Verhältnis der beiden – aber Montaignes und Shakespeares Blick auf die Welt weist so viele Gemeinsamkeiten auf, dass man sie als Brüder im Geiste bezeichnen muss, der in manchen Epochen überall zugleich und unabhängig voneinander auftreten kann, wenn die Zeit dafür reif ist: Sie sind beide Begründer einer skeptischen Sensibilität der Moderne. Montaignes Einfluss auf Shakespeare ist nachweisbar: Shakespeares Wortschatz änderte sich seit seiner Lektüre 1603 merklich. Angeblich sind etwa 700 Wörter neu in Shakespeares Schriften aufgetaucht, die sich zuvor als Prägungen in Florios Montaigne-Übersetzung nachweisen lassen.[11] Montaignes Werk dürfte eines der wichtigsten Bücher in Shakespeares persönlichem Bücherschrank geworden sein.

Nun werden Shakespeare noch unendliche weitere Kenntnisse zugeschrieben: Er müsse ein Jurastudium absolviert haben, wie seine brillanten juristischen Auslassungen belegen; er müsse Medizin studiert haben, wie seine medizinischen Ausführungen zeigen; er habe mindestens mehrere Jahre zur See fahren müssen, sein nautisches Wissen sei gar nicht anders zu erklären; er müsse aus aristokratischen Kreisen stammen, seine intimen Kenntnisse

der aristokratischen Falkenjagd beweisen es; er müsse lange in Italien gereist sein, sonst hätte er in seinen italienischen Stücken niemals so genau die italienische Atmosphäre beschreiben können; er müsse Botaniker und Vogelkundler gewesen sein ...
Solche Argumente gehen immer von dem fatalen Irrtum aus, dass ein Autor alles, was er schreibt, selbst erlebt und selbst praktiziert haben muss – ein Trugschluss, der erst mit dem Ende des 18. Jahrhunderts aufkam. Bertolt Brechts Einwand, wie oben zitiert, ist hier wichtig. Um nur drei Beispiele herauszugreifen:

DIE JAGD MIT FALKEN war keineswegs ein exklusiv aristokratisches Freizeitvergnügen, wie man in Shakespeares *Lustigen Weibern von Windsor* nachlesen kann: Dort lässt er den gutbürgerlichen Mr. Page zu seinen Freunden sagen:

> PAGE: *I do invite you to-morrow to my house to breakfast; after,*
> *we'll a-birding together – I have a fine hawk for the bush.*
>
> III,3,213[12]

Auch Bürger leisteten sich also den Spaß der Falknerei, wenn sie das Geld dazu hatten. Es war kein aristokratisches Privileg.

SHAKESPEARES JURISTISCHE KENNTNISSE setzen keineswegs ein juristisches Studium voraus. Die elisabethanische Zeit war äußerst streitsüchtig; selbst wegen Kleinigkeiten ging man zum Kadi. George Puttenham, der ›The Arte of English Poesie‹ (1589) schrieb, hatte einmal in einem einzigen Jahr über 70 Prozesse laufen. Von Shakespeare weiß man, dass er sechsmal Prozesse anstrengte. So etwas trainiert in juristischer Fachterminologie. Ich z. B. musste einmal einen Prozess gegen das Landratsamt führen. Hinterher war ich – obwohl juristischer Laie – bestens in der Lage, vor anderen juristischen Laien beeindruckende Vorträge über das Bundesbaugesetz zu halten. Meine juristischen »Kennnisse« stammten aus zwei Internetratgebern und den rechtsanwaltlichen Schriftsätzen. Und Shakespeare hatte sogar einen Rechtsanwalt im Haus: Sein Freund Thomas Greene, Anwalt in London, lebte eine Weile bei ihm in Stratford im New Place. Die Studenten der Rechtsakademien, der *Inns of Court*, waren begeisterte Theater- und Kneipenbesucher; Shakespeare konnte jede beliebige juristische Auskunft, die er brauchte, aus dem Stand bekommen. Einige akribische Juristen haben sich mit Shakespeares juristischem Wissen beschäftigt; als Ergebnis stellten sie regelmäßig fest, dass für diese Art literarischer Juristerei keine juristische Ausbildung nötig war – das könne man sich leicht aneignen. Im Vergleich mit anderen elisabethanischen Autoren und Nicht-Juristen nimmt Shakespeare bestenfalls einen mittleren Platz ein, was die Menge und die Korrektheit seiner juristischen Anspielungen angeht.[13]

Shakespeares Italien-Kentnisse scheinen besonders beeindruckend zu sein: Er muss doch in Italien gewesen sein, heißt es gerne, denn wie hätte er sonst in so vielen Stücken – *Merchant of Venice, Othello, Two Gentlemen of Verona, Much Ado About Nothing, Taming of the Shrew* etc. – so versiert über Italien schreiben können? – Aber Shakespeare war doch nie in Italien! – Ja, da wundert man sich: Wie konnte Karl May über Winnetou und Hadschi Halef Omar so versiert schreiben, wenn er doch nie in Amerika und Nordafrika war …? War Karl May gar nicht Karl May? Wer war der Autor hinter Karl May? Und wie konnte Shakespeare so plastisch und exakt das Rom des Julius Cäsar und des Coriolan beschreiben und das Ägypten der Cleopatra, wo er doch gar keine Zeitreisemaschine besaß, um dorthin zu kommen, um Studien des so exakt beschriebenen Lokalkolorits vor 1600 Jahren zu machen …?

Leider muss man festhalten, dass Shakespeares Kenntnisse über Italien ausgesprochen miserabel waren, er hatte keine blasse Ahnung, zumindest was die Geographie betrifft. Schon Shakespeares Zeitgenosse Ben Jonson hat sich darüber lustig gemacht, dass Shakespeare Böhmen ans Mittelmeer verlegt hatte. Shakespeare bringt es tatsächlich im *Tempest* fertig, einen Dreimaster (!!!) in Mailand (!!!) ablegen zu lassen, der nach einigen Meilen (!!!) die offene See erreicht[14]: Mailand ist aber eine Stadt mitten in Oberitalien, nach Süden von der Genueser Küste ca. 140 km und nach Osten von der adriatischen Küste ca. 280 km Luftlinie entfernt. In *Two Gentlemen of Verona* gelingt es Shakespeare allen Ernstes, seine Helden auf eine ausdrücklich so benannte Seereise (!!!) von Verona nach Mailand zu schicken: Verona liegt aber ca. 100 km tief im Binnenland, ebenso wie Mailand noch 150 km tiefer im Binnenland liegt. Zudem stellt Shakespeare sich Verona offenbar als eine Stadt an einem Tidenfluss wie London an der Themse vor:

PANTHINO: You'll lose the tide if you tarry any longer.

Two Gentlemen of Verona II,3,34

lässt er seinen Protagonisten sagen: Du verpasst die Flut für's Ablegen des Schiffes, wenn du noch länger trödelst. Nun gibt es an der Adria aber praktisch gar keine Flut und Ebbe. In London dagegen war die Beachtung der Flut äußerst wichtig für die Seefahrt, denn die Gezeiten des Kanals drücken in die Themse, stauen sie zweimal täglich auf vier bis sieben Meter Höhe auf und kehren deren Fließrichtung stundenweise um. Wenn die Tide kippte, war's Zeit zum Ablegen. Zwar liegt Verona an der Etsch – aber etwa 130 km von der Adria entfernt tief im Landesinneren; dahin kommt nun keine Flut mehr – vor allem schon deswegen nicht, weil es an der Adria nur einen Tidenhub von regional unter 10 bis ca. 50 cm gibt, der niemals die Etsch 130 km ins Binnenland aufstauen könnte. Die Gezeiten an der Adria sind optisch kaum zu bemerken und sind ohne jede seemännische Bedeutung – da fährt man einfach los, wann es einem passt. Jedem Londoner mit seiner täglichen Beobachtung der Themse wäre das Fehlen der Tide in der Adria sofort aufgefallen. Woraus klar zu schließen ist, dass der Autor Shakespeare niemals an der Adria war.

Ebenso absurd sind die Reisen in *Taming of the Shrew*: Da ist Lucentio aus Pisa am Ligurischen Meer nach Padua gereist – aber offenbar auf dem Seeweg durch die Straße von Messina, rund um ganz Süditalien und wieder hoch an die nördlichste Adria; wo Padua offenbar auch als Küstenstadt am Meer liegen soll, obwohl es 30 km von der Küste entfernt ist – eine Reise, die mehrere Wochen, wenn nicht Monate dauern würde, statt einfach in einigen Tagen direkt hinzureiten. Dass Padua nicht in der Lombardei liegt, wie Shakespeare annimmt, sondern zur Republik Venedig gehört, spielt da schon keine Rolle mehr. Ebenso wird da ein »Segelmacher aus Bergamo« erwähnt – aber Bergamo liegt mitten in Norditalien am schon hügeligen Fuß der Alpen, weit von jedem Meer entfernt und nicht einmal an einem See, also kaum der richtige Ort für einen Segelmacher. – Im *Merchant of Venice* kann Shakespeare gerade mal Gondeln, die Fähre zum Festland und den Rialto benennen, erwähnt aber nichts vom Canal Grande, den ungezählten Kanälen und dem Leben in der aquatischen Stadt: Er lässt dort sogar ein Pferd mit dem schönen englischen Namen »*Dobbin*« zum Karrenziehen auftreten, während in Wahrheit Pferde in Venedig seit 1392 verboten waren.[15] Shakespeare weiß offenbar rein gar nichts von der Existenz des ummauerten Ghettos in Venedig, in dem die Juden wohnten und sich von Mitternacht bis zum Morgengrauen aufhalten mussten – also eigentlich auch Shakespeares Jude Shylock. In *Ende gut, alles gut* verlegt Shakespeare kurzerhand den berühmten Schrein des Sankt Jakobus von der Pilgerstadt Santiago de Compostella in Spanien nach Florenz, wo es in der Kathedrale Santa Maria Del Fiore zwar eine Jakobus-Statue gibt, aber nicht den Schrein. Genauere Beschreibungen der italienischen Städte gibt es bei Shakespeare nirgends, Verona ist mal »*alt*«, dann ist es »*schön*« und hat einen Ahorn-Hain wie wahrscheinlich die meisten oberitalienischen Städte, dazu eine Kirche und Pflastersteine, aber kein Wort über das römische Amphitheater oder die beeindruckende Stadtmauer; er erwähnt nicht das spektakuläre Arsenal von Venedig noch den schiefen Turm zu Pisa, von Florenz nennt er weder den Fluss Arno noch den Duomo, noch den berühmten Ponte Vecchio; alles verbleibt im Vagen und kann überall auf alles und jedes passen.

Und selbstverständlich sind all diese faktischen »Fehler« Shakespeares völlig nebensächlich für die Substanz der Stücke: *Romeo und Julia* ist kein Baedeker für Verona, und der *Kaufmann von Venedig* kein Reiseführer für das Veneto. Die italienischen Lokalitäten sind Phantasieplätze in Shakespeares Imaginationsuniversum, welche an der geographischen Realität zu messen ein Akt intellektueller Barbarei ist.

Shakespeare schrieb nichts über Italien, was er nicht in London an jeder Ecke erfahren konnte – um *Italianità* zu erleben, hätte er nur nach Bishopsgate gehen müssen, eine Art Londoner »Little Italy« – die Gegend, in der sich geflohene italienische Protestanten, Handwerker und Händler angesiedelt hatten, venezianische Glasbläser z. B., die tagtäglich in London ihre Straßen zur »Rialto-Stunde« in eine italienische Piazza mit italienischem Treiben verwandelten.[16] Italien war das Land der elisabethanischen Träume, Venedig war das New York der Shakespeare-Zeit; der italoenglische Übersetzer John Florio versorgte offenbar Ben Jonson für sein Stück ›Volpone‹ mit Angaben über Venedig[17]; es gab jede Menge Bücher über Italien – es gibt nichts Italienisches in Shakespeares Werken, das er nicht in seiner Stadt London und in Büchern jederzeit hätte finden können.

Woher Shakespeare seine Bücher hatte? Da gab es doch z. B. diesen Jugendfreund von ihm, Richard Field aus Stratford, der als Druckerlehrling nach London gegangen war, von seinem verstorbenen Meister den Verlag, die Druckrechte und die Ehefrau geerbt hatte und zu einem der wichtigsten Mitglieder der Druckergilde in London wurde. Außer englischen Übersetzungen lateinischer Werke druckte er viel ausländische, fremdsprachige Literatur – und unter anderem Landsmann Shakespeares Erstlingsgedichte *Venus and Adonis* und *Lucrece*. Und es ist wahrscheinlich kein Zufall, dass er viele der Werke verlegte, die für Shakespeare eine große Rolle spielten: Holinsheds ›History of England, Ireland and Scotland‹, Puttenham's ›Art of Englisch Poesie‹, die North-Übersetzung von Plutarchs ›Parallelbiographien‹, die Übersetzung von Ovids ›Metamorphosen‹, ebenso wie Edmund Spencers Poem ›The Faerie Queen‹ und Sir Philip Sidneys ›Aracadia‹ ...

Aber wo soll Shakespeare Italienisch gelernt haben? Er muss

es ja gekonnt haben, schließlich las er offenbar einige nur auf Italienisch vorliegende Quellentexte – und er ging ja nie auf eine Universität … – Auf einer Universität lernte man zu Shakespeares Zeiten aber keine Fremdsprachen – Latein und Griechisch musste man schon vorher können. Andere Sprachen erwarb man sich so nebenbei, Sprachunterricht bei Muttersprachlern gab's überall für 1 Shilling die Woche. Und wie viel Italienisch »konnte« Shakespeare denn wohl?

Ich z. B. war in meiner Gymnasialzeit recht gut in Latein. Und so kam ich mit siebzehn auf die Idee, nebenbei Italienisch zu lernen, und kaufte mir ein Taschenbuch ›Italienisch in 30 Tagen‹. Es war ungefähr so aufgebaut, wie es die Italienisch-Kurzlehrgänge des berühmten Montaigne-Übersetzers John Florio[18] Ende des 16. Jahrhunderts in London waren: Der hatte 1578 den ersten Band ›First Fruits, which yield Familiar Speech, Merry Proverbs, Witty Sentences, and Golden Sayings‹ veröffentlicht, dem er 1591 einen Folgeband ›Second Fruits, to be gathered of Twelve Trees‹ folgen ließ – das elisabethanische Äquivalent zu ›Italienisch in 30 Tagen‹:

Will you that I keepe you companie?
Volete che io vi facci compagnia?

Fayre mayde, wyll you that I loue you?
Bella figlia, volete che io vi ami?

Giue me a cup of beere, or else a bowle of ale.
Dammi una coppa di birra, oeur una tazza di ceruogia.

Und da das Italienische ja nur so eine Art Unterdialekt des Lateinischen ist, war es mir nach sechs Wochen eher lässigen Nebenbei-Lernens möglich, mithilfe eines kleinen Wörterbuchs und der Technik der Ableitung vom Latein das erste italienische *Giallo*-Kriminalroman-Heftchen etwas stockend, aber mit Vergnügen zu lesen – und was sein Übersetzer geschafft hat, wird der viel bessere Lateiner Shakespeare doch wohl erst recht fertiggebracht haben …

DER BRODELNDE SPRACHKESSEL
ODER
ELISABETHANISCHE SPRACHMODEN

So wenig wir uns das heute vorstellen können: Es war eine Zeit, in der man hitzig über Sprache streiten konnte – und nicht als Seminar-Disput über TG-Grammar (= Generative Transformationsgrammatik), sondern als öffentlicher Diskurs über das alltägliche und nicht-alltägliche Sprechen in der eigenen Muttersprache. Über die Wortübernahmen aus romanischen Sprachen wurde heftigst disputiert – Pro und Contra gingen zwischen Neuerern und Puristen scharf auseinander, Pamphlete und Essays wurden gedruckt. Man gab Wörterlisten zur Erklärung der neuen *hard words* heraus; der Streit über die sogenannten *inkhorn terms* – geschwollene Kunstwörter, von tintenklecksenden Schreiberlingen erfunden – wurde satirisches Thema in Theaterstücken; an ihrer richtigen oder falschen Verwendung konnte man die Bildung des Sprechers ablesen; sie gaben Stoff für zahllose Witze und Parodien; komische Shakespeare-Figuren wie der Konstabler in *Viel Lärm um nichts* sind Spiegel dieser brandheißen Diskussion ...

ALLES DAMALS BRANDNEUE WÖRTER: atmosphere, adapt, appropriate, assassinate, bankrupt, benefit, catastrophe, confidence, congratulate, consequent, considerable, consult, create, crisis, critic, excursion, exist, exotic, expectation, expensive, extinguish, function, habitual, impersonal, modest, pathetic, probability, scientific, shock, system, ticket ...

INZWISCHEN WIEDER VERGESSENE WÖRTER: anacephalize = zusammenfassen; deruncinate = Unkraut jäten; adminiculation =

Hilfe; obfuscate = versteckt; aspectable = sichtbar; to assate = rösten; suppediate = liefern, versehen; temulent = betrunken ...

Es blieb nicht nur bei Neuerungen des Vokabulars; auch der Stil musste sich ändern. Wollte man einen Cicero-Satz ins Englische übersetzen, war man plötzlich mit ungewohnten und raffinierten stilistischen, grammatikalischen und syntaktischen Wendungen konfrontiert, die die eigene Sprache nie gekannt hatte.

Und indem man die Muttersprache nun nach dem fremden Ideal dehnte, bog und blähte, entstand der sogenannte *learned style*. Man konnte damit beeindruckend demonstrieren, wie gelehrt man war – je komplizierter, desto gelehrter –, und so übte man sich in der Kunst, einfache Dinge möglichst umständlich auszudrücken. Man prunkte und protzte mit Unverständlichkeit wie mit der neuesten Kleidermode aus Italien.

Dagegen gab es selbstverständlich eine massive Gegenbewegung, die den *plain style* auf ihre Fahnen schrieb und für Nüchternheit der Sprache und Realismus in der Weltbeschreibung eintrat; Ben Jonson gehörte dazu oder Roger Ascham, der Lehrer Königin Elisabeths, deren Briefe allerdings manchmal quälende Beispiele für den *eloquent style* sind, den Schmuckstil, der sich in zierlichen Wortspielen und gesuchten Schnörkeln gefiel.

John Lyly, ein berühmter Hofdichter, gehörte zu dieser Richtung; er kreierte einen ganz eigenen Stil, der für eine Weile Mode wurde und am Hof Triumphe feierte: den EUPHUISMUS, benannt nach seinem Bildungsroman ›Euphues‹. Er wurde zum Inbegriff für den Schmuckstil: Lylys Texte waren so kunstvoll gekünstelt, so überladen mit Vergleichen und so überfrachtet mit Floskeln, so zuckrig und geziert, so blumig und preziös, so selbstzweckhaft sprachspielerisch gedrechselt und voller klassisch-symmetrischer Redefiguren, dass einem beim Lesen vor lauter überbordender Sprachfülle gelegentlich der Sinn abhanden kam (wie vielleicht auch bei diesem Satz!). So hielt sich der *eloquent style* auch nicht sehr lange auf dem Markt der literarischen Moden und Eitelkeiten und wurde bald heftig parodiert.

DIE SONETTDICHTUNG hat einen ganz eigenen Stellenwert. Lange Zeit gepflegt als höchst seriöse Dichtungsgattung in der Tradition Petrarcas (sprachliche und geistige Höhepunkte sind die Sonette von Sir Philipp Sidney, Edward Spencer und William Shakespeare), verkam sie Ende des Jahrhunderts zunehmend zur eleganten Mode; jedermann schrieb plötzlich Sonette und ritt die formvollendeten Petrarca-Sprachmuster zum Klischee herunter. In *Romeo und Julia* wird mit dieser »poetischen« Mode ernster Scherz getrieben ...

> O Nichts! Von Nichts kommt nichts? Von Nichts kommt alles!
> O schwerer Leichtsinn, ernste Spielerei,
> Bizarres Chaos trügerischer Formen!
> Bleifedern, klarer Rauch, eiskalte Glut,
> Todkrankes Wohlsein, immerwacher Schlaf,
> Und nichts ist, was es ist!
>
> *Romeo und Julia, I,1,174 ff.*

DIE WORTSPIELEREI wurde geradezu zu einer Pest, wie man in späteren Jahrhunderten fand. Aus der Vielfalt der durch die Vokabelbereicherung entstandenen Synonyme sowie durch die variable Phonetik ermöglichte die englische Sprache auf einmal Doppeldeutigkeiten ohne Ende – und die mehr oder weniger witzige Wortverdreherei wurde zum Gesellschaftsspiel, in dem man Bildung und geistige Wendigkeit demonstrieren konnte. Königin Elisabeth soll in ihren Mußestunden eine begeisterte Wortspielerin gewesen sein. Shakespeare verwendet in seinen Stücken Wortspiele nicht nur im komischen Kontext, sondern auch in tiefernsten, emotional hochgepeitschten Situationen – Wortspiel ist keineswegs nur Kalauer. In der Mehrdeutigkeit der Worte und Wörter spiegelt sich die Mehrdeutigkeit der Welt ...

Poetisiert wurde in allen Lebensbereichen; keine einfache Meldung kam mehr ohne sprachlichen Bombast aus, wie man an Osric im *Hamlet* sieht, dem wortdrechselnden Hofmann:

Herzinnig geliebte Hoheit, so Euer Hoheitlichkeit bei Muße wären, würde ich Ihnen von Seiner Majestät ein Gewisses mitzuteilen haben.

Hamlet V,2,90

Es war eine gärende Epoche, in der alles NEU wurde – auch in der Sprache. Ein Zeitalter, in dem die Poetik des Aristoteles zu einem ebenso brennenden öffentlichen Anliegen wie die Staatspolitik werden konnte, muss ein wahrhaft poetisches gewesen sein ...

LÄSST SICH SHAKESPEARE
INS ENGLISCHE ÜBERSETZEN?
ODER
VON DER SINNSUCHE IN FUSSNOTEN

Man nähere sich einem ganz normalen, literarisch durchschnittlich gebildeten Engländer mit einem Text *seines* Nationaldichters Shakespeare. Man frage ihn als nicht-englischer, BSE-Stammelnder (BSE: nicht die Rinderkrankheit, sondern das international gebräuchliche Idiom, das Nichtengländer für Englisch halten – Bad Simple English), was denn bitte mal dieser Satz hier genau bedeuten möge, den man nun gar nicht verstehe. Man wird folgende Reaktion erleben: Der Engländer wird blass. Er weicht vor dem dargereichten Shakespeare-Text erschreckt zurück. Schweißtropfen treten ihm auf die Stirn. Er zeigt hektische Schnappatmung. Er liest. Er liest noch mal. Er liest und liest. Schließlich sagt er etwa Folgendes, egal, um welchen Text es geht: »*Oh ahm … well ah … you know, ahm ah … I THINK it means … well … I'm not really sure, but ahm … it COULD mean … actually I don't really know.*« Und erstaunt stellt man fest: Er versteht *seinen* Dichter offenbar nicht. *Unseren* Shakespeare.

Das klingt jetzt ziemlich arrogant seitens eines *non-native speaker* – also lesen wir dazu einen Text, den Professor Dr. Gary Taylor, ein über alle Zweifel erhabener englischer Shakespeare-Wissenschaftler und Mit-Herausgeber der wissenschaftlichen Oxford-Shakespeare-Ausgabe, schon 1992 veröffentlicht hat:

> Shakespeares Worte verschwinden heute vor unseren Augen; ihr Klang ist schon verloren, existiert nur versuchsweise als Vorstellung in den spezialisierten Monographien, die Phonologen und Linguisten verfassen und diskutieren, aber keiner spricht sie mehr,

nicht einmal die Kritiker, die ihr Leben damit verbringen, Shakespeare zu lesen, ihn still zu lesen oder laut, in Klängen, die er nie zu Ohren bekam; und auch die Gestalt, die Form der Wörter ist wie der Klang verloren. Der Code, der seine Inhalte kommunizierte, ist veraltet bis zur Unverständlichkeit, dazu kommen grammatische Konstruktionen, die wir nicht länger erkennen oder dulden, deren gesellschaftliche Nuancen und Resonanzen uns heute entgehen; die Schreibweise unfreiwillig aufpoliert oder, wenn sie unverändert blieb, mit einer Fremdheit behaftet, die der ursprüngliche Sinn nicht barg; und die Worte selbst gehen den Weg der alten Schreibweise und wenig hilfreichen Zeichensetzung: Die Substantive sehen dem gleichen Schicksal entgegen, das ihre Begleiter schon ereilt hat. Die Schreibweise zu modernisieren genügt nicht mehr; Shakespeare bedarf nun bald der Übersetzung – ja wird schon übersetzt – von seinem Englisch in das unsere, eine Übersetzung, die einzelne veraltete Steinchen in der Fassade – manchmal in diskreter, manchmal in krasser Form – jeweils durch ein Äquivalent ersetzt oder durch das, was einem Äquivalent am nächsten kommt. Shakespeare wird, genauso wie Sophokles und Chaucer, für seine Landsleute der Übersetzung bedürfen.[1]

Es ist schon wahr, was Gary Taylor schrieb: Würde Shakespeare heute in London als Geist auftauchen – er würde weder Filme von Lawrence Olivier noch von John Gilgud noch aktuelle Vorstellungen von Vanessa Redgrave oder Kenneth Branagh verstehen; er würde nicht einmal wiedererkennen, dass diese seine eigenen Texte sprechen. Die Phonetik des Englischen hat sich gewaltig verändert seit Shakespeares Zeiten. Angeblich soll der Dialekt im amerikanischen Arkansas (gesprochen: »Aakensoooar«) der elisabethanischen Lautung noch am nächsten kommen. Die Rede von Shakespeares angeblich *überzeitlich* wundervoller Sprache ist eine schöne Legende, deren Substanz verloren zu gehen scheint.

Das Stück *Verlorene Liebesmüh* ist – wie es im Text heißt – eigentlich ein einziges »großes Fest der Sprache«. Nämlich der *eng-*

lischen Sprache. Sie ist das eigentliche Thema der Komödie. Eine Komödie der Sprache. Nirgendwo sonst hat Shakespeare artistischer und manierierter mit Sprache gespielt: Ein Brillantfeuerwerk aus Witzen, Kalauern, Sprachverdrehungen, Sprachspielen und Doppeldeutigkeiten wird da gezündet. Leider versteht man davon ohne ausführliches Studium der Fußnoten – kein einziges Wort. Das Feuerwerk lässt sich für Zuschauer nicht mehr zünden. Es ist ein Text für Philologen geworden. Als Kenneth Branagh das Stück im Jahr 2000 verfilmte, hat er gefühlte 90 % des Textes gestrichen. Verständlicherweise. Statt Shakespeares großem Fest der Sprache hörte man Evergreens wie »There is no business like showbusiness« und sah viel a-sprachlichen Slapstick. *Verlorene Liebesmüh* dürfte als Stück seine Halbwertszeit erreicht haben.

Ein Nationaldichter, dessen Sprache die Nation nicht mehr versteht – das ist in Wahrheit eine Katastrophe. Das Shakespeare-Verständnis muss in England folglich gepäppelt werden wie das letzte Exemplar einer aussterbenden Art. Nicht umsonst sind die Engländer so aktiv im Bereich *Educational Shakespeare.* Wenn es die Leute schon nicht mehr verstehen, was da steht, muss man es ihnen irgendwie anders vermitteln, meint man – z. B. in wundervollen Bildbänden, die die englische Nationalgeschichte mit Shakespeare-Zitaten schmücken, oder in Shakespeare-Spielkursen am *Globe Theatre.* Es dürfte verlorene Liebesmüh sein: Texte, die rein sprachlich nicht mehr verstanden werden, ganz zu schweigen von ihren Implikationen und Assoziationen, werden ihre Vitalität und Bedeutung verlieren. Übrig bleiben wird eine nationale Legende.

Wie fremd ist Shakespeares Sprache für Engländer heute wirklich? »We get the gist of it«, sagte mir unlängst eine englische Sprachtrainerin lakonisch, man kriegt es in groben Zügen mit, »but not very much more«. Man kann es sich als Nicht-Engländer nicht recht vorstellen, insbesondere dann nicht, wenn man sich als Übersetzer über viele Jahre in elisabethanisches Englisch eingearbeitet hat und eigentlich findet, dass es *sooo* fremd nun wieder auch nicht ist. Aber Shakespeares Wortspiele und »Puns«,

seine ausufernden Metaphern, Herzstücke seines Schreibens, sind
auf der Bühne wohl für die meisten seiner Landsleute verloren –
also ersetzt man sie mit Slapstick. Ist Shakespeare für Engländer
etwa so unverständlich und fremd wie für uns Walther von der
Vogelweide (um 1170–1230)?

> Saget mir ieman, waz ist minne?
> weiz ich des ein teil, sô west ich es gerne mê.
> der sich baz denne ich versinne,
> der berihte mich, durch waz sie tuot sô wê.
> Minne ist minne, tuot sie wol;
> tuot sie wê, sô heizet sie niht rehte minne.
> sus enweiz ich, wie sie denne heizen sol.[2]

Das war auch einmal »Deutsch« und ist uns heute sehr fremd
und nahezu unverständlich. Hoffentlich verstehen heutige Engländer ihren Shakespeare doch noch etwas besser als wir unseren
Minnesänger. Aber was ist mit den Amerikanern? Mit den Ka-
nadiern? Mit den Neuseeländern? Und was ist in 50 Jahren? Wie
kann eine Sprache, die an der Grenze der Unverständlichkeit ent-
langschrammt, noch lebendige Erfahrungen über uns und unsere
Welt vermitteln?

Denn Shakespeare ist nicht berühmt für dramatische Erfindun-
gen, Handlungen und Verwicklungen: Fast alle seiner Stücke beruhen auf fremden Vorlagen; selbst ausgedacht hat er sich nur drei
oder vier Stücke. Er ist nur ein genialer *Bearbeiter*, der seine Vorlagen allerdings unendlich bereichert hat – und dies vor allem mit
dem Mittel seiner kunstvollen Sprache. Shakespeare ist ein Genie
der Sprachkunst – und keiner versteht sie mehr …

Als Peter Brook 1962 seinen *King Lear* mit Paul Scofield inszenierte, holt er zuvor den englischen Dichter Ted Hughes (1930–
1998) ins Boot, der später englischer *Poet Laureate* werden sollte.
Brook forderte ihn auf, den *Lear* so ins Englische zu übersetzen,
als sei er in einer fremden Sprache geschrieben – allerdings nicht
ins Idiom der 60er-Jahre, sondern in eine poetische Sprache, die

dem poetischen Empfinden seiner Zeit entsprach. Aber Hughes' Übersetzung wurde nicht gespielt: Brook nutzte sie nur, um bei den Proben den bis zum Überdruss bekannten Text zu »entfamiliarisieren«, also zu verfremden, und danach wieder zu Shakespeares originalem Text zurückzukehren, um eine neue Erfahrung reicher, wie er den Prozess beschrieb. Brook erlebte erstmalig mit einem Shakespeare-Text, was jedem deutschen Regisseur immer geschieht, der sich zwischen zehn verschiedenen Übersetzungen für seine Aufführung entscheiden muss.

Englische »Übersetzungen« von Werken Shakespeares gibt es inzwischen im angelsächsischen Sprachraum reichlich – aber was für welche. Als Beispiel die markanteste Edition: ›No Fear Shakespeare‹, für furchtsame Engländer und Amerikaner, die sich vor Shakespeares Sprache fürchten. Sie soll sogar in englischen Universitätsseminaren weltweit sehr beliebt sein. Der Verlag erklärt sein Tun folgendermaßen:

FEAR NOT.
Have you ever found yourself looking at a Shakespeare play, then down to the footnotes, then back at the play, and still not understanding? You know what the individual words mean, but they don't add up. No Fear Shakespeare will help you break through all that. Put the pieces together with our easy-to-read translations ...
When Shakespeare's words make your head spin, our translation will help you sort out what's happening, who's saying what, and why.[3]

Das führt dann zu erstaunlichen Ergebnissen, beispielsweise in Julias Monolog *Gallop apace ...* in III,1, als sie auf Romeo wartet:

Lovers can see to do their amorous rites
By their own beauties; or, if love be blind,
It best agrees with night.

In ›Fear-Not‹-Übersetzung:

> *Beauty makes it possible for lovers to see how to make love in the dark.*

Im Comic-Bereich gibt es ebenfalls Versuche, mit dem Shake-speare-Sprachproblem didaktisch zu Rande zu kommen: Man gibt z. B. Shakespeares *Macbeth* bei ›Graphic Novels‹[4] in drei ver-schiedenen Variationen heraus – Szene I,2:

Schwierigkeitsgrad 3: *Original text*
> *What bloody man is that? He can report, as seemeth by his plight, of the revolt the newest state.*

Schwierigkeitsgrad 2: *Plain text:*
> *Who is this man covered in blood? He looks like he can give us the latest news from the battlefield.*

Schwierigkeitsgrad 1: *Quick text*
> *Who is this?*

Oder man versucht es zweisprachig, Original und Übersetzung nebeneinander: *Edited original text – Modern English translation – Vividly illustrated throughout.* Die grelle Comic-Optik erklärt den Stummeltext:

> *To be thus is nothing, but to be safely thus:*
> *Our fears in Banquo*
> *Stick deep,* ~~and in his royalty of nature~~
> ~~Reigns that which would be fear'd: 'tis much he dares;~~
> ~~And, to that dauntless temper of his mind,~~
> ~~He hath a wisdom that doth guide his valour~~
> ~~To act in safety.~~ *There is none but he*
> *Whose being I do fear*
>
> Macbeth III,1,47 ff.

In heutigem Englisch:

It doesn't mean a thing to be king if you're not safe. I'm worried about Banquo. I'm not afraid of anyone else.[5]

Und so weiter. Shakespeares poetische Sprache in platter alltagssprachlicher Paraphrase – das kann es nicht sein. Oder wird man irgendwann statt Shakespeares dramatischen Gedichten tatsächlich solchen No-Fear-Shakespeare aufführen? Fast scheint es so weit zu sein: Der englische Cambridge-Absolvent, Schauspieler, Autor und Drehbuchautor Julian Fellowes hat für eine neue *Romeo-und-Julia*-Verfilmung gerade Shakespeares Text »in eine simplere, pseudoshakespearesche Sprache übertragen«, die für Kenner »klingt wie kreischende Kreide«; aber schließlich, so rechtfertigte sich der Verfasser, sei Shakespeare nur noch dann verständlich, wenn man »eine sehr teure Ausbildung« so wie er in Cambridge erhalten habe …[6]

Irgendwann werden die Engländer wohl tatsächlich einen englischen Dichter brauchen, der ihres Shakespeares Dichtung in verständliches Englisch und zugleich *poetisch* übersetzt. Sie werden *unseren* Shakespeare in ihr geliebtes Englisch übertragen müssen. Die hermeneutischen Probleme, die Shakespeare allen Übersetzern in allen nichtenglischen Sprachen schon immer bereitete, werden dann auch zu englischen Problemen werden: Wie nah und verwandt, wie fern und wie fremd soll ihr neuer Shakespeare werden?

HURENKUNST
ODER
DIE RHETORIK

———————

Die Rhetorik ist eine Hurenkunst: Sie gibt sich jedem hin, der sie benutzen will, zum Guten wie zum Bösen. Sie stammt aus der Antike: Quintilian und Cicero z. B. haben sie ausführlich beschrieben. Es ist die Kunst, gut zu reden *(ars bene dicendi)*. Gut zu reden ist für den Friedensapostel so hilfreich wie für den Kriegshetzer: Beide wollen verführen, wollen »über«-reden, und zwar durch Belehren, Anrühren, Drohen, Warnen und Schmeicheln. Dazu bedienen sich beide der Rhetorik: Sie ist die Kunst der Manipulation durch Sprache. Ihr Ziel ist Suggestion, ihre Mittel sind klangliche, syntaktische, rhythmische und argumentative Sprachfiguren.

Es gab auch schon immer Verächter der Rhetorik. »Wenn ihr's nicht fühlt, ihr werdet's nicht erjagen« schimpfte z. B. Goethe im ›Faust‹ über die künstlichen Sprachkunstgriffe, und meinte, »es trägt Verstand und rechter Sinn / Mit wenig Kunst sich selber vor«. Die Kritik an der Rhetorik ist so alt wie die Rhetorik selbst.

Rhetorik will *Wirkung* auf das Gegenüber erzielen. Wirkung aufs Publikum erzielen wollten auch die elisabethanischen Dramatiker in einem Theater, das kein Action- oder Bildertheater, sondern im Kern Sprachtheater war, und so erwachte in der englischen Renaissance zusammen mit der Begeisterung für die klassischen Autoren und der Freude an der Entwicklung der eigenen Sprache die Leidenschaft für die Redekunst. Elisabethanische Zuhörer genossen stundenlange Reden und Predigten – kaum noch nachvollziehbar für eine Epoche, die den Spruch »Hör auf, mich zuzutexten« erfunden hat. Rhetorik ist ihrem Wesen nach Streitrede: Deshalb passte sie gut zu dem neu aufgekommenen Debattenstil über die sehr handfesten sozialen und politischen Themen der Zeit.

Das Bemühen der Theaterautoren war, das stilistisch richtige Register für den sozialen Ort ihrer Figuren zu finden, das jeweilige *decorum*. Ein König hatte anders zu sprechen als ein Kneipenkrakeeler, ein Kaufmann anders als ein Handwerker, ein gemeiner Soldat anders als sein sendungsbewusster Heerführer. So kam es zum typischen Kuddelmuddel aus »hohem« und »gemeinem« Stil im elisabethanischen Drama. Es waren sprachliche Typisierungen. Wie zahllos aber die Möglichkeiten, mit diesen Typisierungen zu jonglieren: Welche Wirkung hatte es, wenn der König plötzlich wie ein Kneipenkrakeeler sprach? Oder der ehemalige Kneipenkrakeeler wie ein König? Oder der sendungsbewusste Heerführer mit dem Vokabular eines gewinnsüchtigen Kaufmanns? Dazu kam die Situation, in der die Figur sich befand: Hielt sie eine Anklagerede, eine Verteidigungsrede, eine Überzeugungsrede, eine Beschwichtigungsrede oder eine Affektrede nach klassischem Vorbild? Dafür gab es Vorgaben, Muster, vorgefertigte Bauteile, Argumentationsketten, Denkbewegungen, Entwicklungsstrukturen, klassische Klischees etc., die die Zuschauer mit Bildungshintergrund in ihrer Schulzeit an den antiken Autoren studiert hatten und daher auf der Bühne freudig und fachkundig wiedererkannten – ein Genuss an Sprache, der uns heute ziemlich abhandengekommen ist. Und wer ohne Bildung war, *spürte* immerhin die emotionalen Wirkungen am eigenen Leib, die von gekonnter Rhetorik und ihren Tricks ausgehen – denn die Rhetorik will *docere, delectare* und *movere*: Sie will belehren und auf den Verstand einwirken, sie will erfreuen und die Gefühle ansprechen, und sie will die Hörer bewegen und erschüttern.

Rhetorische Figuren gibt es unzählige; sie existieren heute wie damals und werden auch (vor allem in der Werbung und in der Politik) »eingesetzt«, nur sind weder ihre Namen noch ihre Inhalte heute geläufig und deshalb erkennt man auch ihren manipulatorischen wie ihren stilistisch-ästhetischen Charakter nicht mehr.

Hier eine kleine Auswahl:

ANAPHER (= aufeinanderfolgende Sätze beginnen mit gleichen Wörtern):»Das, liebe Freunde, ist die Wahrheit. Und das, liebe Freunde, wollt ihr nicht wahrhaben ...«

REFRAIN:»... und Brutus ist ein ehrenwerter Mann« (Julius Cäsar, Shakespeare).

ALLITERATION:»in Bausch und Bogen«,»vor Tau und Tag«,»Titel, Thesen, Temperamente«.

REIM/ASSONANZ:»Keiner wäscht reiner!«

NEOLOGISMUS:»Gunstgewerblerin« (d. i. Prostituierte).

ARCHAISMUS:»Wir gingen munter fürbaß (d. i. weiter) in die Kneipe ...«

ELLIPSE (Abkürzung):»Cäsar kam, sah und siegte« (statt: Cäsar kam, Cäsar sah, Cäsar siegte).

LITOTES (Verneinung des Gegenteils):»Rockefeller war nicht gerade einer der Ärmsten ...«

WORTSPIEL:»Sie fahren mit Abstand am besten!« (Autobahntafel).

Dazu ein Beispiel:»Katzen würden Whiskas kaufen«

1. Rhythmisierung (Ohrwurm!): ka – wü – wikakau (da – da – DAdada)
2. Alliterationen: Katzen/kaufen – würden/Whiskas; chiastisch (über Kreuz) verschränkt
3. Implizite syllogistische Argumentation: Katzen können leider nicht einkaufen gehen; wenn sie es aber könnten, würden sie sich natürlich Whiskas kaufen; daher müssen nun Sie anstatt Ihrer Katze Whiskas kaufen.

Jeder, der zu elisabethanischen Zeiten eine gute Grammar School besucht hatte (also auch Shakespeare), konnte ganz selbstverständlich zwischen *Hypozeuxis* und *Hypozeugma* unterscheiden, und kannte sich mit *Synekdoche, Metonymie, Isokolon, Epistrophe, Antimetabole, Anadiplosis* und *Epanalepsis* aus.

LÄSST SICH SHAKESPEARE »VERDEUTSCHEN«?
ODER
ÜBER SPRACHE SPRECHEN

Meine sehr geehrten Damen und Herren,[1]
die Jury der Deutschen Akademie für Sprache und Dichtung hat mich als den Preisträger des Johann-Heinrich-Voß-Preises 2011 auserwählt. Es ist dies eine hohe und besondere Ehre, auf die ich sehr stolz bin. Ich danke der Akademie für diese Würdigung meiner übersetzerischen Arbeit.

Allerdings.

Allerdings könnte man mit einiger Berechtigung fragen, ob ich diese Ehre denn auch tatsächlich verdient habe. Das müsste man durchaus mal hinterfragen, ob denn die Jury auch genügend recherchiert hat – zum Beispiel beim Internet-Buchhändler amazon. Wie Sie wissen, gibt es dort eine rigorose Laienjury, das heißt, jeder sich berufen fühlende Leser darf dort jederzeit jede Menge profunder Urteile abgeben und mit Eins-bis-fünf-Sternchen-Rezensionen über Wohl und Wehe von Büchern mitentscheiden. Sollten Sie also mal bei meiner Übersetzung von Shakespeares *Viel Lärm um nichts* in den Leserkommentaren stöbern – dann finden Sie dort eine bemerkenswerte Rezension einer Kritikerin namens *»Christine08«*. *Christine08* hat Folgendes zu sagen:

Shakespeares »Viel Lärm um nichts« ist an sich ein sehr interessantes Werk, jedoch ist die deutsche Übersetzung derart schlecht, dass man glaubt, der Übersetzer ist der deutschen Sprache nicht mächtig.

Also ... dass man glaubt, der Übersetzer ist der deutschen Sprache nicht mächtig ... also ... ich gebe zu, dass ich nach Lektüre dieser Rezension etwas – wie soll ich sagen – ... mitgenommen war. Dass jemand meine Übersetzung nicht mag, dass sie jemandem nicht gefällt, jemand sie schlecht findet, das ist ja alles normal im Rahmen des üblichen Meinungsspektrums – aber diese ganz besondere Formulierung, »dass der Übersetzer der deutschen Sprache nicht mächtig ist« – also, das gab mir zu denken.

Der Sprache nicht mächtig sein. Keine Macht über die Sprache zu haben. Nicht Herr der Sprache zu sein. Und das einem Übersetzer. Was soll das heißen? Der-Sprache-nicht-mächtig-sein. Was *kann* das heißen? Sind vielleicht Sprachunfälle im Text gemeint ... ein paar kleine nicht bemerkte sogenannte Klopse, die sich eingeschlichen haben ... wie man sie allwöchentlich z. B. im Hohlspiegel im SPIEGEL findet, von journalistischen Meistern der Feder ... mein Lieblingsjournalistenklops zum Beispiel lautet: »*Jahreszeiten geben sich nahtlos die Klinke in die Hand.*« ... Sprachklopse kommen natürlich vor, wer ist davor gefeit, das passiert jedem mal, das ist so wie äh »Nein danke, keine Erdbeeren, gegen Erdbeeren bin ich nämlich algerisch« – ja gut, schön, bei einem solchen Patzer, da erstarre auch ich zur Salzsäure, richtiges Deutsch ist für viele ja wirklich schon so etwas wie spanische Dörfer, und manche Leute kriegen eben einfach sprachlich kein Bein auf die Füße. Andererseits muss man aber auch nicht immer gleich mit Spatzen auf Kanonen schießen, Fremdwörter sind bekanntlich Glückssache, obwohl natürlich, wer das Große Latrinum hat, der weiß schon, wo der Hase begraben ist, und wer dann so eine verunglückte sprachliche Kuh aus dem Feuer holen will, der rennt bei mir offene Ohren ein, ja ... – und wie ich nun so über das Phänomen von unterschwelligen, alltäglichen Sprachunfällen nachdachte, fiel mir ein, dass es im Stück *Viel Lärm um nichts* doch in der Tat zwei Figuren gibt, die mit einer fatalen Neigung zu solcherlei Sprachkatastrophen kämpfen: zwei sehr subalterne Wachtmeister oder Büttel, Schlehwein und Holzapfel genannt, die nach unten gern treten und nach oben immer buckeln und um bedeutend zu wir-

ken, sich »höherer Sprache« bedienen, als sie ihnen eigentlich zur
Verfügung steht, ein Konflikt, linguistisch gesehen zwischen an-
gemaßtem, elaboriertem Sprachcode einerseits und stark restrin-
gierter Sprachkompetenz andererseits; im Schwäbischen nennt
man das »mit die große Hund soicha welle, aber'd Fuaß it verlup-
fa« – ins Deutsche übersetzt:»Mit den großen Hunden pinkeln
gehen wollen, aber das Bein nicht hoch genug bekommen.« Die
beiden Wachtmeister richten mit den zu Shakespeares Zeiten berüchtigten »*inkhorn terms*«, den schwierigen Fremdwörtern, im
Englischen unglaublichen Unsinn an – und so hatte ich mich bemüht, die beiden tapferen Polizisten entsprechend unglaublichen
deutschen Unsinn reden zu lassen – und das klingt dann etwa so,
wenn sie ein paar noch simpinlere Hilfspolizisten zum Dienst ver-
gattern:

»Herhören, Leute! Wer hat hier die höchste Konsistenz zum
Wachtmeister?
Wir meinen, dass SIE die richtige Quantifikation zum Nacht-
wächter haben.
Wer als Wachtmann vereidigt wurde, muß die amtlichen Statuen
kennen.
Euer Auftrag: Alle verdächtigen Exkremente festnehmen.
Also los, Leute, ihr habt die Konstruktionen – bei einem Verhör
muss man mit Delikatessen ans Werk gehen! Das sind notarische
Kriminaler …
Oh, Durchlaucht, hier der Schlehwein ist ein alter Mann, Herr,
aber sein Verstand ist nicht so dumpf, wie ich ihm das wünsche,
und sonst hat er eine ehrliche alte Haut, eine treue Seele, wie je nur
eine das Brot gebissen und ins Gras gebrochen hat, Euer Ehren.«

Und auf einmal, wie ich über diese beiden Herren, die der englischen Sprache so gar nicht »mächtig« sind, nachdachte und über
die Texte, die ich ihnen gegeben hatte – da fiel es mir wie Schup-
pen von den Augen: Ich hatte den beiden Helden so überzeugen-
de deutsche Sprachunfälle in den Mund gelegt, dass Rezensentin

Christineo8 den künstlich gestalteten Sprachunsinn der Figuren für eine tatsächliche, natürliche Sprachunfähigkeit des Übersetzers gehalten hat. Ich hatte im Verfassen von sprachlichem Unsinn ersichtlich die kleistsche zweite Natürlichkeit erreicht! Und seither, meine Damen und Herren, verstehe ich die Rezension von *Christineo8* als das nahezu höchste Lob, das man mir als Übersetzer zollen kann, und ich trage es mit Stolz – nur übertroffen vom heutigen Preis, den die Akademie mir zugesprochen hat!

Was bei der Verwechslung von algerisch und allergisch heute als individuelles Sprachversagen und Bildungsdefizit wirkt – das war zu Shakespeares Zeiten eher der allgemeine, öffentliche, aktuelle englische Sprachstand; es war der Humus, aus dem Shakespeares linguistische Wunderblumen erwuchsen. Shakespeares einzigartige Sprachphantasie war wohl nur in jenem seltsamen historischen Freiraum möglich, den der Zustand des *early modern English* ihm eröffnete. Denn das Englische war zu Shakespeares Zeiten als Sprache noch längst nicht »fertig«. Um Wolfgang Clemen zu zitieren – das Englische befand sich in einem noch »flüssigen Aggregatzustand«. Es war quecksilbrig im ständigen Fluss, explodierte im Wortschatz, kämpfte um größeren Ausdrucksreichtum, schillerte in seinen Bedeutungen, experimentierte in der Grammatik, änderte sich unablässig und war nirgendwo auch nur annähernd in einem festgelegten Konsensus kodifiziert. Shakespeare besaß kein Wörterbuch. Aus dem einfachen Grunde, weil es noch kein englisches Wörterbuch gab – kein ›Oxford English Dictionary‹, kein ›Cambridge Dictionary‹, keinen ›Webster‹, es gab nichts, in dem man ein Wort auf seinen »richtigen« Gebrauch hin hätte überprüfen können. So standen Tür und Tor für alle möglichen Ideolekte, Soziolekte und Regiolekte ganz weit offen – und die daraus folgenden sprachlichen Konflikte. Das Englische der Shakespeare-Zeit war ein aufregend instabiles, brodelndes Gebräu, das sein Korsett und seine endgültige Form erst noch suchte.

Shakespeares Zeitgenosse Francis Bacon, der große Begründer des wissenschaftlichen Denkens, empfand geradezu Abscheu vor der englischen Sprache. Ein *vernacular*, eine Volkssprache, die so unpräzise, so veränderlich, so schlüpfrig und glitschig, so schwabbelig und wabbelig und diffus in Sinn und Ausdruck war, schien ihm keine Zukunft zu haben als Speichermedium für das klare wissenschaftliche Denken, das ihm vorschwebte. So ließ er manche eigenen Texte, die er auf Englisch geschrieben hatte, vorsichtshalber ins Lateinische übersetzen, in die klassische Sprache der Klarheit und Logik. Die *res*, die Dinge der Welt, wollte Bacon mit präzisen, möglichst eindeutigen *verba* benannt sehen, unvernebelt von gleitenden Bedeutungen. Er wollte, dass *»vis intellectus super verba dominat«*: dass die Macht des Geistes über die Wörter herrschen sollte. Aber in der schwabbeligen Volkssprache des explodierenden Englischen war es genau andersherum: Die englischen Wörter mit ihren vielfach vermischten, diffusen Bedeutungen, Hybridbildungen und Bankertisierungen – diese Wörter übernahmen aus Bacons Sicht die Macht über den Geist: *»Vis verborum super intellectum. Verba vim suam super intellectum retorqueant«* – die Wörter wirken mit ihrer Kraft auf den Verstand zurück und vernebeln ihn mit ihren schillernden vielfältigen Bedeutungen, schrieb Bacon. *»Credunt enim homines rationem suam verbis imperare«* – die Menschen bilden sich nur ein, dass sie über die Wörter herrschen, dass sie Macht über die Wörter hätten, dass sie der Wörter und der Sprache »mächtig« seien – in Wahrheit sind es die zwiespältigen, vieldeutigen Wörter und die an ihnen klebenden falschen Vorstellungen, die sich der Menschen und ihres Verstandes bemächtigen. Bacon sehnte sich nach jener Klarheit und Eindeutigkeit der paradiesischen Ursprache, die entstand, als Gott der Herr die Tiere auf dem Felde und die Vögel unter dem Himmel zum Menschen Adam brachte, dass er sähe, wie er sie benenne; denn wie der Mensch jedes Tier nennen würde, so sollte es heißen, erzählt uns die ›Genesis‹. Aber mit der adamitischen klaren Benennung der Dinge und Wörter war es seit dem Turmbau von Babel vorbei; seither, seit der großen Sprachverwirrung, kann es einem daher z. B. passieren, dass man Öl bestellt, aber dann Bier erhält. Und so versuchte Francis Bacon, aus dem Sumpf des Englischen wenigstens in die scheinbar feste Burg des gläsern transparenten Lateinischen zurück zu fliehen. Shakespeare, der Texteschreiber für das vulgäre Jahrmarktsbudentheater im Bordellviertel, tat das glatte Gegenteil. Er suhlte sich geradezu in jenem sprachlichen Sumpf, aus dem Bacon fliehen wollte. Er wühlte wie ein Trüffelschwein in jenem brodelnden Englisch nach den exquisiten, quecksilbrig gleitenden Sinnmetamorphosen der Signifikanten, die unbeschwert ihre Signifikate tauschten – und er brachte ihnen lustvoll das Tanzen bei:

Julia wartet sehnsüchtig glühend, dass die Amme kommt und ihr Nachricht von Romeo bringt, wann er nun endlich käme: Sie möchte endlich endlich endlich mit ihm ins Bett. Da kommt die Amme hereingerannt, hysterisch schreiend: »*He is dead! He is dead! He is dead!*« – Was Julia nicht weiß: Es hat einen Straßenkampf gegeben, ihr Vetter Tybalt hat Mercutio totgeschlagen, und Romeo, ihr Geliebter, hat deswegen ihren Vetter Tybalt erstochen. Tybalt ist tot, meint die Amme. Das weiß Julia aber nicht, sie denkt nur an Romeo und hört nur: »*He is dead!*« Sie versteht gar nichts: Ist Romeo tot? Und dann sagt sie Folgendes, was ich Ihnen in korrekter, wissenschaftlicher deutscher Übersetzung nun vorlese[2]:

> Hat Romeo sich selbst erschlagen? Sag du nur »Ja«, und der bloße Laut »Ich« soll mehr vergiften als das todschleudernde Auge des Basilisken. Ich bin nicht ich, wenn es ein solches »Ich« gibt oder die Augen geschlossen sind, die dich »Ja« antworten lassen. Wenn er erschlagen ist, sag »Ja«; oder wenn nicht »Nein«. Kurze Laute bestimmen über mein Wohl und Wehe.
>
> *(III,2,42)*

Meine Damen und Herren, ohne Ihre sprachlichen Kompetenz anzuzweifeln zu wollen, vermute ich, dass Sie NICHT verstanden haben, was Julia da Bedeutendes in diesem hochdramatischen Moment sagt. Ich würde Ihnen daher die Passage nun gerne in der romantischen Übersetzung von Wilhelm Schlegel vorlesen – aber das kann ich leider nicht, aus dem einfachen Grund, weil Schlegel diese Stelle nicht übersetzt hat: wie so vieles, was ähnliche semantische Strukturen aufweist. Aber ich werde es Ihnen auf Englisch vorlesen – und achten Sie bitte vor allem auf den *sound*:

> *Hath Romeo slain himself? Say thou but »Ay«*
> *And that bare vowel »I« shall poison more*
> *Than the death-darting eye of cockatrice.*
> *I am not I if there be such an »I«,*
> *Or those eyes shut that makes thee answer »Ay«.*
> *If he be slain say »Ay«, or if not, »No«.*
> *Brief sounds determine of my weal or woe.*

Wie Sie bemerkt haben werden, irrlichtert ein einzelner Laut durch diesen Text: das Phonem [ai]. Dieses lautliche Zeichen [ai] als Signifikant hat die unangenehme Eigenschaft, vier verschiedene Signifikate zu bezeichnen – der eine Laut [ai] steht für vier verschiedene Dinge: »ay« wie in »ay ay, Sir«: *[ai]* gleich »yes, ja«. Das ist der Sinn, den Julia fürchtet: »Ist Romeo tot? – Ay.« *[ai]* kann aber auch »I = ich« heißen. *[ai]* kann den Vokal »*[ai]* = i« bedeuten. Und *[ai]* kann »*eye* – Auge« heißen. Und mit diesem nur in der englischen Sprache existierenden Phänomen der vierfachen Bedeutung des Signifikanten *[ai]* spielt Shakespeare nun in einem hochdramatischen Augenblick. Ich darf Ihnen das nochmals vorlesen und gestisch die jeweilige Bedeutung des *[ai]*-Phonems signalisieren: Bei *[ai]* als »ja« mit militärischem Gruß, bei *[ai]* als Vokal »i« mit gerecktem Zeigefinger, bei *[ai]* als »ich« zeige ich mit dem Daumen auf mich, bei *[ai]* als »Auge« zeige ich aufs Auge, so – also:

> *Hath Romeo slain himself? Say thou but »Ay« **(mil. Gruß)***
> *And that bare vowel »I« **(Zeigefinger)** shall poison more*
> *Than the death-darting eye **(Auge)** of cockatrice.*
> *I **(Daumen)** am not I **(Daumen)** if there be such an »I« **(Zeigefin-***
> ***ger),***

*Or those **eyes (Auge)** shut that makes thee answer »Ay«(mil. **Gruß**).*
*If he be slain say »Ay«(mil. **Gruß**), or if not, »No«.*
Brief sounds determine of my weal or woe.

Vis verborum intellectum superat, hätte Francis Bacon so etwas genannt, was Shakespeare hier veranstaltet: Die Macht eines Wortes
überwältigt den Verstand. Ein Wortklang, dessen perhorreszierte
Bedeutung »ja, er ist tot« Julia nicht hören und nicht wissen will,
macht sich trotzdem in ihrem Reden selbstständig: als Signifikant
unterminiert er ihre Sätze, verwandelt sich in anderen Sinn, verkleidet sich in andere Signifikate, kriecht in anderer Bedeutung
aus jedem Winkel ihres schockstarren Hirns, dominiert ihren
Verstand. Ein solches manieristisches Spiel, das dasjenige nach
außen kehrt, was im Innern einer Figur abläuft, war wohl nur in
Shakespeares quecksilbriger Sprachepoche möglich – denn schon
150 Jahre später spöttelte der große Kritiker Dr. Samuel Jonson,
dass Shakespeare jederzeit einen großen dramatischen Moment
für einen billigen »*pun*« weggeschenkt hätte – oder anders gesagt:
dass Shakespeare jederzeit seine Großmutter für einen Kalauer
verkauft hätte.

Kalauernd antwortet Hamlet, der gerade Polonius umgebracht hat, seinem König Claudius: Wo Polonius sei, will der wissen. »Beim Abendessen«, antwortet Hamlet, aber nicht da, wo er
speist, sondern wo er verspeist wird: Die Würmer machten sich
gerade über ihn her: *A convocation of politic worms are e'en at him.*
Your worm is your only emperor for diet: Der Wurm und seine
kaiserlichen Tafelfreuden: Alles Irdische wird letztlich Gaumen-
schmaus, Speisefolge oder »Diät« der Würmer: *A diet of worms.*
Das heißt es, das meint Hamlet. Leider heißt es *gleichzeitig* auch
was anderes, und Hamlet *meint* auch gleichzeitig dieses andere:
diet bedeutet nämlich nicht nur »Diät«, sondern ist auch die englische Bezeichnung für einen Reichstag des Heiligen Römischen
Reiches deutscher Nation, und *worms* heißt zwar »Würmer« – ist
aber in englischer Aussprache auch der Name der Stadt Worms
am Rhein, wo Karl V. 1521 jenen Reichstag abhielt, auf dem er den

ketzerischen Mönch Martin Luther zum Widerruf zwingen wollte – was dieser mit dem Satz »Hier steh ich, ich kann nicht anders« abgelehnt hat: ein historischer Vorgang, der zu Shakespeares
Zeiten gerade erst mal 80 Jahre her und angesichts der fortdau-
ernden massiven Religionskonflikte von durchaus aktueller Bedeutung war. Kalauernd wird zweifacher Sinn gemünzt, in dem je
zwei Wörtern gleichzeitig je zwei Bedeutungen zugewiesen werden; aus *diet* wird »Diät« und auch »Reichstag« als Sinn gezogen;
und *worms* werden zu »Würmern« und zugleich zu »Worms am
Rhein« – aus eins mach zwei, aus zwei mach eins, aus drei mach
keins, so geht das Hexeneinmaleins: Wieder ist die Eindeutigkeit
der Sprache lustvoll zerlegt – und das Stück ist von Hamlet, dem
Studenten der Universität Wittenberg, kalauernd doppeldeutelnd
im großen Epochenbruch der Reformation verortet.

Nicht einmal einzelne Phoneme sind vor Shakespeares Sprach-
zerlegungsfuror sicher: selbst die Vokalreihe a, e, i, o, u eignet sich
dafür – denn o und u z. B. lauten englisch *[ou]* und *[ju:]* – und
schon kann man den harmlosen Vokalen die Bedeutung *oh, you!*
oh, du! unterschieben. Aber das ist nicht alles – man muss *[ju:]*
nur in Form von e-w-e verstehen – und schon hat man den Sinn
oh ewe! – *[ou ju:]*, o Mutterschaf! Und wenn der Gesprächspart-
ner sich empört, als Schaf bezeichnet zu werden, so verwahre man
sich, man haben nicht *oh, ewe* gemeint sondern *o yew!* – geschrieben y-e-w, und schon hat man mit *[ou ju:]*, nur »o Eibenbaum« gemeint, während man o und u sagte.: o u *[ou ju:]*, *[ou ju:]*, *[ou ju:]*…

Und Shakespeare sprachbesoffene Wortverdrehmaschine kehrt
sogar das Prinzip der adamitischen Benennung um: es werden
nicht den *res,* den Dingen, *verba* zugeschrieben, wie Adam es auf
Gottes Geheiß mit Ochs und Esel und Kuh und Schaf getan hat –
sondern Wörtern werden neue Dinge unterschoben: In den *Lustigen Weibern von Windsor* fragt ein walisischer Pastor den kleinen
William lateinische Formenlehre ab. Der kleine William kann nur
ganz wenig Latein. Der Pastor kann auch nur wenig Latein, und
vor allem spricht er es mit schrecklichem walisischem Akzent aus.
Man muss sich das etwa so vorstellen, also würde ein Franzose

ohne lateinische Sprachkenntnise Catos berühmten Satz »*ceterum censeo Carthaginem esse delendam*« französisch aussprechen: »*ceterüm ceñseó Cartaschinem ess deleñdeñ*«…

Dem Unterricht hört eine Kaschemmenwirtin zu, die überhaupt kein Latein kann, eine Madam Quickly, ehemals aus dem horizontalen Gewerbe, also eine Frau Flink, Frau Hurtig, Frau Geschwind – oder, wenn der englische Schauspieler eine kleine phonetische Verschiebung vornimmt: eine Madam Quicklay, also eine Frau Schnellflachgelegt. Diese Frau Quickly versucht nun, aus den ihr unverständlichen walisisch-lateinischen Lauten des Pastors verstehbaren englischen Sinn zu schlagen – es ergeht ihr dabei ähnlich wie vielleicht Ihnen damals, als Ihnen zum erstenmal in einem italienischen Restaurant von einem italienischen Kellner »*spaghetti marinara con cozze*« empfohlen wurde – was nicht sehr appetitlich klingt, doch nur diese köstlichen kleinen Muscheln meint … Der Pastor erklärt den Akkusativ des Demonstrativpronomens *hic haec hoc*, also »dieser, diese, dieses«, lateinischer Akkusativ *hunc, hanc, hoc* – aber mit walisischer Auslauterweichung als *hungg, hanng, hogg* gesprochen. So hört Frau Quickly *hangg hogg* und hört daraus *hang hog*, was sie irgendwie als »aufgehängtes Schwein« versteht und daraus messerscharf schließt, dass offenbar von Räucherspeck die Rede ist. Und ebenso unterwirft sie den grammatischen Begriff des »*genitive case*«, des Genitiv-Falls, kühnen Deutungen: »Genitiv-Fall« kennt sie nicht, aber *genitive* klingt irgendwie wie der Name »Jenny«, und *case* war elisabethanischer Slang für das weibliche Genitale – und so hört Frau Quickly, ihrem Beruf gemäß, in *genitive case* das naheliegende *Jenny's case* – und so kommt es, dass aus dem »Genitiv-Fall« in Frau Quicklys englischer Übersetzung überraschenderweise »Jennys Muschi« wird.

Shakespeare, der große Poet, hatte ersichtlich eine unbändige Lust daran, die Sprache in den surrealen und burlesken Aberwitz zu treiben – als wolle er den Beweis dafür antreten, was Francis Bacon behauptet hat: dass diese waberige Sprache zur sinnhaften Kommunikation nicht taugt. Die Sprachkapriolen, mit denen Shakespeare sein quecksilbriges Idiom ständig gezielt an die Wand und in den Unsinn fährt, haben aber sehr wohl ernsthaften Hintergrund: Sie sind zentraler Bestandteil des shakespeareschen Dichtens.

Shakespeare, der große Sprachkünstler, ist ein radikaler Sprachskeptiker, der der Sprache nichts zutraut. Der der Sprache NICHT TRAUT. Der Sprache als untaugliches Mittel sieht, die Dinge der Welt *wirklich* zu erfassen. Denn Sprache ist ihm das sicherste Mittel, sich NICHT zu verstehen. Sprache ist ihm Anlass zu fortwährendem *Miss*verstehen. Sprache ist Uranlass zu Hass und zu Streit, zu Täuschung und Betrug in der Welt. Sprache schadet: »*Sprache hast mich gelehrt, und mein Gewinn / Ist, daß ich fluchen kann*« – so verflucht Caliban seinen Sprachlehrer Prospero.

»*Wörter sind wahre Hochstapler*«, lässt Shakespeare seine Narren sagen, »*Wörter sind so zwiespältig, dass die Bedeutung immer zwischen ihnen durchfällt.*« Es ist kein Verlass auf sprachliche Aussagen, meint Shakespeare, denn: »*Ein kluger Satz ist für einen schlauen Kopf nur ein Ziegenlederhandschuh: wie schnell ist die falsche Seite nach außen gestülpt!*«

Sprache ist unabänderlich uneindeutig. Sprache ist unvermeidlich vieldeutig. Und genau dies nutzen Shakespeares große Verbrecher als Methode und betreiben es als Programm: Der Massenmörder Richard III., der der *Un*eindeutigkeit der Sprache »mächtig« ist, rühmt sich stolz:

»*I moralize two meanings in one word*« – ich nehme mir *zwei* Bedeutungen aus *einem* Wort. Richards Satz könnte als Motto über Shakespeares Gesamtwerk stehen. Es ist Shakespeares poetisches Sprachgestaltungsprinzip und zugleich sein Grundthema: das Doppeldeuteln als die sprachliche Ursünde der Welt. Ein Prinzip, das er leibhaftig auf der Bühne erscheinen lässt: Die dämonischen Hexen in Macbeth – was sind sie, wenn nicht personifizierte »puns« wandelnder Doppelsinn: *Double double toil and trouble ... If Birnam wood to Dunsinane ...* Nimm Zwei aus Eins, aus Eins mach Zwei, aus Drei mach keins, das ist das Hexeneinmaleins.

Wahrheit und Erkenntnis beginnen für Shakespeare ureigentlich erst dort, wo Sprache endet:»Was ist ein Name«, fragt Julia ihren Romeo aus der verfeindeten Familie, und erkennt:

Das, was Rose heißt,
Würd gleich süß unter anderm Namen duften.«

Das, was so süß duftet, könnte bekanntlich auch Krztnkrmpf heißen, oder Glubbequaatsch – das *Wesen* jenes Duftdings bliebe trotzdem gleich, ganz gleich, mit welchen Phonemen man's bezeichnet. So, wie Romeo für Julia als Wesen gleich bleibt, unabhängig von seinem Namen.

Es ist, als würde der Gedanke aus Platons *Kratylos*-Dialog beim großen Wortkünstler Shakespeare Pate stehen: Wäre es nicht viel besser, wenn wir die Dinge direkt, ohne täuschende Sprache und ohne zwiespältige Wörter, aus ihrem *Wesen,* »an sich« erfassen und erkennen könnten?

Das ist es, was König Lear im Wahnsinn zu erkennen meint: Das Ding an sich, die vorsprachliche Erkenntnis, das sprach*lose* Begreifen als letzte Wahrheit – nachdem Shakespeare ihm in seinem gigantischen Sturz die Sprache zerfetzt, die Syntax zerrissen, die Wörter verstümmelt und den sprachlichen Sinn zerfleddert hat – bis zum letzten Schrei, bis zum Moment des Verstummens, an dem Sprache endet. Erst, wo Sprache endet, beginnt beim wortmächtigen Dichter Shakespeare Wahrheit.

Meine Damen und Herrn – der große Shakespeare, der so schlecht die Tinte halten konnte, hat in seinem Gesamtwerk, in der Komödie wie in der Tragödie, a *great feast of language* angerichtet, wie es in *Love's Labour's Lost* heißt – ein »großes Schlemmermahl der Sprache«. Nur eben leider ein Schlemmermahl der *englischen* Sprache, bei dem die einzelnen Gänge und Gerichte von der Suppe über Vorspeise bis zum Dessert aus den ganz speziellen Eigenheiten und Möglichkeiten der *englischen* Syntax, der *englischen* Grammatik, der *englischen* Phonetik und der *englischen* Lexikalik zubereitet wurden, obendrein auch noch in den alten Kasserollen des elisabethanischen Englisch. Dafür hat Shakespeare – wie der Koch das Eigelb vom Eiweiß trennt – oftmals *res* und *verba*, die Dinge und ihre englischen Sprachzeichen, lustvoll voneinander geschieden, hat sie neu durchmischt, mit neuen Zutaten verquirlt und genüsslich in neuen Kombinationen aufgetischt, oftmals bis zur Auflösung von Sprache in einem Wirbel der Signifikanten und Signifikate, bis an die Grenzen des Sagbaren und Verstehbaren. Er hat – wie es in den deftigen *Lustigen Weibern von Windsor* deftig heißt – oftmals »Hackfleisch aus der englischen Sprache gemacht«.

Shakespeares dichterisches Grundrezept, aus einem englischen Wort mindestens zwei Bedeutungen zu nehmen, wirft für einen deutschen Koch, wenn er Shakespeares Schlemmermahl mit deutschen Zutaten nachkochen will, natürlich die eine oder andere Schwierigkeit auf: »*ay*« heißt auf Deutsch »ja« und NUR »ja«, ein deutsches »Ja« heißt nicht zugleich »i«, »ich« und »Auge«. Deutsche Würmer haben nun gar nichts mit Worms zu tun und Worms nichts mit Würmern und ein Reichstag ist keine Diät. Aus dem deutschen Vokal »u« kann man beim besten Willen weder einen Eibenbaum quetschen noch ein Mutterschaf, und zu »Genitiv« fällt auch der pornographischsten Phantasie nicht direkt was ordentlich Unanständiges ein. Die deutsche Sprache sperrt sich erheblich gegen Shakespeares »Aus Eins nimm dir Zwei oder Drei oder Vier«-Sprachhexeneinmaleins. Aber solche Spielerei *muss übersetzt werden*, denn sie ist *Inhalt!*

So habe ich mich redlich bemüht, auch die deutschen Wörter so zwiespältig zu machen, dass ihre Bedeutung immer zwischen ihnen durchfällt; und ich habe mich – das darf ich auch an die Adresse von Christineo8 sagen – nach Kräften bemüht, dem Original entsprechend, so gut ich konnte, auch aus der deutschen Sprache Hackfleisch zu machen. Die Akademie, die es laut ihrer Internetseite »als ihre Aufgabe ansieht, die deutsche Literatur und Sprache zu pflegen«, hat mir *trotzdem* den Johann-Heinrich-Voß-Preis zuerkannt. Ich danke ihr sehr dafür.

SHAKESPEARES BIOGRAPHIE
ODER
FAKTEN ÜBER FAKTEN ÜBER FAKTEN
ODER
DIE FRÜCHTE FLEISSIGER FORSCHUNGSARBEIT

――――――――――

Dunkle Wolken über dem Buckingham Palast! Camilla erschien nicht zur großen Gala. Gab es ein Zerwürfnis mit der Queen? Palastinsider hüllen sich vorerst in Schweigen. Prinz Charles saß wie versteinert bei Tisch. Ist die Thronfolge in Gefahr?

Der Urimpuls allen biographischen Interesses liegt in unserm Vergnügen an Klatsch und Tratsch. Wir gönnen es uns, im Wartezimmer und beim Friseur amüsiert die neuesten Skandal- und Liebesgeschichten der Schönen, Reichen und Prominenten in der Regenbogenpresse durchzublättern. Ob solche Geschichten wahr sind oder frei erfunden, ist dabei ziemlich gleichgültig; wir sind einfach neugierig auf saftigen Klatsch.

Anspruchsvoller werden wir, wenn wir eine Biographie über den Autor eines literarischen Werkes lesen: Hier wollen wir wissen, wie der Mensch tatsächlich ist oder war, der sich dieses Werk ausgedacht hat – wir sind neugierig auf den Menschen *hinter* dem Phantasiewerk. Das sollte nun kein beliebiger Klatsch mehr sein, sondern Fakten dieses Lebens erzählen. Über Goethe wissen wir viel, über Sophokles nur ganz wenig, über Homer nichts. Eventuell lesen wir solch eine Autoren-Biographie, um aus dem Leben Aufschlüsse darüber zu erhalten, wie das Werk zu verstehen ist. Dies ist ein legitimes Bedürfnis. Eventuell aber kommen wir auf die Idee, umgekehrt aus dem Werk auf das Leben des Autors rückzuschließen – was und wie er als privater Mensch war, wollen wir plötzlich aus dem dichterischen Werk herauslesen. Hier begeben wir uns nun auf glitschiges und vermintes Gelände, denn wie Leben und Text und Text und Leben zusammenhängen, ist gar nicht so leicht zu sagen. Besonders kompliziert ist es bei Shakespeare. Eines der beliebtesten, unausrottbarsten Klischees über Shakespeare lautet:»Man weiß ja fast nichts über ihn.« Das ist nicht nur falsch, das ist grottenfalsch. Es gibt (mit Ausnahme Ben Jonsons) keinen einzigen Dramatiker der Epoche, über den man so viel weiß wie über Shakespeare. Es gibt in der gesamten englischen Renaissance kein einziges bürgerliches Leben, über das so viel bekannt ist wie über Shakespeares Leben.

Dies war in der Tat nicht immer so. Ende des 18. Jahrunderts brachte der Shakespeare-Forscher George Steevens die Sachlage auf ein knappes Maß:

> Alles, was mit einiger Gewißheit über Shakespeare bekannt ist, ist – daß er in Stratford-upon-Avon geboren wurde, – dort geheiratet hat und Kinder bekam – nach London ging, wo er die Schauspielerei anfing und Gedichte und Stücke schrieb, nach Stratford zurückkehrte, sein Testament machte, starb und begraben wurde.[1]

Das ist lange her. Unser Wissen über Shakespeare hat sich in den seither vergangenen 200 Jahren gewaltig erweitert. Dies verdanken wir zum einen dem enormen Aktenbestand, den die Elisabethaner uns hinterlassen haben. Er wurde von einer Unzahl Ämter fabriziert, deren Aufgabenbereiche nur recht vage festgelegt waren und sich daher häufig überschnitten. Amtsträger zu sein war ein einträgliches Geschäft, denn für jeden bürokratischen Vorgang wurden heftige Gebühren erhoben, die bei der Amtsperson blieben; auch galt es keineswegs als ehrenrührig oder korrupt, Geschenke von Bittstellern anzunehmen; folglich stieg die Zahl der Amtsträger und Ämter, und in der Folge nahm der Schriftverkehr zu. Das Alltagsleben wurde zunehmend bürokratisch festgehalten. Der »Übermut der Ämter«, über den Hamlet klagt, hat hier seinen realen Urgrund. In London und Umgebung lagern heute noch etwa 10 Millionen Dokumente aus unterschiedlichen Zeiten;

sehr viele davon aus der elisabethanischen Epoche. Das Problem ist: Wie findet man etwas über Shakespeare in diesem 150 km langen Wust von Dokumenten? Eigentlich nur durch Zufall.

Aber es gibt auch Gegenbeispiele: Das amerikanische Ehepaar Charles und Hulda Wallace hatte methodisch gearbeitet und dadurch einen spektakulären Entdeckungscoup gelandet. Im Jahr 1906 zogen sie von Nebraska, USA, nach London – und zwar, um zu lesen; nämlich die Akten im *Public Record Office*. Sie lasen dort jeden Tag acht Stunden lang, Hunderttausende von verstaubten Dokumenten in oft kaum entzifferbarer, verblichener elisabethanischer Kanzleischrift aus dem späten 16. und frühen 17. Jahrhundert: Grundbucheinträge, Hypothekeneintragungen, Steuermahnungen, Gerichtsprotokolle und ähnlich aufregende Lektüre. Sie waren fest davon überzeugt, dass irgendwann Shakespeare in diesen öffentlichen Aufzeichnungen auftauchen würde. Und siehe da: Kaum hatten sie drei Jahre lang gelesen, als es 1909 tatsächlich klappte. Sie fanden eine Prozessakte des Armengerichts in London: den bislang unbekannten Streitfall Belott gegen Mountjoy, Schwiegersohn gegen Schwiegervater. Vom 12. Mai 1612. Es war ein Streit um eine 1604 nicht ausgezahlte Mitgift; beim Prozess musste ein Zeuge aussagen, der damals, acht Jahre zuvor, auch im Haus Mountjoy, wohl als Untermieter, gewohnt hatte: William Shakespeare. Seine Aussage wurde protokolliert, Shakespeare wurde über zwanzigmal in den Dokumenten erwähnt. Auszug:

> William Shakespeare of Stratford vpon Aven in the Countye of Warwicke gentleman of the age of xlviij yeres or thereaboutes sworne and examined the daye and yere abouesaid deposethe & sayethe [1] To the first interrogatory this deponent sayethe he knowethe the partyes plaintiff and deffendant and hathe kno[ne] them bothe as he now remembrethe for the space of tenne yeres or thereaboutes.
>
> [2] To the second interrogatory this deponent sayeth he did know the complainant when he was servant with the deffendant, and that duringe the tyme of his the complainantes service with

the said deffendant he the said complainant to this deponentes
knowledge did well and honestly behaue himselfe ...

Shakespeare sagt aus, dass er nichts aussagen könne, weil er sich
nicht mehr genau erinnere; er wisse nichts mehr von der Höhe
der versprochenen Mitgift. Es folgen noch drei weitere Absätze
ähnlichen Inhalts. Es ist dies die einzige protokollierte mündliche
Aussage Shakespeares, die wir haben. Sie ist eher unbedeutend,
wenn es um den Sinn von *König Lear* geht, aber wir wissen seither
immerhin, dass Shakespeare 1604 Ecke Silver Street und Monkwell Street in Cripplegate, London, logiert hat. Und seither haben wir auch die zeitlich früheste, sehr gute, flüssige Unterschrift
Shakespeares, denn er unterschrieb seine Zeugenaussage eigenhändig mit »Wllm Shaksp«.

Staubige Akten elisabethanischer Ämter sind die Fundgrube, aus
der fleißige Forscher so viele Informationen über Shakespeares
Leben und das seiner Freunde und Bekannten gesammelt haben,
dass seine bürgerliche Biographie – von einigen Lücken abgesehen – heute sehr gut dokumentiert und belegt ist. Zum Beispiel
so, in kleiner Auswahl:

1564 26. April: Getauft als Sohn des angesehenen Handschuh-
      machers John Shakespeare und seiner Frau Mary, als ältes-
      ter Sohn und drittes von insgesamt 8 Kindern:
      Joan, 15. September 1558, starb als Kleinkind
      Margaret, 2. Dezember 1562–30. April 1563
      William, 26. April 1564–23. April 1616
      Gilbert, 13. Oktober 1566–2. Februar 1612
      Joan, 15, April 1569–4. November 1646
      Anne, 28. September 1571–4. April 1579
      Richard, 11. März 1574–4. Februar 1613
      Edmund, 3. Mai 1580–31. Dezember 1607
1568 Vater John Shakespeare wird zum Bürgermeister und Frie-
      densrichter von Stratford gewählt.

1582 27. November: Ausstellung der Heiratslizenz für den noch nicht volljährigen William zur Hochzeit mit der acht Jahre älteren Anne Hathaway

1583 26. Mai: Taufe der Tochter Susannah

1585 2. Februar: Taufe des Zwillingspaares Hamnet und Judith
Keine Informationen über Shakespeares »Sieben verlorene Jahre« von 1585–1592

1592 3. März: Theaterimpresario Philip Henslowe verzeichnet eine Aufführung des Stückes *Henry VI, Part 1* durch die *Strange's Men* im *Rose Theatre*.
3. September: Der Dichter Robert Greene veröffentlicht ›Groatsworth of Wit‹, ein Pamphlet, in dem schreibende Schauspieler als Plagiatoren angegriffen werden – ersichtlich ist besonders Shakespeare gemeint.

1593 18. April: Registrierung seines Versepos *Venus and Adonis*, gewidmet Henry Wriothesley, dem 3. Grafen von Southampton, publiziert von Richard Field

1594 Veröffentlichung von *The Rape of Lucrece*, auch dem Grafen von Southampton gewidmet
Titus Andronicus und *Henry VI, Part 2* erscheinen als Quarto-Drucke ohne Verfasserangabe.
Die Schauspieltruppe unter der Patronage des Lord Chamberlain, *The Lord Chamberlain's Men* wird von acht Schauspielern als Teilhabern gegründet, darunter prominent William Shakespeare.

1595 Honorar durch den Lord Chamberlain für zwei Hofaufführungen der *Lord Chamberlain's Men* an den Weihnachtstagen 1594
Henry VI, Part 3 erscheint als Quarto-Druck ohne Verfasserangabe.

1596 Beerdigung des Sohnes Hamnet am 11. August
20. Oktober: Vater John Shakespeare und seinen Kindern wird das Recht auf ein Wappen zuerkannt.

1597 Kauf eines großen Hauses *New Place* in Stratford für nominell 60 £

In London wird Shakespeare wegen einer unbezahlten Steuerschuld von 5 s gemahnt.

Romeo and Juliet, Richard III und *Richard II* erscheinen als Quarto-Drucke ohne Verfasserangabe.

1598 Lobende Erwähnung mehrerer seiner Stücke und Sonette in der Schrift ›Palladis Tamia‹ von Francis Meres

15. Oktober: Brief von Richard Quiney an Shakespeare mit der Bitte um ein Darlehen von 30 £

Love's Labour's Lost, Richard II und *Richard III* erscheinen als Quarto-Drucke mit Verfasserangabe, *Henry VI Part 1* ohne Verfasserangabe.

1599 Shakespeare wird 10-prozentiger Anteilseigner am neu erbauten *Globe Theatre*

1600 Erstaufführung von Shakespeares *Julius Caesar* zur Eröffnung des *Globe Theatre*.

Midsummer Night's Dream, Henry VI Part 2, Much Ado About Nothing und *Merchant of Venice* erscheinen als Quarto-Drucke mit, *Henry V* ohne Verfasserangabe.

1601 Tod des Vaters am 8. September

1602 1. Mai: Shakespeare kauft 127 Morgen Land in Stratford für 320 £.

28. September: Er kauft ein Cottage gegenüber seinem Haus New Place.

Merry Wives of Windsor erscheint als Quarto-Druck mit Verfasserangabe.

1603 19. Mai: Unter dem neuen König Jakob I. wird Shakespeares Truppe neu lizensiert als *King's Men*; Shakespeare wird – mit seinen Kollegen – dadurch »*Groom extraordinary of the Chamber*« und erhält die Livree des Königs für besondere repräsentative Aufgaben.

Hamlet erscheint als Quarto-Druck mit Verfasserangabe.

1604 Shakespeare wird als Eigentümer eines Cottage in Rowingham aufgeführt. Shakespeare wohnt in London in Cripplegate, Ecke Silver und Monkwell Street. Er verklagt einen Nachbarn wegen Schulden von 2 £.

1605 Tod des Schauspielerkollegen Augustine Phillips am 4. Mai, der Shakespeare ein Vermächtnis von 30 s hinterlässt

29. Juli: Shakespeare kauft für 440 £ auf Raten ein Zinsanrecht auf den Zehnten von Stratford, das jährlich etwa 60 £ einbringt.

1606 In einer Urkunde wird Shakespeare als Pächter des Chapel Lane Cottage aufgeführt.

1607 Am 5. Juni Hochzeit seiner Tochter Susannah mit dem Arzt John Hall

1608 Geburt von Shakespeares Enkelin Elizabeth am 1. August

Vergabe der Hausanteile am neu gekauften *Blackfriars Theatre* unter sieben Mitgliedern der Truppe, darunter prominent William Shakespeare

Shakespeare verklagt einen Schuldner wegen 6 £.

King Lear erscheint als Quarto-Druck mit Verfasserangabe.

1609 Shakespeares *Sonette* werden gedruckt.

Pericles und *Troilus and Cressida* erscheinen als Quarto-Drucke mit Verfasserangabe.

1612 Zeugenaussage Shakespeares im Prozess Bellot gegen Mountjoy

1613 28. Januar: Shakespeare erbt 5 £ von John Comte.

10. März: Shakespeare kauft das *Blackfriars Gatehouse* in London für 140 £, für das er am 11. März eine Hypothek aufnimmt.

31. März: Shakespeare erhält 44 Schilling für ein Emblem, das er für den Grafen Rutland entworfen hat.

29. Juni: Das *Globe Theatre* brennt bei einer Vorstellung seines Stückes *Henry VIII* ab.

1616 10. Februar: Hochzeit seiner Tochter Judith mit Thomas Quiney

5. März: Shakespeare setzt sein Testament auf.

23. April: Vermutlicher Todestag Shakespeares; er wurde 52 Jahre alt.

25. April: Beerdigung in der Holy Trinity Church

1623 Shakespeares Werke werden von seinen Schauspielerkollegen John Heminge und Henry Condell als Gesamtausgabe veröffentlicht.

Tod seiner Ehefrau Anne am 8. August

Ein kleiner oberflächlicher Streifzug nur durch die Eckdaten von Shakespeares Leben, wie er sich aus Samuel Schoenbaums[2] vorbildlicher, rein faktenorientierter, bis ins letzte Detail überprüfbarer und belegbarer Biographie ergibt. Wir sehen die geradezu sterbenslangweilige Biographie eines geachteten Bürgers, der sich zielstrebig um gesellschaftlichen und finanziellen Aufstieg mühte; der in der Hauptstadt in seinem Theater- und Schriftstellergewerbe erfolgreich war und seine beträchtlichen Gewinne vorsichtig und vernünftig in seiner Heimatstadt zumeist in Immobilien anlegte, um das Verdiente abzusichern. Gesundes Gewinnstreben geht Hand in Hand mit Geschäftstüchtigkeit – wie unfassbar banal für den Dichter des *King Lear*.

Über 100 Dokumente belegen Shakespeares Leben. Aber es sind vor allem Dokumente, die uns nicht sonderlich interessieren: Geburtsregister, Heiratsurkunden, Kaufurkunden, Sterbeurkunden, Steuermahnungen, Gerichtsvorladungen, Hypothekenverträge und andere Verwaltungsvermerke in öffentlichen Registern, wie sie im Laufe eines bürgerlichen Lebens bei jedermann anfallen. Es ist keine Künstler-Biographie, wie wir sie von *unserem Shakespeare* erwarten: Der himmelstürmende Dichter der übermenschlich großen Leidenschaften, der Dichter des *Hamlet*, des *Macbeth*, des *Othello* und der Liebessonette kann nach unserem Verständnis nicht eine derart triviale Bürgerexistenz geführt haben: Da fehlt die Künstlerexistenz, da fehlen Abenteuer, Größe, Wahnsinn, Verbrechen, Frauen und Leidenschaft. Sein Kollege Christopher Marlowe war beim Geheimdienst und wurde wenigstens ermordet, Thomas Kyd wurde gefoltert, und Ben Jonson kam wegen eines Dramas ins Gefängnis und wegen Totschlags fast an den Galgen – und Shakespeare? Ein Leben als vorsichtiger Geschäftsmann. Wie unromantisch.

In der Tat »unromantisch« – denn erst in der Romantik entstand ja dieses unser Bild vom seelisch geschüttelten Künstler, der sein innerstes Erleben, sein privates Ich aufs Papier warf. Zu Shakespeare-Zeiten wurde das Stückeschreiben als Handwerk gesehen und nicht als Ego-Trip. Persönliche Aufzeichnungen oder Korrespondenzen, die Einblick in Shakespeares privates Leben geben, z. B. über sein Liebesleben, seine politischen Ansichten, seine Glaubenssätzen, seine Lebens- und Weltsicht, wie man sie in Tagebüchern, Konfessionen, Memoiren oder Aufsätzen niederlegt oder wie Freunde, Verwandte und Bekannte sie erzählen, gibt es nicht. Wir wissen folglich nichts von seiner künstlerischen, seelischen und geistigen Lebensentwicklung und nichts von seinem Gefühlsleben, kurz: Wir wissen nichts von ihm als Menschen, nichts von der Person hinter dem Werk, nichts von seiner »inneren Biographie«. Trotz der über 100 Dokumente. Dies soll nach Meinung von Spökenkiekern höchst verdächtig und rätselhaft sein.

Aber das ist ein Irrtum – im Gegenteil: Verdächtig und rätselhaft wäre es, wenn wir von allen anderen Dramatikern seiner Zeit solche Liebesbriefe, Korrespondenzen, Tagebücher und Selbstzeugnisse in Hülle und Fülle besäßen – dann wäre das Fehlen solcher Texte nur bei Shakespeare in der Tat äußerst merkwürdig. Aber so ist es ja nicht. Wir besitzen von keinem anderen Bühnenautor der Zeit (Ben Jonson ausgenommen) solche persönlichen, ganz privaten Dokumente. Der Fall Shakespeare ist daher keineswegs auffällig, verdächtig, rätselhaft, außergewöhnlich oder bemerkenswert einzigartig, nein – er ist der Normalfall! Die Spökenkieker messen nur mit zweierlei Maß: Sie erwarten von Shakespeares Hinterlassenschaft Dinge, die sie von anderen Autoren nicht erwarten. Vor allem legen sie eine historisch falsche Perspektive an: nämlich die heutige, die Shakespeare nur als überlebensgroßes Dramatiker-Genie kennt und deshalb in falscher Analogie meint, er habe auch zu seinen Lebzeiten vor vierhundert Jahren als literarischer Pop-Star ständig im Focus der elisabethanischen Öffentlichkeit gestanden. Nichts könnte falscher sein: Die Elisabethaner wussten nicht, dass Shakespeare dereinst zum größten Dramatiker der Weltliteratur ernannt werden würde; wie Shakespeare nicht wusste, dass er in der Renaissance lebte: Das sind Etikettierungen späterer Zeiten, die in der Epoche selbst nicht bewusst waren. Zu Shakespeares Lebzeiten war ein Schreiber für die neuen öffentlichen Bühnen ein Verfasser von Gebrauchstexten wie heute der Drehbuchautor. Wer interessiert sich für Briefe und Tagebücher von Herbert Reinecker? Wer das ist? Das ist der Autor von 281 *Derrick*-Fernsehfolgen mit Horst Tappert und Fritz Wepper. Kein besonderer Grund, dem persönlichen Lebensweg dieses Drehbuchautors besondere Aufmerksamkeit zu schenken oder seine schriftlichen Zeugnisse aufzuheben – so wenig Grund wie für die Elisabethaner, sich für Shakespeares Leben sonderlich zu interessieren. Besondere Ehrung erwies man nur denjenigen Autoren, die Versepen und Sonette verfassten – aber auch diese mussten dazu noch wenigstens adelig sein und hohe Ämter innehaben, um dafür eine Art Nachruhm zu erwerben. Selbst an einem bekannten und durchaus beliebten Verfasser dramatischer Bühnenschocker wie Shakespeare, der auch ein paar Sonette und Versepen geschrieben hatte, hatte die damalige Zeit kein biographisches Interesse. Die Zeiten waren anders.

Als die Zeiten sich änderten, als sich gegen Ende des 17. Jahrhunderts das Interesse an der Person des Dichters zu regen begann, fand sich über Shakespeare daher fast nichts. Es gab vereinzelte Anekdoten, deren Wahrheitsgehalt äußerst unsicher war, und es entstanden langsam Legenden, die mündlich weitergegeben wurden. Zu den meisterzählten gehörten die Geschichten von Shakespeare, dem Wilddieb, der in Sir Thomas Lucys Wildpark wilderte und deshalb zu einer Prügelstrafe verurteilt wurde, und schließlich, wegen eines Spottgedichtes auf den hohen Sir, nach London fliehen musste – eine Geschichte, auf die Shakespeare angeblich später in den *Lustigen Weibern von Windsor* anspielen würde. Sir Thomas Lucy besaß zwar keinen Wildpark, aber die Geschichte hielt sich trotzdem. Eine andere Anekdote ist die Geschichte von Shakespeare, dem Pferdeknecht: Frisch in London angekommen, soll er sich seinen Lebensunterhalt als Aufseher über die Pferde

verdient haben, die die Theaterbesucher außen anbanden, eine
Art Theater-Parkplatz-Service, den er zu einem einträglichen Geschäft mit Angestellten ausgebaut haben soll.

Solche Anekdoten des 17. Jahrhunderts bildeten den Grund-
stock für Shakespeares Lebensbeschreibung in der Werkausgabe
des Nicholas Rowe von 1709. Zum ersten Mal wurden das Werk
und eine Art »Autoren-Biographie« nebeneinandergestellt: Rowe
befand zwar, dass die biographische Neugier auf den Autor, wenn
auch natürlich, so doch nebensächlich sei, das Werk spräche für
sich, aber er schrieb immerhin:

> Und obwohl die Werke von Mr. Shakespeare für viele keines Kom-
> mentars zu bedürfen scheinen, so möchte ich doch meinen, daß
> ein kleiner Bericht über den Menschen selbst nicht als ungehörig
> empfunden wird als derselben Begleiter.[3]

Kaum Interesse an der Biographie – das war das Normale. Was gedruckt ist, gilt: Obwohl das Allermeiste von Rowe freie Erfindung
war, galt diese Darstellung bis weit ins 19. Jahrhundert – immer
wieder nachgedruckt – als gültige Beschreibung von Shakespeares
Leben. Man hatte ja sonst nichts. Und man wollte doch so gerne etwas. Man wurde so neugierig. Gerade jetzt, Ende des 18. Jahrhunderts, seit Shakespeare durch die Stratforder Jubelfeier des Schauspielers David Garrick endgültig zum Dichter-Gott mit eigenem
Tempel erhöht worden war und der Handel mit Holzschnitzerei-
en aus Shakespeares Maulbeerbaum so richtig in Schwung kam.
So hoffte man auf noch plötzlich auftauchende Dokumente. Und
siehe da, eines Tages tauchten sie tatsächlich auf, so um 1795,
und dann gleich in rauhen Mengen: Ein Briefwechsel zwischen
Shakespeare und seinem Gönner, dem 3. Earl of Southampton;
ein »Glaubensbekenntnis« Shakespeares, das ihn als guten Protestanten auswies; einen Brief von Königin Elisabeth persönlich,
in dem sie Shakespeare ihrer allerhöchsten Gunst versicherte; ein
Brief Shakespeares an seine künftige Frau Anne nebst beigelegtem
Gedicht und Haarlocke des Briefschreibers; Bücher aus Shake-

speares Bibliothek mit handschriftlichen Anmerkungen; dazu ein redigiertes Manuskript des *King Lear*, ein paar Seiten *Hamlet* und schließlich zwei bislang unbekannte Shakespeare-Dramen: *Henry II* und *Vortigern and Rowena*. William Henry Ireland, der neunzehnjährige Sohn eines Shakespeare-fanatischen Antiquars, hatte sie in einer alten Truhe eines Bekannten gefunden. Es war sensationell. Darauf hatte man gewartet, so was wollte man sehen. Die Texte und Siegel wurden öffentlich ausgestellt – mit riesigem Erfolg und großer Aufregung in der Presse. Der Prince of Wales ließ sich die Dokumente persönlich zeigen. Die höchsten Autoritäten bestätigten die Echtheit der Texte. Der berühmte James Boswell, Biograph des Samuel Jonson, sank auf die Knie und küsste die heiligen Reliquien. Andacht, Weihrauch, Shakespeare-Gottesdienst.

Es war wohl etwa wie mit den Hitler-Tagebüchern: Die Texte *mussten* echt sein, weil man sie als echt ansehen *wollte*. Und man wollte übersehen, was sie waren: recht plumpe Fälschungen, die William Ireland mit Hilfe einer Spezialtinte auf altem Papier aus der Anwaltskanzlei, in der er angestellt war, und einer Kerze zum Bräunen des Papiers gefertigt hatte. Die Fälschungen entwarfen das anachronistische Bild eines Dichters des 18. Jahrhunderts, der wie selbstverständlich in Adelskreisen verkehrte, sich eine Bibliothek zulegte, sich um seine wertvollen Manuskripte sorgte und mit der Königin über ihre Besuche im *Globe Theatre* korrespondierte. William Irelands Vater Samuel veröffentlichte – gegen den Willen des Sohnes – alle Texte im Jahr 1795. Ein Jahr später wies der prominenteste der Shakespeare-Forscher der Zeit, Edmond Malone, in einem 400-Seiten-Buch die Fälschung nach. William Ireland gestand daraufhin öffentlich ein, alles gefälscht zu haben. Sein Vater weigerte sich, ihm zu glauben – ebenso wie ein gar nicht kleiner Teil der interessierten Öffentlichkeit. Egal, was der Fälscher bekannte – die Shakespeare-Reliquien *durften* nicht falsch sein. Die Shakespearomanie war nicht mehr aufzuhalten. Man *wollte* eine Biographie, auch wenn sie gefälscht war, und man wollte genau solche Lebenszeugnisse: Liebesbriefe, Haarlocken. *Mundus vult decipi* – die Welt will betrogen werden.

Auch wenn es 1000 weitere Dokumente zu Shakespeares Leben gäbe – sie ließen uns ebenso unbefriedigt wie die bekannten 100. Denn was wir erfahren wollen, sind nicht trockene Daten, sondern die »wahre« Biographie Shakespeares – sein Innenleben. Das Persönliche. Und das erzählen uns weder Entdeckungen wie die des Ehepaars Wallace noch die gerade entdeckten Knochen von Richard III. unterm Supermarktparkplatz. Es muss doch – so meinen viele – ein inniger Zusammenhang zwischen einem Leben und dem zugehörigen Werk bestehen. Das Werk sei aus dem Leben des Autors entstanden, also verstehen wir das Werk besser, wenn wir sein Leben kennen. Die Biographie erklärt uns das Werk. Das Werk ist eigentlich nichts als eine Verkleidung oder Verschlüsselung des dahinter verborgenen Autorenlebens. Hat denn nicht auch Goethe gesagt, dass alle seine Werke »Bruchstücke einer großen Konfession« seien? Und was erklärt uns denn die ›Marienbader Elegie‹, wenn nicht seine verzweifelte große letzte Liebe zu Ulrike von Levetzow? Und was, wenn nicht Friederike Brion, war der leidenschaftliche Anlass zu ›Willkommen und Abschied‹ und all den anderen Sesenheimer Liedern seiner Sturm-und-Drang-Zeit? Hinter Shakespeares leidenschaftlichen Werken müsse eine entsprechend dramatische innere Biographie liegen, so meinen viele – und das kann keinesfalls die eines kühl kalkulierenden Geschäftsmanns gewesen sein.

Über diese andere innere Biographie wissen wir nun quälenderweise gar nichts. Doch schon August Wilhelm Schlegel hatte 1796 darauf hingewiesen, dass gerade die *Sonette* als autobiographische Texte und Konfessionen zu lesen seien, die uns Shakespeares privates Sex- und Liebesleben vermittelten. Sie seien »der Schlüssel, mit dem Shakespeare sein Herz aufgeschlossen habe«, dichtete William Wordsworth (1770–1850).[4] Ein jedes Werk sei eigenes, persönliches Erleben des Autors, behauptet das Erbe der Ich-trunkenen Romantik. Also müssen wir – wenn wir nur das Werk, aber keine innere Biographie haben – im Umkehrschluss nur das Werk durchsuchen, und schon können wir daraus auf das Seelenleben des Dichters schließen.

Und schon schließen wir aus einer heiteren Shakespeare-Komödie, dass Shakespeare bei der Abfassung unheimlich gut drauf gewesen sein muss; und dass er gerade schwere Depression gehabt haben muss, erkennen wir daran, dass er dann eine Tragödie schrieb. Meinen wir. Nur stimmt das offenbar nicht: Als Shakespeare, den biographischen Daten nach, 1596 wirklich in Trauer gewesen sein muss, nämlich als sein Sohn Hamnet starb – da hat er gleich darauf große Komödienszenen geschrieben: in *Viel Lärm um nichts,* in *Wie es euch gefällt* und in *Heinrich IV.* mit Falstaff.

Und wenn wir anhand von *Othello* glasklar erkennen, dass Shakespeare wahnsinnig unter Eifersucht gelitten haben muss wie andererseits auch unter schweren Depressionen, weil er sonst Hamlets Melancholie nicht so genau hätte schildern können, dann müssten wir allerdings auch von Shakespeares über Leichen gehender Machtgier reden, deretwegen er Richard III. so genau beschreiben konnte, dann muss Shakespeares Sadismus beim Namen genannt werden, denn wie hätte er ohne diesen solche Sadistinnen wie Goneril und Regan im *König Lear* schildern können, und dann müsste er auch der kraftstrotzende Machtmensch Heinrich V., aber gleichzeitig wiederum der verzagte Schwächling Heinrich VI. in Personalunion gewesen sein ... von den vielen so empfindsam geschilderten Frauengestalten gar nicht zu reden ... wie konnte Shakespeare eigentlich so als Mann diese Frauen so gut nachempfinden ...?

Dichtung muss offenbar wahr statt erdichtet sein, so verlangt es der Leser, der eigentlich Wahrheit und nicht Dichtung will ... Aber: Mit dieser Haltung vergeht er sich an beiden, wie schon Vladimir Nabokov feststellte: »Literatur ist immer Erfindung. Alles Erdichtete ist etwas Erdachtes. Wer eine Geschichte ›wahr‹ nennt, beleidigt Kunst und Wahrheit zugleich«.[5]

T. S. Eliot schrieb in seinen *Selected Essays* (1917–1932) über seine Erfahrungen mit seiner Leserschaft, dass er es gewohnt sei, wenn enthusiasmierte Leser kosmische Bedeutungen in seinen Werken entdecken, die er nie gemeint habe; und dass seine private Biographie aus Textpassagen herausgelesen werde, die er anderswo abgeschrieben oder sich aus den Finger gesogen habe, andererseits alles, was er aus tatsächlicher persönlicher Erfahrung geschrieben habe, unweigerlich ignoriert werde.

… und wenn wir länger über all das nachdenken, könnten uns doch Zweifel kommen, ob wir mit solchen Denkkurzschlüssen und beliebigen subjektiven Assoziationen wohl jemals den Königsweg von Shakespeares Werk zu Shakespeares innerer Biographie finden werden …

SHAKESPEARE-BIOGRAPHIEN
ODER
KÖNNTE, HÄTTE, WÜRDE, MÜSSTE …
ODER
VOM STOCHERN MIT LANGEN STANGEN
IN TRÜBEN TEICHEN

Es ist verblüffend. Da erobert sich die poststrukturalistische Literaturwissenschaft ein neues Konzept:»Der Tod des Autors«, schon vor vierzig Jahren. (Das hat eigentlich Roland Barthes gesagt, aber das interessiert nicht, denn so ein Autor ist ja *per definitionem* tot.) Die Literaturwissenschaft hat damals erkannt, dass der Autor und seine Biographie und seine Meinungen zum Sinn seines Werkes völlig nebensächlich sind. Wie seine Biographie mit seinem Werk zusammenhänge, sei wurscht, die Biographie erkläre nicht sein Werk. Der Autor sei keineswegs sinnstiftend. Die Literaturwissenschaft fragt daher:»Wen kümmert's, wer spricht?« (Das hat eigentlich Foucault gefragt, aber wen kümmert's, wer sprach?) Den Sinn eines Werkes stifte erst lesend der Leser. Der Tod des Autors ist die Geburt des Lesers. Denn das Werk führe ein Eigenleben, unabhängig von dem, was der Autor gemeint habe. Es entstehe immer erst im Akt des Lesens, werde quasi vom Leser immer wieder neu geschrieben. Es forme sich (quasi in Jungfernzeugung) wie von selbst aus gesellschaftlichen Diskursen heraus. Der Autor habe nichts er-funden; er sei nur wie alle andern ein kleiner Teilnehmer am Großen Gesellschaftlichen Gespräch aller mit allen – das»Werk« bestehe daher lediglich aus *ge*-fundenen Zitaten der Diskurse. Da ist kein Autor mit Biographie mehr vorhanden als verehrungswürdiger Schöpfer, als Autor-Gott, da ist nur noch ein quasi zufälliger Verdichter mit der Funktion»Autor«, durch den die Diskurse hindurchgegangen seien; der klassische Autor mit seinen irrelevanten Meinungen und seiner banalen Biographie ist mausetot.

Schön.

Und da haben sie nun sogar mal einen exakt zur Theorie passenden Autor: einen, der tatsächlich überhaupt keine erkennbaren Meinungen hat, der historisch kaum in Erscheinung tritt, der weder Briefe noch Selbstauskünfte zum Sinn seiner Werke hinterlassen hat, der als private Person vollkommen stumm ist; einen sich vollkommen entziehenden »Scriptor« quasi ohne Biographie, das Idealbild des poststrukturalistisch toten Autors – Shakespeare. Und was macht die Literaturwissenschaft? Sie schreibt über ihn mengenweise Biographien. Versteh's einer.

Es gibt eine Art Faustregel beim ersten Blick auf eine neue Shakespeare-Biographie: Je dicker sie ist, desto freier ist sie erfunden. Die Vielzahl der Biographien suggeriert zwar, dass es Jahr um Jahr bahnbrechende neue Erkenntnisse zu Shakespeares Leben gäbe, die neu dargestellt werden müssten. Aber der Eindruck täuscht. An der Faktenlage hat sich schon lange fast nichts mehr geändert; da hat sich's wohl ausgeforscht. Die Kunst der Shakespeare-Biographie-Schreiber besteht darin, aus den ewig gleichen Zutaten ein mehr oder weniger überraschend neues *stew* zu kochen. Die witzige Shakespeare-Biographie Bill Brysons[1], die nur mit dem umgehen will, was wirklich beweisbare Sachverhalte sind, fällt folglich recht schmal aus.

Da sich an den gesicherten Fakten über sein Leben kaum noch etwas ändert, kommt es beim Verfassen einer neuen Shakespeare-Biographie auf das *Wie* der Darstellung dieser immergleichen Fakten an. Der Verfasser muss eine neue Erzählung erfinden, die Altbekanntes in überraschend neuer, möglichst vertiefender Beleuchtung darstellt. Er muss originelle Querverbindungen stiften und interessante neue Bezüge herstellen. Er muss die Shakespeare'schen Lebensfakten kontextualisieren im größeren Zusammenhang der elisabethanischen Zeit- und Sittengeschichte. Besitzt so ein Biograph die nötigen detaillierten und umfassenden Kenntnisse, so kann er leicht feststellen, was zu einem

Zeitpunkt X historisch so alles geschah, und dann darangehen, diese allgemeine Geschichte mit Shakespeares Lebensdaten zu verweben und mit möglichst dicht passenden Parallelstellen aus seinen Werken zu verflechten. Schließlich weisen ja alle diese spröden Daten im historischen Kontext über sich hinaus: Wenn es z. B. im Jahr 1606/7 Missernten und Hungersnöte gab und daraus entstehende Aufstände im Volk, wie die *Midland Revolt*, so kann man Shakespeares Getreidekäufe damit in Verbindung bringen: War es sorgsame Hausmannsschaft, die ihm riet, Vorräte anzulegen, oder war es kaltschnäuziges Hamstern auf Kosten der Ärmsten? Und wenn Shakespeare das Stück *Coriolanus* als Antwort auf die *Midland Revolts* schrieb, wie ist er als getreidehamsternder Landbesitzer dann in seiner Haltung gegenüber dem sehr negativ gezeichneten, hungernden Volk im Römerdrama zu bewerten? Und wie stand der Landbesitzer Shakespeare zum späteren Streit über die *enclosures*, die Einzäunungen der bisherigen Allmende durch die Großgrundbesitzer zu Lasten der einfachen Leute? Hielt Shakespeare als gewinnorientierter Besitzbürger es politisch mit den Reichen oder mit den Armen? Eine Frage der Interpretation der spröden Fakten, vielfältiger Deutung offen.

Die Methode der Wahl für solche biographischen Unternehmen ist die kreative Spekulation: *Wenn* etwas zu einem Zeitpunkt X historisch so, so und so war, so *müsste* Shakespeare gewusst haben, dass …, und dann *würde* er zwangsläufig dies und jenes getan haben …, denn er *hätte* sonst niemals …, und dies *sollte* prägend …, denn nichts anderes *wäre* … Ein Leben als Konjunktiv im Kontext der Zeitgeschichte.

Zum Beispiel seine Eheschließung. Was wissen wir faktisch?

- Am 27. November 1582 wurde eine bischöfliche Sondergenehmigung in Worcester dafür eingeholt, dass das Aufgebot für William und Anne vor der Hochzeit nur einmal verlesen werden muss, nicht dreimal. Dies bedeutet eine Verfahrensbeschleunigung. Die Genehmigung selbst existiert nicht mehr, es gibt nur einen Eintrag in der bischöflichen Registratur.

- Am 28. November wird die in diesem Fall notwendige Bürgschaft in Höhe von 40 £ hinterlegt, eine sehr hohe Summe, aufgebracht von zwei Freunden von Anne Hathaways verstorbenem Vater, den Bauern Fulke Sandells und John Richardson.
- Am 30. November bzw. 1. Dezember 1582 heiratet Shakespeare Anne Hathaway aus dem nahe gelegenen Shottery. William ist achtzehn, Anne sechsundzwanzig. Anne lebt, dem Eintrag gemäß, in Temple Grafton.
- Am 26. Mai 1583 wird ihr erstes Kind Susannah getauft.
- Im Mai 1585 kommen die Zwillinge Hamnet und Judith zur Welt.

Das ist so ziemlich alles. Nun lässt sich dieses karge Gerüst mit Wissen um die Sitten und Gebräuche der Zeit ausfüllen, beispielsweise so:

William ist mit 18 Jahren noch nicht volljährig und benötigt die Genehmigung seines Vaters. Für einen sehr jungen Mann bedeutete die Ehe zwei schwere Handicaps: Er kann nicht mehr studieren und kann auch keine ordentliche Lehre beginnen. Denn für beide Ausbildungswege war der Junggesellenstatus Vorschrift. William verbaut sich mit der Heirat also eine geregelte Ausbildung. Nun heiratet William eine auch noch acht Jahre ältere Frau, ebenfalls ungewöhnlich für die Zeit. Warum tut er das? Und schon eröffnet sich ein weites Feld der Fragen und Mutmaßungen. Es lässt sich z. B. unschwer mit Blick auf die Daten feststellen, dass Anne bei der Hochzeit im vierten Monat schwanger ist; daher die Eile bei der Hochzeit. Wie kam es dazu? Die Zeugung hatte rechnerisch in den letzten beiden Septemberwochen stattgefunden. Das war die Zeit, in der die Frauenarbeit beim Heumachen und Getreideernten abgeschlossen war, es war vorübergehend wenig zu tun; Müßiggang herrschte, aller Laster Anfang. Annes Vater war gerade gestorben; Anne war also freier und unabhängiger geworden und mischte sich unter die Dorfjugend; so ließ sie sich Ende September mit William ein, und der tat es aus Langeweile und alterstypischer sexueller Neugier mit ihr, seine wahrscheinlich erste sexuelle Erfahrung, da die Pubertät damals vier oder fünf Jahre später einsetzte als heute. War es ein Liebesverhältnis? Wahrscheinlich. Der gelangweilte, hochbegabte William ohne rechte Aufgabe suchte Erfüllung im Sex. Die ersten Wochen redete er sich ein, dass er Anne liebe – darauf verweist *Sonett 145* aus dem 1609 veröffentlichten Zyklus. Das endet nämlich mit den Zeilen:

> *»I hate« from »hate« away she threw,*
> *And saved my life, saying »not you«.*

»Hate away« klingt – wie schon öfter festgestellt wurde – phonetisch fast wie »Hathaway«.

> »Ich hasse«, doch der Haß entwich,
> Als sie, mich rettend, sprach: »nicht dich«.

Es ist gut möglich, dass dieses Sonett auf die *lips that love's own hand did make* (die Lippen, die die Liebe mit eigner Hand geformt hatte) eine kleine Feier der ersten Liebeszeit von 1582 darstellt, in der Anne William von seiner sexuellen Frustration erlöste. Das Gedicht ist schlicht; wenn die Datierung auf 1582 korrekt ist, so zeigt dies, dass William bereits damals Verse schmiedete und auf eine Stellung als »Dichter« bei einer Schauspieltruppe hoffte. Die Hochzeit fand in Temple Grafton statt, wo Anne lebte – warum? Wahrscheinlich, weil ihre Familie sie bei beginnender Schwangerschaft aus der Umgebung von Stratford weghaben wollte, der tratschenden Nachbarn wegen. Deswegen auch die Eile bei der Eheschließung. Der Freund des verstorbenen Vaters und Bürge, Bauer Fulke Sandells, wird Vater und Sohn Shakespeare wegen der Schwängerung schwere Vorwürfe gemacht haben, gegen die sie sich nicht wehren konnten: Williams Vaterschaft konnte nicht angezweifelt werden. So wurde die Ehe durch die Schwangerschaft erzwungen; dass John Shakespeare zum letzten Mal am 5. September bei einer Stadtratsversammlung in Stratford erschien, könnte auch mit dieser ungewollten Schwangerschaft zu tun haben, die ihn endgültig sozial ruinierte. William, dem vollkommen klar war, wie diese Heirat seine Zukunftsaussichten blockierte, war wahrscheinlich von Anfang an nur widerwillig und mürrisch bei der Sache. Dafür spricht eine Passage in Shakespeares erstem langen Versepos *Venus und Adonis*:

> The colt that's back'd und burden'd being young,
> Loseth his pride, and never waxeth strong ...

»Das Hengstfohlen, das in seiner Jugend schon beladen und bepackt wird, / Verliert seinen Stolz und wächst niemals stark heran.« Außerdem war William in Stratford dem Spott seiner Jugendfreunde ausgesetzt. Der verheiratende Priester war alt und »nicht fest in der Religion«, also eher katholisch geprägt; Jahre später wird sich Shakespeare in *Wie es euch gefällt* boshaft über eine schlechte Eheschließung lustig machen, die ein einfältiger Priester durchführt. Da traut ein Heckenpriester den Hofnarrn Probstein und die Ziegenhirtin Käthe:

> PROBSTEIN: Ich mein eher, ich werd besser von dem verheiratet als von einem andern, denn der sieht mir nicht so aus, als würd er mich richtig verheiraten; und nicht richtig verheiratet sein – welchen besseren Grund find ich, später meine Frau zu verlassen.
> *(III,3,80 ff.)*

Der junge William aber fühlte sich damals bei der Hochzeit in der Falle, vor allem, weil er und Anne in seinem Elternhaus in der Henley Street leben mussten, das sich schnell mit Kindern füllte: Nach Susannah brachte Anne 1583 Zwillinge zur Welt. Vier Erwachsene und (mit Williams jüngeren Geschwistern) sieben Kinder – alle mit finanziellen Sorgen unter einem Dach!

Dies war eine knappe Paraphrase der phantasievollen Darstellung von Shakespeares Hochzeit und seiner katastrophalen Ehe aus der Biographie ›Shakespeare, An Ungentle Life‹, 2001, von

Katherine Duncan-Jones. Wie weit sich eine solche Erzählung vom kargen Ausgangsmaterial entfernt, dürfte deutlich geworden sein.

Etwas anders klingt die gleiche Lebensphase in Peter Ackroyds 600-Seiten-Band ›Shakespeare. The Biography‹, 2005:

Anne hatte viele Pflichten: Sie musste ihre jüngeren Geschwister versorgen und lernte als Bauerntochter schon früh, Brot zu backen, Fleisch einzusalzen, Butter zu stampfen und Bier zu brauen. Die Verbindung William Shakespeares mit Anne Hathaway scheint ein äußerst vernünftiges und geglücktes Arrangement gewesen zu sein, in jedem Fall war es alles andere als eine Zwangsehe oder Mesalliance, wie manche unterstellten. Vielleicht ging er bei der Wahl seiner Partnerin fürs Leben sogar mit großer Vorsicht vor und ließ Vernunft walten. Der Altersunterschied war natürlich ungewöhnlich und gab zu Spekulationen Anlass; es wurde von Tricks geredet, mit denen eine ältere Frau einen unerfahrenen Jüngling ins Bett und schließlich vor den Altar gelockt hat. Aber solche Verdächtigungen tun Shakespeares Urteilsvermögen und Intelligenz unrecht, die vermutlich schon bei dem 18-Jährigen stark ausgebildet waren. Andererseits könnte man auch daraus schließen, dass Shakespeare in sexueller Hinsicht schon früh sehr selbstbewusst war. Auch hier wird das *Sonett 145* zitiert (»*I hate*« *from* »*hate*« *away she threw* ...) und als konventionelle Hymne eines Jugendlichen an ein reizendes und liebevolles Fräulein verstanden. Anne ist bei der Hochzeit im vierten Monat – es ist aber anzunehmen, dass zuvor ein rechtsgültiges »Verlöbnis« vor Zeugen mit Gebetbuch stattgefunden hatte, das dem Paar von nun an eheähnliche sexuelle Kontakte offiziell erlaubte. Dieser informelle Verlöbnis-Kontrakt blieb Shakespeare immer lebhaft in Erinnerung. Das zeigen viele Anspielungen in seinen Stücken: In *Maß für Maß* I,2 beteuert der verlobte Claudio, »sie ist ganz mein Weib«, und in *Was ihr wollt* fordert Olivia von Sebastian: »Verbürg mir deine Treue«, in *Troilus und Cressida* ruft Pandarus ausdrücklich bei der informellen Verlobung: »Wohlan, der Handel ist geschlossen: ich will Zeuge sein.«

Anne lebte wohl nach dem Tod ihres Vaters während Shakespeares Werbung in Temple Grafton. Vielleicht wollte sie Abstand zu ihrer Stiefmutter und den vier Geschwistern und Halbgeschwistern gewinnen. Jedenfalls konnte der Vater sie nicht mehr überwachen, was die Verbindung mit William sicher begünstigte. Das erste Kind wurde in den letzten Septemberwochen gezeugt, und Ende November eilte man nach Worcester, um eine besondere Heiratserlaubnis zu bekommen. Man durfte keine Zeit verlieren, denn die Adventszeit stand bevor, in der Eheschließungen nur in Ausnahmefällen erlaubt waren. Am 30. November wurde das Aufgebot bekanntgegeben, und noch am selben oder dem darauffolgenden Tag fand die Hochzeit statt, wahrscheinlich in Temple Grafton. Dort wirkte ein alter, etwas einfältiger Pfarrer, der noch zu Zeiten der katholischen Tudor-Königin Mary ordiniert worden war. Es ist nicht bekannt, ob William und Anne dort tatsächlich nach quasi katholischem Ritus getraut wurden, aber es spricht vieles dafür. Wenn ja, dann fand die Zeremonie auf Lateinisch statt. Sie begann schon am Kirchenportal, wo man das Aufgebot verlas. Dann wurde Anne Hathaways Mitgift von sechs Pfund und dreizehn Schilling übergeben. Die Frau stand zur Linken des Bräutigams, als Symbol für ihre Vereinigung hielten sich beide an der Hand. Der Priester segnete unter der Überdachung des Kirchenportals stehend den Ring mit Weihwasser, dann nahm der Bräutigam ihn und streifte ihn der Braut zu den Worten »*in nomine Patris, in nomine Filii, in nomine Spiritus Sanctus, Amen*« über. Und damit wollen wir das Paar an diesem Tag, der ihnen eine glückliche gemeinsame Zukunft zu verheißen scheint, allein zurücklassen …

Mark Twain hatte wohl nicht ganz unrecht, als er meinte, das Schreiben einer Shakespeare-Biographie sei so ähnlich wie die Rekonstruktion eines Brontosaurierskeletts »aus 9 Knochen und 600 Fässern Gips«. Beide Biographen haben die Knochen korrekt beibehalten – aber wo Ackroyd eine vernünftig geplante Liebeshochzeit sieht, sieht Duncan-Jones eine widerwillig eingegangene Zwangsheirat. Weder das eine noch das andere geht aus den Quellen hervor, aber weder das eine noch das andere widerspricht ausdrücklich den Quellen.

Je nach Sichtweise und Interessenlage des Biographen kreist eine solche konjekturale Biographie um bestimmte Grundthemen: Peter Ackroyds durchaus plausible These ist die vom bewussten Sich-Entziehen und Sich-unsichtbar-Machen, das Shakespeares kluges Lebensprinzip gewesen sein soll in einer Welt, deren wetterwendische *mutability* (Wandelbarkeit) gefährlich war. Duncan-Jones sieht grundsätzlich einen Shakespeare, der im Kampf um den gesellschaftlichen Aufstieg mit harten Bandagen vorgehen musste und der es sich nicht leisten konnte, besonders *»gentle«*, also höflich, sanft, zuvorkommend, aufzutreten. Sie sieht in Shakespeares hartnäckiger Bemühung, zu einem Wappen und damit zum Status eines *gentleman* zu kommen, einen peinlichen Vorgang, der Shakespeare dem vernichtenden Spott seiner Kollegen aussetzte und ihn vor allem die Patronage des Earl of Southampton kostete. Ackroyd andererseits erkennt darin eine selbstironische Haltung Shakespeares, der sich trotz allem über sich lustig machen konnte, wie die satirische Darstellung des aufstiegssüchtigen Malvolio in *Was ihr wollt* beweise. Duncan-Jones sieht in Shakespeares letzter Lebenszeit die Folgen einer Syphiliserkrankung, die er sich in Londoner Bordellen geholt habe, was zusammen mit maßlosem Alkoholkonsum sein Ende herbeigeführt habe; er sei am Lebensabend griesgrämig und verbittert gewesen. Ackroyd vermutet eher eine Typhusinfektion, die sich Shakespeare an dem kleinen Bach geholt habe, der am *New Place* vorbeifloss, während Shakespeares Alter in Stratford im Kreise von Freunden und Bekannten recht harmonisch gewesen sei. Während Katherine Duncan-Jones zu kräftigen Spekulationen greift, um »die gutbewachten Knochen mit etwas geisterhaftem Fleisch zu bekleiden«, umzingelt Ackroyd Shakespeare mit langen Erzählungen über Sitten und Gebräuche im 16. Jahrhundert: Der Kontext der Zeit soll erahnen lassen, was die Lebensfakten nicht hergeben.

Eine Biographie, die nur aus solchen knöchernen Fakten bestünde, wäre wohl ziemlich ungenießbar – Samuel Schoenbaums

musterhafte Fakten-Sammlung ›Shakespeare's Lives‹, die so weit
wie überhaupt nur möglich auf Spekulation verzichtet, ist nicht
gerade ein *page-turner*, und Shakespeares reine »Eckdaten« auf
den S. 245–249 sind keine sonderlich spannende Lektüre. Wir erwarten mehr von einer Biographie: Wir wollen die packende *Erzählung* eines nachkonstruierten Lebens. Jede Shakespeare-Biographie, die ja die unbekannte »innere« Biographie des Dichters
erfassen und darstellen will, tendiert daher zwangsläufig zum fiktiven Roman – der aber behauptet, faktisch wahr zu sein. Solche
Romane aber berichten weniger von Shakespeare als vielmehr
von den subjektiven Shakespeare-Phantasien der jeweiligen Ro-
man-Biographisten.

Geradezu atemberaubend ist der Tanz zwischen biographi-
schem *fact* und *fiction* in einer dritten neueren Biographie: ›Will
in the World‹ von Stephen Greenblatt[2], ein Welterfolg, elegant geschrieben, sehr spannend zu lesen, geradezu ein Grisham. Nur
darf man nicht mittendrin vom Buch aufblicken und sich fragen,
was man da eigentlich liest.

Greenblatt ist ein hochrenommierter Literaturwissenschaftler,
ein Superstar der Szene, der die Interpretationsmethode des *New
Historicism* entwickelt und praktiziert hat, deren Erkenntnisprin-
zip den »Autor« vollkommen vor die wissenschaftliche Tür setzt:
Literarische Kunstwerke solle man nicht als Produkt individuel-
ler Verfasser verstehen, sondern als Ausdruck sozialer Konflikte
und Energien im Kräftefeld ihrer Epoche. Weswegen Greenblatt
als Shakespeare-Biograph geradezu eine *contradictio in se* ist.

Greenblatt will wissen, »wie Shakespeare zu Shakespeare wurde«, so der Untertitel; er will den »wirklichen Menschen entdecken«; er versucht »die schattenhaften Wege zu beschreiten,
die von dem Leben, das er führte, zur Literatur hinleiten, die er
schuf«. *Energy* und *intensity* sind Greenblatts Leitbegriffe. »Wie
lässt sich eine Leistung dieser Größenordnung erklären?« Er will
untersuchen, wie aus dem Menschen Shakespeare das Shakespeare-Werk entstand; will die Entwicklung des shakespeareschen Genies beschreiben, das sich aus den bekannten Fakten al-

lein nicht erschließe. Und so beginnt sein Buch wie ein Song von John Lennon: *Let us imagine* ... stellen wir uns mal vor ... *imagine I'm a dreamer* ...

Und dies ist das innerste Erzählprinzip des Buches: Greenblatt träumt spekulativ. »Im Grunde geht es also nicht um die Qualität der Beweise, sondern um das Eigenleben, das der Vorfall in der Phantasie führt, um den Zugang, den es zu etwas Wichtigem in Shakespeares Leben und Werk ermöglicht«[3] erklärt Greenblatt – auf die Fakten kommt es gar nicht so sehr an, Hauptsache, ein historisches Ereignis hat ein imaginatives Potential. Und mit dieser Formel ist dann Tür und Tor offen für faktenfreies Phantasieren und Spekulieren. Das geht dann ungefähr so:

Wir wissen, dass Shakespeares Vater John um 1577 einen schweren geschäftlichen Einbruch erlebte, der die ganze Familie für viele Jahre in Not brachte und John Shakespeare, den geachteten Bürgermeister, beinahe zu einem Sozialfall machte. William habe deshalb nicht auf die Universität gehen können; er müsse darunter gelitten haben. Wir wissen nicht genau, was der Grund für diesen Zusammenbruch war. Nun habe sich Shakespeare sehr oft und intensiv in seinen Werken mit Trunksucht und ihren üblen Folgen beschäftigt, z. B. im *Hamlet,* wo er eine längere Meditation darüber einbaue, wie der Alkoholismus das Wesen eines Menschen zerstören könne. Diese Abschweifung sei gänzlich unmotiviert, aber seltsam intensiv und emotional aufgeladen. Kann das nicht ein Hinweis auf den Grund für John Shakespeares sozialen Sturz sein? Wir wissen es nicht, aber in einer Anekdote aus dem späten 17. Jahrhundert (die allerdings auch nicht unbedingt authentisch ist) wird von einem »merry-cheeked old man« gesprochen, der sich als Shakespeares Vater John herausstellte. War das »merry-cheeked«, wie Greenblatt andeutet, vielleicht ein Hinweis auf die alkoholbedingte rote Gesichtsfarbe des John Shakespeare? Könnte es nicht denkbar sein, dass John Shakespeare in seiner Verzweiflung über die soziale Deklassierung zur Flasche gegriffen hat? Wenn dies so gewesen wäre (was natürlich nicht feststeht), dann hätte William das Elend des Alkoholikers in jungen Jahren mit angesehen, während die Familie in Not und herunterkam. Für den Heranwachsenden hat dies zu einer schweren traumatischen Prägung geführt, die uns besser verstehen lässt, warum Shakespeare in seinen Stücken so intensiv über den schädlichen Alkohol geschrieben hat, obwohl er andererseits auch viel Verständnis für fröhliche Trunkenbolde hatte: Da gibt es den brillanten Säufer Falstaff in *Heinrich IV.*, den besoffenen Pförtner im *Macbeth,* den betrunkenen Cassio im *Othello,* den Genuss-Säufer Sir Toby in *Was ihr wollt* …

Es ist ersichtlich ein Zirkelschluss: Erst wird im Werk der Alkohol als Thema entdeckt; dann wird gefragt, warum das so ist; daraus erwächst die durch nichts begründete Spekulation, dass Shakespeares Vater eventuell Alkoholiker geworden sein könnte; und weil Shakespeare unter der väterlichen Trunksucht gelitten habe, wird damit wieder das Vorkommen des Alkoholthemas im Werk erklärt. Da wir aber überhaupt nicht wissen, ob Shakespeares Vater Alkoholiker war, wird dieser ganze Selbsterklärungszirkel zur vollkommenen Null-Information: Aus Shakespeares Werk wird Shakespeares Leben abgeleitet – und dann aus Shakespeares Leben Shakespeares Werk. Wir erfahren nichts.

Und so geht das immer weiter – in Paraphrase: Einer (durchaus unbewiesenen) Theorie zufolge war Shakespeare eine Zeit lang in einem katholischen Haushalt in Lancashire als Hauslehrer beschäftigt. Es ist durchaus möglich, dass der intelligente, recht gut ausgebildete, diskrete Shakespeare damals starke katholische Neigungen hatte – schließlich könnte es sein, dass sein Vater John, obwohl nach außen hin protestantisch, im Herzen Katholik geblieben war. Möglich wäre, dass der Jesuit Edmund Campion, ein katholischer Undercover-Priester, der damals als Diener verkleidet unter Lebensgefahr England bereiste, in katholisch gebliebenen Adelshäusern die Messe las und Sakramente an heimliche Gläubige spendete, sich damals ebenfalls nach Lancashire aufmachte und vielleicht in ebenjenem Adelshaushalt auftrat, wo Shakespeare sich aufhielt. War er einer derjenigen, fragt Greenblatt, mit dem Campion dort heimlich geflüsterte Worte tauschte, der junge Mann von Stratford-upon-Avon? *Let us imagine*, fährt Greenblatt fort, stellen wir uns vor, wie der junge angehende Poet Will und der ältere Jesuit beieinandersaßen. Shakespeare würde von Campion fasziniert gewesen sein. Er könnte in Campion einen verwandten Geist gefunden haben. Ebenso könnte der Jesuit etwas Besonderes an dem Jüngeren entdeckt haben: Er könnte dem Idealbild eines Studenten entsprochen haben, das Campion sich gemacht hatte; dergleichen Leute wollte Campion für die katholische Sache rekrutieren. Nun wissen wir nicht, ob Will Campion tatsächlich traf oder nur von ihm gehört hat, jedenfalls aber könnte Will sowohl inneren Widerstand gegen Campion als auch Bewunderung verspürt haben: Campion war sowohl katholischer Fanatiker als auch Heiliger. Auf diese mögliche Begegnung könnte Shakespeare 15 Jahre später in *Romeo und Julia* im Sonett beim Fest der Capulets angespielt haben. Vor der Atmosphäre von Rebellion und katholischem Untergrund, die Shakespeare dort im Norden eventuell erlebt haben könnte, wenn er dort gewesen wäre (was aber nicht feststeht), würde er vermutlich zurückgeschaudert sein, falls er Campion 1581 dort tatsächlich getroffen haben sollte. Shakespeare – falls er wirklich in Lancashire war – blieb dort bis in den August 1581, bevor er nach Stratford zurückkehrte. Campion wurde entdeckt, gefangen genommen, zum Tode verurteilt und hingerichtet. Shakespeare würde mit Erschrecken gehört haben, dass Campion unter Folter die Namen vieler seiner Beherberger gestanden habe. Shakespeare kehrte nach Stratford zurück, vielleicht mit überwältigender Erleichterung, nicht auch in Campions Albtraum aus Verfolgung, Folter und Tod gezogen worden zu sein. Er begann, das benachbarte Städtchen Shottery aufzusuchen. Hatte er eine geheime Botschaft an die dort wohnenden Eltern eines flüchtigen katholischen Priesters aus Campions Kreisen bei sich? Nahm er also trotz aller Furcht ein Risiko auf sich? Wir wissen es nicht. Aber dort traf er Anne Hathaway. Als wollte er seinen Abstand zu Campion, den er vielleicht getroffen hatte, demonstrieren, schwängerte er Anne. Wenn Will tatsächlich 1582 nach einem düsteren Aufenthalt in Lancashire nach

Stratford zurückkehrte und wenn er tatsächlich mit einer riskan-
ten Botschaft nach Shuttery ging, dann war seine Werbung um
Anne Hathaway eine Rebellion gegen die Angst: Annes Welt war
das genaue Gegenteil der gefährlichen katholischen Untergrund-
Welt, der er vielleicht ausgesetzt gewesen war … (s. Kapitel 3: ›Die
große Furcht‹).

Greenblatt ist ein Meister des »Wenn«. Wo er einen Satz mit
wenn anfängt, führt er über den Konditionalsatz zum Konjunktiv-
satz und endet regelmäßig beim Indikativ, der eine freie Phantasie
als biographisches Faktum ausgibt, welches er gleich im nächsten
Satz wieder durch »vielleicht«, »möglicherweise«, »unter Umständen« relativiert. Er bringt das Kunststück fertig, immer »nichts
Genaues weiß man nicht« zu sagen und zugleich »so ist es gewesen« zu suggerieren. Er erfindet Pseudo-Faktizität. Greenblatt
stilisiert hier Shakespeares Leben auf 30 Seiten freier Erfindung
als dramatischen Krimi, indem er ihn in gefährliche politische
Untergrundkreise versetzt, wofür es nicht den Hauch eines historischen Belegs gibt. Der innere Schauder vor dem Erlebnis in
Lancashire, das Shakespeare möglicherweise hatte oder vielleicht
auch nicht, wird zur prägenden Triebkraft in Shakespeares wei-
terem Leben erklärt – aber erklärt ist mit solcherart künstlich auf-
gepumpter *energy* und *intensity* rein gar nichts.

Greenblatt zeigt zudem eine verblüffende Naivität, was die
dichterische Hervorbringung angeht: Zu Orsinos Text in *Was ihr
wollt*

> Wähle doch das Weib
> Sich einen Ältern stets! So fügt sie sich ihm an
> So herrscht sie dauernd in des Gatten Brust
> *(II,4,28–30)*

schreibt Greenblatt: »Wie hätte er die Worte Orsinos schreiben
können, ohne in gewisser Weise sein Leben, seine Enttäuschung,
seine Frustration und seine Einsamkeit [in der Ehe mit Anne
Hathaway] in sie hineinzulegen?« Man kommt ins Grübeln: Und

wen hat Shakespeare ermordet? Denn wie hätte er ohne die persönliche Erfahrung des Mordens die tiefempfundene Seelenlage
des Mörders Macbeth schildern können? Greenblatt belebt ebenso die romantische These vom Dichtwerk, das aus wahrem Erleben des Dichters stammen müsse, wenn er meint, niemand »kann
glauben, dass die Stücke und Dichtungen ausschließlich seiner
Lektüre entstammen. Mindestens ebenso wie die Bücher, die er
las, trugen die zentralen Probleme, mit denen er sich als junger
Mann auseinandersetzte – Was soll ich mit meinem Leben anfangen? Woran kann ich glauben? Wen liebe ich? –, während seiner
gesamten Laufbahn dazu bei, seine Kunst zu formen«.[4] Hoffen
wir, dass Shakespeares wirkliche Probleme etwas weniger trivial
waren als diese Fragen.

Und wirkliche Tiefpunkte erreicht Greenblatt, wenn er Shakespeares Gedanken auf dem Totenbett, seine unglückliche Ehe be-
treffend, schildert:

> Vielleicht machte sich Shakespeare selbst, während er im Bett lag
> und seine Kräfte schwanden, Gedanken über seine Beziehung zu
> Anne – über die sexuelle Erregung, die ihn einst zu ihr hingezo-
> gen hatte, darüber, daß ihm die Ehe nicht das gegeben hatte, was er
> wollte, über seine eigene Untreue und vielleicht über die ihre, über
> die Intimitäten, die er sich anderswo geschaffen hatte, über den
> Sohn, den sie begraben hatten, über die eigenartige, unauslösch-
> liche Abneigung gegen sie, die er tief in seinem Innern empfand.[5]

Hier gelangt Greenblatt vom frei phantasierenden Boulevard-
Roman, den er schrieb, zum Drei-Groschen-Roman. Es ist kein
Wunder, dass das Buch ein Welterfolg wurde. Es wird zum reinen Kitsch-as-Kitsch-can, wenn er pathetisch die Hagiographie
des 19. Jahrhunderts weiterführt, indem er schreibt, Shakespeares
Werk sei »so erstaunlich, daß es von einem Gott und nicht von
einem Sterblichen herzurühren scheint und erst recht nicht von
einem Sterblichen provinzieller Herkunft und bescheidener Bildung«.[6]

Der Romanautor Greenblatt hat mit diesem seinem post-modernen *New Biographism* den Ruf des Literaturwissenschaft-lers Greenblatt etwas beschädigt. Die Willkür und Beliebigkeit, mit der in ›Will in der Welt‹ Texte einander zugeordnet werden, könnten zudem leichte Zweifel an der Stringenz der Methoden des *New Historicism* wecken – sind dessen elegante und verblüffende sprachliche Verschiebebahnhöfe vielleicht auch nur beliebiges *juggling with words?* In Greenblatts Kollegenkreisen geht mit Blick auf sein Honorar für den Bestseller das boshafte Bonmot um: »Eine Million Dollar Vorschuss, und den Autor gibt's wieder!«

Aber wirklich peinlich ist eine andere Frage, die sich aufdrängt: Worin genau eigentlich unterscheiden sich die *Imagine*-Phantasien des Romanschreibers Greenblatt von den Phantastereien der Anti-Shakespeareaner, die glauben, dass Shakespeare gar nicht Shakespeare war …?

VORSICHT, ANSTECKUNGSGEFAHR!
ODER
DIE SHAKESPEARE-VERFASSERSCHAFTSFRAGE
ODER
SCHÖNE GRÜSSE VON DAN BROWN

Was haben »9/11«, Lady Di, die NASA, Obama, die US Air Force, Kondensstreifen, John F. Kennedy, AIDS, die Juden, die 1-Dollar-Note und *unser* Shakespeare gemein? Ganz einfach: Sie sind allesamt Gegenstand von Verschwörungstheorien. Zehn Fragen an die Leser:

Glauben Sie auch,

- dass »9/11« ein »Inside-Job« war, bei dem die CIA/der Mossad die New Yorker Türme gesprengt hat, wie die amerikanischen »Truther« und laut Umfrage auch etwa ⅕ der deutschen Bevölkerung felsenfest glauben?

  Ja ☐ Nein ☐

- dass Lady Di einem tückischen MI6-Mordanschlag auf direkten Befehl des Buckingham-Palastes erlegen ist?

  Ja ☐ Nein ☐

- dass Obama kein gebürtiger Amerikaner aus Honolulu, sondern ein heimlicher Muslim ist, wie die »Birther« glauben?

  Ja ☐ Nein ☐

- dass die amerikanischen Mondlandungen allesamt Fakes waren, die in Hollywood-Studios getürkt wurden?

  Ja ☐ Nein ☐

- dass die US Air Force den Absturz des Roswell-UFOs und die Leichenfunde Außerirdischer in Area 51 vertuscht?

  Ja ☐ Nein ☐

- dass die Kondensstreifen von Flugzeugen zugesetzte Chemikalien enthalten, die eine Bevölkerungsreduktion durch Senkung der Zeugungsfähigkeit bewirken sollen?

Ja   □   Nein   □

• dass John F. Kennedy von CIA-Agenten und dem militärisch-industriellen Komplex ermordet wurde?

Ja   □   Nein   □

• dass der Aidserreger HIV in CIA-Labors entwickelt wurde, um in den USA ethnische Gruppen wie Afroamerikaner oder Minderheiten wie Homosexuelle auszurotten?

Ja   □   Nein   □

• dass die »Protokolle der Weisen von Zion« das Streben des Weltjudentums nach Weltherrschaft beweisen?

Ja   □   Nein   □

• dass die Pyramide auf der amerikanischen Ein-Dollar-Note die Macht der Illuminaten in der Weltherrschaft symbolisiert?

Ja   □   Nein   □

Wenn Sie auch nur ein einziges Mal »Ja« angekreuzt haben, sind Sie hier richtig. Willkommen im Club! Sie sind ansteckungsgefährdet! Sie sind ein potenzieller Anhänger der Shakespeare-Verschwörungstheorie und damit mehrheitsfähig! Denn dass *unser* Shakespeare seine Werke selber geschrieben hat, dass der Autor der Werke »*der Handwerkersohn aus Stratford-upon-Avon gewesen sei, daran glaubt längst keiner mehr*«, erklärte u. a. apodiktisch eine führende deutsche Kultursendung anlässlich Roland Emmerichs ›Anonymous‹-Filmspektakel, das den 17. Earl of Oxford zum wahren Autor erkor. Recht hatte der Redakteur: Schließlich ging es ja darum, ein bürgerliches Kulturdenkmal zu stürzen, was ja an sich schon eh ziemlich cool ist und auch wenig Aufwand erfordert – Shakespeare kann sich ja nicht wehren.

Machen wir uns nichts vor: Die allermeisten Menschen interessieren sich längst nicht mehr für Shakespeares Werke – wie *Hamlet* ausgeht, weiß man inzwischen; wie ein Spiel der Champions-League endet, ist spannender. Das Einzige, was an *unserm* Shakespeare noch brennend interessiert, ist das große Mysterium, der gigantische historische Literatur-Boulevardzeitungs-Krimi, das größte literarische Mega-Rätsel aller Zeiten nächst Dan Browns *Illuminaten:* Wer schrieb Shakespeares Werke wirklich? Darüber müssen wir reden, wenn wir heute über *unsern* Shakespeare reden. *Whodunnit?*

Diese dramatische Frage wurde als Problem 250 Jahre nach Shakespeares Tod, in der Mitte des 19. Jahrhunderts, nicht entdeckt, sondern frei erfunden. Zuvor war kein Mensch jemals auf die Idee gekommen, dass Shakespeare *nicht* Shakespeare gewesen sein könnte. Inzwischen gehört diese Frage so untrennbar zum Begriff »Shakespeare« wie die Rückseite eines Papierblatts zu seiner Vorderseite. Unauflöslich und unausrottbar. »Shakespeare, ja schön, aber wir wissen ja gar nicht, wer er wirklich war«, heißt es seither stereotyp, sowie die Rede auf Shakespeare kommt. Die Erfindung dieser Frage und dieses Problems hat zu einer weltweiten Bewusstseinsveränderung (oder Bewusstseinseintrübung) über »Shakespeare« geführt. Die biographische Neugier, von banalen Fakten unbefriedigt, erdachte sich damals ein fiktives biographisches Problem, an dem sie sich immer weiter neu entzünden kann. Shakespeare, das ist seitdem immer zugleich Nicht-Shakespeare.

Das Verfasserschafts-Spiel begann etwa zeitgleich mit der Erfindung des Kriminalromans als literarischem Genre um 1850 durch Edgar Allen Poe. Im Detektiv, der wider dunkle Mächte die verheimlichte biographische Wahrheit aufspürt, zeigt sich das Selbstverständnis der Shakespeare-Spökenkieker. Die wahrheitsunterdrückenden Mächte heißen heute für sie »die Shakespeare-Industrie« und »das akademische Establishment«. Der Traum aller Spökenkieker: die Jahrhunderte überspannende, gezielte Shakespeare-Fälschung zu beweisen, die im epochalen Ausmaß eigentlich nur der (angeblichen) Konstantinischen Schenkung vergleichbar ist, die mittels einer gefälschten Urkunde dem Papst die Oberhoheit über das Römische Reich zusprach.

Die hysterische Vergöttlichung Shakespeares durch seine Anhänger erreichte Mitte des 19. Jahrhunderts einsame Höhepunkte; seine Werke wurden als sakrale Offenbarungen angebetet. Wo vergöttert wird, sind die Ikonoklasten nicht weit; wo Götterthrone errichtet werden, finden sich bald welche, die sie stürzen wollen. Diejenigen, die Shakespeare unsinnig vergötterten, erschufen seine dunklen Widerparte.

Die erste Shakespeare-Detektivin war die US-amerikanische Pfarrerstochter Delia Bacon, eine ebenso elektrisierende wie missionarische Vortragsrednerin über kulturell-philosophische Themen, die sich als geistige Nachfahrin ihres Namensvetters verstand, des elisabethanischen Philosophen und Staatsmannes Sir Francis Bacon (1561–1626). Sie veröffentlichte 1856 einen Artikel: ›William Shakespeare and his Plays: an Inquiry Concerning Them‹. Darin wurde Shakespeare zur Unperson erklärt, der kaum als Schreiber getaugt habe; die weltgestaltenden Stücke stammten nach ihrer zur absoluten Gewissheit geronnenen Erkenntnis von Sir Francis Bacon. Ein weiteres langes Werk von ihr, ›The Philosophy of the Plays of Shakespeare Unfolded‹, 1857, wurde von der Kritik verrissen. Sie verbrachte – erschöpft und verzweifelt – ihr Lebensende in geistiger Umnachtung. Aber die Verfasserschafts-Frage war geboren und war seither prinzipiell in der Welt. Da blieb sie. Sie würde von nun an immer weiter und weiter neue Verfasser zeugen, bis auf den heutigen Tag, alle paar Jahre einen neuen.

Seit Delia Bacon wurden an die 80 verschiedene Kandidaten für die Urheberschaft an Shakespeares Werken mit zur absoluten Gewissheit geronnenen Erkenntnis ausgeguckt – von Sir Francis Bacon über Daniel Defoe zu Cervantes zu Sir Francis Drake zu Christopher Marlowe zu Sir Thomas More zu Sir Walter Raleigh zu König Jakob I. zu Maria Stuart zum Earl of Essex zu John Donne … Wobei es für die jeweiligen Anhänger keine Rolle spielt, ob der jeweilige Kandidat zu früh oder zu spät gelebt hatte, um die Werke verfasst haben zu können, wie zum Beispiel Daniel Defoe, der erst 1660 geboren worden ist, 44 Jahre nach Shakespeares Tod, oder wie Sir Thomas More, der schon 1535 geköpft wurde, 29 Jahre vor Shakespeares Geburt. Oder der 17. Earl of Oxford, der schon 1604 tot war, bevor Shakespeares Spätwerk entstand. Aber das sind Lappalien für den, der die zur absoluten Gewissheit geronnene Erkenntnis besitzt.

Alle Theorien zu den jeweiligen Kandidaten stützen sich auf dieselbe Grundüberzeugung sowie auf die beiden »anti-stratfordianischen« Axiome oder Prämissen:

Grundüberzeugung: Jedes literarische Werk ist immer zwangsläufig autobiographische Selbstdarstellung und Konfession des Autors.

Prämisse I: Shakespeare war ein dumpfer Bauerntölpel aus einem hinterwäldlerischen Drecksnest, der kaum seinen Namen schreiben konnte.

Prämisse II: Die genialen Shakespeare-Werke beruhen auf einer ungeheuerlichen, alles Menschenmaß übersteigenden aristokratischen Bildung.

Konklusion: Ein ungebildeter Bauerntölpel kann keine hochgebildeten Werke schreiben. Folglich kann Shakespeare aus Stratford nicht der Autor der »shakespeareschen« Werke gewesen sein. Folglich war es ein anderer. Punkt. Wer?

Die scheinbare Diskrepanz zwischen Shakespeares trivialer Bürgerbiographie und seinen Werken wird rhetorisch verschärft. Wider alle Evidenz wird Shakespeare diffamierend zum Dorfdeppen reduziert und im Gegenzug das Geniewerk ins Übermenschliche überhöht, in einer hypertrophen romantischen Vorstellung von geistesaristokratischem Künstlertum, die man ahistorisch den Werken anklebt. Der stereotype Grundgedanke, auf den sich das »Verfasserschaftsrätsel« stützt, läuft auf reines dumpfes Bauchgefühl hinaus: »Ich kann mir einfach nicht vorstellen, dass ein ungebildeter, analphabetischer Lümmel vom Land die genialsten Menschheitsdichtungen der Weltliteratur hervorgebracht hat.« Der Halbgott Shakespeare ist nicht mit dem ländlichen Handschuhmacherssohn in Einklang zu bringen. Der wesentlich selbstgebastelte Widerspruch lädt ein zu ausufernden Mystifizierungen.

Beide Prämissen sind jedoch falsch – folglich auch die Schlussfolgerung: Weder war Shakespeare ein analphabetischer Blödel – immerhin konnte er Latein und etwas Griechisch (s. »Was lesen Sie, Master William?«, S. 199) –, auch war Stratford kein hinterwäldlerisches Kuhdorf (s. »Kuhdorf Stratford«, S. 181), noch zeigen die Werke die beschworene übermenschliche Bildung: Eine normale Grammar-School-Ausbildung der Zeit war vollkommen ausreichend für die Bildungshöhe der Werke (s. »Grammar School«, S. 188). Aber mit diesen beiden falschen Behauptungen aus dem Bauch, die pseudo-rational verabsolutiert werden, beginnt das *Ex-negativo*-Spiel: Shakespeare kann es und DARF es auf keinen Fall gewesen sein; darin sind sich alle Verfechter der verschiedenen Kandidaten einig. Punkt. Also stellt sich zwingend die pseudo-vernünftige Frage: Wer war es denn dann? Da der geheimnisvolle Betreffende an nichts zu erkennen ist und nichts am Werk auf einen anderen Autor als Shakespeare verweist, muss man seine geschickte Maskerade und Tarnung detektivisch aufdecken. Man muss ihn erst suchen. Oder erfinden.

Im Falle Francis Bacons verlegten sich die eifrigen Nachfolger von Delia Bacon auf die Kryptographie: Bacon hatte seinerzeit eine Textverschlüsselungsmethode, die Bacon-Chiffre, als Steganographieverfahren entwickelt und in seinem Werk ›De augmentia scientiarum‹ von 1623 beschrieben. Nun durchsuchte man damit die *First-Folio*-Ausgabe nach entschlüsselbaren Geheimbotschaften, die Bacon als Autor in »*seinen*« Shakespeare-Werken versteckt hatte. Die Dechiffrierwut fand einen Höhepunkt 1893 bei einem Dr. O. W. Owen, der »nach Anweisungen Bacons« eine 350 m lange Maschine konstruiert hatte, über die wie ein Fließband aneinandergeklebte Seiten der *First Folio* und anderer elisabethanischer Werke liefen. Daraus ergab sich decodiert die erschütternde Botschaft, dass Bacon in *Romeo und Julia* seine Liebesaffäre mit der Königin von Frankreich, Margarete von Valois, aufgearbeitet hatte. Zudem war er einer der unehelichen Söhne der Königin Elisabeth. Als diese merkte, dass ihr Sohn Francis Bacon der Verfasser des *Hamlet* war und darin quasi den Thron von ihr forderte, ließ sie ihn so scharf überwachen, dass er gezwungen war, die Früchte seines rahmensprengenden Denkens in seinen Werken als Geheimbotschaften für die Nachwelt niederzulegen. Elisabeth gestand diese Mutterschaft auf ihrem Totenbett ein und wurde daraufhin von ihrem höchsten Berater Robert Cecil vergiftet und erwürgt, auf dass sie nicht ihren Bankert Bacon zum Thronnachfolger erklären konnte. So weit Bacon in seinen Geheimbotschaften.[1] Dr. Owen starb mittellos als gebrochener Mann, nachdem es ihm nicht gelungen war, die Manuskripte Bacons im Bett des Flusses Wye zu finden, den er dafür in einem Abschnitt hatte trockenlegen lassen. Entschlüsselungsspezialisten aus dem 2. Weltkrieg erklärten 1957 all diese baconianischen Decodierungsversuche der shakespeareschen Werke für absurd.

Ein anderer wichtiger Kandidat für die Verfasserschaft von Shakespeares Werken ist der Dramatiker Christopher Marlowe, etwa gleichaltrig mit Shakespeare und von diesem gelegentlich parodiert. Das Problem daran ist, dass Marlowe bereits im Jahr 1593, als von Shakespeares Werken noch kaum etwas existierte, bei einer Kneipenschlägerei erstochen wurde. Leichnam, Todesursache und Todesfall wurden am 30. Mai 1593 von einer 16-köpfigen königlichen Untersuchungskommission überpruft und wie genannt bestätigt.

Die Sache ist aber verdächtig, die Kommission könnte korrupt und bestochen gewesen sein: Marlowe, dem eine Anklage wegen Homosexualität, Atheismus und Blasphemie bevorstand, musste in absehbarer Zukunft mit der Todesstrafe rechnen. Er war jedoch Polizeispitzel im Dienst des zwielichten Lord Walsingham, des Geheimdienstchefs der Königin. Dieser wollte Marlowe retten: Dessen Tod wurde daher nur vorgetäuscht, sein angeblicher Leichnam durch einen frisch Gehenkten ersetzt und Marlowe ins Ausland geschmuggelt. In Frankreich und Italien musste er nun verzweifelt und einsam den Rest seines Lebens verbringen, wo er allerdings Shakespeares Dramen und Sonette schrieb, sie nach England schickte und von Lord Walsingham verbreiten ließ. Alle »Shakespeare«-Texte sind verschlüsselte Aufschreie des verein-

samten, heimatlosen Marlowe. Auch dieser Kandidat wurde unlängst mit einer 500 Seiten starken deutschen Biographie wieder
einmal als »Shakespeare« bewiesen.

Der derzeit erfolgreichste Bewerber um den Dichterkranz ist
allerdings Edward de Vere, 17. Earl of Oxford. Nach der Legende
hat er seine Meisterwerke unter dem Pseudonym »William Shakespeare« geschrieben; durch eine historische Verwechslung und
eine gezielte Vertuschungs-Verschwörung wurden sie irrigerweise dem analphabetischen kleinen Schmierenschauspieler William
Shakespeare aus Stratford zugeschrieben. *Hamlet* ist nichts anderes als Oxfords Autobiographie. Die spezielle wissenschaftliche
Methodik, die bei Oxfords Entdeckung als »Shakespeare« Anwendung fand, lässt sich modellhaft folgendermaßen skizzieren:

Nehmen wir den Fall Mozart. Und nehmen wir Beispiele aus
seinen Briefen an das berühmte »Bäsle«.

> iezt wünsch ich eine gute nacht, scheissen sie ins beet daß es
> kracht; schlafens gesund, reckens den arsch zum mund, ich gehe
> izt nach schlaraffen, und thue ein wenig schlaffen.

Oder dies:

> Verzeihen sie mir meine schlechte schrift, die feder ist schon alt,
> ich scheisse schon wircklich bald 22 jahr aus den nemlichen loch,
> und ist doch noch nicht verissen! – und hab schon so oft geschis-
> sen -- und mit den Zähnen den dreck ab-bissen.[2]

Ist es vorstellbar, dass ein derartig ordinärer, unappetitlicher und
wüst koprophiler Mensch wie dieser Briefschreiber Mozart die
erschütternden, sublimen Klanguniversen des Requiems erden-
ken konnte? Unvorstellbar. Ausgeschlossen. Zudem sind die un-
gewöhnlichen Umstände des Kompositionsauftrages und Mozarts früher Tod äußerst verdächtig. Mozart war nicht »Mozart«.
Mozart war nichts als ein vom Vater dressierter Klavierspiel-Au-
tomat. Dieser Mensch hat in seinem Leben keine einzige Zeile
komponiert, dafür war er, wie seine »Bäsle«-Briefe zeigen, viel zu
primitiv. Er war nur der klavierklimpernde Strohmann für den

wahren genialen Komponisten, wahrscheinlich ein hoher Adeliger, der im Dunkeln bleiben wollte. Das heißt, dass wir uns nach
diesem anderen Komponisten umschauen müssen: Wer hätte in
jener Zeit Mozarts Werke komponieren können? Dazu müssen
wir nach genauer Prüfung des mozartschen Werkes zuerst mal
eine genaue wissenschaftliche Liste aufstellen, welche Fähigkei-
ten und Charaktereigenschaften derjenige Mensch gehabt haben
musste, um das mozartsche Werk verfassen zu können … Sobald
wir diese Liste erstellt haben, können wir uns damit auf die Suche
machen: Auf wen trafen diese Eigenschaften zur damaligen Zeit
zu? Und bingo! – Auf diesem Weg werden wir unweigerlich den
wahren Mozart entdecken …

Wem diese Art von kriminalistischer *Profiling*-Methode als
haarsträubender Unsinn erscheint, hat recht: Es ist das Prinzip,
mit dem der Schullehrer J. Thomas Looney – ein ehemaliger Sek-
tenprediger, dem die Schäflein davongelaufen waren, ein Bewun-
derer mittelalterlicher Feudalverhältnisse mit stark antidemokra-
tischen Neigungen – um 1920 den 17. Earl of Oxford (1550–1604)
als wahren Autor von Shakespeares Werken entdeckt hat. Looney,
wie so viele damals von Zweifeln an Shakespeares Verfasserschaft
geplagt, aber nicht überzeugt von Bacon als Verfasser, ging methodisch vor:

> Was ist also die übliche, vernünftige Methode, nach einem unbe-
> kannten Menschen zu suchen, der ein besonderes Werk geschaf-
> fen hat? Man muß ganz einfach das Werk selbst sehr genau un-
> tersuchen, dann aus dieser Untersuchung eine möglichst genaue
> Vorstellung von dem Menschen ableiten, der es geschaffen hat,
> dann einen Begriff entwickeln, wo dieser wahrscheinlich zu fin-
> den ist, und dann muß man losziehen und nach dem Menschen
> suchen, der dieser angenommenen Beschreibung entspricht.[3]

Looney spricht in Begriffen von Polizeiarbeit und Gerichtsvor-
gängen: es handele sich um *investigation, prosecuting, case, inquie-
ry, lawyers, juries.* Er geht davon aus, dass die Spuren zu diesem

Menschen bewusst und absichtsvoll verwischt wurden, um die Aufdeckung zu verhindern. Die Schwierigkeit der Aufgabe bestehe darin, dass man um »einen Plan zur Selbstverschleierung« herumarbeiten müsse, der »von einem der fähigsten Intellekte« entworfen wurde.[4] Poes Detektiv C. Auguste Dupin und Agatha Christies Hercule Poirot mit den kleinen grauen Zellen lassen grüßen. Mit seiner »kalten, analytischen« Untersuchungsmethode der Werke kommt Looney nun zu einer Liste von 18 Eigenschaften, die den Autor definitiv charakterisieren:

1. Ein reifer Mann von anerkanntem Genie
2. Offensichtlich exzentrisch und geheimnisvoll
3. Zeigt intensive Sensibilität – kein gewöhnlicher Mensch
4. Unkonventionell
5. Nicht angemessen eingeschätzt
6. Zeigt ausgeprägte und bekannte literarische Neigungen
7. Ein Enthusiast in der Welt des Dramas
8. Ein lyrischer Dichter von anerkanntem Talent
9. Besitzt überragende klassische Bildung, pflegt Umgang mit Gebildeten
10. Ein Mann mit aristokratischen Verbindungen
11. Ein Mitglied der Hocharistokratie
12. Steht Lancaster-Anhängern nahe
13. Ein Italien-Begeisterter
14. Ein Sporttreibender (einschließlich Falknerei)
15. Ein Musikliebhaber
16. Achtlos und leichtsinnig in Geldangelegenheiten
17. Fragwürdig und etwas widersprüchlich in seiner Haltung zu Frauen
18. Wahrscheinlich mit katholischen Neigungen, aber mit Skeptizismus gepaart[5]

Mit dieser Liste, die den Autor von Shakespeares Werken zweifelsfrei, objektiv und erschöpfend beschrieb (der Autor muss Aristokrat sein, weil in den Werken so viele Aristokraten vorkommen, der Autor muss Italien bereist haben, weil so viele Stücke in Italien spielen, er muss Musik geliebt haben, weil so viele Lieder in den Werken vorkommen etc.), zog Looney nun los und suchte den, auf den das alles passt – und wurde im ›Dictionary of National Biography‹ (DNB) auch wunderbar fündig: Er konnte aus einer dort vorhandenen, sehr romantisch idealisierenden Biographie eines Adeligen eine Liste von ebenfalls wieder 18 Punkten erstellen, die haargenau auf seine Liste aus den Werken passte. Der Betreffende ist laut DNB berühmt für

1. His high standing as a lyric poet.
2. His reputation for eccentricity.
3. His highly strung sensibility.
4. His being out of sympathetic relationship with conventional life.
5. His maturity (1590) and genius.
6. His literary tastes.
7. His practical enthusiasm for drama.
8. His classic education and association with the best educated men of his time.
9. His belonging to the higher aristocracy ...[6]
   Etc. etc.

18 Punkte, alles passt: Und wer ist es? Es ist Edward de Vere, 17. Earl of Oxford! Bingo! Der Autor von Shakespeares Werken ist gefunden!

Zudem ergibt sich Oxfords Biographie aus Hamlets Biographie, denn Oxford ist Hamlet: Oxford wurde von Piraten überfallen – Hamlet wird von Piraten überfallen; Oxfords Vater starb früh – Hamlets Vater stirbt früh; Oxfords Mutter verheiratete sich sehr schnell neu – Hamlets Mutter verheiratet sich sehr schnell neu: Oxford ermordete einen Diener – Hamlet ermordet Polonius. Und so weiter: Oxford hatte drei Töchter – König Lear hat drei Töchter ... Das alles kann kein Zufall sein. Sind das etwa keine klaren Beweise dafür, dass Oxford Shakespeares Stücke geschrieben hat? Shakespeares Gesamtwerk als verschlüsselte Autobiographie: Looney musste sie nur noch entschlüsseln wie Dan Brown den ›Da-Vinci-Code‹. Und natürlich war eine ausgedehnte Verschwörung nötig, um das Geheimnis der Oxford-Autorschaft zu wahren: ein so geheimes Geheimnis, dass bis 1920 niemand auch nur ein einziges Wörtlein darüber hat fallen lassen.

Darüber wird nun allen Ernstes seit 93 Jahren debattiert. Überflüssig zu sagen, dass auch nach 93 Jahren oxfordianischer »Wissenschaft« kein einziger Beleg, keine einziger Hinweis, kein einziges kleines Zettelchen aus elisabethanischer Zeit für diese Hypothese gefunden wurde. Wie auch.

Es scheint kaum vorstellbar zu sein, dass man irgendjemandem diesen kindischen Unsinn als aufklärerische Entdeckung andrehen könnte. Aber genau das ist phänomenal gelungen. Er lässt sich bis heute einer wachsenden Menge von Glaubenswilligen verkaufen, die sich alle aus Bauchgefühl nicht vorstellen können, dass der ungebildete Bauernlümmel Shakespeare solche ungeheuerlichen Geniewerke verfasst haben könnte. Und nicht nur schlichten Gemütern geht dies ein: Es verschlägt einem etwas den Atem, wenn man erfährt, dass Sigmund Freud ein geradezu fanatischer, obsessiver Anhänger Looneys und dieser seiner oben skizzierten These wurde. Freud entdeckte *Shakespeare Identified* in den Zwanzigerjahren, als er seine Ödipus-Theorie vor allem anhand von *Hamlet* entwickelte und plötzlich in Schwierigkeiten geriet: Er hatte angenommen, dass Shakespeare Ende 1601 *Hamlet* als Reaktion auf den Tod seines Vaters am 8. September zur Verarbeitung eines ödipalen Konflikts geschrieben hatte; plötzlich aber stellte sich heraus, dass die alte Datierung des *Hamlet* falsch war: Das Stück war bereits 1599/1600 entstanden, als Shakespeares Vater noch zwei Jahre zu leben hatte. Damit brach Freuds ödipales Erklärungsmodell zusammen. Looneys Oxford-Entdeckung brachte Hilfe in der Not: Wenn Shakespeare Oxford war, war es egal, wann *Hamlet* geschrieben wurde, denn Oxfords Vater war schon 1562 gestorben, und seine Mutter hatte rasch wieder geheiratet. Damit war Freuds Modell, dass der *Hamlet*-Autor

das Stück in einer ödipalen Krise nach dem Tod seines Vaters geschrieben hatte, gerettet. Freud entdeckte in Looneys Buch noch
viele weitere ergiebige psychoanalytische Möglichkeiten und wurde obsessiver Oxfordianer – was den einen oder anderen Zweifel an ihm wecken könnte. Aber er war und ist in bester Gesellschaft: Auch Ralph Waldo Emerson, Henry James, Mark Twain,
Helen Keller, Orson Welles, Walt Whitman, Otto von Bismarck,
Charles Chaplin, John Galsworthy, Malcolm X, Sir John Gielgud,
Sir Derek Jacobi, Mark Rylance (ehem. Leiter des *Globe Theatre*)
und Vanessa Redgrave sind alle auf die eine oder andere Art Anti-
Shakespeareaner.

Die Oxford-These steht heute bei der Verfasserschafts-Frage
ganz vornean, vor den Konkurrenten Bacon und Marlowe. Es gibt
inzwischen ca. 5000 Bücher, die mit ebenso kühnen Theorien wie
der von Looney die Mär weiterstricken – oder noch kühneren,
wonach Oxford der uneheliche Sohn der jungfräulichen Königin
Elisabeth I. ist und mit ihr, also seiner Mutter, einen Sohn zeugte, Henry Wriothesley, 3. Earl of Southampton, der daher Oxfords
Sohn wie zugleich sein Halbbruder war, mit dem er dann seinerseits eine sexuelle Beziehung hatte – die sogenannte »*Prince-Tu-
dor-Theory*«. Komplexe Familienverhältnisse. Dass es dafür keinen einzigen Beleg gibt, muss nicht eigens erwähnt werden. De
Vere, so heißt es, durfte seine – als offenes Geheimnis durchaus allgemein bekannte – Verfasserschaft nicht outen, weil Dra-
menschreiben als unstandesgemäß galt. Dies muss seinerzeit ein
wahrhaft unüberwindliches, absolutes Tabu gewesen sein: Nicht
einmal Oxfords Feinde – deren er nicht wenige hatte – haben seine verwerfliche Komödienschreiberei je gegen ihn verwendet, obwohl sie seine selbstrühmende Äußerung, »daß er eine Pferdestu-
te mißbraucht« habe, durchaus freizügig kolportierten.[7] *Das* war
offenbar standesgemäß; die Obszönität, Dramen zu schreiben,
war hingegen wohl zutiefst unaristokratisch.

Wegen unstandesgemäßen Dramenschreibens also gab es eine
ungeheure Verschwörung des Schweigens, trotz aller zwangsläu-
figen Mitwisser, die von Königin Elisabeth über die gesamte sonst

so klatschsüchtige Theaterwelt und die dichthaltenden Kollegen
des Bauerntrottels Shakespeare mehr oder weniger die Bevölkerung ganz Englands umfasst haben müsste: Niemand hat nämlich im 16. und 17. Jahrhundert auch nur ein einziges Sterbens-
wörtchen über diese aristokratische Verfasserschaft fallen lassen,
obwohl öffentliche Debatten über die königliche Vagina und ihr
resistentes Hymen durchaus üblich waren; alle haben eisern dicht-
gehalten, alle Spuren des gräflichen Sündenfalls wurden sorgfältig
auch noch zwanzig Jahre nach dem Tode De Veres verwischt – bis
Looney sie 1920 entdeckte.

1946 versuchte Percy Allen, der ehemalige Präsident der Ox-
ford-Gesellschaft (genannt *Shakespeare Fellowship*), dem Rätsel
auf andere Weise näherzukommen: Mithilfe des Mediums Hes-
tor Dowden wollte er in spiritistischen Sitzungen mit Elisabethanern ins Gespräch kommen. Seine erfolgreichen Unterhaltungen
mit Oxford, Bacon und Shakespeare hat er in seinem Buch ›Talks
with Elizabethans‹[8] festgehalten. Die drei Herren aus dem Jenseits
bestätigten ihm die Richtigkeit der *Prince-Tudor-Theorie* (dass
Southampton der Sohn der Königin Elisabeth war), Shakespeare
diktierte ihm seine Autobiographie und vertraute ihm mit Oxford
zusammen an, wo die Manuskripte lägen: im Grab in Stratford.
Oxford steuerte auf Nachfrage ein paar neue Sonette bei. Und
Francis Bacon erklärte:»Die Shakespeare-Stücke und Gedichte
sind prinzipiell die Werke von Lord Oxford.« Shakespeare habe
sie lediglich für die Bühne umgeformt.[9]

Aber nicht genug mit solchen unwiderlegbaren historischen
Wahrheiten: Ein 529-Seiten-Buch z. B., ›Shakespeare's Fingerprints‹, der beiden amerikanischen Oxfordianer Michael Brame
und Galina Popova[10] kommt 2002 zu noch ganz anderen Entdeckungen über die vielfältige literarische Existenz dieses Grafen
Oxford: England begann sich seinerzeit zu einem ebenbürtigen
kommerziellen Partner der europäischen Nationen zu entwickeln.
Deshalb war der Königin enorm daran gelegen, dass Englands
Auftritt auf der europäischen Bühne auch eine ebenbürtige Entwicklung in respektabler englischer Literatur vorzeigen könne. In

Abkehr von der lateinischen sollte eine eigenständige englische Dichtung und Sprache auf Augenhöhe mit der europäischen geschaffen werden. Zu diesem Zweck wandte sich die Königin hilfesuchend an Edward de Vere. De Vere übernahm den königlichen Auftrag zur Nationalliteraturerfindung gern, machte sich ans Werk und schrieb unter verschiedenen Pseudonymen so ziemlich die gesamte englische Renaissance-Literatur eigenhändig allein – also nicht nur William Shakespeares Werke, sondern zusätzlich auch die von Christopher Marlowe, Philip Sidney, John Lyly, Edmund Spenser, Robert Greene, George Peele, George Gascoigne, Raphael Holinshed, Arthur Brook, Arthur Golding und noch einem Dutzend anderer, so etwa 40 »Autoren«[11]. Diese damals tatsächlich lebenden Männer, die heute irrigerweise noch als »Autoren« geführt werden, haben in Wahrheit nie eine Zeile geschrieben; sie waren nichts anderes als Namen-Verleiher *(name-lenders)*, also als Strohmänner lebende Pseudonyme, hinter denen der 17. Earl of Oxford sein monumentales literarisches Ein-Mann-Gesamtwerk verbreitete. Die Vielfalt der Pseudonyme diente dazu, ein reges literarisches Leben in England vorzutäuschen, das noch gar nicht existierte. Oxfords Genie zeigt sich unter anderem daran, dass er jedem dieser zahlreichen fiktiven Autoren einen individuellen und unverwechselbaren Stil mitgab: Sein »Shakespeare« schrieb nicht wie sein »Marlowe«, sein »Lyly« nicht wie sein »Sidney«. Oxfords Stilregister umfasste sowohl die erlesenen wie auch die grobschlächtigen Diktionshöhen, je nach »Autor«. Als Beispiel *Romeo und Julia:* Oxford hat nicht nur »Shakespeares« lyrisches Drama *Romeo und Julia* verfasst, sondern war ja zugleich auch der Autor »Arthur Brook«, von dem die sprachlich eher grobe Vorlage zu *Romeo und Julia* stammte: Oxford hat also »Shakespeares« Werk und zugleich die *Vorlage* für »Shakespeares« Werk verfasst. Nicht nur hat er als »Shakespeare« die Königsdramen geschrieben, sondern auch zugleich deren epische Vorlage: die Geschichtswerke der ›Chronicles‹ unter dem Pseudonym »Raphael Holinshed«, auf die er sich als »Shakespeare« dann stützte.

Der 1550 geborene Oxford begann seine Arbeit laut Angabe der

Entdecker mit einer Übersetzung der ersten sieben Bücher von Vergils ›Aeneis‹, die unter dem Pseudonym »Thomas Phaer« 1558 erschienen und bislang fälschlich diesem Namen-Verleiher auch zugeschrieben wurden. Aber wir lernen: Der Übersetzer war in Wirklichkeit der Earl of Oxford, der zu diesem Zeitpunkt gerade mal acht Jahre alt war, was in der Tat ein frühreifes Talent zeigt.

Die Entdeckung des Edward de Vere, Graf Oxford, als quasi Allein-Autor der elisabethanischen Literatur war dadurch möglich, dass Oxford trotz tiefster Geheimhaltung seiner Autorschaft allüberall deutliche Hinweise auf seine Urheberschaft in die pseudonymisierten Werke einbaute – sozusagen als inhärente Ent-Pseudonymisierung der Pseudonymisierung. Ich bin's nicht und bin's doch. Es handelt sich bei den Hinweisen zumeist um sog. »Veronyme« und »Oxprints«:

1. »Veronyme« sind Wörter, die den Bestandteil »*ver*« seines Namens »*de Vere*« enthalten, also z. B. *ever, whenever, never, every,* fe*ver, quiver, deliver, liver, lover, over, verbal, verified, verse, verily, discovery, verity, per*ve*rt, Oli*ve*r,* aber auch *suffer, fair, flower.*[12] Wo immer in einem elisabethanischen Text solche Veronyme auftauchen, ist zu vermuten, dass dieser Earl of Oxford dahintersteckt. Beispielsweise ist auch der »Autor« Robert Green hierüber als Oxford-Pseudonym zu identifizieren: »*Green*« ist ein »VER-Worttranslat« über die romanischen Sprachen: *green = verde.* »Green« ist somit ein Spiel mit Oxfords Familiennamen, was »Shakespeares« Faszination mit dem Wort *green* in den Sonetten erklärt, z. B. bei *green corn.*[13] Ebenso ist das Oxford-Pseudonym »Thomas Phaer«, der angebliche ›Aeneis‹-Übersetzer, hier leicht zu identifizieren: *Phaer = Fair = Ver.*

2. »Oxprints« funktionieren ähnlich wie Veronyme, nur dass hierbei auf den Titel geachtet werden muss: Oxford. Wo immer ein »o« prominent in einem elisabethanischen Text auftaucht (also z. B. bei *O, Ophelia, Othello, Orlando, Oliver, Oberon,* aber auch bei o-Wörtern wie *woe, so, owed, owl, glowed, bestowed, vowel* etc. ist ein Verweis auf Oxford zu vermuten. Insbesondere ist die Kombination aus »E« und »O« verdächtig als Kürzel für Earl of

Oxford. Alle Wörter, in denen diese EO-Kombination auftaucht (also z. B. im Namen »George«), müssen als Hinweise auf Oxford verstanden werden, natürlich auch *Romeo, Phoebus* und *Echo*.[14]

Da es nicht leicht sein dürfte, einen elisabethanischen oder überhaupt einen englischen Textkorpus zu finden, der ohne *ver* und *o* auskommt, MUSS folglich quasi die gesamte elisabethanische Literatur vom Earl of Oxford verfasst worden sein – was nur dessen Genie beweist.

Merken muss man sich als detektivischer Leser die 4C-Kriterien *Congruence, Convergence, Cumulation, Cascade,* die im Grunde besagen, dass zwei Schriftsteller, die die gleichen Wörter benutzen, ein und derselbe Schriftsteller sein müssen. Wichtig ist, dass man 14 bestimmte »heuristische Strategien« beachtet, um ein Werk Oxfords zu identifizieren[15], z. B.:

Alliterativ-Titel-Strategie: Betrachte alle elisabethanischen Werke mit alliterierenden Titeln als mögliche Werke von De Vere.

Flowers-Strategie: Betrachte alle elisabethanischen Publikationen, deren Titel das Wort *Flower(s)* enthält, als potenzielles Werk von de Vere. [Weil *flower* = Veronym für de Vere].

Original-Quellen-Strategie: Betrachte Shakespeares Quellen in englischer Sprache mit der Erwartung, dass sie selber Werke von Shakespeare-de Vere sind.

Ox-Strategie: Betrachte das Vorkommen des orthographischen *o* in elisabethanischer Literatur als möglichen Hinweis auf de Veres Verfasserschaft, besonders in Verbindung mit *e* als *eo*.[16]

Und so weiter. Dan Brown lässt grüßen. Mit Polonius zu sprechen:

> Irr nenn ich's knapp, denn Irrsinn klar beschrieben,
> Was ist das sonst als sonst nichts sein als irr?
>
> *Hamlet II,2,93 f.*

Es liegt unzweifelhaft Methode in diesem Irrsinn. *Not to mince words* – was hier allen Ernstes verzapft wird, ist ein hermetisches Wahngebäude.

Nun interessiert natürlich, was für Menschen diesen 550-Seiten-Unfug mit der Androhung zweier Folgebände verfasst haben: Michael Brame und Galina Popova. Wer sind die beiden? Und man staunt:

Professor Dr. Michael K. Brame war dreißig Jahre lang Lehrstuhlinhaber für Linguistik an der *University of Washington* und Herausgeber der international verbreiteten Zeitschrift *Linguistic Analysis*. Promoviert wurde er 1971 am *Massachussets Institute of Technology*, betreut von Noam Chomsky.

Dr. Galina Popova ist Linguistin und Honorarprofessorin an der *University of Washington*.

Wissenschaftliche Bildung schützt offenbar nicht vor religiöser Besessenheit – auch ansonsten vernünftige Leute können an Unvernünftiges glauben. Zwei freundliche Menschen, ordentliche Akademiker, geisteswissenschaftlich ausgebildet, die Vorlesungen halten, linguistische Forschung betreiben, Seminare leiten, Studenten unterrichten, Prüfungen abnehmen und ein ganz normales, unauffälliges Berufs- und Alltagsleben führen – und beim Thema »Oxford und Shakespeare« zugleich eine solche Aberration. Wie ist das möglich?

Der Sog des »Shakespeare-Rätsels« scheint unwiderstehlich zu sein. Um Shakespeares Werke selbst geht es dabei keine Sekunde, davon wird kaum je geredet – es geht immer nur um die eine absurde Frage der Biographie und der Verfasserschaft. Und das mit fanatischer Obsession, als ob irgendetwas Weltwichtiges davon abhinge. Es existiert inzwischen eine VERitable Oxford-Industrie als Spiegelung bzw. Travestie der »Shakespeare-Industrie« – mit Vierteljahrespublikationen und jährlichen »wissenschaftlichen« Kongressen der Gläubigen, auf denen massenhaft neue »Indizien« über des Earls Verfasserschaft in Artikeln und Vorträgen verbreitet werden; es gibt eine ausufernde Internetpräsenz der diversen Oxford-Gesellschaften und -Blogger und un-

endliche Foren-Debatten, wo Anti-Shakespeareaner und Shakespeareaner mit Klauen und Zähnen aufeinander losgehen, auf
Tod und Verderben. Die Google-Suche »Shakespeare Oxford« ergibt 19 000 000 Treffer. Manche dieser Leute weihen dem Thema
ihr ganzes Leben. Und das alles, obwohl es kein einziges Fitzel-
chen, kein klitzekleines Zettelchen eines auch nur andeutenden
historischen Hinweises auf eine andere Verfasserschaft gibt. Es ist
eine rein aus Luft konstruierte Wahnwelt. Aber mit Methode, geradezu hamletisch: Hinter dem Schein der Weltoberfläche liegt
eine tief verborgene andere Wahrheit. Es ist faszinierend: Was
treibt diese Leute an? Warum machen die so was? Könnte es ein
bislang unbekanntes Virus sein? Ein William-Virus *conspirationis
shakespirii*, das die Befallenen beim Stichwort »Shakespeare« in
ein mentales Phantasie-Paralleluniversum versetzt, ohne dass sie
es merken?

Es ist wohl nicht zu verstehen – wie man ja auch nicht versteht,
wie die Kreationisten angesichts der erdgeschichtlichen, materiel-
len Zeugnisse glauben können, dass die Erde erst vor 6000 Jahren geschaffen wurde. Die soziokulturellen Deutungsmuster zum
Zustandekommen von Verschwörungstheorien bieten zum Ver-
fasserschaftswahn kein Modell an. Auch der scheinbare Bruch
zwischen Shakespeares trivialer Bürgerbiographie und den dramatischen Extremen der Shakespeare-Werke reicht zur Erklärung
solcher Verbissenheit nicht aus.

Und auch Looneys eigene pathetische Begründung reicht wohl
nicht, um eine solche Obsession zu erklären:

> Die Auffindung des Autors und der Nachweis seiner berechtigten
> Ansprüche auf Ehrung sind daher eine Pflicht, die die Mensch-
> heit einem der illustersten aller Menschen schuldet; eine Pflicht,
> aus der Engländer jedenfalls niemals entlassen werden können.[17]

Seit 92 Jahren die selbstlose Pflichterfüllung, die Ehre des armen
verkannten Earls zu retten? Es ist wohl eher eine psychoanalytische Frage für Dr. Freud, nur ist der leider selber …

Mystifikation und Obskurantismus verkleiden sich als Wahrheits-
bringer – wie geht man damit um? Verschwörungstheorien kann
man bekanntlich nicht widerlegen. Jede Entgegnung ist sinnlos,
die Beschäftigung mit der Verfasserschaftsfrage ist reine Zeitver-
nichtung. Bloß nicht in die »Debatten«-Falle gehen, die immer
nur den Spökenkiekern nutzt. Ein Faktum muss man nicht ver-
teidigen, es ist einfach, wie es ist. Auch die NASA hat es längst
aufgegeben, gegen die Legende von der in Hollywood gedrehten
Mondlandung aufklärend anzuargumentieren. »Don't feed the
troll!« »Noch nicht mal ignorieren« war daher die Haltung der
genervten Literaturwissenschaft, wenn die Anti-Shakespeareaner
an die Türen donnerten und als heroische Davids-gegen-Goliaths
»Debatten« auf Augenhöhe über Unsinn forderten.

Allerdings: Wenn man nichts entgegnet, muss man zusehen,
wie eine wirre Verschwörungstheorie sich zunehmend aggressiv ausbreitet und die Deutungshoheit beansprucht – wenn sie sie
im öffentlichen Bewusstsein nicht bereits erreicht hat: Auch der,
der nichts von Shakespeare weiß, glaubt zumeist, dass Zweifel an
seiner Verfasserschaft bestehen. In US-amerikanischen Schulen
wurden im Kontext des Emmerich-Films und der Sony-PR Un-
terrichtsmaterialien für Schüler und Lehrer angeboten, die die
»ungelöste Verfasserschaftsfrage« »objektiv« behandeln, suggestiv
zum Wohle Oxfords. »Ich träume davon, dass mein Shakespeare
zum Pflichtfilm für die Schule wird«, so Roland Emmerich im
Interview.[18] Was an den Universitäten den Studenten von Shakespeare erzählt werde, sei ein »Verbrechen«, erklärte der Schauspieler und ehemalige Leiter des *Globe Theatre,* Mark Rylance,
in Pressekonferenzen. Die *Authorship Convention,* ein interna-
tionaler Zusammenschluss aller Anti-Shakespeareaner, egal ob
auf Oxford, Bacon, Marlowe, Derby oder sonst einen Kandidaten
fixiert, verfolgt gerade zu Shakespeares Jubiläumsjahr zwei Ziele: die Zulassung der Verfasserschaftsfrage zur Aufnahme in den
Lehrkanon der Universitäten – und die Klarlegung, dass jedenfalls Shakespeare *nicht* der Autor war, egal wer's war. Die Ziele und
Methoden der Kreationisten, die ihre Glaubenssätze als gleich-

berechtigte Lehre neben der Evolutionstheorie anerkannt sehen wollen, stehen hier ersichtlich Pate. Und damit ist es nun nicht mehr nur ein müßiger literarischer Kunststreit: Man will sich an die Kinder und die Jungen und die Lehranstalten ranmachen. Und da muss man dann doch ein bisschen widersprechen.[19]

Shakespeare-Biographen kleiden die überlieferten alten Shakespeare-Knochen mit phantasievoll erfundenen Kostümen subjektiv und willkürlich ein; Anti-Shakespeareaner phantasieren gleich ganz neue Biographien erfundener Autoren zusammen. Beide Gruppen sind – obwohl sie es nicht wissen wollen – einander eng verschwistert: Biographisten allerorten, hier wie da, nur graduell unterschieden – wo es doch gerade am Biographischen fehlt.

Vielleicht hat die poststrukturalistische Literaturwissenschaft doch recht: Der Autor sollte besser tot sein. Wo noch so ein Untoter lebend herumspukt, sollte man ihn erwürgen.

WOHER WIR WISSEN,
DASS GÜNTER GRASS DIE ›BLECHTROMMEL‹ GESCHRIEBEN HAT – UND SHAKESPEARE AUS STRATFORD SHAKESPEARES WERKE

Bevor alles in postmoderner Beliebigkeit verschwimmt, jede Geschichtsumschreibung und jede Shakespeare-Narrative gleichermaßen gültig wird und die Pest der Verschwörungstheorien ein weiteres Stück Vernunft infiziert, ist es vielleicht nicht verkehrt, ein paar *basics* klarzustellen, wie in der Wissenschaft Texte und Autoren einander zugeordnet werden. Auch wenn's natürlich todlangweilig ist, verglichen mit einem Verschwörungskrimi voller Mord und Inzest.

Also: Woher können wir überhaupt jemals wissen, dass ein Autor X ein Buch Y geschrieben hat? Es kann ja auch ein ganz anderer geschrieben haben als der, der angegeben wird. Waren wir als Zeugen dabei? Nein. Historische Beispiele von Pseudonymen gibt es in Hülle und Fülle – wer war z. B. der Schriftsteller B. Traven? Niemand weiß es wirklich. Und wer war Robert Galbraith? Der den Krimi ›A Cuckoo's Calling‹ geschrieben hat? Man höre und staune, das war die Harry-Potter-Autorin J. K. Rowling unter Pseudonym ... Das Verwirrspiel »Unter anderem Namen« war und ist höchst beliebt. Warum kann »Shakespeare« nicht auch ein Pseudonym gewesen sein? Na, warum nicht Günter Grass!

Woher wissen wir denn wirklich, dass Günter Grass ›Die Blechtrommel‹ geschrieben hat, wenn wir ihm beim Schreiben nicht als Zeugen zugesehen haben? Woher wissen wir, dass Günter Grass überhaupt Günter Grass ist – es gibt ja auch bei ihm (wie bei Shakespeares vielen Namensschreibungen!) die verschiedensten Schreibweisen, die uns misstrauisch machen müssen, dass es sich hier um ein Pseudonym handelt: Wer ist Günter Grass – ist er Günter Grass oder eher Günther Grass oder Günter Graß oder Günther Graß? Das sind – wenn man die Methoden und Maßstäbe der Anti-Shakespeareaner anlegt – schwerwiegende Hinweise auf Strohmänner und gefälschte Identitäten.[1]

Woher wir den Autor der ›Blechtrommel‹ kennen: Zunächst haben wir Günter Grass selbst, der sich als Autor der Blechtrommel bezeichnet. Er hat dies viele Male schriftlich ebenso wie mündlich bei öffentlichen Veranstaltungen, auch in Radio- und Fernsehsendungen getan. Der Autor hat sich persönlich zu erkennen gegeben. Der Autor kann sein Manuskript vorlegen.

Wir haben materiell das Buch selbst, das den Autor angibt. Auf dem Umschlag und der Titelseite steht der Name des Autors »Günter Grass«. Im Klappentext wendet sich der herausgebende Verlag an die Leser und bezeugt Günter Grass, geboren 1927 in Danzig, als Autor des Buches.

Wir haben eine riesige Anzahl von Zeitzeugen, die Günter Grass als Autor bestätigen: Kritiker, die das Buch ›Blechtrommel‹ von Günter Grass besprochen haben; Schriftsteller, die in ihren Büchern und Artikeln das Buch und den Autor Grass erwähnt und zitiert haben; Freunde von Günter Grass, die über die ›Blechtrommel‹ als sein Werk gesprochen haben; Journalisten, die in Artikeln Günter Grass als Autor der ›Blechtrommel‹ interviewt und dies veröffentlicht haben; Literaturwissenschaftler, die dicke Bücher über Grassens Buch geschrieben haben. Es gibt keine einzige Quelle, die Günter Grass als Autor jemals angezweifelt hätte.

Wir besitzen somit eine Vielzahl an historischen Dokumenten, Zeugnissen, Zeugen und Belegen, die unbezweifelbar und abschließend Günter Grass als Autor der ›Blechtrommel‹ nennen. Es handelt sich hier um harte *external evidence*.

SPRUNG INS JAHR 2400: Nach einer erdgeschichtlichen Katastrophe sind fast alle elektronischen Datenspeicher zerstört und die meisten altmodischen Bucharchive verbrannt. Die Erinnerung der sich neu zivilisierenden Menschheit an ihre frühe Vergan-

genheit ist schwach. Das ›Blechtrommel‹-Manuskript existiert
nicht mehr. Es sind 230 Buchexemplare in verschiedenen Edi-
tionen zwischen 1959 und 2088 erhalten. Das ISBN-System des
20./21. Jahrhunderts gibt es nicht mehr. Wir können den Autor
nicht mehr befragen, ebensowenig irgendwelche Zeitzeugen. Woher können wir im Jahr 2400 wirklich wissen, wer vor 400 Jahren
die ›Blechtrommel‹ geschrieben hat?

Wir haben auch im Jahr 2400 nach wie vor die Evidenz des ma-
teriellen Buches, das Günter Grass auf der Titelseite als Autor anführt, ebenso wie die Aussagen des Verlages im Klappentext, der
dies bestätigt. Natürlich könnte es sich bei den 230 Exemplaren
trotzdem um Fälschungen handeln. Wir brauchen daher weitere
Bestätigungen außerhalb des Buches selbst: *external evidence.*
Wir werden fündig: In den Restbeständen der alten Literatur entdecken wir ein paar Dutzend Erwähnungen dieses Buches aus der
Entstehungszeit, z. B.:

- Eine ›Blechtrommel‹-Kritik eines Hans Magnus Enzensberger aus dem Jahr 1959, in der Günter Grass als Autor genannt
  wird;
- eine ›Blechtrommel‹-Kritik des durch einige erhaltene Schnip-
  sel einer Fernsehtalkshow identifizierbaren Kritikers namens
  Marcel Reich-Ranicki aus dem Jahr 1963, in der er seine frühere
  (nicht erhaltene) Kritik der ›Blechtrommel‹ von Günter Grass
  von 1960 revidiert;
- eine ›Blechtrommel‹-Kritik in einer Zeitschrift namens Merkur
  aus dem Jahr 1984, in dem ein Eckhard Henscheid den Roman
  von Günter Grass verreißt;
- aus dem Jahr 2010 die Besprechung einer Dramatisierung der
  ›Blechtrommel‹ von Günter Grass für die Ruhrtriennale in einem Manuskript des Deutschlandfunks;
- des Weiteren mehrere Kritiken aus dem Jahr 2059 zu einer Ju-
  biläums-Neuauflage des »Jahrhundert«-Buches, in denen der
  ›Blechtrommel‹ von Günter Grass bleibende Bedeutung und
  Beliebtheit bescheinigt wird.

Wir können angesichts all dieser historischen Zeugnisse auch im Jahr 2400 mit absoluter Sicherheit wissen, dass die ›Blechtrommel‹ von Günter Grass geschrieben wurde.

Bei solcher *external evidence* handelt es sich um harte, historische Belege; sie bestehen objektiv und sind *nicht von subjektiven Meinungen, Interpretationen oder Glaubenssätzen abhängig.* Diese Belege existieren unabhängig von der Person dessen, der sie anführt. Es handelt sich um Kriterien, wie sie für ALLE Autoren und ALLE Werke gleichermaßen gelten.

Nun Shakespeare: Wir besitzen zu seinem Werk überreichlich exakt solche *external evidence*-Belege, um seine Autorschaft ebenso zweifelsfrei angeben zu können wie die von Günter Grass an der ›Blechtrommel‹. Für die meisten Autoren der Zeit um 1600 haben wir nicht einmal einen Bruchteil solcher Belege.

Dass wir 400 Jahre nach Shakespeares Tod keine Manuskripte Shakespeares besitzen, ist – anderslautenden Gerüchten zum Trotz – völlig normal: Wir haben auch von seinen berühmten Kollegen Kyd, Greene, Jonson, Chapman, Dekker, Heywood, Marston, Webster, Beaumont, Fletcher und Ford kein einziges Manuskript. Wir haben von den ca. 3000 Dramen, die zwischen etwa 1570 und 1640 für die professionellen Bühnen geschrieben wurden, nur 19 handschriftlich überlieferte Texte, und davon nur sechs halbwegs nachweisbar als Manuskript eines Autors.

Zu Shakespeares Lebzeiten erschien sein Name auf 37 Titelseiten von Einzelausgaben und Reprints seiner Stücke. Sein Name erschien in vielen Einträgen der Druckergilde *Stationer's Company.* Die Widmungen in Ausgaben der Gedichte *Venus and Adonis* und *The Rape of Lucrece* sind mit »William Shakespeare« unterschrieben. Die Ausgabe der *Sonette* von 1609 nennt William Shakespeare als Autor.

Der zentrale Beleg ist die *First-Folio*-Ausgabe, 1623, sieben Jahre nach Shakespeares Tod herausgegeben. Sie enthält den Kanon der Shakespeare'schen Stücke und nennt als Autor: *Mr. William Shakespeare's Comedies, Histories, and Tragedies* – wobei das »Mr.« für »Master« steht als Zeichen, dass Shakespeare sich

»Gentleman« nennen durfte, ein Titel, der ihm nach Erwerb des Wappens für seinen Vater zustand. Es heißt in der Folio weiter: *»The Workes of William Shakespeare.«*

Als bezeugenden »Klappentext des Verlages« kann man die zahlreichen Widmungen und Elogen in der Folio betrachten: Herausgegeben wurde das Buch von Heminge und Condell. Das waren zwei mit Shakespeare befreundete Schauspieler-Kollegen, mit denen er zwanzig Jahre auf der Bühne gestanden hatte. In ihrer Widmung an die beiden Patrone, den Earl of Montgomery und den Earl of Pembroke, nennen sie ihren Grund für die Herausgabe der Texte: *»onely to keepe the memory of so worthy a Friend, & Fellow alive, as was our Shakespeare«.*

Shakespeares Kollege, Freund und Rivale, der Dramatiker Ben Jonson, überschreibt seine Eloge in der *Folio* mit *»To the memory of my beloved, The Author, Mr. William Shakespeare: And what he has left us«.*

Er nennt Shakespeare darin in einem Atemzug mit Chaucer und Spenser. Er spricht ihn an mit *»My gentle Shakespeare«.* Er nennt ihn *»Sweet swan of Avon«* – damit vermerkt er ausdrücklich die Herkunft dieses Shakespeares aus Stratford-upon-Avon.

> Sweet Swan of Avon! what a sight it were
> To see thee in our waters yet appeare,
> And make those flights upon the bankes of Thames,
> That so did take Eliza, and our James!

Ben Jonson spricht in seiner nachgelassenen Schift ›Timber‹ zudem ausführlich über Shakespeare und seine Art des Schreibens:

> I loved the man, and do honor his memory on this side idolatry as much as any. He was, indeed, honest, and of an open and free nature; had an excellent fancy, brave notions, and gentle expressions, wherein he flowed with that facility that sometime it was necessary he should be stopped.

Der Dichter Hugh Holland überschreibt seine Eloge in der *First Folio* mit »*Upon the Lines and Life of the Famous Scenicke Poet, Master William Shakespeare*«.

Leonard Digges, der als Stiefsohn eines Freundes der Familie Shakespeare mit Verwandtschaft in Stratford die Verhältnisse bestens gekannt haben dürfte, überschreibt seine Eloge mit »*TO THE MEMORIE of the deceased Authour Maister W. Shakespeare*« und beginnt mit »*Shake-speare, at length thy pious fellows give/ The world thy Works*«; Digges nimmt ausdrücklich Bezug auf das »*Stratford Moniment*«.

Ein weiteres Geleitgedicht, mit »I.M« (?) unterzeichnet, ist gewidmet »*To the memorie of M. W. Shake-speare*«. Shakespeare wird darin als Schauspieler und Verfasser der Texte genannt. Shakespeare wird weiterhin prominent in einer Liste der Schauspieler genannt, die in diesen Stücken auftraten.

Eine Vielzahl von weiteren Zeitzeugen haben William Shakespeare in eigenen Schriften zu seinen Lebzeiten als Autor einzelner oder mehrerer der überlieferten Dramen bestätigt: z. B. Francis Meres (der 1598 in ›Palladis Tamia: Wits Treasury‹ Shakespeare als Autor von zwölf Stücken namentlich aufführt, darunter auch vier damals noch nicht gedruckte Texte: *Comedy of Errors, Two Gentlemen of Verona, Love labors wonne* und *King John*). Weitere Aussagen über Shakespeare als den Autor der Werke gibt es von Richard Barnfield, Henry Willobie, John Weever, William Covell, Thomas Freeman, Henry Chettle, William Camden, Leonard Digges, William Barksted, John Webster, Ben Jonson – allesamt historisch klar identifizierbare Persönlichkeiten, so wie heute Hans Magnus Enzensberger oder Marcel Reich-Ranicki.

Es gibt schriftliche Belege dafür, dass William Shakespeare aus Stratford der William Shakespeare der *Lord Chamberlain's Men* war, der Schauspieler und Anteilseigner am *Globe*; es gibt Dokumente, die den Schauspieler William Shakespeare vom *Globe Theatre* als den Dichter der Werke benennen.

Solche Belege stellen eindeutige, harte *external evidence* dar, wie sie grundsätzlich die Zuschreibung eines Textes zu einem bestimmten Autor ermöglichen – ob er Günter Grass oder William Shakespeare heißt. Sie existieren unabhängig von Meinungen oder Glaubensakten. Alle im Fall Shakespeare vorliegenden historischen »harten« Belege beweisen unwiderlegbar, ohne den Schatten eines Zweifels die Autorschaft Shakespeares. Während es für Shakespeare Dutzende solcher Belege gibt, gibt es z. B. für das Stück ›Tamburlaine‹, das ohne Autorenangabe gedruckt wurde, nur einen einzigen vagen Beleg für den Autor Christopher Marlowe: Hundert Jahre nach seinem Tod wurde er von jemandem, der es von jemandem gehört hat, als der Autor bezeichnet. Es gibt keinerlei *external evidence* aus Marlowes Lebzeit. Die Zuordnung erfolgt fast nur aus stilistischen Analysen im Vergleich mit Marlowes anderen Stücken – also aus irrtumsanfälliger *internal evidence*. Dabei handelt es sich um »innere« Belege aus dem fraglichen Text, also Wortfeldvergleiche, Eigenheiten des Stils und der Schreibweisen etc. mit anderen Texten eines Autors. Unabänderlich fließen in solche Untersuchungen subjektive Meinungen ein.

Dass Thomas Kyd das Stück ›The Spanish Tragedy‹ geschrieben hat, entnehmen wir auch nur einem einzigen harten Beleg: Thomas Heywood hat es zehn Jahre nach Kyds Tod in einem Text erwähnt. Niemand bezweifelt – trotz dieser dünnen Belege – die Verfasserschaft von Kyd oder Marlowe. Shakespeares Verfasserschaft hingegen wird bezweifelt, obwohl sie überreichlich belegt ist.

Wer immer einen anderen »Kandidaten« für die Verfasserschaft ins Feld führt, muss nicht nur dessen Autorschaft beweisen – er muss ZUERST alle diese unwiderleglichen *historischen Belege für die Autorschaft Shakespeares beweisend widerlegen.*

Die Existenz der First Folio ist für Anti-Shakespeareaner der größte Stolperstein; der darin explizit genannte Schwan vom Avon, William Shakespeare aus Stratford, Gegenstand des Stratforders Monuments, Schauspieler und Dichter der Werke, ist nicht so leicht wegzuerklären. Folglich muss die First Folio insgesamt als Beleg diskreditiert werden. Sie sei eine gezielte historische Fäl-

schung als Folge einer Verschwörung, behauptet man. Oxfordianer z. B. lösen das unlösbare Problem, diese vorhandenen *exter-
nen Beweise* zu widerlegen, folgendermaßen: Sie erklären, dass
überall dort, wo »William Shakespeare« in einem historischen Beleg auftaucht, eigentlich »Earl of Oxford« stehen müsste – denn
»William Shake-speare« sei nur das Pseudonym gewesen, unter
dem Oxford seine Werke veröffentlicht hat; das Pseudonym habe
mit dem konkreten Dorftrottel »William Shakespeare« aus Stratford nicht das Geringste zu tun. Es handele sich einfach um eine
groteske historische Verwechslung, wenn jemand den kleinen
analphabetischen Schauspieler, der zufällig William Shakespeare
hieß, mit dem aristokratischen, als »Shake-speare« pseudonymisierten Dichter Oxford gleichsetzte.

Die First Folio wird folgendermaßen wegerklärt: Der korrup-
te und bestechliche Ben Jonson hat im Auftrag der de-Vere-Hin-
terbliebenen und von diesen finanziert die ganze First Folio gefälscht, hat auch die Texte der Shakespeare-Kollegen Heminge
und Condell und einiger anderer Elogen-Schreiber selbst verfasst
und im Buch den Oxford-Werken vorangestellt – eine Verschwörung allergrößten Ausmaßes, die auch eine mögliche Ermordung
Shakespeares durch Ben Jonson und den Dichter Michael Drayton einschließt. Der Grund für diese Verschwörung: Die Nachfahren Oxfords wollten – bald zwanzig Jahre nach dessen Tod –
jede Verbindung zwischen Oxford und dessen Werken aus dem
öffentlichen Bewusstsein tilgen. Die vorhandenen Werke sollten
ein für allemal von einem tatsächlichen »William Shakespeare«
geschrieben worden sein: dem kleinen Schauspieler aus Stratford.
Eine gezielte Täuschung der Weltöffentlichkeit wurde von den
Oxford-Nachfahren geplant und ins Werk gesetzt.

Dass es für dieses abenteuerliche Konstrukt und die *charac-
ter-assassination* des Ben Jonson *keinen einzigen* historischen Beleg gibt, muss nicht extra erwähnt werden. Es ist reine Phantasie.
Keine einzige historische Quelle hat auch nur mit einem einzigen
Wort jemals den Earl of Oxford mit Shakespeares Werken in Verbindung gebracht.

Aber auch wenn morgen ein Brief Shakespeares auftauchte, in dem er über seine letzten Stücke schreibt, würde das nur ein weiterer »Beweis« für die Verschwörung sein: Er wurde dann eben von den Verschwörern dafür bezahlt, diesen Brief zu schreiben und eine falsche Fährte zu legen … Verschwörungstheorien sind grundsätzlich nicht widerlegbar.

PSSSSSSST…!
ODER
GANZ UNTER UNS

———————

Also gut, ganz unter uns, im Vertrauen: Natürlich habe ich herausgefunden, wer Shakespeare wirklich war. Natürlich wurden die Stücke nicht von diesem Dorftrottel aus dem Kuhdorf Stratford geschrieben. Die Wahrheit ist: Sie wurden in Wirklichkeit von Königin Elisabeth verfasst! – Aber!!! Es ist das eisern gehütete, nur wenigen Menschen bekannte englische Nationalgeheimnis: *Königin Elisabeth war nicht Königin Elisabeth!* Sie war jemand ganz anderer!

Das kam so: Elisabeths erzkatholische ältere Halbschwester Maria war Königin geworden, *Bloody Mary* genannt, der Brutalität wegen, mit der sie gegen Protestanten vorging. Ihre Heirat stand bevor: Sie wollte den Sohn Kaiser Karl V. heiraten, den verwitweten Katholiken Philipp II. von Spanien – England würde halb unter spanischer Fremdherrschaft stehen! Aufstände überall im Land brachen aus. Eine protestantische Verschwörung unter Sir Thomay Wyatt gegen Mary wurde im Jahr 1554 aufgedeckt; Mary glaubte, dass Elisabeth daran beteiligt war, und ließ diese nach London bringen.

> Es war eine Stadt des Grauens und der Verzweiflung, von deren Toren herab die Köpfe und Glieder von Verrätern unheilvoll warnten; zwanzig Galgen erinnerten noch an eine kürzlich stattgefundene Schlächterei.

So der berühmte Historiker John E. Neale.[1] Mary ließ Elisabeth verhaften und in den Tower bringen:

Am nächsten Tag, es war Palmsonntag, glitt gegen zehn Uhr morgens, als alle mit den Palmwedeln in der Kirche waren, von Whitehall eine Bark stromabwärts und landete Elisabeth an der Verrätertreppe.

Neale, S. 48

Aber das Gericht fand nicht genügend Beweise gegen Elisabeth. Die Verräter um Wyatt wurden hingerichtet, aber gegen Elisabeth war nichts auszurichten. Das Volk solidarisierte sich mit ihr, die die nächste Anwärterin auf die Thronfolge war, falls die »spanische« Mary kinderlos stürbe. Kaiser Karl V. aber hielt es

für unbedingt erforderlich, die Welt von der jungen Frau zu befreien, deren Existenz schon eine Herausforderung gegen Marias Politik und eine Ermunterung zu Aufständen war.

Neale, S. 45

Und nun geschah etwas, was die offizielle Geschichtsschreibung Englands bis auf den heutigen Tag verschweigt: Als am 2. April 1554 das Parlament zusammentrat und Flugblätter auftauchten, die gegen die Spanier und für Lady Elisabeth polemisierten, ließ Mary in Panik ihre Halbschwester von einem gekauften Mörder im Tower heimlich ermorden! Die Leiche wurde verscharrt. Marys Vertrauter Simon Renard, der spanische Gesandte, hatte einen Jack Ripperly gedungen, der nach der Tat spurlos verschwand. Es könnte sein, dass die Männerleiche, die tags darauf in der Themse treibend nahe der London Bridge aufgefunden wurde, dieser Jack Ripperly war.

Bald stellte sich heraus, dass die Idee der Ermordung Elisabeths nicht sehr gut gewesen war – das Volk empörte sich mehr und mehr und verlangte, die geliebte Elisabeth zu sehen. Nun war guter Rat teuer: Elisabeth war tot, das Volk wollte sie sehen, das Land stand vor einem Bürgerkrieg. In dieser Notlage kam Marys Vertrauter Simon Renard auf die rettende Idee: Elisabeth wurde freigelassen und allem Volk gezeigt.

Am Sonnabend, dem 19. Mai 1554, erreichte Elisabeth nach zwei-
monatiger Gefangenschaft im Tower auf dem Flußweg Richmond,
wo haltgemacht wurde. Die Londoner glaubten, sie sei wieder frei,
und freuten sich sehr … In Aston eilten vier Männer in die Kirche
und läuteten die Glocken. In Wheatly und Stanton St. John waren alle Bewohner auf der Straße und riefen »Gott schütze Euer
Gnaden!«

Neale, S. 51

So die offizielle, akademische Geschichtsschreibung. Aber Elisabeth war doch tot! Wie war das möglich?

Und hier kommt die Wahrheit: Simon Renards geniale Idee war
gewesen, einen der jungen Schauspieleleven, die an den öffentlichen Londoner Theatern die Frauenrollen spielten, als Elisabeth
zu verkleiden! Dieser Junge, der zufällig William Shakespeare
hieß, wurde dem englischen Volk in Kostüm und Maske als Elisabeth vorgeführt! In Hatfield wurde diese »Elisabeth« vier Jahre
lang unter schwerster Bewachung gehalten (sic!) und nur gelegentlich der Öffentlichkeit gezeigt, in der Hoffnung, dass Mary
doch noch schwanger würde und einen Thronerben in die Welt
setzte – aber das misslang. Kurz bevor Mary am 17. November 1558
morgens um sieben Uhr starb, wurde sie von ihren Staatsräten,
die das Geheimnis »Elisabeths« nicht kannten, gezwungen, »Elisabeth Tudor« zu ihrer Nachfolgerin zu ernennen. So wurde der
unbekannte junge Schauspieler William Shakespeare die Königin
von England!

Und jetzt ergibt sich alles andere schlagend wie von selbst! Alle
Teile des Puzzles ergeben plötzlich ein Bild! Zum Beispiel: Woher wusste Shakespeare so viel über die höfischen Sitten und Gebräuche? Na, weil er selbst die Königin war! Ein tragischer Konflikt – als Königin, in der Traumrolle, im Goldenen Käfig auf ewig
gefangen zu sein. Beweise? Jede Menge: Warum hat Elisabeth
300 Perücken hinterlassen? Na, warum wohl!? Weil sie als Mann
immer kahler wurde. Warum hat sie, je älter sie wurde, die
Schminke immer dicker aufgetragen? Na, um ihren Bartschatten

zu verdecken. Warum inszenierte sie sich als unnahbare »jung-
fräuliche« Königin, als Gloriana, als Mondgöttin, als abstrakte
katholisch-protestantisch keusche Marien-Ikone in monströsen,
künstlichen, verhüllenden Garderoben? Na, um zur abstrakten
Kunstfigur zu werden, der man den Mann unterm Kostüm nicht
ansah. Wie »Mary«, die Chansonsängerin, heute. Warum war
»sie« so wahnsinnig eifersüchtig, wenn eine ihrer Hofdamen ein
Techtelmechtel mit einem dieser wölfischen Earls hatte? Na, weil
er als Königin selber nicht an die Weiber rankam! Dieser arme
Kerl war verurteilt, den Rest seines Lebens eine historische Persönlichkeit zu sein, er war gefangen in der Rolle als Frau! Was ist
nachvollziehbarer, als dass er sich dramatisch-seelisch aus dem
inneren Gender-Konflikt befreite, indem er diese Stücke schrieb?
In seiner Lebensrolle als Königin, die er ja aus Staatsräson nie
mehr ablegen konnte, hat Shakespeare in seiner Einsamkeit am
Hof, in seiner sexuellen Verzweiflung all diese eskapistischen
Werke geschrieben, in denen transsexuell verkleidete Menschen
aus den Zwängen des Hoflebens in arkadische Ardenner Wälder
fliehen! Warum gibt's denn da all diese androgynen Geschlechter-
tausch-Figuren, all diese Rosalindens und Violas? Weil der Junge
schreibend sein existenzielles Lebensproblem aufarbeiten musste! Der einsame Kerl wollte sich aus seinem Hofstaat rausschrei-
ben und sich in andere Welten begeben. Warum spielte »Shakespeares« Truppe so oft am Hof, vor der »Königin«? Na, der Autor
Elizaspear wollte seine Stücke sehen – sie konnte ja schlecht ins
Bordellviertel nach Southwark fahren, sie musste das Theater an
den Hof holen, wenn sie ihre eigenen Premieren erleben wollte –
all diese Stücke, die der analphabetische, zufällig namensgleiche
Strohmann Shakespeare aus Stratford am *Globe Theatre* offiziell
als die seinen ausgab. Warum wurde ihr Günstling Lord Essex
hingerichtet? Weil der mit seinen paar Hanseln ein bisschen Revolution auf der Straße gemacht hatte? Im Traum doch nicht! Der
wahre Grund war, dass er einmal unangemeldet in das Boudoir
der Königin kam und sie ohne Perücke gesehen hatte! Essex wusste plötzlich Bescheid! Die Folgen waren klar: Er musste umge-

hend hingerichtet werden, das transvestitische Staatsgeheimnis Englands wäre sonst sofort aufgeflogen. Und warum – und hier wird das Thema »Shakespeare-Autorschaft« hochbrisant politisch – warum hat »Elisabeth« eigentlich niemals geheiratet? Keinen dieser um sie rumscharwenzelnden europäischen Fürsten und Prinzen, die supranationale Machtallianzen schmieden wollten? Na? Sie KONNTE einfach nicht, weil sie doch ein Kerl war! Die legendären Thronfolgeprobleme der kinderlosen Königin, die ihre gesamte Regierungszeit überschattet haben, erklären sich plötzlich wie von selbst! Es ist das bestgehütete aller englischen Staatsgeheimnisse! Niemand weiß davon! Nur der Vatikan ist eingeweiht! Elisabeth war Shakespeare! Shakespeare war Elisabeth! Englands hochgerühmte Königin *Shakebeth-Elizaspeare* war ein androgyner Transvestit aus einem Londoner Schmierentheater! Shakespeare war die Queen als *Drag-Queen!* Die englische Monarchie, das Königshaus, die Erbfolge bis auf den heutigen Tag ist bestimmt von einem historischen *drag act!* Wenn das je herauskäme – es ist nicht auszudenken! Die gesamte europäische Geschichte seit 1558 müsste umgeschrieben werden!

Und deswegen – pssssssst! Kein Wort davon an die Öffentlichkeit …

NACHWORT
ODER
»MEIN« SHAKESPEARE

Trauriger und wichtiger wird der Gedanke, daß auch dieser große
Schöpfer [Shakespeare] von Geschichte und Weltseele immer mehr
veralte! daß da Worte und Sitten und Gattungen der Zeitalter, wie
ein Herbst von Blättern welken und absinken ... und bald vielleicht,
da sich alles so sehr verwischt und anders wohin neiget, auch sein
Drama der lebendigen Vorstellung ganz unfähig werden [wird],
und eine Trümmer von Kolossus, von Pyramide sein wird, die jeder
anstaunet und keiner begreift. Glücklich, daß ich noch im Ablaufe
der Zeit lebte, wo ich ihn begreifen konnte!

Johann Gottfried Herder,
Von deutscher Art und Kunst, 1773

Herders großer Gedanke, der mit der Vorstellung von der »Zeit-
losigkeit« der angeblich normativen großen Kunst der alten Griechen brach, kam einem Umsturz gleich: Es gibt keine unver-
brüchlichen Regeln, es gibt nur die Zeithaftigkeit, der alle Kunst
unterworfen ist, befand er – und prophezeite dieses Schicksal aller Kunst auch Shakespeares Werken im Wandel der Zeiten. *He ist*
NOT for all ages, sagte der Shakespeare-verzauberte Herder, Ben
Jonson widersprechend. Aber immerhin hat Shakespeare nun
doch schon vierhundert Jahre überdauert.

Lang ist's her, dass Shakespeare für eine junge deutsche Generation ein geradezu religiöses Erweckungserlebnis war. Schon vor
vielen Jahren erzählte mir der befreundete Schauspieler B., dass er
grundsätzlich keine Shakespeare-Rollen mehr annehme: weil er
keine Lust mehr habe, sich während sechs Probenwochen wirres

Zeug ausdenken zu müssen, das nur am Rande mit dem Stück im
Text zu tun habe, das eh keinen mehr interessiere; Shakespeare sei
eben Spielplatz für beliebige Überschreibungen geworden. – Ein
Dramaturg sagte mir unlängst, dass immer häufiger junge Schauspieler oder Schauspielschüler ihn fragten, wozu man eigentlich
überhaupt noch Shakespeare spielen müsse, das sei doch so hoff-
nungslos verstaubt. – Eine Zeitungskritik zu einer *Wie es euch gefällt*-Aufführung befand:

> Das alles klingt nach philologischen Etüden, zu denen der Origi-
> naltext fürwahr zwingt – und nach Bühnenlangeweiler. Hat doch
> Shakespeare mit seinem Diskussionsstück weniger eine Charak-
> terkomödie geschrieben, als die rhetorischen Geister seiner Zeit
> beschworen und sie als Versatzstücke auf die Zungen seiner Fi-
> guren montiert. Man muß heute viel Papierstaub fressen, um
> sich zum Schauplatz durchzubeißen, und der ist dann ein Ober-
> seminar.[1]

Das Geschichtenerzählen von Menschen – Shakespeares dramati-
sches Prinzip – ist im deutschen Theater – mega-out; das »Rollen-
theater« – Shakespeares große Analyse der individuellen menschlichen Seelenabgründe – steht angeblich kurz vor dem Exitus,
und manche Kritik jubelt schadenfroh, wenn es dem verstaubten
Langeweiler Shakespeare mal einer wieder so richtig gezeigt hat:
»Shakespeare einmal durch den Wolf gedreht.«[2] Toll! Und auch
in England schrieb da neulich der Redakteur einer englischen Li-
teraturzeitschrift, dass man, an einem Buchhandlungsschaufens-
ter voller Shakespeare-Bände vorbeigehend, ja automatisch den
Schritt beschleunige, d. h., flüchte.
    Es ist ein bisschen »traurig«, um mit Herder zu reden, wenn man
zum Shakespeare-Jubiläumsjahr auch solcherlei erwähnen muss.
Angesichts all der Zeichen und Schriften an der Wand scheint es
aber doch ein wenig so, als habe Shakespeare derzeit *somehow seen
the best of his days* – allem überdrehten Konsum-Hype der Shakespeare-Industrie auf DVD, im Internet und in Büchern, Büchern,

Büchern zum Trotz. Er ist eine kulturelle Ikone, aber ihre lebens-
nahe Substanz scheint zu schwinden. Das klingt jetzt fürchterlich
kulturpessimistisch, als ob Shakespeare morgen verschwände, und
das wäre natürlich Unsinn – nein, seine archeytpisch gewordenen
Gestalten werden in unserem kulturellen Bewusstsein bleiben, das
er mitgeprägt hat. Shakespeare gehört zum Menschheitserbe wie
Bach, Mozart, Beethoven und Leonardo da Vinci.

Nein, kein Nachruf als Nachwort. Aber es könnte sein, dass
Shakespeare künftig, wenn die Jubiläumsfeiern 2014 und 2016
verklungen sind, den Kanon der Spielpläne nicht mehr ganz so
sehr dominieren wird. Die alten Fan-Gemeinden werden sich allmählich etwas ausdünnen; und für die heranwachsenden Generationen, die ihn – um mit Herder zu unken – wohl bald gar nicht
mehr verstehen können, wird er wohl zwangsläufig zum immer
ferneren Symbol vergangener Welten werden, ohne die Kraft, ihre
eigene Gegenwart und ihren elektronisch binär geprägten Alltag
zu beleuchten. Je schwieriger seine Aneignung wird, desto weniger werden seine Gestalten als zitierbare Modelle gelten; er wird
uns, immer noch als Mythos bestaunt, sinnleerer und fremder
werden, als er es inzwischen schon ist, nach immerhin 400 Jahren – allen *educational programs* zum Trotz, die uns zu seinen
Verwandten machen wollen, und allen wilden Überschreibungen zuwider, die so tun, als sei er von heute und einer von uns.
Auch die viel Jüngeren wie Goethe und Schiller stehen schließlich
längst in der Glasvitrine unter Altertumsschutz, während Shakespeares Werke auch in der absurdesten Umdeutung derzeit immerhin noch einige Vitalität bewahren. Aber so, wie im Bereich
der Bildenden Kunst das Wort »Picasso« zum Synonym für alles Unverständliche in der modernen Kunst geworden ist, könnte
das Wort »Shakespeare« zum mythisch raunenden Symbolwort
für alles altertümlich Theatralisch-Dramatische werden, das mit
unserer Lebenswelt *nicht* mehr viel zu tun hat. Man denke: Ein
Nationaldichter, den keiner mehr spontan versteht … – es wird
für die Engländer schwieriger werden als für alle anderen, nämlich die nicht-englischsprachigen Nationen, die mittels Überset-

zungen immerhin eine Rückeroberung verloren gehenden Sinnes versuchen können.

Der »*Mein-dein-sein-unser-euer-ihr-Shakespeare*« ist das Thema dieses Buches. Wer ist nun eigentlich, von all den vielen vorgestellten Shakespeares, »mein« eigener Shakespeare – der Shakespeare des Übersetzers, meine persönliche Phantasie, mein privates, selbst erfundenes, auf die Texte subjektiv projiziertes Shakespeare-Bild; »mein Shakespeare«, der mich nun mehr als mein halbes Leben lang begleitet, der sozusagen mein schattenhafter Lebensgefährte ist, immer irgendwie mit von der Partie, bei Tag und Nacht – denn wenn ich nachts von den Büchern aufstehe, kann ich Shakespeare nicht ausknipsen wie meine Schreibtischlampe; als seltsamer Bettgenosse begleitet er mich bis in meine Träume. Vor allem dann, wenn ich wieder mal an einem seiner unübersetzbaren Sätze scheitere.

Seltsamerweise ist mir Shakespeare trotz so langer intimer Begegnung mit seinen Texten nie zur »Person« geronnen – ich habe ihn durch seine Texte hindurch nie als beschreibbaren, realen Menschen wahrnehmen können, weder als den »Mann aus Stratford« oder als sonst jemanden, und bin folglich nie in die biographische Falle getappt, die dann zuschnappt, wenn man meint, in einem literarischen Text die Züge des Autors auffinden zu können. »Er« ist in seinen Texten seltsam abwesend. Er bleibt ungreifbar, er entzieht sich.

»Mein Shakespeare« meiner Phantasie besteht aus drei miteinander siamesisch verwachsenen Gestalten, die chamäleonartig die Farben wechseln und wie der Meeresgott Proteus, der Meister der Verwandlung, metamorphisch seltsame Formen annehmen.

Da ist zunächst Shakespeare, der Sprachmusiker. Der erscheint einerseits als ein einziges großes Ohr, das in die bunte Spachkakophonie der Welt lauscht und überall Gerede und Geschwätz auffängt, vom Kalauer bis zum Kirchenspruch, von Witzen bis zu Weisheiten, vom Geferkel bis zum Jammerklang, vom Gefloskel bis zum Herzenston. Andererseits erscheint er als Ein-

Mann-Orchester, bepackt mit zahllosen Instrumenten, mit Flö-
ten und Trommeln, mit Pauken und Rasseln, Oboen und Zithern,
mit welchen er die gehörten Sprachfetzen, die Töne und Klänge
und Melodien des großen wirren Weltgesprächs in musikalische
Poesie verwandelt, komponiert als vielstimmiger Klangkörper,
mal im donnernden Pathos, mal im Geklingel des Geschäkers,
mal streng im Takt des jambischen Metrums, mal frei als Jazz
aus rhythmischer Prosa, in einem polyphonen Strom aus Metaphern.

Dann ist da für mich Shakespeare, der dialektische Ironiker. Er
besaß die seltsame Fähigkeit, in allem, was da ist, das glatte Gegenteil sehen zu können: die Komik, die im tiefen Ernst liegt, wie
den Ernst, der die unbeschwerte Komik grundiert. Nichts ist tragisch, was nicht durch eine kleine Tempoverschiebung eigentlich
zum Wiehern komisch wäre; nichts ist wahrhaft komisch, was
nicht auch den Keim zu einer Tragödie enthielte. Der strengen
Gerichtsszene um Tod und Leben folgt die Narrenszene, in der
alle Vorstellungen von Recht und Gesetz zur Farce werden; der ju-
belnden Liebeszene folgt die Trauerklage unter Zypressen um ver-
lorenes Glück, und die Totengräber reißen Witze über Knochen
und Schädel. Wo immer einer trauert und leidet, lacht irgendwo
ein anderer; wo einer sich amüsiert, ist der nicht weit, der zugrunde geht. Antinomien und Ambivalenzen allerorten. Der Kontra-
punkt ist Kompositionsprinzip.

Der dritte und wichtigste ist derjenige meiner Shakespeares,
von dem wir am allerwenigsten wissen: Es ist Shakespeare, der
Schauspieler. Welche Rollen Shakespeare konkret gespielt hat,
ist heute unbekannt: Nach Anekdoten angeblich den Geist von
Hamlets Vater und den alten Diener Adam in *Wie es euch gefällt*;
wohl auch große Rollen wie in Ben Jonsons ›Sejanus‹ – Shakespeare wurde in offiziellen Dokumenten schließlich immer an herausragender Stelle unter seinen Kollegen geführt. Schauspiele-
rei – eine flüchtige Kunst, der die Nachwelt keine Kränze flicht.
Es ist aber etwas Besonderes am Beruf des Schauspielers, das mir
aus Shakespeares Texten entgegenleuchtet.

Was ist ein Schauspieler? Ein Intellektueller? Unter Umständen, aber nicht notwendigerweise; abstrakte Kopflastigkeit kann ihn sogar eher behindern. Muss er hochgebildet sein? Muss er umfassend belesen sein? Muss er Philosophie, Psychologie und Literaturwissenschaft studiert haben? Muss er durchaus nicht, um ein großer Schauspieler zu sein, keineswegs, auch wenn all das natürlich nicht schaden kann. Aber ein Schauspieler mit seiner Kunst ist jemand, der einen ganz eigenen Weg zur Erkenntnisgewinnung und -vermittlung hat, der so gewichtig ist wie der jeder Wissenschaft. Es ist seine besonders ausgeprägte Fähigkeit zur Empathie, die ihn auszeichnet. Es ist etwas, was man nicht lernen kann – man hat es oder hat es nicht. Es steht über Klasse, Rang, Stand und Bildung. Es ist eine urmenschliche Gabe.

»Urteile nie über einen anderen, bevor du nicht einen Mond lang in seinen Mokassins gegangen bist«, besagt angeblich ein altes Indianersprichwort. Empathie ist die Fähigkeit, die Perspektive eines anderen übernehmen zu können. Empathie ist die Gabe, als Person die Gefühle einer anderen Person wahrnehmen zu können, sie in sich nachvollziehen zu können – die »Spiegelneuronen« im menschlichen Hirn befähigen dazu. Empathie beruht darauf, sich selbst wahrnehmen und sich im anderen oder den anderen in sich wiedererkennen zu können – sie ist die Fähigkeit, aus der der menschliche Altruismus entspringt.

Über Empathie als Erkenntnismittel – darüber grübelt Hamlet, wenn der Schauspieler im Stück vom Fall Trojas erzählt und von Hekubas Leid, das den Mimen doch selber gar nichts angeht, aber wovon er so anrührend und *ansteckend* erzählt, dass er selbst und die Zuschauer in Tränen ausbrechen. Es scheint Hamlet grotesk, dass ein Schauspieler *»seine Seele so auf seine eigne Vorstellung hinzwingen«* kann, dass sein ganz physisches Äußeres ebenso wie sein Inneres *»sich anformt«* an seine mentale Vorstellung von Hekubas traurigem Schicksal (II,2,542 ff.). Die Szene ist eine Demonstration über das Wesen der Schauspielkunst. Diese kann von menschlichen Gefühlswahrheiten erzählen wie kein anderes Erkenntnissystem – indem sie den Betrachter empathisch-emotional ansteckt, ihn teilnehmen lässt – ihn mit-leiden lässt mit den Opfern. Die Kunst des Schauspielers kann »ins Herz treffen«, wie Hamlet sagt; Shakespeares dichterische Kunst konnte in einer rohen und grausamen Welt das versteinerte Herz dem Mitleid mit den Opfern öffnen.

Der Schauspieler Shakespeare hat im *Hamlet* seinen Beruf dargestellt. An manchen Tagen wird er, wie das üblich war, zwei oder drei kleinere Rollen auf den Bühnenbrettern des *Globe Theatre* gespielt haben. Er wird sich dabei androgyn in fremde Männer und Frauen verwandelt haben; er musste sich mit Empathie in die wechselnden Perspektiven der verschiedenen Figuren versetzen, und wird ganz und gar, zu 100 %, aus der jeweiligen Figurensicht gedacht, gespielt und agiert haben, mit Haut und Haaren – schauspielerisches Tagesgeschäft. Abends wird der *Autor* Shakespeare das Gleiche getan haben: schreibend am Tisch Schauspieler sein, der anderer Leute Schicksale spielt, schreibend Theater spielend.

Shakespeares Stücke zeichnen sich dadurch aus, dass sie anscheinend keinen Autor haben: Man bemerkt beim Lesen oder Zuschauen keinerlei Verfassermeinung – so, wie es sich für einen Dramatiker gehört, der sich nicht in die Geschäfte seines Personals einmischen sollte. Man erfährt nie, wie der Autor Shakespeare etwas wertet. Kein Bert Brecht lugt besserwisserisch durch die Zeilen. Man erliegt der Illusion, auf so etwas wie die »objektive Welt« zu sehen in Shakespeares Stückwelten; sie entstehen scheinbar wie von selbst, generiert aus den widersprüchlichen Interessen seiner Protagonisten, die die Handlung vorantreiben, ohne *spiritus rector;* und ebenso unendlich vieldeutig, wie die tatsächliche Welt uns in ihren Konflikten entgegentritt, so unauslotbar komplex erscheint uns die Welt der Shakespeare-Dramen. Der Betrachter erlebt darin immer nur die vielfältigen Perspektiven des Stückpersonals und keine auktoriale Meinung: Shakespeare, der SchauspielerAutor, ist immer ganz und gar Jago und ist immer zugleich ganz und gar Othello und entscheidet gar nichts – abwechselnd ist er beide in ein und derselben Szene, beide gleichermaßen verstehend. Shakespeare, wenn als Au-

tor schreibend, ist ein Schauspieler, der gerade seinen Beruf aus-
übt: Schreibend spielt er Theater. Rolle um Rolle. Er ist der ideale
Verwandlungsschauspieler als Autor – »mein« Shakespeare, der
in jeder seiner Rollen steckt und nie sein eigenes Gesicht zeigt,
in seinem Theaterreich der unendlichen Phantasie, in der Jahr-
marktsbude, auf deren groben Brettern er die Welt zum Schaukeln brachte.

> Und wie die Phantasie Ideen ausgebiert
> Von unbekannten Dingen, bannt der Stift
> Des Dichters sie in Formen ein und gibt
> Luftigem Nichts in Worten ein Zuhause.
>
> *Sommernachtstraum, V,1*

ANMERKUNGEN

Zueignung

1 Dank an Vladimir Nabokov: Der fulminante erste Absatz seines ›Lolita‹-Romans stand Pate für diese phonetische Shakespeare-Apotheose.

Das Buch

1 Zitiert nach: Werner Kaegi: *Europäische Horizonte im Denken Jacob Burckhardts.* Drei Studien. Winterthur 1962, S. 46, Endnote: L. c., Vortragsmanuscript, Blatt 1 recto

2 Jan Kott: *Shakespeare heute,* München 1970, S. 16 (Titel der englischen Ausgabe von 1964: *Shakespeare. Our Contemporary* (Shakespeare. Unser Zeitgenosse))

3 Ebd. S. 10 – »Viola« und »Rosalinde« sind die Heldinnen der beiden Shakespeare-Komödien *Was ihr wollt* und *Wie es euch gefällt,* die die meiste Zeit über verkleidet als junge Männer auftreten.

4 Ebd. S. 12

Wie Shakespeare *unser* Shakespeare wurde

1 Friedrich Schiller: *Sämtliche Werke in 5 Bänden.* Band V, Ästhetische Abhandlungen, München 2004, S. 566 (Fußnote 1)

2 Gotthold Ephraim Lessing: *Werke.* Hg. von Herbert G. Göpfert, Band 5, 17. Literaturbrief [16. Februar 1759], München 1973, S. 71

3 Johann Christoph Gottsched: *Versuch einer critischen Dichtkunst vor die Deutschen.* Leipzig 1729, in der Auflage von 1751, S. 674

4 Ebd. S. 254

5 Ebd. S. 318

6 Ebd. S. 616

7 Ebd. S. 619

8 Johann Christoph Gottsched: *Der sterbende Cato* (1732). Vierter Akt, Vierter Auftritt. Zitiert nach: Johann Christoph Gottsched: Ausgewählte Werke. Hg. von Joachim Birke, Band 2, Sämtliche Dramen, Berlin 1968/1970, S. 93–95

9 Gotthold Ephraim Lessing: *Werke.* Ebd. S. 70 f.

10 Ebd. S. 71

11 Ebd. S. 72

12 Johann Gottfried Herder: *Von Deutscher Art und Kunst.* Hamburg 1773, S. 105 f.

13 Johann Christoph Gottsched: *Versuch einer critischen Dichtkunst.* Unveränderter photomechanischer Nachdruck der 4. vermehrten Auflage, Leipzig 1751. 5. unveränderte Auflage, Darmstadt 1962, S. 613

14 Gotthold Ephraim Lessing: *Werke.* Ebd. S. 72

15 Christoph Martin Wieland: *Gesammelte Schriften: Werke.* Kleine Schriften I 1773–1777. Hg. von Wilhelm Kurrelmeyer, Hildesheim 1987, S. 65

16 Christoph Martin Wieland: *William Shakespeare, Theatralische Werke in 21 Einzelbänden.* Hg. von Hans und Johanna Radspieler, Zürich 1993

17 Sabine Kob: *Wielands Shakespeare-Übersetzung, ihre Entstehung und Rezeption im Sturm und Drang.* Frankfurt am Main u. a. 2000, S. 19

18 Johann Wolfgang Goethe: *Zum Schäkespears Tag.* Weimarer Ausgabe, I. Abt, 37. Band, S. 129–135

19 Olaf Kramer: *Goethe und die Rhetorik.* Berlin 2010

20 Johann Gottfried von Herder: *Von Deutscher Art und Kunst.* Hamburg 1773, S. 73 f.

21 Zitiert nach: Walter Hinderer: *Schiller und kein Ende: Metamorphosen und kreative Aneignungen.* Königshausen i. Taunus 2009, S. 221

22 Friedrich Schiller: *Gedichte. Dramen I.* In: Sämtliche Werke, Band 1. Hg. von Gerhard Fricke u. Herbert G. Göpfert in Verb. m. Herbert Stubenrauch, München 1958, S. 634

23 Johann Wolfgang von Goethe: *Werke. Hamburger Ausgabe in 14 Bänden.* Band 10, Glückliches Ereignis, München 1998, S. 538

24 In der Erstausgabe von Hegels ›Philosophie der Geschichte‹, fehlt in späteren Ausgaben. Vgl.: *Georg Wilhelm Friedrich Hegel's Werke. Vollständige Ausgabe durch einen Verein von Freunden des Verewigten.* Berlin 1832–1845, 9. Band, Vorlesungen über die Philosophie der Geschichte. Hg. von Dr. Eduard Gans, Berlin 1837, S. 73

25 Georg Friedrich Hegel: *Vorlesungen über die Geschichte der Philosophie.* 3. Band. In: Sämtliche Werke. Jubiläumsausgabe in 20 Bänden. Hg. von Hermann Glockner, 19. Band, Stuttgart 1959, S. 685

26 Johann Wolfgang von Goethe: *Werke. Hamburger Ausgabe in 14 Bänden.* Ebd., Band 7, Wilhelm Meisters Lehrjahre, S. 217 f.

27 Ebd. S. 245–246

28 Vgl. Manfred Pfister: *Hamlet und der deutsche Geist. Die Geschichte einer politischen Interpretation.* In: Shakespeare Jahrbuch (West) (1992), S. 19

29 Johann Wolfgang von Goethe: *Werke. Hamburger Ausgabe in 14 Bänden.* Ebd., Band 9, Dichtung und Wahrheit, S. 582

30 *Athenaeum, eine Zeitschrift.* Hg. von August Wilhelm Schlegel und Friedrich Schlegel, 1. Band, 2. Stück (reprographischer Nachdruck der Ausgabe Berlin 1798–1800), Darmstadt 1983, S. 205

31 *Friedrich Schiller – August Wilhelm Schlegel. Der Briefwechsel.* Hg. von Norbert Oellers, Köln 2005, S. 72

32 August Wilhelm Schlegel: *Etwas über William Shakespeare bey Gelegenheit Wil-*

helm Meisters. In: Die Horen. Eine Monatsschrift herausgegeben von [Friedrich] Schiller. Band 6, Jg. 1796, 4. Stück. Tübingen 1796, S. 82

33 Ebd.

34 *Briefe über Poesie, Silbenmaß und Sprache, 1. Brief.* In: August Wilhelm Schlegel: Kritische Schriften und Briefe. Hg. von Edgar Lohner, Stuttgart 1962, S. 148

35 August Wilhelm Schlegel: *Etwas über William Shakespeare bey Gelegenheit Wilhelm Meisters.* Ebd. S. 86

36 Ebd. S. 109

37 Ebd. S. 110

38 Ebd. S. 111

39 Novalis: *Schriften.* Die Werke Friedrich von Hardenbergs. Hg. von Paul Kluckhohn und Richard Samuel, Band 2, Stuttgart 1960 ff., S. 431

40 August Wilhelm Schlegel: *Vorlesungen über dramatische Kunst und Literatur.* Band II, Bonn, Leipzig 1923

41 Novalis: *Schriften.* Die Werke Friedrich von Hardenbergs. Ebd. Band 4, S. 237

42 August Wilhelm Schlegel: *Etwas über William Shakespeare bey Gelegenheit Wilhelm Meisters.* Ebd. S. 78 f.

43 *Friedrich Schlegel 1794–1802, Seine prosaischen Jugendschriften.* Hg. von J. Minor, Zweiter Band, Zur Deutschen Literatur und Philosophie, Wien 1882, S. 88

44 *Ludwig Tieck und die Gebrüder Schlegel. Briefe.* Hg. von Edgar Lohner, München 1972, S. 23

45 »Sein Name war eine Parole, bevor man seine Werke kannte, sein ›Genie‹ eine Berufungsinstanz, bevor man seine Kunst gründlicher zu studieren unternahm.« Aus: Günther Erken: *Shakespearekritik und Rezeption Shakespeares in der Literatur: Deutschland.* In: Ina Schabert (Hg.): Shakespeare-Handbuch. Stuttgart 1972, S. 662

46 Franz Dingelstedt: *Studien und Copien nach Shakespeare.* Pest 1858, S. 5

47 Hermann Ulrici: *Jahresbericht.* Shakespeare Jahrbuch, 2, 1867

48 Ludwig Börne: *Sämtliche Schriften.* Neu bearbeitet und hg. von Inge und Peter Rippmann, Erster Band, Dramaturgische Blätter: Hamlet. Von Shakespeare [1828], Düsseldorf 1964, S. 482–499

49 Ferdinand Freiligrath: *Gedichte.* Stuttgart 1996, S. 55 f.

50 Georg Gottfried Gervinus: *Shakespeare.* 3. Auflage, Leipzig 1862, S. 95 ff.

51 Friedrich Theodor Vischer: *Shakespeares Hamlet.* In: Ausgewählte Werke. Hg. von Th. Knappstein, Leipzig 1920

52 Gerhart Hauptmann: *Deutschland und Shakespeare.* Shakespeare Jahrbuch, 51, 1915

53 Hermann Burte: *Sieben Reden von Burte.* Straßburg 1943, S. 20

54 Timothy W. Ryback: *Hitler's private library: the books that shaped his life.* New York 2008

55 Silke Meyer: *Checkpoint Shakespeare. Shakespeare-Rezeption in Deutschland als deutsche Nationalgeschichte 1945–1990.* (Dissertation) Düsseldorf 2005

56 *Aus dem Fleischwolf kommt Spass,* Berner Zeitung, 14. Dezember 2007

DIE GANZE WELT IST EIN THEATER

1 John *Guy: Queen of Scots: The True Life of Mary Stuart.* Boston 2005, S. 473

2 »For we princes are set as it were upon stages, in the sight and view of all the world. The least spot is soon spied in our garments, a blemish quickly noted in our doings.« In: State Trials of Mary, Queen of Scots, Sir Walter Raleigh, and Captain William Kidd. London 1816

3 John Stubbs (oder Stubbe) (1543–1591) war Puritaner, Jurist, Pamphletschreiber und politischer Kommentator in der elisabethanischen Ära. Er polemisierte bissig gegen die Hochzeitsverhandlungen zwischen Königin Elisabeth I. und François, Herzog von Anjou, wofür er mit Handabhacken bestraft wurde.

4 Baldassare Castiglione: *Das Buch vom Hofmann.* Bremen 1960. Buch I, Kapitel 26, S. 53: »… usar in ogni cosa una certa sprezzatura, che nasconda l'arte e dimostri ciò che si fa e dice venir fatto senza fatica e quasi senza pensarvi«.

HAMLETS WAHRES SELBST

1 Ronald *Asch: Der Höfling als Heuchler? Unaufrichtigkeit, Konversationsgemeinschaft und Freundschaft am frühneuzeitlichen Hof.* In: Krumme Touren: Anthropologie kommunikativer Umwege. Hg. von Wolfgang Reinhard, Wien 2007

2 Mathias Greffrath: *Vom Schaukeln der Dinge. Montaignes Versuche.* Berlin 1989

3 Jacob Burckhardt: *Die Cultur der Renaissance in Italien.* Basel 1860, S. 131

SHAKESPEARES KÖNIGIN ELISABETH I.

1 »Lieblicher Schwan des Avon! Was für ein Anblick wär's, wenn Du wieder auf unseren Gewässern erscheinen und zu solchen Flügen über den Ufern der Themse abheben würdest, wie sie unsere Eliza und unseren James begeistert haben.« (Übersetzung F. G.)

OTHELLO, DER PoC VON VENEDIG

1 Hans Leyendecker in der Talkshow »Das wird man doch mal sagen dürfen« am 24. 02. 2013: http://www.wdr.de/tv/westart/sonntag/sendungsbeitraege/2013/0224/index.jsp

2 http://www.huffingtonpost.com/2011/01/05/mark-twain-new-editions-offensive-words_n_804523.html. Eine interessante Debatte dazu gab es in der NY Times: http://www.nytimes.com/roomfordebate/2011/01/05/does-one-word-change-huckleberry-finn

3 http://wordbridge.net/wordpress/?page_id=115

4 http://usa.usembassy.de/etexts/soc/traum.htm

5 http://www.migration-boell.de/web/diversity/48_2299.asp

6 S. Vorlage auf: http://usa.usembassy.de/etexts/soc/traum.htm

7 Siehe Anmerkung 1

8 »[I]t would be something monstrous to conceive this beautiful Venetian girl falling in love with a veritable negro.« In: Samuel Taylor Coleridge: Vorlesung vom

9. November 1813. In: S. T. Coleridge: Essays and Lectures on Shakespeare and some other old Poets and Dramatists. London 1914, S. 170 (Übersetzung F. G.)

9 »In studying the play of *Othello,* I have always *imagined* its hero a *white* man. It is true the dramatist paints him black, but this shade does not suit the man … Othello *was* a *white* man.« In: Mary Preston: *Studies in Shakespeare: A Book of Essays.* Philadelphia 1869, S. 71 (Übersetzung F. G.)

10 »… whether he did not find something extremely revolting in the courtship and wedded caresses of Othello and Desdemona« In: Charles Lamb: On the Tragedies of Shakspere Considered with Reference to Their Fitness for Stage Representation. In: English Essays: Sidney to Macaulay. Vol. XXVII, The Harvard Classics, New York 1909–14

11 »The great moral lesson of Othello is that black and white blood cannot be intermingled without an gross outrage against the laws of nature.« In: John Quincy Adams: Misconceptions of Shakespeare upon the Stage. In: The New-England Magazine, 9. Boston 1835, S. 552

12 »… the spectacle of the pale-skinned woman caught in Othello's black arms has indeed seemed monstrous. Yet that spectacle is a major source of Othello's emotional power. From Shakespeare's day to the present the sight has titillated and terrified predominantly white audiences«. Virginia Mason Vaughan: *Othello: A Contextual History.* Cambridge University Press 1994, S. 51

13 Anthony Gerard Barthelemy: *Face, Maligned Race: The Representation of Blacks in English Drama.* Louisiana State University Press 1987, S. 47 u. 50

14 http://dsc.dixie.edu/shakespeare/othelloess.htm

15 Lara-Sophie Milagro: *Die Bequemlichkeit der Definitionshoheit.* Die Blackfacing-Debatte III – Man muss kein Neonazi sein, um rassistisch zu handeln. http://www.nachtkritik.de

16 Der folgende Textabschnitt bezieht sich auf die *Blackfacing*-Debatte, die 2012 in den Feuilletons, im Internet und auf den Seiten des Theaterportals »nachtkritik.de« über das Schlossparktheater, Berlin, und die Aufführung von ›Ich bin nicht Rappaport‹ ausgetragen wurde und die hier als Gedankenspiel über *Othello* verwendet wird. Die Collage nutzt Texte und Debattenbeiträge verschiedener Autoren sowie anonyme Kommentare aus den Threads, insbesondere von den Seiten der nachtkritik.de und des Schlossparktheaters, die grundsätzliche Positionen wiedergeben. Alle folgenden Artikel (und noch viele weitere) sind unter www.nachtkritik.de zu finden: Nikolaus Stenitzer: *Durchs Goldfischglas gesehen.* Blackface, Whiteness and the Power of Definition in German Contemporary Theatre – Eine Tagung von Bühnenwatch. Ulf Schmidt: *Die Kunst der Unterschiede.* Die Blackfacing-Debatte oder: Das Politische im Ästhetischen. Jürgen Bauer: *Blackface ist nicht gleich Blackface.* Die Blackfacing-Debatte II: Worüber wir reden, wenn wir über »Blackface« reden. *Die Differenzierung der Null-Toleranz-Position.* Presseschau vom 19 Oktober 2012 – *die Frankfurter Rundschau und der englische Guardian zur Blackfacing-Debatte.* Esther Slevogt: *Die andere Perspektive.* Theatertreffen 2013 – Die Jurydebatte.

17 Siehe hierzu: Michael Rogin: *Blackface, White Noise: Jewish Immigrants in the Hollywood Melting Pot.* University of California Press 1998 sowie John Strausbaugh: *Black Like You: Blackface, Whiteface, Insult and Imitation in American Popular Culture.* New York 2006

18 Ulf Schmidt: *Die Kunst der Unterschiede.* Ebd.

19 S. Esther Slevogt, http://www.nachtkritik.de/index.php?view=article&id= 7772 %3Ablack-intervention-eine-denkwuerdige-zusammenkunft-zurkinderbuch-debatte-am-berliner-ballhausnaunynstrasse&option=com_content&ltemid=84

20 Der weiße Patrick Stewart, bekannt als Raumschiff-Enterprise-Kommandant Jean-Luc Picard, wollte von Jugend an den Othello spielen; 1997 gelang es bei der Shakespeare Theatre Company (Washington, D. C.) in Form einer Ethnien-Umkehrung: Stewart war der einzige Weiße in einem ansonsten schwarzen Ensemble.

STRAFEN ALS THEATER

1 Überlieferung in: William Camden: *Annales rerum anglicarum et hibernicarum regnante Elizabetha.* Englische Ausgabe: The history of the most renowned and victorious Princess Elizabeth, late Queen of England. Hg. und mit einer Einführung von Wallace T. MacCaffrey, University of Chicago Press 1970

TODESSTRAFE FÜR GESCHLECHTSVERKEHR

1 Edgar Franzmann: *Shakespeare in der Unterschicht.* http://www.internetcologne. de/cms//artikel.php/1/39043/uebersicht.html/2237/30/uebersicht.html

2 Bundesgerichtshof: *Das natürliche Sittengesetz im Umgang der Geschlechter.* Aus: *Entscheidungen des Bundesgerichtshofs in Strafsachen,* Bd. 6 (1954), S. 48, 50–54; und: *Entscheidungen des Bundesgerichtshofes in Zivilsachen,* Bd. 11 (1954), S. 65–66. Zitiert nach: Norbert Hoerster: Recht und Moral. Texte zur Rechtsphilosophie. München 1977

3 Jens Philipp Wilhelm: *Grundlagen staatlichen Strafens – die Straftheorien.* 4.3, S. 1. In: Vergangenheitsbewältigung durch Recht. In: Bildung und Begabung e. V. (Hg.), Deutsche SchülerAkademie. Dokumentation zur Akademie Schelklingen 2000. Bonn, Bad Godesberg, S. 49–74

4 Niccolò Machiavelli: *Der Fürst* (1513). Frankfurt am Main 1990, S. 83

5 Ebd. S. 82

6 Ebd. S. 86

7 Max Weber: *Gesammelte politische Schriften.* Hg. von Johannes Winckelmann, Tübingen 1988, S. 507

8 Ebd. S. 550

9 Ebd. S. 547

10 Ebd. S. 554

11 Ebd. S. 552

12 Ebd. S. 557

13 Vgl. ebd. S. 506

Vom schnellen Sterben

1 Jeanne Jones: *Family Life in Shakespeare's England, Stratford-upon-Avon 1570–1630*. Stroud 1996, S. 93

2 Margaret Pelling: *The Common Lot: Sickness, Medical Occupation and the Urban Poor in Early Modern England*. London 1998

Elisabethanischer Alltag

1 King James I.: *A Counterblaste to Tobacco*. London 1604: »it is, as you use or rather abuse it, a branche of the sinne of drunkennesse, which is the roote of all sinnes«. (Übersetzung F. G.)

War Shakespeare schwul? oder *Die Sonette*

1 Zitiert nach: Katherine Duncan Jones: *Shakespeare. An Ungentle Life*. Modernized Extract from Cecil Papers, London 2001, S. 92

Die elisabethanische Psychologie

1 Falstaff, der maßlose Säufer und Fresser, erscheint in *Heinrich IV., 1.* und *2. Teil*, und in den *Lustigen Weibern von Windsor*.

2 Hotspur, also Heinrich (Harry) Percy, genannt Heißsporn, ist ein draufgängerischer Rebell wider König Heinrich IV. im gleichnamigen Stück.

3 Jacques ist der weltverdrossene, zynische Moralist aus *Wie es euch gefällt*.

4 Ein Gefährte Falstaffs in *Die lustigen Weiber von Windsor*

Kuhdorf Stratford

1 Sigmund Freud: *Das Unbehagen in der Kultur*. Kapitel 3, S. 452

2 Edgar I. Fripp: *Master Richard Quyny, Bailiff of Stratford-upon-Avon and Friend of William Shakespeare*. Oxford University Press 1924, S. 16 ff.

3 Gemeint sind Ciceros *Epistolae ad Familiares*, s. dazu auch im nächsten Kapitel Anmerkung 2

4 Mark Eccles: *Shakespeare in Warwickshire*. University of Wisconsin 1961

Die Bildungsschmiede

1 Etwa um die Hälfte verkürzt zitiert nach: Edgar I. Fripp: *Shakespeare's Stratford*. Oxford 1928, S. 34 f., Übersetzung F. G.: Seinem liebenden Vater, Master Richard Quiney, wünscht sein Sohn Richard die allerbeste Gesundheit. Mit allem Respekt, nein, eher mit kindlicher Liebe zu dir, mein Vater, danke ich dir für all die Wohltaten, mit denen du mich versehen hast; ich bitte und ersuche dich, dass du mir und meinem Bruder zwei Papierbücher zukommen lässt, die wir derzeit sehr dringend benötigen; denn wenn wir sie hätten, würden wir den allerbesten Gebrauch davon machen; und außerdem danke ich dir dafür, dass du mich »von den zartesten Fingernägeln an«, wie man sagt, bis auf den heutigen Tag im Studium des Heiligen Wissens erzogen hast; ... Dein kleiner, allergehorsamster Sohn Richard Quiney

2 Die Formulierung *a teneris ... unguiculis* (»von den zartesten Fingernägeln an« = von frühester Jugend an) stammt von Cicero; er verwendet sie in seinen *Epistolae ad Familiares*, I,6,23, Briefe an Familienmitglieder und Freunde, gesammelt von seinem Sekretär Tiro um 45 v. Chr.

3 Thomas Whitfield Baldwins großes, zweibändiges Standardwerk *Shakspeare's Small Latine and Lesse Greek,* Illinois 1944, über die Grammar School-Currikula und insbesondere Shakespeares formale Bildung ist im Internet aufrufbar unter http://durer.press.illinois.edu/baldwin/

WAS LESEN SIE, MASTER WILLIAM?

1 *Poems, written by Shakespeare.* Hg. von John Benson, 1640; enthalten sind die meisten Sonette und verschiedene andere Gedichte Shakespeares und weiterer Autoren; vorneweg das Lobgedicht von Leonard Digges auf Shakespeare. Es könnte auch seinerzeit für die *First Folio* bestimmt gewesen sein.

2 *Upon Master William Shakespeare, the Deceased Author, and his Poems:* »Nur die Natur half ihm, denn sieh das ganze Buch durch, und du wirst feststellen, dass er nirgendwo einen einzigen griechischen Satz leiht, noch die Latiner imitiert ...« Übersetzung der Eloge aus der *First Folio* durch F. G.

3 Zitiert nach: Jonathan Bate: *The Genius of Shakespeare.* London 1977, S. 70

4 *The Poetical Works of John Milton.* Cambridge University Press, S. 30: Dann führt der Bühne sichrer Chor /Jonsons gelehrten Soccus vor, / Shakespeare, das Kind der Phantasie / Tönt lieblich-wild Waldmelodie. (Übers. von Alexander Schmidt) Aus: John Miltons Poetische Werke. Hg. von Prof. Dr. Herrmann Ulrich, Leipzig 1909

5 »Those who accuse him to have wanted learning, give him the greater commendation: He was naturally learned; he needed not the spectacles of books to read nature. He looked inwards, and found her there«. (Übersetzung F. G.) Aus: *Essay of Dramatick Poesie* (1668)

6 T. W. Baldwin: *Shakspeare's Small Latine and Lesse Greek. 2 vol.s.,* Urbana: University of Illinois Press 1944; s.: http://durer.press.illinois.edu/baldwin/

7 Ebd. S. 663 (Übersetzung F. G.)

8 Harold Love: *Attributing Authorship: An Introduction.* Cambridge University Press, 2002, S. 81: »As has often been pointed out, if Shakespeare had read all the books claimed to have influenced him, he would never have had time to write a word of his own. He probably picked up many of his ideas from conversation. If he needed legal knowledge it was easier to extract this from Inns-of-Court drinkers in the Devil Tavern than to search volumes of precedents«.

9 Das Beispiel verdankt der Verfasser dem Blog des Literaturwissenschaftlers Holger Syme.

10 Im Bereich der beginnenden »Wissenschaft« untersucht von Deborah E. Harkness: *The Jewel House: Elizabethan London and the Scientific Revolution.* Yale University Press 2008: »London's urban sensibility fostered a belief that residents had specific types of expertise that could and should be exploited to benefit par-

ticular individuals and the City as a whole. London was home to all kinds of experts – from ale makers to zookeepers – who could be called on by students of nature to provide specialized assistance in their inquiries. And one did not have to call very far to catch their attention, since London's compact size facilitated exchange«. Siehe auch ihre Beschreibung des Seidenhändlers James Cole, S. 23 ff.

11 George Coffin Taylor: *Shakespeare's Debt to Montaigne.* Harvard University Press 1925, S. 5

12 PAGE: Ich lad euch alle morgen früh zu mir nach Haus zum Frühstück ein. Danach gehn wir auf Vogeljagd. Ich hab einen schönen Jagdfalken dafür. Einverstanden? (Übersetzung F. G.)

13 George W. Keeton: *Shakespeare and his Legal Problems.* London 1930; Paul Stephen Clarkson, Clyde Thomas Warren: *The law of property in Shakespeare and the Elizabethan drama.* The Johns Hopkins University Press, Baltimore 1942 Owen Hood Phillips: *Shakespeare and the Lawyers.* Rutlege 1972

14 Von Anti-Shakespeareanern wird gerne das lombardische Kanalsystem»Naviglio« mit seinen zahlreichen Querverbindungen angeführt, um diese Fehler wegzuerklären. Das scheitert leider: Der Naviglio Pavese, der Mailand mit dem Ticino bei Pavia verbindet und damit eine Verbindung zum Po herstellt, wurde zwar 1584 begonnen, aber der Bau wurde eingestellt – weitergeführt wurde er erst unter Napoleon und vollendet erst 1819. Von Pavia bis zum Po-Delta sind es zudem ca. 400 km. Die einzige Verbindung von Mailand zum Po um 1600 gab es über den Naviglio della Martesana und die Adda; die Martesana, ursprünglich ein Bewässerungskanal, war 1–3 m tief, wurde ausgebaut und ab 1575 von geruderten, gestakten oder von Pferden getreidelten kleinen Lastkähnen befahren, was über 400 km bis zur Küste etwas mühsam sein dürfte.

15 http://www.virtourist.com/europe/venice/03.htm

16 Michael Wyatt: *The Italian Encounter with Tudor England: A Cultural Politics of Translation.* Cambridge University Press 2005, S. 147 f.

17 Eine Kopie des ›Volpone‹ im British Museum trägt eine handschriftliche Widmung Ben Jonsons an Florio:»To his loving father and worthy friend, Master John Florio, Ben Jonson seals this testimony of his friendship and love.«

18 Frances A. Yates: *John Florio: The Life of an Italian in Shakespeare's England.* Cambridge University Press 2011

Von der Sinnsuche in Fussnoten

1 Gary Taylor: *Shakespeare – wie er euch gefällt. Die Geschichte einer Plünderung durch vier Jahrhunderte.* Hamburg 1992, S. 458 f.

2 Sagt mir jemand, was die Liebe ist? Auch wenn ich einiges darüber weiß, so wüsst' ich gern noch mehr. Wer klüger ist als ich, der erkläre mir, warum sie so weh tut. Liebe ist dann Liebe, wenn sie gut tut. Tut sie weh, dann heißt sie zu Unrecht Liebe, dann weiß ich nicht, wie man sie nennen soll.

Diese aktuelle Übersetzung findet man bei ›Lyrikmail‹: http://www.uni-frank-furt.de/fb/fb10/inst_ii/ADL/mitglieder/schuhmann/Lyrikmail.html
3 William Shakespeare: *Romeo and Juliet (No Fear Shakespeare)*, Avening: Spark Publishing 2003
4 *Macbeth: The Graphic Novel.* Original Text, Plain Text Version, Quick Text. Classical Comics, Birmingham 2008 (UK)
5 Comic Book Shakespeare: *Macbeth.* Oswestry: Timber Frame Publications 2003
6 FAZ, 16. Oktober 2013, *Romeo in Oxford*, S. 25

ÜBER SPRACHE SPRECHEN
1 Abdruck meiner Rede zur Verleihung des Johann-Heinrich-Voß-Preises 2011.
2 William Shakespeare: *Romeo and Juliet / Romeo und Julia.* Übersetzt und hg. von Herbert Geisen, Stuttgart 1979 (reclam zweisprachig), S. 116 f.

SHAKESPEARES BIOGRAPHIE
1 *Supplement to the Edition of Shakespeare's Plays.* Published in 1778 by Samuel Johnson and George Steevens, London, Volume 1, S. 654
2 Samuel Schoenbaum: *William Shakespeare. A Documentary* Life. Oxford 1975
3 Übersetzt nach: Nicholas Rowe: *Some Account of the Life etc. of Mr. William Shakespeare* (1709). In: D. Nichol Smith ed., 18th Century Essay on Shakespeare. Oxford 1963
4 Übersetzung F.G. Im Original: »with this key/Shakespeare unlock'd his heart«. Aus: William Wordsworth: *Scorn not the Sonnet.* In: The Oxford Book of English Verse 1250–1900. Chosen and Edited by A.T. Quiller-Couch, Oxford 1992
5 Vladimir Nabokov: *Die Kunst des Lesens.* Frankfurt am Main 2010, S. 15

SHAKESPEARE-BIOGRAPHIEN
1 Bill Bryson: *Shakespeare. The World as a Stage.* London 2007
2 Stephen Greenblatt: *Will in the World.* New York 2004
3 Stephen Greenblatt: *Will in der Welt.* Berlin 2004, S. 170
4 Ebd. S. 11
5 Ebd. S. 163
6 Ebd. S. 11

VORSICHT, ANSTECKUNGSGEFAHR!
1 Orville Ward Owen: *Sir Francis Bacon's Cipher Story.* Vol. 5, Detroit 1899
2 Wolfgang Amadeus Mozart: *Mozart-Briefe. adieu. tausend küsse, und dem lacci bacci tausend Ohrfeigen.* Wiesbaden 2011, S. 14 u. 16
3 Thomas Looney: *Shakespeare Identified.* London 1920 (http://archive.org/details/shakespeareident00looniala), S. 104: What then is the usual common-sense-method of searching for an unknown man who has performed some particular piece of work? It is simply to examine closely the work itself, to draw from the examination as definite a conception as possible of the man who did it, to form

some idea of where he would be likely to be found, and then to go and look for a man who answers to the supposed description. (Übersetzung F. G.)

4 Ebd. S. 96: The natural inference is that special obstacles have intentionally and most carefully been laid in the way of the discovery. There is no mere accident in the obscurity which hangs round the authorship, and the very greatness of the work itself is a testimony to the thoroughness of the steps taken to avoid disclosure. This fact must be borne in mind throughout the enquiry. It is not merely a question of finding out the man who did a piece of work, but of circumventing a scheme of self-concealment devised by one of the most capable of intellects. (Übersetzung F. G.)

5 Ebd. S. 118 ff.: 1. A matured man of recognized genius. – 2. Apparently eccentric and mysterious. – 3. Of intense sensibility – a man apart. – 4. Unconventional. – 5. Not adequately appreciated. – 6. Of pronounced and known literary tastes. – 7. An enthusiast in the world of drama. – 8. A lyric poet of recognized talent. – 9. Of superior education – classical – the habitual associate of educated people. – 1. A man with Feudal connections. – 2. A member of the higher aristocracy. – 3. Connected with Lancastrian supporters. – 4. An enthusiast for Italy. – 5. A follower of sport (including falconry). – 6. A lover of music. – 7. Loose and improvident in money matters. – 8. Doubtful and somewhat conflicting in his attitude to woman. – 9. Of probable Catholic leanings, but touched with scepticism. (Übersetzung F. G.)

6 Ebd. S. 147

7 Alan Nelson: *Monstrous Adversary: The Life of Edward de Vere, 17th Earl of Oxford.* Liverpool University Press 2003, S. 214

8 Percy Allen: *Talks with Elizabethans, Revealing the Mystery of »W. S.«.* London 1945

9 Zitiert nach: John Shapiro: *Contested Will.* London 2010, S. 226

10 Michael Brame & Galina Popova: *Shakespeare's Fingerprints.* Vashon Island, Washington: Adonis Editions 2002, Library of Congress Control No. 2 001 212 345

11 Ebd. S. 150

12 Ebd. S. 104

13 Ebd. S. 444

14 Ebd. S. 103

15 Ebd. S. 511

16 Übersetzte Originalpassagen nach Brame & Popova: *Alliterative-Title Strategy:* Consider all Elizabethan works with alliterative titles as possible works by de Vere. *Flowers Strategy:* Consider all Elizabethan publications whose title involves the word *flower(s)* or its variant *flowre(s)* as potential works by de Vere. *Original-Source Strategy:* Consider Shakespeare's English language sources with the expectation that they themselves are the works of Shakespeare-de Vere. *Ox-Strategy:* Consider occurrences of orthographic *o* in Elizabethan literature as possible clues to de Vere's authorship, especially in connection with *e* as *eo*.

17 Looney, ebd. S. 93

18 Zitiert nach: http://www.bild.de/unterhaltung/kino/kinostarts/anonymus-film-kritik-20 894 320.bild.html
19 *Shakespeare Beyond Doubt.* Ed. by Paul Edmondson and Stanley Wells, Cambridge University Press 2013. Detaillierte Untersuchungen bei: Irvin Leegh Matus: Shakespeare Infact. New York 1999. – James Shapiro: *Contested Will.* London 2010

Shakespeare schrieb Shakespeare

1 Nachzulesen z. B. bei: Kurt Kreiler: Der Mann, der Shakespeare erfand: Edward de Vere, Earl of Oxford. Berlin 2009 und Walter Klier: Das Shakespeare-Komplott. Göttingen 2000

Psssssssst...! Ganz unter uns

1 John E. Neale: *Elisabeth I, Königin von England.* München 1994, S. 46

»Mein« Shakespeare

1 Martin Mezger: *Adam und Adam.* In: Cannstadter Zeitung vom 17. 12. 2007
2 Alexander Altmann: *Frau Imperator lässt die Römer kuschen.* In: Nürnberger Nachrichten vom 02.10.2013

LITERATURHINWEISE

Peter Ackroyd: Shakespeare. The Biography. London 2005

Athenaeum, eine Zeitschrift. Hg. von August Wilhelm Schlegel und Friedrich Schlegel, 1. Band, 2. Stück (reprographischer Nachdruck der Ausgabe Berlin 1798–1800), Darmstadt 1983

Thomas Whitfield Baldwin: William Shakespeare's Small Latin and Lesse Greek. University of Illinois Press 1944

Jonathan Bate: The Genius of Shakespeare. London 1997

Jonathan Bate, Dora Thornton: Staging the World. Oxford 2012

Hansjürgen Blinn: Der deutsche Shakespeare: Eine annotierte Bibliographie zur Shakespeare-Rezeption des deutschsprachigen Kulturraums. Berlin 1993

Hansjürgen Blinn (Hg.): Shakespeare-Rezeption. Die Diskussion um Shakespeare in Deutschland I. Ausgewählte Texte von 1741 bis 1788. Berlin 1982

Harold Bloom: Shakespeare. The Invention of the Human. New York 1998

Ingeborg Boltz: Die Persönlichkeit. In: Ina Schabert (Hg.): Shakespeare-Handbuch. Stuttgart 2002

Michael Brame & Galina Popova: Shakespeare's Fingerprints. Vashon Island, Washington 2002

Bill Bryson: Shakespeare. The World as a Stage. London 2007

Geoffrey Bullough (Hg.): Narrative and Dramatic Sources of Shakespeare. Vol. 8, London 1957–75

Jacob Burckhardt: Die Kultur der Renaissance in Italien. Frankfurt a. M. 1997

Peter Burke: Die europäische Renaissance. München 1998

George L. Mosse: Der nationalsozialistische Alltag. So lebte man unter Hitler. Königstein 1978

Baldassare Castiglione: Der Hofmann. Lebensart in der Renaissance. Berlin 1996

Edmund Kerchever Chambers: William Shakespeare. A Study of Facts and Problems. Oxford 1930

Ders.: The Elizabethan Stage. Oxford 1923

Wolfgang Clemen: The Development of Shakespeares Imagery. London 1951

Ders.: Das Drama Shakespeares. Göttingen 1969

David Crystal: The Stories of English. London 2004

Franz Dingelstedt: Studien und Copien nach Shakespeare. Pest 1858

Katherine Duncan-Jones: Shakespeare: An Ungentle Life. London 2001

Paul Edmondson, Stanley Wells (Hg.): Shakespeare Beyond Doubt. Cambridge 2012

Ferdinand Freiligrath: Werke in einem Band. Ausgewählt und eingeleitet von Werner Ilberg, Berlin 1980

Antonia Fraser (Hg.): The Lives of the Kings & Queens of England. Los Angeles 1999

Edgar I. Fripp: Shakespeare's Stratford. Oxford 1928

Ders.: Man and Artist. Vol. 2, London 1938

Georg Gottfried Gervinus: Shakespeare. 3. Auflage, Leipzig 1862

Johann Wolfgang Goethe: Werke. Band 5, Frankfurt a. M. 1965

Johann Christoph Gottsched: Schriften zur Literatur. Hg. von Horst Steinmetz, Stuttgart 1972

Stephen Greenblatt: Renaissance Self-Fashioning. From More to Shakespeare. Chicago 1980

Stephen Greenblatt: Shakespearean Negotiations: The Circulation of Social Energy in Renaissance England. Oxford 1988

Stephen Greenblatt: Will in the World. How Shakespeare became Shakespeare. New York 2004

Stephen Greenblatt: Will in der Welt. Wie Shakespeare zu Shakespeare wurde. Berlin 2004

Mathias Greffrath: Vom Schaukeln der Dinge. Montaignes Versuche. Berlin 1989

Friedrich Gundolf: Shakespeare und der deutsche Geist. Berlin 1911, 2. durchgesehene Aufl. 1914

Werner Habicht: Shakespeare and Theatre Politics in the Third Reich. In: Hanna Scolnicov, Peter Holland (Hg.): The Play out of Context. Cambridge University Press 1989

Gerhart Hauptmann: Deutschland und Shakespeare. Shakespeare Jahrbuch, 51, 1915

Georg Friedrich Hegel: Vorlesungen über die Geschichte der Philosophie. 3. Band. In: Sämtliche Werke. Jubiläumsausgabe in 20 Bänden. Hg. von Hermann Glockner, 19. Band, Stuttgart 1959

Johann Gottfried Herder: Von Deutscher Art und Kunst. Hamburg 1773

Andreas Höfele: The Happy Hunting-Ground: Shakespearekult und Verfasserschaftstheorien. In: Shakespeare Jahrbuch 2003

Ders.: Shakespeare und die Verlockungen der Biographie. In: Bayrische Akademie der Wissenschaften, Philosophisch-Historische Klasse, Sitzungsberichte, Jahrgang 2006, Heft 5

Park Honan: Shakespeare. A Life. Oxford 1999

Ernst Honigmann: The ›Lost Years‹. Manchester 1985

Wilhelm Hortmann: Shakespeare und das deutsche Theater im 20. Jahrhundert. Berlin 2001

Frank Kermode: Shakespeare's Language. London 2000

Olaf Kramer: Goethe und die Rhetorik. Berlin 2010

Ruth Freifrau von Ledebur: Der deutsche Geist und Shakespeare: Anmerkungen zur Shakespeare-Rezeption 1933–1945. In: Rainer Geißler und Wolfgang

Popp (Hg.): Wissenschaft und Nationalsozialismus: Eine Ringvorlesung an der Universität-Gesamthochschule Siegen. Essen 1988

Gotthold Ephraim Lessing: Werke. Band 4, Dramaturgische Schriften. Hg. von Herbert G. Göpfert. München 1973

Franz Loquai: Hamlet und Deutschland. Zur literarischen Shakespeare-Rezeption im 20. Jahrhundert. Stuttgart 1993

Neil MacGregor: Shakespeare's Restless World. London 2013

Niccolò Machiavelli: Der Fürst. Frankfurt a. M. 1990

Magazin der Philosophie und schönen Literatur. Hg. v. Bernhard von Reith und Michael Engel, Bd. 2, Leipzig 1786

Irvin Leigh Matus: Shakespeare, in Fact. New York 1999

John Michell: Wer schrieb Shakespeare? Frankfurt a. M. 2001

Kenneth Muir, Samuel Schoenbaum (Hg.): Shakespeare, eine Einführung. Stuttgart 1972

Walter Muschg: Deutschland ist Hamlet. In: Reinhold Grimm, Willy Jäggi und Hans Oesch (Hg.): Der deutsche Shakespeare. Basel 1965

John E. Neale: Elisabeth I. Königin von England. München 1994

Alan H. Nelson: Monstrous Adversary. The Life of Edward de Vere, 17th Earl of Oxford. Liverpool 2003

Novalis: Schriften. Die Werke Friedrich von Hardenbergs. Hg. v. Paul Kluckhohn und Richard Samuel, Bd. 4, Tagebücher, Briefwechsel, zeitgenössische Zeugnisse, Stuttgart 1975

Norbert Oellers (Hg.): Friedrich Schiller – August Wilhelm Schlegel. Der Briefwechsel. Köln 2005

Ovid: Metamorphosen. München 1997

Roger Paulin: Ein deutsch-europäischer Shakespeare im 18. Jahrhundert? In: Roger Paulin (Hg.): Das achtzehnte Jahrhundert. Supplementa: Shakespeare im 18. Jahrhundert. Bd. 13, Göttingen 2007

Manfred Pfister: Hamlet und der deutsche Geist. Die Geschichte einer politischen Interpretation. In: Shakespeare Jahrbuch (West) (1992)

Liza Picard: Elizabeth's London. Everyday Life in Elizabethan London. London 2003

Alison Plowden: Elizabethan England. Life in an Age of Adventure. London 1982

Alan Posener: Shakespeare. Reinbek 1995

Klaus Reichert: Der fremde Shakespeare. München 1998

Klaus Reichert: Fortuna oder die Beständigkeit des Wechsels. Frankfurt a. Main 1985

Alfred Leslie Rowse: Homosexuals in History. New York 1977

Alfred Leslie Rowse: The Elizabethan Renaissance. The Life of the Society. London 1971

Rüdiger Safranski: Romantik. München 2007

Ina Schabert (Hg.): Shakespeare-Handbuch: Die Zeit – der Mensch – das Werk – die Nachwelt. 5., durchgesehene und ergänzte Auflage, Stuttgart 2009

August Wilhelm Schlegel: Etwas über William Shakespeare bey Gelegenheit Wilhelm Meisters. In: Die Horen. Eine Monatsschrift herausgegeben von [Friedrich] Schiller. Bd. 6, Jg. 1796, 4. Stück. Tübingen 1796

August Wilhelm Schlegel: Sämtliche Werke. Hg. v. Eduard Böcking (reprographischer Nachdruck der Ausgabe Leipzig 1846/47), Hildesheim, New York 1971

August Wilhelm Schlegel: Kritische Schriften und Briefe. Hg. von Edgar Lohner, Stuttgart 1962

August Wilhelm Schlegel: Vorlesungen über dramatische Kunst und Literatur. Band II, Bonn, Leipzig 1923

Friedrich Schlegel 1794–1802, Seine prosaischen Jugendschriften. Hg. von J. Minor, Zweiter Band, Zur Deutschen Literatur und Philosophie, Wien 1882

Samuel Schoenbaum: William Shakespeare. A Compact Documentary Live. London, New York 1987

Samuel Schoenbaum: William Shakespeare. A Documentary Life. Oxford 1975

James Shapiro: A Year in the Life of William Shakespeare. London 2005

James Shapiro: Contested Will. London 2010

Caroline Spurgeon: Shakespeare's Imagery and what it tells us. Cambridge 1935

Ulrich Suerbaum: Das elisabethanische Zeitalter. Stuttgart 1998

Ulrich Suerbaum: Der Shakespeare-Führer. Stuttgart 2005

Gary Taylor: Shakespeare – wie er euch gefällt. Hamburg 1992

Ludwig Tieck und die Brüder Schlegel. Briefe. Hg. von Edgar Lohner, München 1972

Hermann Ulrici: Jahresbericht. Shakespeare Jahrbuch, 2, 1867

Friedrich Theodor Vischer: Shakespeares Hamlet. In: Ausgewählte Werke. Hg. von Th. Knappstein, Leipzig 1920

Wolfgang Weiß: Das Drama der Shakespeare-Zeit. Versuch einer Beschreibung. Stuttgart, Berlin, Köln, Mainz 1979

Stanley Wells: Shakespeare For All Time. London 2002

Stanley Wells: Shakespeare & Co. London 2007

INHALTSVERZEICHNIS